KB082739

조선후기 의역주팔세보 연구

A Study on the *EuiyeokjuPalsebo* in the Late Joseon Dynasty

the Compilation of Genealogy and Status Change of Jungins

by Nam-Hee Lee

ACANET, PAJU KOREA 2021.

대우학술총서

634

조선후기 의역주팔세보 연구

중인의 족보 편찬과 신분 변동

이남희 지음

아카넷

| 서언 |

조선시대의 신분은 크게 지배신분층인 양반과 중인, 피지배신분층인 양인과 천인으로 나뉜다. 중인은 양반에는 미치지 못하나 양인보다는 우위에 있던 중간 신분층이다. 구체적으로는 서울 중심가에 살던 역관, 의관, 음양관, 율관, 산원(算員), 화원(畵員), 악원(樂員) 등의 기술관과 중앙의 서리(胥吏), 지방의 향리(鄕吏), 군교(軍校) 등을 말한다. 이들은 국가의 각종 행정 실무와 실용 기술을 담당하던 실제 운영자들이었다. 이들은 전문적인 행정 실무와 실용 기술을 통하여 양반 못지않은 지식과 경제력을 소유하기도 했으나 양반으로부터 차별 대우를 받았다.

중인이란 서울의 중심가에 거주한 데서 붙여진 명칭으로, 『비변사등록』 영조조에, 조종(祖宗)의 제도에 중인 및 소민(小民)에게 서울의 조시(朝市) 근처에 머물러 살게 하여 생활의 편리를 도모하게 한 데서 중로(中路), 즉 중인(中人)이라는 명칭이 유래했다고 했다.[1] 조시 근처란 청계천의 육교(六橋: 청계천 광교의 별칭) 부근으로, 조선 초 이래로

역관, 의관 등의 기술직 종사자들이 살기 시작하면서 기술관들의 집중적인 거주지가 되었다.[2)]

조선후기 중인은 자신들의 신분을 의식, 자각하게 되었다. 위항문학으로 불리는 적극적인 시사(詩社) 활동이 그 단적인 예다. 자신들을 얽매는 구체제에 대한 반발로 강렬한 개혁 의지를 불태우기도 했으며 그들 중에는 경세가로서의 포부를 실천한 사람도 있다. 19세기 들어 중인들은 자신들 신분의 연원을 밝히는 『규사(葵史)』, 『연조귀감(掾曹龜鑑)』, 『호산외사(壺山外史)』, 『이향견문록(里鄕見聞錄)』, 『희조일사(熙朝軼事)』 등의 역사서를 편찬했다. 집단 신분 상승 운동인 중인 통청(通淸) 운동을 전개하기도 했다. 이 운동을 주재한 사역원, 전의감, 관상감, 혜민서, 율학 등의 유사(有司)들은 대부분 잡과 시험에 합격한 잡과중인들이었다. 당시 중인층 의식의 강화 및 신분 상승 운동 등은 궤를 같이하는 것이었다.

중인이 담당한 업무는 양반 중심의 사회에서는 이차적인 것에 불과했으나 근대 사회에서는 일차적으로 필요한 지식이었다. 따라서 근대화 과정에서 중인층의 역할은 여느 신분층보다 뚜렷했다. 중인은 양반 문화에 대한 집착이 적었을 뿐만 아니라 그들이 습득한 지식이 새로운 체제에 적용하기 쉽게 해줬기 때문이다. 지난날의 신분 제도와 양반 문화에 집착할 이유가 없었던 만큼 의식 또한 자유로울 수 있었다. 그들이 습득한 지식도 새로운 시대와 문물에 친화력을 갖추고 있

---

1) 祖宗之制 中人及小民 許令居生於朝市近處 以便其生理 此中路之名所以出也(『비변사등록』 111책, 영조 18년 10월 11일).

2) 16세기 후반에 이르면 현존하는 잡과 합격자 거주지는 모두 서울로 나타난다(이남희, 「조선 중기 서울의 잡과중인 연구」, 『향토서울』 67, 2006, 137쪽). 서울을 중심으로 기술직 중인 집단이 형성되고 그들을 중심으로 기술관이 충원되고 있었다고 하겠다.

었다. 전환기를 맞아서 중인들은 서구 근대 문물을 적극적으로 받아들이는 선구자 역할을 했다.

조선시대는 양반관료제 사회인 만큼 지금까지의 연구는 양반 지배층을 중심으로 진척되어 왔다. 이는 무엇보다도 실록 등의 연대기 자료에서 기술직 중인 신분에 관한 자료를 찾기가 쉽지 않다는 점에 기인한다. 중인에 관한 선행 연구[3]를 보면 먼저 중인층의 성립 문제와 관련하여 시도되기 시작했으며, 이어 그들의 정치 문화적 동향에 관한 연구, 의료제도사에 관한 연구, 역관 사행무역, 역학서 등에 관한 연구가 이루어졌다. 이들 연구는 실록 등의 연대기에서 중인에 관한 편린과 『통문관지(通文館志)』, 『혜국지(惠局志)』, 『서운관지(書雲觀志)』, 역학(譯學) 교재, 시권(試券) 등의 자료를 이용해 왔다. 아울러 중인 문집을 활용한 조선후기 위항문학(委巷文學) 활동에 관한 연구와 함께 진행되었으며, 1980년대 후반부터 본격적으로 『잡과방목(雜科榜目)』과 『주학입격안(籌學入格案)』을 중심으로 중인 신분, 잡과 제도에 관한 연구 업적이 나오기 시작했다. 이와 함께 중인과 관련된 특수 자료를 통한 연구도 진척되고 있다. 특정 중인 집안 족보, 19세기 역학, 의학, 음양학 천거(薦擧) 자료, 역관 집안 고문서 등을 통한 연구를 주목할 만하다. 그러나 이들 연구는 구체적인 중인 가계의 실상을 파악할 수 있게 해주기는 하지만 전체 중인 집단, 특히 중인 및 중인 가계를 파악하는 데는 한계가 있다.

이 책에서는 조선시대 중인 족보를 통해서 '기술직 중인'[4]의 가계

---

3) 선행 연구에 대해서는 참고문헌 참조.

4) 이 책에서는 '기술직 중인'을 기술직에 종사하는 중인이라는 의미로 사용하고자 한다. 기술직 중인(技術職中人)이란 용어는 정옥자 교수가 처음 사용했다(정옥자, 「朝鮮 後期의 技術織中人」, 『진단학보』 61, 1986). 그런데 필자의 경우, 과거제도의

배경과 구성 및 사회적 위상에 대해 살펴보고자 한다. 기술직 중인은 크게 '잡과중인'과 '비잡과중인'으로 나눌 수 있다. 과거제도의 일환으로서의 잡과가 존재하는 부류와 잡과가 존재하지 않는 부류가 합쳐져 기술직 중인을 구성한다고 볼 수 있다. 잡과중인의 경우, 잡과 과목에 따라서 역관, 의관, 음양관, 율관이 포함된다. 비잡과중인에는 산원, 화원, 악원 등이 있다. 하지만 이는 '잡과'라는 제도에 기초한 구분이며, 현실에서는 잡과중인 내에서도 미묘한 위상의 차이가 있었다. 이는 비잡과중인도 마찬가지였다. 잡과중인에서는 의관과 역관, 비잡과중인에서는 산원의 사회적 위상이 높았다. 그러다 보니 의관, 역관, 산원은 일정한 지점에서 비슷한 부류 내지 범주로 여겨지기도 했다.

현재 중인 족보로 '의역주팔세보(醫譯籌八世譜)'[5]가 전한다는 사실이 좋은 증거다. 그런 이름으로 한데 묶었다는 것 자체가 상징적이고 시

일환으로서의 잡과의 성격과 특성에 주목해서 '잡과중인(雜科中人)'이라는 용어 개념을 사용했다(졸고, 「조선후기 '잡과중인'의 사회적 유동성」, 『한국근대이행기 중인연구』, 1999). 중인 신분과 관련해서 개념적으로 정리하자면 잡과중인(역관, 의관, 음양관, 율관)도 있으며, 잡과에 포함되지 않는 분야의 중인(산원, 화원, 악원 등)도 존재한다. 그들은 비잡과중인이라 할 수 있다. 따라서 기술직 중인은 잡과중인과 비잡과중인을 포괄하는 개념이라 할 수 있다. 조선시대의 잡과에서는 역과, 의과, 음양과, 율과 4개 과거를 실시했다. 그런데 중인 팔세보는 현재 이들 중에서 역과, 의과 두 잡과와 주학만이 전한다. 잡과중인과 비잡과중인 내부에도 미묘한 차이가 있었던 것으로 여겨진다. 왜 이들 두 잡과와 주학 분야에서만 중인 족보가 전하는가 하는 점은 이 글의 출발점이자 동시에 문제의식이기도 하다.

5) 이 책에서 말하는 '의역주팔세보(醫譯籌八世譜)'는 현존하는 의팔세보(醫八世譜), 역팔세보(譯八世譜), 주팔세보(籌八世譜) 등 기술직 중인의 팔세보 족보를 총칭한다. 이는 본 연구에서 이용하는 팔세보 중의 『의역주팔세보(醫譯籌八世譜)』와는 구별된다. 따라서 책명일 경우 『의역주팔세보』로 표기하기로 한다. 다른 경우도 마찬가지다(예: 『의팔세보』, 『역팔세보』, 『주팔세보』 등).

사적이다. 단적으로 잡과에 속하는 음양과와 율과 관련 팔세보는 현재 전하지 않는다(자세한 논의는 제Ⅲ장 참조). 반면 잡과에 속하지는 않지만 산학[주학]과 관련된 주학(籌學) 팔세보는 전한다.[6] 뿐만 아니라 의학팔세보, 역학팔세보와 더불어 '의역주팔세보(醫譯籌八世譜)'로 불린다. 그 의미에 대해서는 본론에서 자세히 다룰 것이다. 따라서 기술직 중인들의 족보, 특히 팔세보와 관련해서는 의역주팔세보가 중요한 일차 자료라 할 수 있다.

그래서 이 책에서는 의역주팔세보, 다시 말해서 의팔세보(醫八世譜), 역팔세보(譯八世譜), 주팔세보(籌八世譜)를 통해 조선후기 의관, 역관, 산원 등 기술직 중인의 사회적 위상을 살펴보고자 한다. 역관, 의관, 산원의 경우에는 그들의 신분적 연원을 파악할 수 있는 '팔세보(八世譜)'가 전한다는 점에 주목한 것이다. 중인 족보가 팔세보 형식을 취하는 점 역시 특징적이다. 팔세보는 일반 족보처럼 시조의 자손을 적어 내려오는 형식이 아니라 본인을 기점으로 하여 아래로 8대조를 차례로 기재했다. 출계(出系)한 경우는 친가와 양가의 조상을 같이 수록했으며, 외조부 및 처부도 기재해 본인까지 합해서 모두 11단으로 구성되어 있다. 수록 내용은 각 성관별로 본인 성명 옆에 자 · 생년 · 잡과 및 주학 합격 연도를 간지로 기재하며, 관직과 품계 등을 기재했다. 그들의 가계와 연원, 그리고 혼맥 등을 통해 사회적 계층으로서의 성격과 사회적 지위 등을 가늠해 보기에 적절한 자료라고 해야 할 것이다.

---

6) 산학(算學)은 1776년(정조 즉위년) 주학(籌學)으로 개칭했다(『정조실록』 권1, 즉위년 5월 임진). 이 책에서는 1776년 이전은 산학, 이후는 주학으로 표기하기로 한다. 전체 시기를 포괄해야 할 경우는 주학으로 적기로 한다.

통역을 담당했던 역관들의 혈연적인 연원을 파악할 수 있는 '역팔세보(譯八世譜)'는 역관 연구에 필수적인 기초 자료로 『역팔세보(譯八世譜)』, 『역과팔세보(譯科八世譜)』, 『역과보(譯科譜)』, 『역보(譯譜)』 등이 전하며, 의료를 담당했던 의관들의 연원을 파악할 수 있는 '의팔세보(醫八世譜)'는 『의팔세보(醫八世譜)』, 『의과팔세보(醫科八世譜)』, 『의과보(醫科譜)』, 『의보(醫譜)』 등이 전한다. 그리고 회계와 재정 등을 담당했던 산원들의 연원을 파악할 수 있는 '주팔세보(籌八世譜)'는 『주팔세보(籌八世譜)』, 『주학팔세보(籌學八世譜)』, 『주학전보(籌學全譜)』, 『주학보(籌學譜)』 등이 전한다.

이처럼 의역주팔세보는 조선시대 의료와 통역, 회계와 재정을 담당했던 중인 가문을 망라하고 있어, 의관, 역관, 산원에 대한 정보를 풍부하게 제공해 준다. 개인에 관한 사항뿐 아니라 부, 조부, 증조부 등 8대조 가계(家系)와 외조부, 처부 등 통혼권(通婚圈)에 관한 정보까지 수록하고 있기 때문에 가계 구성원들에 대한 인적 구성과 관품도 파악할 수 있다. 그래서 중인 연구에 있어 일차 자료라 할 수 있다. 이를 통해서 그들의 사회적 지위를 파악할 수 있기 때문이다.

의역주팔세보에 기초한 연구는 기존 신분사 연구에 새로운 전기가 될 수 있지 않을까 한다. 팔세보에 관한 연구는 학계에서 논쟁이 되고 있는 조선조 신분제 논의에 실마리를 제공할 수 있을 것이다. 조선후기의 사회 변동에 관한 주요 명제는, 국가 통제 기능이 전반적으로 약화되는 가운데 공명첩, 납속 등의 방법을 통해 부단히 신분 상승을 꾀했으며 또 그 결과 급격한 신분 변동이 있었다는 것이다. 이러한 기존의 일반적인 이해와는 달리, 조선후기에 급격한 신분의 변동·해체는 없었다는 주장도 제기되고 있다. 이 같은 견해차는 각 신분층에 대한 다양한 측면과 시각에 입각한 연구가 진척될 때 조선후기 사회 변동의 전체적인 역사상이 보다 선명하게 드러나게 될 것이다. 팔세보에 관한 연구는 기술직 중인의 세전 양상 등 그들의 사회적 성격을 밝히는 기초 자료이기 때문에, 기존 신분사 연구에 새로운 계기를 마련할 것이다.

종래 중인에 관해서는 연대기 자료에서 편린을 찾기 어렵다는 이유로 주로 잡과 합격자 명부인 『잡과방목』과 주학 취재 시험 합격자 명부인 『주학입격안』을 중심으로 연구가 이루어졌다. 이들 자료의 수록 범위를 보면 『잡과방목』은 1498년(연산군 4)부터 1894년(고종 31)까지, 『주학입격안』 역시 1488년부터 1888년(고종 25)까지 약 400년에 달한다. 그런데 잡과방목에 수록된 합격자 인원은 6,100여 명, 『주학입격안』은 1,600여 명에 그쳐 매우 소략한 편이다. 중인을 제대로 파악하자면 역시 팔세보 연구가 필요하다고 하겠다. 방목이 3대조까지 기재한 반면 팔세보는 8대조까지 수록하고 있어 가계 구성에 관한 인적 정보가 풍부하다. 따라서 팔세보 연구는 역관, 의관, 산원과 그 가계의 사회적 위상을 살펴볼 수 있는 기초 작업이라 할 수 있다. 즉 이들 팔세보 연구를 통해 이러한 중인 가계의 총체적인 신상 정보를 파악할 수 있는 토대를 마련할 수 있다.

중인 팔세보 보첩류로는 의과팔세보, 의팔세보, 의과보, 의보, 의등제보, 역과보, 역팔세보, 역과팔세보, 역보, 역등제보, 등제팔세보, 미과팔세보, 의역주팔세보, 주학팔세보, 주학보, 주학전보, 주팔세보 등을 들 수 있다. 당시 편찬된 중인 족보의 가장 두드러진 특징은 역시 '팔세보' 형식을 취한다는 점이다.

팔세보 족보 형식이 중인에게만 한정된 것은 아니다. 문반(文班), 무반(武班), 음반(蔭班) 등이 대상인 삼반팔세보(三班八世譜), 문보(文譜), 무보(武譜), 음보(蔭譜) 등의 다른 팔세보도 있기 때문이다. 이들 자료는 팔세보 외에 오세보(五世譜), 십세보(十世譜) 등의 형식도 있으나 중인 팔세보는 단일하게 '팔세보' 형식을 취한다는 점에서 차이가 있다.

중인 보첩류는 대체로 19세기 이후에 편찬되었다. 1세대를 30년으로 볼 때 8대조면 240년간의 가계와 그 혈연 관계망을 파악할 수 있다. 즉 멀리는 17세기부터 19세기에 이르는 중인 가계를 설명해 주는 가장 직접적인 자료로서 조선시대 중인 구성원들을 구체적으로 파악할 수 있는 기초 자료라고 하겠다. 19세기에 중인 족보류의 편찬이 가능했던 것은 당시 새롭게 부상하는 중인층의 신분 의식의 강화 및 신분 상승 운동과 무관하지 않다. 중인들은 19세기 말 중인 통청 운동을 주도했으며, 잡과방목 성책 역시 국가 주도가 아니라 중인에 의해 이루어졌다. 그들은 자신들의 신분 연원을 밝히는 역사서를 편찬하기도 했다. 근대화의 물결 속에서 본인들의 사회적 배경과 위상을 알리고자 했던 것이다.

'의역주팔세보(醫譯籌八世譜)'는 의학, 역학, 주학에 종사했던 기술직 중인들의 구체적인 혈연 및 혼인 관계를 알 수 있어 그들의 사회적 지위를 총체적으로 파악할 수 있게 해준다. 의역주팔세보를 토대로 의관, 역관, 산원의 세부적인 혈연 가계와 혼인 양상과 함께 개별 구성원들의 직능(職能), 세전 양상 등의 사회적 위상도 살펴볼 수 있다. 이 같은 측면에 주목해서 필자는 일차적으로 의팔세보, 역팔세보, 주팔세보 등의 중인 보첩류에 수록되어 있는 본인과 8대조 및 외조, 처부 등 가계 구성원의 성명 및 인적 정보를 모두 데이터베이스화했다. 그리고 본인 및 가계 구성원들의 잡과 및 주학 시험 합격 여부를 『잡과방목』 및 『주학입격안』 등의 방목류와 대조해 확인, 포함시킬 수 있었다.[7] 본 연구는 필자가 데이터베이스로 구축한 「조선시대 의학·역학·주학팔세보 데이터베이스」(이하 「의역주팔세보DB」로 줄임) 분석을 토대로 진행했다는 점을 밝혀둔다.

의역주팔세보에 관한 최초의 본격적인 분석이라 할 수 있는 본 연구를 통해서 다음과 같은 의미와 성과를 거두기를 기대한다. 우선 기존의 양반 중심의 연구에서 하위 지배신분층에 속했던 중인, 그중에서도 통역 업무를 담당했던 역관, 의료를 담당했던 의관, 그리고 회계 업무를 담당했던 산원을 연구 대상으로 삼았다는 점이다. 말하자면 인물사, 신분사 연구의 외연을 확대한 것이다. 지금까지 인물과 신분층 연구가 주로 양반층을 중심으로 진척되어 왔으나, 중인들의 혈연적인 연원을 파악할 수 있는 '팔세보' 기초 연구를 통해 인물사, 신분사 연구의 내포와 외연을 확대할 수 있기를 기대한다.

아울러 조선시대 역학, 의학, 주학 실무를 담당했던 기술직 중인들의 인적 정보를 파악할 수 있었다는 점이다. 팔세보에는 개인에 관한 사항뿐 아니라 가계에 관한 정보가 수록되어 있기 때문에 그들 가계 구성원들에 대한 구체적인 인적 정보 및 가계 정보를 파악할 수 있다. 중인들의 혈연적 결속 및 혼인 관계 양상을 구체적으로 분석한다는 취지 아래 시도하는 '의역주팔세보'에 관한 기본적이면서 동시에 본격적인 연구라 할 수 있을 것이다.

---

7) 과거 합격 확인은 『잡과방목 CD-ROM』(한국학중앙연구원·동방미디어, 2002), 『사마방목 CD-ROM』(한국학중앙연구원·서울시스템 한국학DB연구소, 1997), '한국역대인물종합정보시스템'(http://people.aks.ac.kr) 등의 과거 합격자 명부를 활용했다. 방목류의 데이터베이스에 대해서는 이남희, 『역사문화학: 디지털시대의 한국사 연구』(북코리아, 2016)에서 다루었다. 그리고 팔세보에 시험 합격이 기재되어 있으나 『잡과방목』 및 『주학입격안』에서 확인되지 않아 과거 합격 연도를 파악해야 할 경우에는 부친 및 가계 구성원의 잡과 및 주학 합격 연도를 토대로 1세대를 30년으로 산정하여 출생 연도와 합격 연도를 추정했다. 이하 같다.

뿐만 아니라 의역주팔세보 연구는 족보 자료에 대한 인식을 제고할 수 있을 것이다. 기존의 족보 양식과는 다른 팔세보(八世譜) 양식은 족보 자료의 다양성을 파악하는 데 도움이 되기 때문이다. 나아가 신분과 관련해서 족보를 편찬하는 양식이 상이했음을 알 수 있는 기초 자료가 된다고 하겠다. 그런 만큼 족보 형식에 대한 총체적인 이해의 전기를 마련할 수 있기를 기대한다. 또한 지금까지 중인 연구의 주 자료였던 『잡과방목』과 『주학입격안』에서 벗어나 중인 보첩류인 '의역주팔세보'로 연구의 지평을 새롭게 열 수 있지 않을까 한다. 종래의 잡학 방목 중심의 연구를 보완하는 의미도 지닐 수 있을 것이다.

이 같은 연구 목적하에 시도된 본 연구는 아래와 같은 순서로 구성했으며, 각 장에서 다룬 내용은 다음과 같다.

Ⅰ장에서는 기술직 중인의 신분적 연원에 대해 검토했다. 연구 대상으로서의 기술직 중인과 잡과중인의 범주를 검토하고 잡학 생도와 양가 자제, 향리와 서리, 서얼, 기술직 종사 양반, 기술관서 재관자 및 자손, 향화인 등을 중심으로 그들의 충원 양태를 살펴보았다. 이를 통해서 기술직 중인의 신분적 연원과 사회적 성격을 알 수 있을 것이다.

Ⅱ장에서는 기술직 중인과 잡학 교육의 연계성을 분석했다. 잡과와 잡학에 대해 검토하고 조선전기와 후기의 잡학 생도 실태와 그 추이를 분석한 후, 역학, 의학, 음양학, 율학, 주학 교육기관의 구성, 교재와 학습 방법을 고찰했다. 이를 통해서 잡학 교육의 특징과 의의를 확인할 수 있을 것으로 생각한다.

Ⅲ장에서는 의역주팔세보의 편찬과 체제를 다루었다. 먼저 족보의 연원과 팔세보 족보 편찬 배경을 살펴본 다음, 의역주팔세보의 서지사항, 편찬 연대, 팔세보와 등제팔세보의 구성 등을 토대로 의역주팔세보 편찬 체제와 구성에 대해 논의했다. 이를 통해서 의역주팔세보

의 본인과 가계에 관한 수록 내용은 물론 의역주팔세보와 등제팔세보의 서지학적 의미와 그 차이를 새롭게 파악할 수 있을 것이다.

Ⅳ장에서는 현재 전하는 의역주팔세보 자료 현황과 이들 자료의 특성, 그리고 그를 통해서 알 수 있는 여러 측면에 주목했다. 의팔세보, 역팔세보, 주팔세보 순으로 현전 자료 현황, 기재 순서, 수록 기간 및 인원 등을 분석하여 의역주팔세보 자료의 특징과 의의를 확인할 수 있을 것이다.

Ⅴ장에서는 의역주팔세보에 수록된 성관과 가계를 의팔세보, 역팔세보, 주팔세보 순으로 검토, 분석했다. 우선 의관과 의학, 역관과 역학, 산원과 주학에 대해 논의하고, 이어서 의역주팔세보의 성관별 실태와 그 추이 및 팔세보 수록 성관의 특성을 살펴보았다. 이를 통해서 어떤 성씨에서 기술직 중인을 많이 배출했는지, 그리고 많은 기술직 중인을 배출한 성씨와 가문이 어떠했는지 파악할 수 있을 것이다.

Ⅵ장에서는 조선후기 사회 변화 속에서 기술직 중인과 사회적 위상을 논의했다. 먼저 역과, 의과, 음양과, 율과, 주학의 타과 합격 실태와 시기별 추이 분석을 살펴보았다. 이를 통해 기술직 중인들이 다른 잡학 과목이나 문무과 및 사마시 등 다른 과거에 응시, 진출했는지, 그리고 진출했다면 어느 정도였는지를 알 수 있을 것이다. 이어서 기술직 중인 가계의 성관과 통혼권, 과거 합격 실태를 토대로 기술직 중인 가계의 혈연적 연계와 세전 양상을 파악했다. 그렇게 함으로써 조선후기 사회적 유동성 속에서의 기술직 중인과 그들의 사회적 위상을 가늠해 볼 수 있을 것으로 기대한다.

이상의 분석을 통해 조선후기 의역주팔세보 중인 족보 편찬의 내용과 의의가 어느 정도 밝혀지면 족보 편찬의 함의와 중인의 사회적 지위가 어떠했는가를 이해하는 데 도움이 될 것이다. 또한 의역주 중인들의 혈연적 연원을 파악할 수 있는 실제적인 팔세보 연구를 통해 사회사, 신분사 연구의 시각을 넓힘과 동시에 그 내포와 외연을 확대하는 계기가 되었으면 한다.

차례

II 기술직 중인과 잡학 교육

Ⅲ 의역주팔세보의 편찬과 체제

Ⅳ 의역주팔세보 현전 자료와 특성

V 의역주팔세보의 성관과 가계 분석

VI 기술직 중인과 사회적 위상

표 차례

그림 차례

부록 차례

I

기술직 중인의
신분적 연원

—

이 장에서는 기술직 중인의 신분적 연원에 대해서 검토하고자 한다. 우선 연구 대상으로서의 기술직 중인과 잡과중인의 개념과 범주를 다룰 것이다. 이어 그들의 충원 양태를 잡학 생도와 양가 자제, 향리와 서리, 서얼, 기술직 종사 양반, 기술관서 재관자 및 자손, 향화인 등을 중심으로 살펴보고자 한다.

1

기술직 중인과 잡과중인

1) 대상과 범위

조선시대 중인은 사회적 지위가 양반에는 미치지 못하나 양인보다는 우위에 있는 하급 지배신분층으로, 국가의 각종 행정 실무와 실용 기술을 담당했다.[1] 그들은 잡과와 취재 시험을 통해 관직에 진출하여 역학 · 의학 · 음양학 · 율학 · 주학 등에 종사했다. 전공에 따라 각각의 행정 실무에 종사했으며 또한 잡학 전수자로서의 역할을 수행했다. 오늘날로 보자면 외교관, 의사, 과학자, 법조인, 회계사 등으로 사회적 지위가 높은, 그래서 누구나 선망하는 전문 직종에 해당하지만, 조선시대에 그들은 중인에 지나지 않았다.

종래 중인과 관련해서 다양한 개념 정의가 이루어져 왔다. 그러나 아직까지 그 실체가 명확하게 밝혀지지 않았다고 해도 과언이 아닐

---

1) 大抵中人輩, 非兩班, 非常人, 居於兩間(『정조실록』 권33, 15년 11월 임오).

것이다. 중인 신분의 범위, 성립 시기 등을 둘러싸고 많은 논의가 전개되어 왔으며, 그들을 지칭하는 명칭도 중인, 중인 신분, 중간 계층, 중간 신분, 중인 계급 등 다양하다.

일반적으로 중인이라 하면 역관, 의관, 상지관(相地官), 역관(曆官), 율관, 산원 화원, 악원 등의 기술관뿐 아니라 서리, 향리, 군교, 그리고 서얼까지 포함한다.[2] 그래서 그들 모두를 가리키는 말로 쓰기도 하고, 때로는 개별 집단만을 포함하는 용어로 쓰기도 한다. 그런데 같은 중인층 안에도 다양한 직역이 있기 때문에 한 무리로 보기 어려운 점이 있다. 또한 이들이 동류 의식을 지녔다고 보기도 어렵다. 따라서 그들 모두를 포함하는 용어로 중인을 쓰는 데는 일정한 한계가 있다고 하겠다.

역시 논의의 심화를 위해서는 어떤 형태로건 개념에 대한 조작적인 정의가 이루어져야 한다. 중인의 실체에 접근하기 위해서 개별 집단에 관한 구분과 연구가 필요하며, 실제로 그런 작업이 이루어져 왔다. 연구자에 따라서 技術官,[3] Chapkwa-Chungin Lineages,[4] 技術職中人,[5] 雜科中人[6] 등의 개념을 사용했다.

이 책에서 광범한 중인층 중에서 주요한 범주로 택한 것은 바로 기술직 중인이다. 기술직 중인의 존재 양태를 구체적으로 살펴봄으로

---

2) 이들을 크게 둘로 구분하여, 서울의 중심가에 살던 역관, 의관, 음양관, 율관, 산원(算員), 사자관(寫字官), 화원, 악원 등의 기술관을 지칭하는 협의의 중인과, 기술관뿐만 아니라 향리, 서리, 서얼, 토관(土官), 장교, 역리, 우리(郵吏), 목자(牧子) 등 경외의 행정 실무자들을 총칭하는 광의의 중인으로 나누기도 한다(이성무, 「조선전기 중인층의 성립문제」, 『동양학』 8, 1978, 273~274쪽).

3) 이성무, 「조선초기의 기술관과 그 지위: 중인층의 성립문제를 중심으로」, 『혜암유홍렬박사화갑기념사학논총』, 1971. 기술관이란 용어는 실록 등 당시 사료에 나오는 개념은 아니다. 하지만 이성무 교수는 처음으로 기술관이라는 개념을 사용했다.

써, 그들 신분의 사회적 위상이 어떠했는지 알아보고자 한다. 기술직 중인은 크게 잡과중인과 비잡과중인을 포괄하는 개념 용어라 할 수 있다. 우선은 잡과에 합격한 역관 · 의관 · 음양관 · 율관의 잡과중인, 주학 취재를 통해서 임용되는 산원(비잡과중인), 그리고 그들을 중심으로 혈연과 혼인 관계로 맺어진 가계 구성원까지 포함한다.

실록은 기술직 중인들을 직능(職能)에 따라 역관은 역관(譯官), 역자(譯者), 역인(譯人), 역어인(譯語人), 설인(舌人), 설자(舌者), 상서(象胥), 통사(通事), 통사배(通事輩), 소통사(小通事), 향통사(鄕通事) 등으로, 의관은 의관(醫官), 의인(醫人), 의원(醫員), 의자(醫者), 내의(內醫), 수의(首醫), 어의(御醫) 등으로 칭했다. 음양관은 서운관원(書雲觀員), 관상감원(觀象監員), 일관(日官), 일자(日者), 상지관(相地官) 등,[7] 율관은 율관(律官), 율원(律員), 검률(檢律) 등, 산원은 산원(算員), 산사(算士), 계사(計士), 주학(籌學) 등으로 칭했다.

기술직 중인으로 논의를 한정한 이유는 무엇보다 잡과와 취재 시험을 매개로 해서 보다 구체적이고 실증적인 논의를 전개할 수 있기 때문이다. 물론 이들 내부에서도 과목에 따라 미세한 차이가 있었지

4) Edward W. Wagner, "An Inquiry into the Origin, Development and Fate of Chapkwa-Chungin Lineages", *Workshop on Korean Society*, 1983.

5) 정옥자, 「조선후기의 기술직 중인」, 『진단학보』 61, 1986 ; 김두헌, 『조선시대 기술직 중인 신분 연구』, 경인문화사, 2013.

6) 이남희, 「조선후기 '잡과중인'의 사회적 유동성」, 『한국근대이행기 중인연구』, 1999.

7) '음양관'이라는 용어가 실록 기사에 명기된 사례는 찾아볼 수 없다. 특이한 점이라 하겠다. 의역주팔세보의 경우 가계 구성원의 인적 사항에서 음양과를 운과(雲科)로 기재했다. 방목에서는 『운과방목(雲科榜目)』(하버드옌칭도서관), 『운관방목(雲觀榜目)』(규장각한국학연구원), 『관상감방목(觀象監榜目)』(규장각한국학연구원) 등으로 적고 있다(〈표 4〉 참조).

만 그것은 어디까지나 그들 내부에서의 차이였다. 기술직에 종사하는 자들은 ① 천거를 통해 재직하는 무품계자, ② 그들 중에서 취재 시험에 의해 품계에 진입한 자, ③ 그리고 잡과 시험을 통해 상급 기술관으로 승급한 잡과중인 등으로 구성된다고 할 수 있다. 잡과와 취재라는 공적 시험을 통해 선발, 충원이 이루어졌기 때문에 관련 자료를 비교적 손쉽게 입수할 수 있다는 점도 중요한 현실적 이유다.

그들은 중인층 내에서도 상층부를 형성했을뿐더러 잡과와 취재 시험을 통해 선발된 기술 관료라는 공통점을 지닌다. 잡과 시험은 단순한 선발 양식의 차이를 넘어서 사회적 지위와 처우라는 점에서 의미를 갖는다. 잡과에 합격했다는 사실은 곧 기술관으로서의 입지를 보장해 줄 뿐만 아니라, 고위직 기술관으로 진출할 수 있는 가능성까지 담보해 주는 것이다. 필자는 그들을 '잡과중인(雜科中人)'이라는 범주로 설정한 바 있다.[8] 하지만 이미 앞에서 언급한 바와 같이 팔세보, 의역주팔세보에는 산원이 포함되어 있으므로 여기서는 기술직 중인이라는 용어를 사용하고자 한다.

지금까지 기술직 중인 연구는, 자료의 측면에서는 주로 『잡과방목』과 『주학입격안』의 분석을 바탕으로 이루어져 왔다.[9] 다른 연대기 자료가 빈곤한 탓도 있지만, 방목 자체가 갖는 특성 때문이기도 하다.

---

8) 문종 즉위년(1450) 도승지 이계전이 잡과인(雜科人)의 상언에 의거하여 그들의 처우 개선을 요청하는 기사는 잡과를 기준으로 하는 집단이 형성되어 있었음을 말해준다(『문종실록』 권5, 즉위년 12월 을해). 성종 9년(1478) "잡과무식지도(雜科無識之徒)"라는 표현이 보인다(『성종실록』 권91, 9년 4월 병오).

9) 잡과방목과 주학입격안에 대해서는 이남희, 「잡과방목과 한국학 자료의 외연 넓히기」, 『장서각』 32, 2014 ; 김두헌, 「『주학입격안』의 입격 연도 미상자에 대한 연구」, 『전북사학』 19 · 20, 1977 ; 황정하, 「조선 영조 · 정조시대의 산원 연구」, 『백산학보』 35, 1988 참조.

연구자들이 일차 자료로서 방목에 주목한 것은, 합격자들의 신분과 가족 상황 등 사회적 지위와 배경을 알려주는 많은 정보가 수록되어 있으며, 또 시기상으로 15세기 말부터 19세기 말 과거제 폐지에 이르기까지 약 400년에 걸친 광범한 자료가 남아 있기 때문이다.

그리고 내용에서는, 신분제적 접근과 제도사적 접근이 동시에 이루어져 왔다. 제도적 측면의 경우, 법전이나 규정에 대한 검토를 통해서 기술관서, 잡학 교육, 그들의 활동상 등은 상당 부분 밝혔다고 하겠다. 그러나 중인 보첩류인 팔세보 연구는 이제 시작 단계라고 해야 할 것이다. 기술직 중인에 대한 검토와 연구를 통해서 중인 연구, 나아가 신분과 계층 연구에 일정 부분 기여하는 바가 있기를 기대한다. 이 책에서 기술직 중인에 주목해서 개념화하고 범주화한 이유를 정리해 보고자 한다.

첫째, 중인 신분이 포괄하는 층이 지역적으로나, 담당 업무상으로나 범위가 너무 넓다는 점이다. 중인은 양반에는 미치지 못하나 양인보다는 우위에 있던 중간 신분층이다. 그런데 과거제도로서의 잡과(역과 · 의과 · 음양과 · 율과)를 통해 임용된 잡과중인, 그리고 잡과에 포함되지는 않지만 산학 취재를 통해서 임용된 비잡과중인, 이들을 포괄하는 개념으로서의 기술직 중인은 중인 중에서도 상층부에 속한다.[10]

둘째, 기술직 중인은 실무 행정능력을 바탕으로 하는 자신들의 직

10) 국가에서는 전문 인력 양성을 위해 설치한 사역원, 전의감, 관상감 등 기술관서의 종6품 이상 참상관으로 승급하기 위한 자격 요건을 잡과에 합격한 자로 규정했다(『경국대전』 권1, 이전 경관직 및 『대전후속록』 같은 조). 다시 말해서 국가에서는 잡과 출신자를 우대했다. 기술직 실무에 통달한 사람으로 하여금 실무를 맡게 함으로써 운영상의 원활함을 꾀하기 위해서였다.

분을 활용해서 각종 상업 활동을 전개했으며, 그로 인해 경제적 부를 축적할 수 있었다. 공적 업무를 수행하는 과정에서 합법적 혹은 비합법적인 방법으로 경제적 이익을 추구할 수 있었기 때문이다. 특히 역관의 경우, 밀무역 등을 통해 역관자본이라 할 수 있을 정도의 경제력을 과시하기도 했다. 그리고 부경사행(赴京使行)의 수행이라는 역과를 거친 자들에게 주어진 특전도 한몫했다. 역관들의 최고 목표는 부경사행이었다. 그들의 무역 활동이 조선 중·후기 무역의 중심을 이루었다고까지 할 수 있다. 그들은 독점 상업 활동과 고리대금업을 통해서 부를 축적했을 뿐만 아니라 지배세력과 결탁하여 유통 경로를 장악하기도 했다. 사행에는 역관뿐 아니라 의관, 음양관 등도 참여했다.[11] 의관들은 약재 무역업, 의료 행위를 통해 생활을 영위할 수 있었다. 실제로 19세기에 이르러 많은 의관이 약방을 개설했다. 음양관은 풍수지리, 율관은 법률 전문 지식을 통해 경제적 부를 축적할 수 있었다. 그들은 전문 지식을 밑천으로 생활이 가능했다. 산원은 호조 각 부서 및 선혜청, 균역청 등에 배정되어 재정 실무를 담당했다.

셋째, 그들은 새로운 문물과 학문을 적극적으로 도입해 조선 사회의 문화 발전에 크게 기여했을 뿐만 아니라 새로운 시대의 선도자 역할을 했다.[12] 청나라에 수행한 역관들은 각종 선진 시설을 견학하고 북경 유리창 서점을 둘러보았으며, 과학·윤리·지리·종교 등에 관한 한역 서양 학술서적을 사오기도 했다. 의관, 천문관 등 담당 기술관이 직접 사행에 참여하여 서적을 구입하기도 했다. 그들의 그러한

11) 赴燕時一行 … 又每行寫字官二員 畵員一員 兩醫司醫員一員 雲臺官一員 并差送. 通信使一行 … 兩醫司醫員一員(或加定一員) 寫字官二員 畵員一員 并差送(『속대전』 3, 예전 잡령).

12) 이원순, 『조선서학사연구』, 일조각, 1986.

노력에 힘입어 조선후기의 지식인들은 새로운 학문적 감흥과 함께 강한 자극을 받을 수 있었다. 북학과 서학이라는 새로운 학문적 경향은 그런 맥락에서 이해해야 할 것이다.

넷째, 그들은 경제적 부뿐만 아니라 자신들의 신분에 대한 자의식을 가졌으며, 그것에 바탕을 둔 문학 활동을 전개해 독자적인 문화를 형성하기도 했다. 19세기에 들어서 팔세보 등의 중인 족보를 편찬한 것, 위항문학 등 중인 시사 활동, 그리고 중인 통청 운동을 전개한 것 등이 그 단적인 예라고 하겠다. 그리고 시대의 흐름에 따라 그들은 위항지사에서 경론가로서의 꿈을 키우기도 하고 선진 문화를 수입하는 역할을 하기도 했다.

이러한 과정을 거치면서 기술직 중인은 하나의 독자적인 계층을 형성했다. 이 책에서는 그들의 다양한 측면 중에서도 사회적 유동성, 특히 신분적 배경과 그들의 사회적 위상을 살펴보고자 한다. 구체적인 논의의 초점은 그들의 세전성 여부가 될 것이다. 다시 말해 그들 가계에서 기술직 중인직이 대대로 이어지고 있는지 아닌지를 검토하고자 한다. 여기서 말하는 가계는 부친, 조부, 증조부로 이어지는 부계와 외조부를 통해서 알 수 있는 모계 양쪽을 가리킨다. 다시 말해 혼인과 혈연을 바탕으로 하는 혈연적 유대라 할 수 있다.

2) 인식과 위상

먼저 기술관에 대한 인식을 잡학의 설치를 통해서 살펴보자. 태조 2년(1393) 육학, 즉 병학(兵學)·율학(律學)·자학(字學)·역학(譯學)·의학(醫學)·산학(算學)을 설치했다. 이어 태종 6년(1406) 하륜(河崙)의 건의에 따라 십학의 일부로 설치되었다.[13] 십학은 유학(儒學)·무학(武學)·이학(吏學)·역학·음양풍수학(陰陽風水學)·의학·자학·율학·산학·악학(樂學)을 가리킨다. 유학과 잡학을 같이 취재하는 십학 제도는 문신들의 불만을 불러왔다. 개국 초부터 대신들은 잡학 종사자들을 천하게 여기고 십학제도의 개편을 끊임없이 요구했다.[14]

이듬해 삼관(三館)은 잡과 출신자들과의 차이를 인정해 달라는 글을 의정부에 올렸다. 자신들은 두 번이나 국가시험에 합격, 전정(殿庭)에서 대책(對策)에 답한 자들이기 때문에 잡과와 다르다는 것이었다. 하지만 국왕의 생각은 달랐다. 태종은 십학 가운데서도 잡과가 설치된 역학, 의학 등은 문과와 다르지만, 다른 산학, 악학 등의 잡학과도 구분된다는 것을 강조, 계속 준행하도록 했다.[15] 그 후 세종 즉위년(1418)에 유학 이외에는 각기 전공하는 학업에 정통한 자로서 제조와 함께 고시를 보도록 하고, 유학은 예문관이 시험해 뽑도록 함으로써 유학과 잡학의 고시 방법에 차별을 두었다.[16]

기술학의 기능의 필요에 의해 역대 국왕들은 진흥책을 강구했다.

---

13) 『태종실록』 권12, 6년 11월 신미.

14) 이는 고려시대로부터 물려받은 유풍(遺風)과도 관계가 있다. 고려 말 명역관 조인규(趙仁規)는 농민 출신으로 재상의 자리에 올랐으나 역관 출신이라는 점 때문에 하찮게 여겨졌다(민현구, 「조인규와 그의 가문」 상·중, 『진단학보』 42·43, 1976·1977). 그리고 당시 기술관들의 신분과도 관련 있는 것으로 보인다. 예컨대 정종 연간에 명의 양홍도가 낭장(郎將)을 제수받았으나, 그의 어미가 김윤택의 계집종이라 하여 문하부에서 교첩에 서명하지 않은 일이 있었다(『정종실록』 권1, 1년 8월 계묘).

15) 『태종실록』 권14, 7년 11월 을해.

16) 『세종실록』 권2, 즉위년 12월 임진.

태종 9년(1409) 의정부에서 의약활인법(醫藥活人法)을 세웠으며,[17] 사람을 가장 많이 살린 자는 고과 시 참고하게 했다.[18] 세종 대에는 조계(朝啓)에 참여하지 않던 사역원, 서운관, 전의감 등의 기술관청이 돈녕부, 예문관, 한성부 등의 각사와 함께 윤대 대상이 되었다.[19] 기술관청도 윤대에 포함시킨 것은 이들 관서의 중요성을 인식했기 때문이라 하겠다.[20] 단종 즉위년(1452) 경창부윤(慶昌府尹) 이선재(李先齋)는 삼의사 제조로서 의생을 시취해 본 경험을 토대로 의학진흥책을 역설했다.[21] 세조는 의서를 배우기도 했다.[22] 의원들이 음직을 받는 길을 열어달라고 했을 때, 내의원 이외의 다른 관서 소속 의원들도 자궁자(資窮者)는 취재를 통해 음직을 제수하도록 했다.[23]

역대 왕들은 사대하는 데 역학보다 더 중한 것은 없다고 보았기 때문에 역학 진흥에 힘썼다. 사역원에서는 중국어만을 쓰게 했다.[24] 대명외교 수행 과정에서 명으로부터 왕의 즉위를 인정받는 문제, 종계변무(宗系辨誣), 표(表) · 전문(箋文) 문제 등 해결해야 할 정치적 과제가 산적해 있었다.[25] 또 초기 야인 토벌 문제 등에서도 역관의 역할은 중

17) 『세종실록』 권100, 25년 6월 무술.

18) 『태종실록』 권17, 9년 2월 경진.

19) 『세종실록』 권29, 7년 7월 신미. 4품 이상은 날마다 윤대하도록 했는데, 윤대는 5일에 한 차례씩 하는 것이 상례였다(『중종실록』 권1, 1년 10월 무신).

20) 『세조실록』 권10, 10년 7월 정축.

21) 『단종실록』 권4, 즉위년 12월 계축.

22) 『세조실록』 권18, 5년 11월 무술.

23) 『성종실록』 권10, 2년 4월 무진.

24) 『세종실록』 권95, 24년 2월 을사.

25) 백옥경, 「조선전기 역관의 성격에 대한 일고찰」, 『이대사원』 22 · 23, 1988, 418쪽.

요했다.[26] 중국에 가서 직접 어학을 익히는 것도 적극 장려했다. 세종 15년(1433)에는 대신의 자제들을 중국에 보내 중국어와 이문을 배우도록 했다.[27] 세조는 역학 장려를 위해 문신을 뽑아 북경에 가는 사신을 따라가서 질정하게 했다. 하지만 문신들은 그것을 영선(榮選)으로 생각하지 않았고, 또 길이 먼 것을 꺼려하여 직무에 힘쓰려 하지 않았다. 성종은 의관자제(衣冠子弟)를 뽑아서 한학습독관을 채우고 동반의 현관에 서임하여 권장하도록 했다.[28]

사행에서 돌아온 역관이 제출하는 문견사목(聞見事目)은 외국 정세를 이해하는 데 크게 도움이 되었다.[29] 역관은 정보를 수집하는 역할을 담당하기도 했다.[30] 그러한 기능은 전달과 수집의 역할이었으며, 외국에 사신으로 나간 사람이, 본국과 상의 없이 임의로 황제의 물음에 답하거나 임시로 일을 처리하는 전대(專對)의 역할은 사신이 맡아서 했다.[31] 통사로서의 직무 한계성은 있었던 것이다. 또한 의관이 왕을 진료할 때에는 대신들이 숙직하게 하는 등 보완 장치를 마련했다.[32]

음양관은 조선 건국과 관련하여 민심의 향배, 하늘에 대한 경외감 등으로 역할이 컸다.[33] 초기 실록은 기상 이변이나 재이 현상을 상세

---

26) 『세종실록』 권59, 15년 2월 신해.

27) 『세종실록』 권61, 15년 윤8월 기묘.

28) 『성종실록』 권38, 5년 1월 을사.

29) 『성종실록』 권175, 16년 2월 경오.

30) 『태종실록』 권18, 9년 8월 임술.

31) 『성종실록』 권119, 11년 7월 을사.

32) 『성종실록』 권1, 즉위년 12월 경술.

33) 비가 와서 소요산의 큰 돌이 무너졌으므로, 서운관 판사 황하준을 보내어 양도(禳禱)했다(『태종실록』 권3, 2년 1월 기해).

하게 기록했는데, 서운관원이 해괴제를 담당하기도 했다.[34] 정종 2년(1400) 서운관에 명하여 술수에 관한 그림이나 서적을 금하도록 명했다.[35] 그들은 도읍 입지, 각종 국가 행사의 길일, 제언을 쌓는 곳의 택지 선정 등의 실무를 담당했다. 역술에 정밀한 자는 자급을 뛰어 올려 관직을 주어 권면하게 했다.[36]

율관은 세종 5년(1423) 매 연말에 근태에 따라 서용하는 천용법(薦用法)을 세웠다.[37] 그런데 율관들이 겨우 군역을 면할 만하면 본업을 더 이상 돌보지 않는 등 잘 시행되지 않았다.[38] 세종 16년(1434) 훈도관 두 명을 더 두었으며,[39] 19년(1437)에는 율과에 합격한 외방거주자도 본방에 출근하여 업무를 수행하게 했다.[40] 이를 위해 율원으로 종사하는 일에 정통한 자는 이직(吏職)을 제수하기도 했다.[41] 율관은 과거를 설행하기는 하지만 역관 · 의관 · 음양관과는 달리 6품에서 한품거관(限品去官)하는 등 다른 기술관에 비해 사회적 위상이 낮았다.[42]

산원은 도시 측량과 양전의 실무에 필요했다.[43] 그들은 호구 파악

34) 『태종실록』 권2, 11년 10월 임자.

35) 『정종실록』 권6, 2년 12월 임자.

36) 『세종실록』 권58, 14년 10월 을묘 및 11월 병진.

37) 『세종실록』 권20, 5년 6월 임신.

38) 『세종실록』 권47, 12년 1월 병오.

39) 『세종실록』 권65, 16년 8월 경오.

40) 『세종실록』 권78, 19년 9월 신묘.

41) 『경국대전』 권3, 예전 장려.

42) 이에 대해서는 이남희, 「조선전기의 율관: 그 신분적 성격과 위상을 중심으로」, 『한국사학보』 15, 2003 참조. 율관거관법은 태종 9년(1409)에 만들었다(『태종실록』 권17, 9년 1월 갑자).

43) 『성종실록』 권71, 7년 9월 경술.

과 호적 작성, 그리고 이를 기초로 한 각종 역의 징발 등과 같은 중요한 업무를 담당했다. 아울러 양전 사업에서 토지 면적과 비옥도 등을 계산하고 평가하는 역할을 했다. 경제와 재정 등 이른바 물적 토대와 관련 있는 일을 했던 것이다. 이렇듯 산원과 산학은 왕조 체제의 운영에서 아주 중요한 실용적 기능을 담당했다.

성종은 역과에 합격한 자를 문과·무과의 과거 사례에 준하여 서용하는 절목을 세우려 하기도 했다.[44] 자신이 직접 외국어를 배우기도 했는데, 신하들은 탐탁지 않게 여겼다.[45] 성종은 또 의술에 정통한 자를 현직(顯職)에 서용하도록 했다. 대신들은 현직이라 함은 육조와 의정부를 이르는 것이니, 이는 의관이 섞여 있을 곳이 아니라고 강조하고, 『대전』에 율원과 산원으로서 그 일삼는 바에 정통한 자는 경외의 이직에 제수한다고 했으나, 현직에 서용한다는 조문은 없음을 지적했다. 성종은 강경한 입장을 취했다. 조정에서는 계속해서 의과 출신자를 현직에 서용할 수 없음을 상언했으나 받아들이지 않았다.[46] 조정은 의관의 의술이 뛰어난 것은 그들의 직분일 뿐이라는 인식을 가지고 있었다. 응당 해야 할 일을 가지고 번번이 자급을 올려주는 것은 불가하며, 공로가 있더라도 금백(金帛)으로 상을 주어야지 관작(官爵)으로 외람되이 해서는 안 된다고 했다.[47] 반면 성종은 세상 사람들이 의업을 천하게 여기므로 사람들이 즐겨 입속하지 않기 때문에 일종의 권장책으로 현관에 제수해야 한다는 것이었다. 왕과 관료들의 입장

44) 『성종실록』 권139, 13년 3월 계사.

45) 『성종실록』 권135, 12년 11월 계사.

46) 『성종실록』 권282, 24년 9월 정미.

47) 『성종실록』 권287, 25년 2월 을유.

차이를 읽을 수 있다.

그러면 그 같은 인식이 역관·의관·음양관·율관 등의 기술관 내에서는 동일한 것이었을까. 이는 성종 8년(1477)의 기사에 잘 드러난다. 성종은 대신들에게 "역관, 의관, 음양관 등은 동반에 수반하고 있는데, 율관, 산원 등의 잡직도 동반에 수반하도록 할 것인가"에 대한 의견을 개진하도록 했다. 여기서 대신은 정승을 지낸 이, 의정부·6조·사헌부·사간원·한성부·돈녕부 2품 이상, 충훈부의 1품 이상 등의 핵심 양반층이다.[48] 대신들의 입장은 크게 둘로 갈렸다. 한쪽에서는 율관이 잡과 출신이라는 점을 들어 수반을 찬성했다. 잡과가 시행되지 않았던 산원에 대해서는 반대했다. 율관의 동반 반열에 수반하는 것을 찬성하면서 아울러 산원의 수반도 허용할 것을 제안하기도 했다. 율관과 산원이 구분되지 않는다는 것이다. 다른 한편에서는 율관과 산원의 수반을 적극 반대했다.

찬성론과 반대론의 공통된 인식은, 기술은 중요하나 이들은 양인 출신이기 때문에 사대부와 더불어 같이 설 수 없다는 것이다. 찬성하는 쪽은, 이들은 양인으로 사대부와 구분해야 하지만 잡학의 권장을 위해서, 특히 율관은 잡과 출신이기 때문에 동반에 수반하도록 하자는 것이다. 잡과를 통하지 않은 산원과는 다르다는 것이었다. 율관의 동반 수반에 대한 논의는 잡직 인원도 서반에 수반하도록 함으로써,[49] 결국 율관은 산원(算員)과 마찬가지로 서반에 수반한 것으로 보인다. 역관, 의관, 음양관은 동반에 수반했으나, 율관은 과거를 설행

48) 『성종실록』 권82, 8년 7월 임오. 이는 이틀 전 성종이 경연을 마친 뒤 산사와 검률의 동반에 참여하는 것에 대해 논의하도록 명한 데 따른 것이다(『성종실록』 권82, 8년 7월 경진).

49) 『성종실록』 권82, 8년 7월 계미.

했음에도 불구하고 산원과 마찬가지로 서반에 수반되는 차별을 받았다.[50] 물론 율관으로 과업에 충실해, 동반에 나가는 경우가 없지는 않았다. 기술관에 대한 동반직 제수는 이후에도 조정에서 논란이 되었다. 그 뒤에도 조정 대신들은 동·서반 정직은 문무 양과 및 문음의 사람이 하는 것으로 보았으며, 기술관을 동반직에 제수, 사대부들과 어깨를 나란히 하여 조정에 서는 것과 벼슬이 함부로 주어지고 명분이 혼탁되는 것을 우려했다.[51] 성종 6년(1475) 동반은 중훈대부 이상, 서반은 통정대부 이상으로 하여금 회간대왕(懷簡大王: 덕종)의 부묘에 대한 가부를 의논하게 하면서, 전의감과 사역원은 3품이라 하더라도 가려서 참여를 결정하도록 했다.[52] 반면 대간과 예문관원의 경우, 3품이 아닌 자가 참여할 수 없다는 것은 옳지 않다 하여, 모두 참여하게 했다. 이는 좋은 대비를 이룬다. 청요관서와 기술관서의 차대를 분명하게 읽을 수 있다.

조정의 인식은 연산군대에 들어서 변했다. 연산군은 산학과 율학

50) 이에 대해 이성무(『조선 초기 양반연구』, 일조각, 1980, 37쪽)는 "조선초기의 기술관은 문산계를 받고 있었으므로 조회에서 동반에 서야 함에도 불구하고 서반에 수반하도록 되었다"고 했고, "이는 며칠 전에 산사·율관 등의 서반 수반 문제가 논의된 바 있었기 때문에, 여기서 잡직 인원을 기술관으로 본다"고 했다. 그러나 성종 8년(1477) 7월 임오조 기사에서 드러나듯이, 이는 산원과 검률에 관한 것으로 한정해야 하며, 역관, 의관, 음양관 등의 기술관에 대한 일반적인 설명으로 볼 수 없다. 성종 24년(1493) 9월 "조종조로부터 동반의 직임으로 삼고 과거제도까지 설치한 것은 그 임무를 중요하게 여겼기 때문"이라는 기사는 이를 뒷받침해 준다(『성종실록』 권282, 24년 9월 임진).

51) 예컨대 내의(內醫) 손사균과 양예수를 주부에서 동반인 예빈시 판관으로 승진시키고, 김세우도 동반인 사옹원 주부에 제수하는 것을 반대했다(『명종실록』 권30, 19년 12월 기축).

52) 『성종실록』 권59, 6년 9월 무오.

의 예에 따라 이직(吏職)에 나갈 수 있도록 해달라는 내의원의 상언에 따라 조계(議啓)하도록 했다. 조정의 논의는 "의술은 사람의 성명(性命)을 구하며 국가가 필요로 하여 쓰는 것이며, 전례로는 의과 출신인 사람으로서 현직에 있는 자가 많았으니, 의원 가운데서 종사하는 바에 정통하여 그 재주가 쓸 만한 자는 현직에 통하여 서용되게 하여 권려하는 방법으로 삼음이 불가할 것이 없다"는 것이었다.[53] 성종 24년(1493)의 논의와는 대조적으로 의원들의 현직 제수를 찬성하는 것이어서 주목된다.

이 같은 조정 대신들의 기술관에 대한 인식, 국왕의 기술직에 대한 일관된 장려책 속에서 기술관들의 진출 현황은 어떠했을까. 국초에는 기술관으로 현달한 자가 많지 않았던 것으로 보인다. 역관으로 2품에 승진한 자는 세종조 김청, 세조조 이흥덕과 이유례였다. 김청은 이문(吏文)에 정통하여 동료 가운데 따를 사람이 없었고, 이흥덕과 이유례는 역훈(譯訓)을 익히고 또 만 리 길에 시종한 공로가 있었기 때문이다.[54] 세종조의 의관 양홍달은 자신뿐만 아니라 아들이 3품을 제수받았다.[55] 그러다 성종 대에 들면 의역의 무리로 당상관이 된 자가 많았다.[56] 이들은 한품거관 규정, 그리고 대신들의 견제와 차대에도 불구하고, 고위관품을 제수받았다.

---

53) 『연산군일기』 권57, 11년 2월 경오.

54) 『성종실록』 권117, 11년 5월 임오.

55) 『세종실록』 권53, 13년 9월 기사.

56) 『성종실록』 권18, 3년 5월 을축. 16세기 이후 잡과 합격자의 최고 품계를 보면 98.9%가 당상관으로 승급했으며, 최고 관직의 경우도 12.9%가 당상관으로 진출했다. 최고 품계 중에서 종2품 가선대부와 가의대부가 268명으로 전체의 33.4%를 차지했다(이남희, 『조선후기 잡과중인 연구』, 이회, 1999, 117쪽 및 126쪽). 실제로는 종2품의 품계도 상당히 제수받았음을 알 수 있다.

그들은 고위직을 받을 수 있었지만, 그것은 초기부터 조정에 논란을 불러일으켰다. 세종 26년(1444)에는 관작이란 것은 덕이 있고, 재능이 있고, 공훈이 있는 사람을 기다려서 주는 것이라 하여 정3품 당상관 이상인 통정대부·절충장군은 특지가 아니면 임명하지 못하도록 했다.[57] 예종 1년(1469), 정전의 잔치에 참여하는 자는 의정부의 대신이거나 6부의 제경(諸卿)이어서, 많은 관료가 우러러보는 모범들인데, 어찌 그들을 포함하게 할 수 있겠느냐는 것이었다.[58] 성종 11년(1480) 역관 황중과 장유성을 2품으로 승급해 주자, 사헌부와 사간원에서는, 그들이 역관으로 중국 조정에 출입하면서 익힌 것이라고는 시정에서 물건을 판매하는 속어에 불과한데, 하루아침에 2품으로 승진시킨 것은 부당하다고 재차 상언했다. 그러나 성종은 들어주지 않았다.[59] 하지만 그들이 설령 역관으로 2품의 반열에 올랐다 해도 잡류로 대우해, 재추(宰樞)의 반열에 끼는 것을 허용하지 않았다.[60]

의관들은 항상 국왕의 최측근에서 의료를 담당했기 때문에, 병을 치유한 공로로 고위관품에 제수되는 사례가 많았다. 예컨대 태종 12년(1412) 중궁의 해산을 도운 검교 한성윤 양홍달, 검교 참의 양홍적, 전 전의감 판사 조청 등에게 쌀 10석씩을, 전의감 주부 김토, 부사직 이헌에게 쌀 5석씩을 내렸다.[61] 성종 1년(1470) 대왕대비는 성종이 편치 않을 때에 의원 김상진·박종서가 숙직한 공이 있다 하여, 각각 상

57) 『세종실록』 권104, 26년 6월 갑오.

58) 『예종실록』 권4, 1년 3월 을미.

59) 『성종실록』 권116, 11년 4월 기묘 및 5월 갑신.

60) 『성종실록』 권207, 18년 9월 경자 및 신축.

61) 『태종실록』 권23, 12년 6월 병자.

을 내렸다.[62] 또한 국장 이후 공로가 있는 관리를 논상하면서 의관들도 포함시켰다.[63] 성종 25년(1494)에는 원손 탄생을 맞아 의원 송흠·김흥수와 환관에게도 특별히 자급을 올려 포상했다.

조정 대신들은 불가함을 지적했다. 단지 출산을 도운 공로로 갑자기 높은 품질에 올랐으니 물의(物議)에 맞지 않는다는 것이었다. 성종은 원손 탄생이라는 국가의 경사를 맞아 가자한 것이며, 송흠과 김흥수는 의술에 정통하여 오랫동안 내의의 임무를 맡아왔으니, 단지 오늘의 출산만을 도운 것이 아니라 했다.[64] 다음 달 조정에서는 이미 당상관으로 승진한 이들에게 재상의 직위인 종2품 가선대부와 가정대부를 제수하는 것을 철회하기를 요청했다. 성종은 끝내 들어주지 않았다.[65] 이 외에도 의관 정흥지의 품계가 당상으로 올랐다. 대간은 그러한 현상이 즉위 초기에는 적었으나 그래서 즉위한 처음에는 한 자급이나 반 자급도 오히려 경솔하게 내리지 않았는데 당상으로 승진한 사람들이 앞뒤에서 서로 바라보게 되고, 의관들에게도 또한 2·3품으로 올려 제수하여 송흠·김흥수뿐 아니라 차득참과 차맹강도 당상으로 승진했다고 했다.[66] 역시 성종은 들어주지 않았다.[67]

---

62) 『성종실록』 권4, 1년 4월 갑인.

63) 『성종실록』 권43, 5년 6월 계유.

64) 『성종실록』 권287, 25년 2월 갑신.

65) 『성종실록』 권287, 25년 2월 을유. 대간의 탄핵이 계속되자, 성종은 "내가 환관과 의관을 높이고 총애하고 싶어서 그런 것이겠으며, 높은 반열에 제수시켜서 교만 방자한 기세를 부리게 하려고 그러겠는가. 내가 유충한 임금이 아니니, 애초에 어찌 생각하지 않았겠는가"라고 했다(『성종실록』 권288, 25년 3월 기해).

66) 『성종실록』 권233, 20년 10월 을사.

67) 『성종실록』 권233, 20년 10월 경술. 성종 대에 특히 의관의 가자가 많은 것은 대비 등 왕실 웃전의 시병(侍病), 그에 대한 논상(論賞)과 관련이 있을 것이다.

하지만 잘못했을 경우, 특히 국왕의 죽음과 얽히게 될 경우에는 국문을 논했다. 정3품 당하관 전의감 정 정종하는 상왕의 입직 명령에 응하지 않았다 하여 대역죄로 가산 적몰과 함께 참형에 처해졌다.[68] 그리고 세종이 죽자 의원 변한산 · 노중례 · 전순의 등의 직첩을 회수했다.[69] 성종이 즉위한 뒤에도, 예종의 죽음과 관련하여 의원들의 직무 과실을 놓고 조정에서 논란이 일었다.[70] 옆에서 지켜본 대왕대비가 변호했음에도, 대신들은 권찬과 김상진 등을 국문할 것을 요청했다.[71] 하지만 받아들여지지 않았다. 왕실에서는 의술에 능한 의원이 필요했기 때문이다. 권찬은 의서습독관 출신으로 의술에 정통했고[72] 김상진은 병에 걸린 자는 반드시 그를 찾을 정도로 당대의 명의였다.[73] 따라서 그런 논의 자체가 하나의 의례적인 측면도 있었다. 이를 도식화해 보면 다음과 같다.

① 왕실 및 대신들의 진료 담당 → ② 쾌차 후에 공로로 가자, 혹은 물품하사 → ③ 공로는 인정하나 가자에 대해서 대신들의 반대 → ④ 대개의 경우 왕들은 의원들에 대해 가자 강행. 의원들의 품계가 높아짐 (※ ①~④ 단계 반복)

→ ⑤ 왕이 죽으면 대신들은 전대 국왕에 대한 진료가 미진했다 하여 의원들을 치죄하라고 요청 → ⑥ 대개 받아들이지만, 곧 의료 활동 개시

---

68) 『세종실록』 권10, 2년 10월 계해.

69) 『성종실록』 권1, 즉위년 12월 갑인.

70) 『성종실록』 권1, 즉위년 12월 경술.

71) 『성종실록』 권1, 즉위년 12월 임자 및 갑인.

72) 『성종실록』 권204, 18년 6월 기묘.

73) 『성종실록』 권7, 1년 9월 무술.

→ 이후 ①~④ 단계 반복

신분의 불안정은 음양관도 마찬가지였다. 성종 4년(1473) 일식 시간을 제대로 맞추지 못한 관상감 관원을, 도승지 이승원 등이 국문하기를 청했다. 성종은 죄주지 말라고 전교했다. 원상(院相) 신숙주는 시각을 앞선 자는 죽이고 용서할 수 없으니 국문하지 않을 수 없다는 강경한 입장을 보였다. 성종 7년(1476) 성절사 이봉이 흰 달무리와 붉은 햇무리를 보았다고 치계하자, 관상감에 진위 여부를 묻도록 함과 동시에, 결과에 차이가 있다면 사헌부로 하여금 국문토록 했다.[74]

이상의 논의를 통해 다음과 같은 점을 알 수 있다. 우선, 기술관에 대한 직능(職能)의 중요성과 필요성에 대한 인식은 왕과 관료들이 일치했다.[75] 왕은 그들을 차별하지 않으려 했다. 하지만 그들을 동등한 천민(天民)으로 포용하려는 입장[76]만 가진 것은 아니었다. 군주로서 역관, 의관 등의 직능을 필요로 했고, 그래서 우대했던 것이다. 이는 그들의 직능에 전권을 주지 않았던 데서도 알 수 있다. 사행 시에 전대의 역할은 사신이 담당하고 의료 시에 대신을 입시하도록 한 것이

74) 『성종실록』 권74, 7년 12월 기해.

75) 잡과 실시에 앞서 정조는 다음과 같이 하교했다. "명색이 과시(科試)인데 정과(正科)와 잡과에 어찌 차이를 둘 수 있겠는가? 천상(天象)을 미루어 관측하고, 지리(地理)를 연구하여 밝히며, 어약(御藥)을 조제하여 짓고, 법률(法律)을 평반(平反)하며, 역관이 외국어를 잘하고, 역법(曆法)을 훤히 알고 있는 이 몇 가지는 참으로 잡과라고 해서 소홀히 여겨서는 안 되는 것이다. … 원액(元額)에 차지 않더라도 재주가 우수한 사람을 뽑도록 하라"(『정조실록』 1년 3월 16일). 정조 1년의 경우 잡과를 두 차례 실시했다. 증광시에서는 24명(역과: 14명, 의과: 7명, 음양과: 3명), 식년시에서는 25명(역과: 13명, 의과: 6명, 음양과: 4명, 율과: 2명)을 선발했다. 합격 정원(46명)의 절반 정도를 선발했음을 알 수 있다.

76) 한영우, 「조선전기의 사회계층과 사회이동에 관한 시론」, 『동양학』 8, 1978, 251쪽.

그런 예다. 그들의 대우와 승진에 대해서 조정의 관료들도 일정한 견제 조치를 주장했다.

또한 기술관들은 통역, 의료, 천문관측 등으로 한품거관에도 불구하고 실제로는 당상관 이상으로 승급할 수 있었다.[77] 여기에 주목해, 기술관에게 주어졌던 한품거관제(限品去官制)는 관료 승진에 있어 전문 기능을 존중하는 것이지 신분 상승을 제한하는 것은 아니라는 지적이 있다.[78] 이는 중요한 지적으로 기술관의 신분적 성격을 파악하는 데 유효한 설명이다. 그러한 측면과 함께, ㉠ 그들이 당상관으로 승급할 때는 항상 조정 관료들의 반대에 부딪혔으며, ㉡ 또한 그들이 당상관으로 승급한 것은 거의 관직이 아니라 가선대부, 가정대부 등의 고위품계였다는 현실적인 상황을 인지해야 한다. 관직의 경우에도 중추부 당상관직 진출에 그쳤으며, ㉢ 당상관으로 승급하더라도 잡류로 대우해, 재추의 반열에 끼는 것을 허용하지 않았다. 이는 기술관의 당상관 승급과 함께 고려해야 할 사항이라 하겠다.

전체적으로 기술관의 사회적 지위는 불안했다. 그들은 사소한 사건이나 혹은 의료 행위의 잘못으로 치죄당하는 경우가 많았다. 자신들의 직능으로 고위직에 승급할 수도 있지만, 한편으로 그로 인해 치죄를 받아야 하는 기술관 직능이 갖는 양면성이라 하겠다. 아울러 국가에서는 그들에 대한 근무 고과도 철저히 하고자 했다.[79] 이러한 사

---

77) 조선후기에도 기술관에 대한 당상관 제수는 계속되었다. 『속대전』에 "역관과 의관은 정1품 보국숭록대부의 자품에 승급하지 못한다"는 규정이 마련되었다(『속대전』 권1, 이전 경관직). 이는 역으로 현실적으로 기술관들이 관직의 한품과는 달리 품계의 경우 정1품 보국숭록대부 아래까지는 올라갈 수 있었음을 말해주는 것이다.

78) 한영우, 『조선전기사회경제연구』, 을유문화사, 1983, 432~434쪽.

79) 『성종실록』 권12, 2년 윤9월 임인.

회적 인식과 위상을 지녔던 기술관원에 구체적으로 어느 부류의 사람들이 충원되었는지를 살펴보기로 하자.

조선전기 기술관 충원과 관련하여, 양인층에서 기술직에 자유롭게 진출할 수 있었다는 견해와 양반 지배층에서 떨어져 나온 층과 기술관보다 낮은 하급 신분층에서 신분 상승을 위하여 올라온 부류에서 충원되었다고 보는 견해가 나란히 제시되어 있다. 후자의 경우, 조선초기 사대부 중심의 지배신분 재편성과 관념적인 차별의식의 결과, 양반은 기술학 생도가 되기를 꺼려, 새로운 사람들의 소업으로 변하게 되었다고 본다. 자연히 양반층에서 떨어져 나온 부류와 신분 상승을 꾀하던 층에서 충원되었다는 것이다. 이 장에서는 기술관의 존재 양태를 검증하기 위해 먼저 잡학 생도에 대해 살펴보고 다음으로 양가 자제, 향리와 서리, 서얼, 기술직 종사 양반, 기술관 자손, 기타 범주를 살펴보고자 한다.[80)]

80) 동일 인물이라 해도 하나가 아니라 여러 가지 사항에 걸쳐 있는 경우도 있었다. 그 경우에는 주로 대표적인 항목에서 다루었다. 예컨대 명의 양홍달은 어미가 천인이며(서얼로 추정), 그의 형제와 아들이 의관으로 진출해 기술관의 자손으로 분류될 수도 있다. 하지만 이 책에서는 서얼로 다루었다.

2

기술관의 충원 양태

중인과 관련하여 그들의 성립 시기와 충원은 아직 분명하게 규명되지 않았을 뿐만 아니라 서로 대조적인 견해가 제시되어 있다. 이는 조선전기의 실록 기사에서 중인(中人)이란 용어가 신분 개념으로 사용되지 않은 데서 비롯한다. 중등 정도의 재산[81]이나 중등 정도의 품격을 가진 사람[82]이라는 뜻으로 사용되고 있다. 중간 신분층으로서의 중인의 신분 개념이 쓰이게 된 것은 중기 이후다. 이에 대해 중간 신분의 의미를 가지는 중인 개념은 조선후기에 국한하여 사용해서는 안 되며, 초기까지 소급해 사용해도 무방하다는 견해가 제시되었다.[83] 반면 중인 개념으로 조선전기 계층 구조를 이해하려는 것에 대해서 반

81) 『태조실록』 총서.

82) 『태종실록』 권6, 3년 9월 병술.

83) 이성무, 「조선초기 중인층의 성립문제」(『동양학』 8, 1978) ; 이성무, 「조선초기 신분사연구의 재검토」(『역사학보』 102, 1984) ; 이성무, 『조선초기양반연구』, 일조각, 1980.

대하는 견해도 있다. 15세기 자료에서 기술관 · 서리 · 향리 · 서얼을 중인으로 칭한 자료를 찾아볼 수 없다면서, 중인 신분은 명종 · 선조 이후 사림정권이 확립되고 사족이 배타적 신분을 형성하게 되는 16세기 이후에야 성립했다고 했다. 조선후기의 중인 개념, 신분 구조로 조선전기를 설명할 수 없다는 것이다.[84]

이들 두 견해는 중인층이라는 개념을 16세기부터 많이 사용했다는 점에서는 일치한다. 다만 그 발생이 15세기인가 16세기인가 하는 점이 다를 뿐이다. 초점은 15세기를 중인층 확립의 과도기로 볼 것이냐 아니냐 하는 점이다. 양반과 양인을 지배와 피지배 관계, 다시 말해 특권적 신분과 비특권적 신분으로 양극화해서 이해할 수 있는가 하는 것이다.

이 같은 견해차는 기술관 충원을 보는 시각에도 그대로 반영되었다. 양인층에서 기술직에 자유롭게 진출할 수 있었으며, 기술직에서도 문반직으로 진출할 수 있었다는 견해와 양반 지배층에서 떨어져 나온 층[서얼]과 기술관보다 낮은 하급 신분층에서 신분 상승을 위하여 올라온 부류[교생, 향리 삼정일자, 양가 자제]에서 충원되었다고 보는 견해가 그것이다. 조선초기 사대부 중심의 지배신분 재편성과 관념적인 차별의식의 결과, 양반은 기술학 생도가 되기를 꺼렸다는 것이다.

이렇게 본다면, 역시 조선전기에 기술직 중인이 과연 어떤 성격을 지니고 있었는가 하는 점을 밝히는 것이 관건이라고 하겠다. 그 점이 밝혀져야, 조선시대 전 시기에 걸친 그들의 역사상을 그려낼 수 있다

84) 한영우, 「조선초기 신분계층연구의 현황과 문제점」(『사회과학평론』 1, 1982) ; 한영우, 「조선초기 사회계층 연구에 대한 재론」(『한국사론』 12, 1985) ; 한영우, 「조선시대 중인의 신분계급적 성격」(『한국문화』 9, 1988).

고 본다. 이 글은 바로 이런 문제의식에서 출발했다. 구체적으로는 조선전기가 본인의 희망과 능력에 따라서 올라갈 수도 있고 또 내려갈 수도 있는, 이른바 사회적 유동성이 있었는가 하는 점, 그리고 어떤 층에서 기술직을 담당했으며, 또 기술 관료를 배출했는가 하는 점이 초점이 된다. 이는 중인층에 속하는 개별 집단에 관한 검토가 필요함을 말해준다.

이하에서는 기술직 중인의 충원 양상을 보기로 한다. 이를 통해 어떤 부류의 사람이 기술직 중인으로 충원되었는지, 또 어떻게 기술직이 습득·전수되었는지를 알 수 있을 것이다. 그리고 본인의 희망과 능력에 따라서 올라갈 수도 내려갈 수도 있는, 이른바 유동성이 있는 사회였는가 하는 것에 대해서, 기술관에서 고위 문반직으로 올라간 경우와 양반 고관자가 기술직에 종사한 경우 등의 사례를 중심으로 논의하고자 한다.

1) 잡학 생도와 양가 자제

기술학 교육은, 중앙에서는 소관아문에서 그리고 지방에서는 지방 관부에서 실시했다. 역학은 사역원, 의학은 전의감과 혜민서, 음양학은 관상감, 율학은 형조에서 담당했으며, 지방은 부·대도호부·목·도호부·군·현에서 역·의·율학 생도를 양성했다. 그런데 역학 가운데 몽고어, 음양학, 산학, 화학(畫學), 도학(道學)은 지방 생도를 육성하지 않고 서울에서만 교육을 실시했다. 이는 잡학 교육이 중앙 중심의 전문 기능인 양성 교육이었음을 말해주는 것이다. 이들의 전문 학습을 위해, 역학 생도를 향통사와 함께 사신 일행을 호송할 때 번갈아

차출해, 실제 언어 습득의 기회를 마련해 주기도 했다.[85] 또한 의학 생도는 의생방(醫生房)을 설치하여 실무를 익히도록 했다. 3년마다 실시한 의과 시험에서 9명을 뽑아 전의감, 혜민서, 제생원 등에 나누어 보냈으므로 의원의 수효가 적고 제약(劑藥)과 병 다스리는 데 모두 숙달하지 못하기 때문에, 의생방을 두어 의술에 통달하도록 했다.[86]

또한 잡학 생도의 원활한 교육을 위해 지방과 서울 기술관서의 유기적인 운영 방식을 도입했다. 왜학에는 향시(鄕試)가 없는 만큼, 부산포의 왜학 생도가 재주를 갖춘 경우 사역원으로 보내어 녹명(錄名), 시취하도록 했다.[87] 의학의 경우, 외방 각 고을의 수령이 재주가 능한 생도를 전의감과 혜민국에 보내도록 했다.[88] 율학 생도 가운데 총민한 자를 천거하여 형조 율학에서 배우도록 하고 학업이 정통하면 돌려보내 그 전수를 넓히도록 했다.[89]

그들에게는 관직을 제수하여 관원의 일원으로 간주했다. 지방 생도를 그 지역의 토관으로 특별 임용하기도 했다.[90] 학업 성취 뒤에, 지방과 서울의 유기적인 운영 방식에 따라 서울의 기술관서에 진출하기도 했다. 함길도 여진학 생도 이순무 · 조후생은 사역원에 벼슬하여 6품직 혹은 7품직을 제수받았다.[91] 사역원, 전의감 등의 생도는 구전으로 백신(白身)은 9품에 올리고, 9품은 8품에, 8품은 7품에, 7품은 6품

85) 『성종실록』 권127, 12년 3월 정유.

86) 『세종실록』 권28, 7년 5월 임신.

87) 『성종실록』 권127, 12년 3월 정유.

88) 『세종실록』 권38, 9년 11월 병술.

89) 『성종실록』 권101, 10년 2월 기축.

90) 『세종실록』 권42, 10년 12월 병술.

91) 『단종실록』 권6, 1년 4월 신묘.

에 올려서 승품구전(陞品口傳)했다. 이는 세종 11년(1429) 현재의 품계와 대등한 관직을 임명하는 대품구전(對品口傳)으로 바뀌었다.[92] 생도에게 가자를 시행하기도 했다.[93]

또한 생도들에게는 외방(外方)이나 본가(本家)에 대한 잡역(雜役)을 면제해 주었다. 그리고 호내(戶內)의 인정(人丁) 2인, 호내에 인정이 없는 자는 호별로 1인을 주고, 생도에게는 반점심(半點心)을 주도록 했다.[94] 이러한 혜택으로 잡학에 귀속하는 자가 많이 나왔다. 성종 3년(1472)에는 군역을 피하기 위해 의학에 귀속한 생도는 각기 그 관사의 제조가 매 초하룻날 고강(考講)하여, 불통한 자와 학업을 게을리한 자는 그 직첩을 거두고, 그 관사의 서리로 정했다가, 능통하게 된 연후에 복귀하도록 하는 보완책을 마련했다.[95] 학업을 소홀히 한 경우 소속 관서의 서리로 삼는 조치를 통해 잡학 생도들의 기술학을 장려하고자 했다. 3년 동안 공부해도 어학에 능통하지 못한 자는 퇴학시키며 군정(軍丁)에 충당하기도 했다.[96] 또 수령으로 하여금 고을 의학 생도의 학업을 전담케 하고, 관찰사가 순행, 고강해서 권장하고 징계하게 했다.[97]

잡학 생도는 서울의 부와 각 도의 계수관이 양가(良家) 자제 가운

92) 『세종실록』 권45, 11년 7월 기사.

93) 단종 2년(1454) 전의감 생도 김유공 등의 상언에 따라(『단종실록』 권12, 2년 12월 병신), 세조 1년(1455) 그들에게도 제생원과 혜민국의 예에 따라 가자하도록 했다(『세조실록』 권1, 1년 7월 기축).

94) 『성종실록』 권98, 9년 11월 무인.

95) 『성종실록』 권16, 3년 3월 경술.

96) 『태조실록』 권6, 3년 11월 을묘.

97) 『성종실록』 권16, 3년 3월 경술.

데 15세 이하의 총민한 자를 해마다 한 사람씩 뽑아서 올리는 것으로 충당했다.[98] 이들의 집안 배경은 빈약했던 것으로 보인다. 세조 8년(1462) 사역원의 전함 생도가 모두 다 빈궁해 노비가 없는 자들이므로, 서울에 머무르며 학업을 익히기 어려웠다. 이에 수령이 노비가 있는 양가 자제를 가려 보내 학업을 익히도록 했다.[99] 그러나 잡학 생도 충원층의 경제적 기반은 해결되지 않은 것으로 보인다. 성종 1년(1469) 강원도에 흉년이 심해서, 식량을 마련할 수 있는 사람 이외의 사역원 생도를 귀향토록 했다.[100]

지역적으로는 각 지역에 생도를 설치했기 때문에, 충원도 해당 고을에 거주하는 자들을 대상으로 했다.[101] 세종 12년(1430) 경상도관찰사의 요청에 따라, 왜어(倭語)를 공부시키기 위해 왜인들이 머무는 각 포의 선군(船軍) 가운데서 어리고 총명한 자를 뽑아, 배우게 했다. 그 이유는 무엇일까. 한량의 자제들로 하여금 배우게 한다면, 대부분 그들의 부형으로 봉족(奉足)을 삼으려고 해서 수군이나 육군 장정인 그들을 일일이 보충하기가 어려웠기 때문이다.[102]

---

98) 『태조실록』 권6, 3년 11월 을묘. 연소총민(年少聰敏)에서 연소는 10~15세 사이를 말한다(『세종실록』 권66, 16년 11월 기축).

99) 『세조실록』 권28, 8년 4월 계미.

100) 『성종실록』 권3, 1년 2월 병인.

101) 『세종실록』 권42, 10년 12월 병술.

102) 『세종실록』 권50, 12년 10월 무인. 사역원과 풍수학에 소속된 자는 모두 사대부 자제가 아니고, 거의가 외방의 한미한 사람으로 채워졌다는 지적은 이를 뒷받침해 준다(『성종실록』 권98, 9년 11월 임술).

2) 향리와 서리

향리(鄕吏) 자손의 과거 진출 상황을 보면, 조선전기에만 문과에 3명의 공생(貢生)이 합격했으며,[103] 생원진사시에는 84명이 합격했다.[104] 향리 출신으로 문과에 합격한 뒤에 고관이 된 9건의 사례를 밝힌 연구도 있다.[105] 향리의 과거 응시가 법제상으로 금지된 것은 아니었다. 법제상으로 제한은 없었지만, 녹명(錄名) 시에 사조(四祖) 심사와 보단자(保單子)를 제출하게 한다든지, 학례강(學禮講)에는 4서(書)와 1경(經)의 강시험을 추가로 통과해야 하는 등 부가 조항을 두었다.[106] 따라서 향리가 사족이라 칭하며 문과 시험을 보는 경우도 있었다.[107]

그러면 잡과의 경우는 어떠했을까. 향리 삼정일자(三丁一子)는 잡학

103) 원창애, 「조선시대 문과급제자 연구」, 한국학중앙연구원 한국학대학원 박사학위 논문, 1997, 111~112쪽. 그런데 한영우는 태조와 정종 대에만 3명이 문과에 합격했다고 보았다(한영우, 『과거 출세의 사다리』 1, 지식산업사, 2013, 112쪽).

104) 최진옥, 『조선시대생원진사연구』, 집문당, 1998.

105) 한영우, 「조선후기 「중인」에 대하여: 철종조 중인통청운동자료를 중심으로」, 『한국학보』 45, 1986, 78~79쪽.

106) 향리에 대한 실제적인 차대였다. 양인의 과거 응시에 대해서는 제한하는 규정을 두지 않으면서 향리나 서얼의 과거 응시를 제한한 까닭은 이들이 양반 다음의 신분으로 양반에 도전할 수 있는 주요한 신분이라 여겼기 때문이다. 이들의 과거 응시를 제한함으로써 자신들의 지배신분층으로서의 지위를 유지하려고 했다. 하지만 과거 응시에 제약을 받지 않는 양인이 제약을 받은 향리보다 사회적 지위가 높았다고 할 수는 없겠다.

107) 권지 성균학유(成均學諭) 이형기(李馨期)는 정산현의 아전으로, 그 가문의 계통을 숨기고 사족이라 가칭, 경자년 과거에 합격했다. 이에 대해 사헌부에서 탄핵, 본래대로 아전 역에 복무하게 하고, 그를 보증 천거한 김남수와 윤회종을 논죄하도록 했다. 결국 세종은 홍패를 빼앗는 것으로 마무리했다(『세종실록』 권11, 3년 1월 기묘).

생도를 거쳐 기술관에 입속할 수 있었다. 부족한 몽학 생도를 왜학 생도의 예에 의하여 경기·충청도의 향교 교생 중에 영리한 자와 향리의 삼정일자 중에 문리를 잘 깨칠 만한 자로서 가려 보내 익히도록 했다.[108] 그들은 잡과에 응시할 수 있었으며, 실질적인 제한은 없었다. 향리 삼정일자가 합격하면 그 자손의 향역을 면해주도록 했다.[109]

세종 2년(1420) 향리의 삼정일자가 아닌 경우에도 잡과 응시를 허락하는 폐단이 있자, 관찰사가 증빙 서류를 조사해, 응시하도록 했다.[110] 그러나 향역을 피하기 위해 기술관에 입속하는 것은 금했다. 세종 12년(1430) 원주 향리 안지(安智)가 향역을 피하기 위해 몰래 전의감에 전속, 외람되게도 8품의 직품을 받은 사건이 발생하자, 직첩을 거두고 본역(本役)에 종사하도록 했다.[111] 삼정일자는 잡과에 응시하기 전에 관직에서 물러나도록 했다.[112] 그리고 삼정일자가 아니라 하더라도 특별한 경우에는 잡과 응시를 허락해 주었던 것으로 보인다. 진주 아전 정습(鄭習)은 삼정일자는 아니지만 열녀의 아들로서, 예조에서 절의를 장려하고 풍속을 권면하기 위해 잡과 보는 것을 허락했다. 그는 풍수의 술법을 배워서 잡과에 응시했으며,[113] 서운관 감후(監候)를 역임했다.[114]

16세기 초 잡과 합격자를 분석해 보면, 향리가 3명 있다. 중종 8년

---

108) 『성종실록』 권73, 7년 11월 무오.

109) 三丁一子中 雜科及書吏去官者 并免子孫役(『경국대전』 권1, 이전 향리).

110) 『세종실록』 권8, 2년 3월 임인.

111) 『세종실록』 권49, 12년 8월 기축.

112) 『연산군일기』 권43, 8년 4월 병오.

113) 『세종실록』 권8, 2년 5월 갑술.

114) 『세종실록』 권65, 16년 7월 경자.

(1513) 역과 합격자 변예근(邊禮根, 본관 陽川), 중종 2년(1507) 율과 합격자 최운(崔沄, 거주지 慶州), 중종 8년(1513) 율과 합격자 문청(文漬, 본관 楊州, 거주지 昌平)이다. 그들 부친은 각각 정조호장, 안일호장, 호장으로 향리의 상층부를 구성하고 있던 호장층에 속한다. 요컨대 향리라 해도 상급 향리층[호장층]의 아들이 잡과에 응시했음을 알 수 있다. 그럼에도 잡과 합격자 413명 중 공생이 3명에 그친 것은 향리 삼정일자의 잡과 진출이 그다지 많지 않았음을 말해준다. 그런데 앞서 지적했듯이, 향리의 자손들이 먼저 잡학 생도가 되어 기술관서에 입속한 후에 재관자로서 잡과에 응시한 것과도 연관이 있을 것이다.

지방의 향리뿐 아니라 중앙의 서리들도 기술관에 입속할 수 있었던 것으로 보인다. 서리로서 서운관원을 거쳐 정3품 당하 관상감 정을 지낸 안효례가 그런 예에 해당한다. 본래 전농시(典農寺) 서리였던 그는 음양풍수학을 업으로 서운관에서 근무했다. 부정, 판관, 정 등을 지냈다.[115] 세조 6년(1460) 경진년 무과에 급제한 뒤에 훈련부사, 판사 등을 역임했다.[116] 음양학으로 세조의 총애를 받았으며, 예종 즉위년, 당상관으로 승급했다.[117] 하지만 서리 출신 안효례는 기술직을 거쳐 무과에 급제, 당상관으로 승급했지만, 출신 성분이 항상 평가의 잣대로 따라다녔다.[118] "부질없이 스스로 옳다고 고집하고 남을 애써 이기려고 했으며, 왕이 배우로 길렀다"는 혹평을 받고 있다.[119] 성종 8년

115) 『세조실록』 권23, 7년 1월 계해.

116) 『세조실록』 권34, 10년 8월 임오 및 권46, 14년 5월 정해.

117) 『예종실록』 권1, 즉위년 10월 기축.

118) 안효례를 평하는 데 있어서는 그가 서리, 서도(胥徒) 출신임을 항상 밝히고 있다(『예종실록』 권5, 1년 5월 무신).

119) 『세조실록』 권23, 7년 1월 계해.

(1477)의 "산사(算士)와 검률(檢律)은 모두 옛적 서리(胥吏)의 유(流)"라든지, "아리(衙吏)"라든지 하는 집의 김승경과 영사 노사신 등의 말을 보건대, 이서 계층이 잡과중인과 산원 등의 기술관으로 충원되기도 했다는 것을 확인할 수 있다.[120)]

3) 서얼

서얼은 사족의 혈통을 이어받았으면서도 모계의 신분이 천류였던 까닭에 사족 대우와 지위를 누리지 못했다. 서얼에 대한 차대는 태종 15년(1415) 6월 우부대언 서선 등 6인의 종친 및 각 품관의 서얼 자손을 현관(顯官)에 임명하지 말 것을 건의한 데서 비롯되었다.[121)] 하지만 그것은 어떤 한 요인 때문이 아니라 조선전기의, 전반적인 정치 · 사회적 제 요인의 복합작용에 의해 발생했으며, 서얼금고법과 한품서용으로 법제화되었다. 서얼은 문무, 생원진사시에 응시할 수 없을 뿐만 아니라, 봉사(奉事), 입후(立後), 상속(相續) 등에서 차별을 받았다.[122)]

---

120) 『성종실록』 권82, 8년 7월 경진. 율관은 역관, 의관, 음양관 상급 기술관과는 달리 종6품에서 거관(去官)했다. 때문에 조정의 기술직 중인의 동반 수반에 대한 논의에서도, 율관은 산원과 함께 논란이 되고는 했다.

121) 『태종실록』 권29, 15년 6월 경인. 서선의 정도전에 대한 사적인 감정, 태종의 적서 구별 등이 서얼을 차대하고 금고하는 데 영향을 미쳤다.

122) 『경국대전』 권3, 예전 봉사 및 입후, 권5 형전 사천조. 과거에 응시하고자 하는 사람은 시험에 앞서 자신과 사조(부 · 조 · 증조 · 외조)의 인적 사항을 기록한 사조단자(四祖單子)와 6품 이상 관원의 신원보증서인 보단자(保單子)를 제출하고, 이들 서류에 하자가 없어야만 응시가 허락되었다(『경국대전』 권3, 예전 제과 및 『속대전』 같은 조). 과거 합격자 명부인 방목(榜目)에 4조가 기록된 것도 바로 이러한 배경에서 연유한다.

하지만 부친이 양반관료일 경우, 관직에 진출할 수 있는 방법이 없지는 않았다. 이른바 음덕에 의한 관직 진출이었다. 양반 입장에서는 서얼의 관계 진출을 막아 자신들의 지위와 권한을 지켜야 했으나, 자신이 첩자손을 두고 있다는 모순으로 인해 관직 혜택을 부여하려는 가부장의 입장을 적절하게 조율할 필요가 있었다. 그 산물이 바로 한품서용이다. 『경국대전』 한품서용조는 그 범위를 다음과 같이 규정했다.

> 문무관 2품 이상의 양첩(良妾) 자손은 정3품에 한정하고, 천첩(賤妾) 자손은 정5품에 한정하며, 6품 이상의 양첩 자손은 정4품에 한정하고, 천첩 자손은 정6품에 한정하며, 7품 이하로부터 관직이 없는 사람에 이르기까지의 양첩 자손은 정5품에 한정하고, 천첩 자손과 천인으로 양인이 된 자는 정7품에 한정하고, 양첩자의 첩자손은 정8품에 한정하여 서용한다.[123]

관원의 양첩과 천첩의 자손, 즉 서얼을 임용할 때는 부조(父祖)의 품계에 따라 일정 한도까지 제한하고, 그 이상의 품계에는 서용하지 못하도록 했다. 기본적으로 서얼금고 의도에서 나온 것이다. 이 규정의 제정 과정을 보면, 세종 28년(1447) 2품 이상의 양첩자와 승중자는 충순위 및 성중관에 취재 입속하는 것을 허용한다[124]는 조항이 삭제된 반면, 한품서용조에 세부 사항이 추가되었다. "2품 이상의 첩자는 사역원 · 관상감 · 전의감 · 내수사 · 혜민서 · 도화서 · 산학 · 율학의

123) 『경국대전』 권1, 이전 한품서용.

124) 二品以上嫡室無子 而良妾長子孫承重者 許於忠順衛及成衆官 取才入屬(『세종실록』 권114, 28년 10월 계축).

직에 재능에 따라 임용하는 것을 허락한다"는 것, 다시 말해 기술직에 제한 수직되었다.[125] 원래 본 규정은 양첩·천첩 자손을 가리지 않았던 것을 성종 13년(1482) 예조의 상언에 따라 사역원·관상감·전의감에는 양첩 자손만이 허속되도록 하고, 천첩 자손은 혜민서·도화서·율학·산학 등의 아문에 입사할 수 있게 했다.[126]

여기서 주목해야 할 것은, 우선 기술아문에 입사할 수 있는 대상이 문무 2품 이상의 양첩·천첩 자손에 한정된다는 점,[127] 그리고 입사 방법은 취재였다는 점이다. 그러면 그들은 잡과를 통해 기술아문에 입속할 수 있었을까. 이와 관련하여 『경국대전』 제과조를 검토해 보면 과거금고의 내용은 다음과 같다. "죄를 범해 영구히 임용할 수 없게 된 자, 장리의 아들, 재가하거나 실행한 부녀의 아들 및 손자와 함께 서얼 자손은 문과와 생원진사시를 응시하지 못한다."[128]

이에 대해, 문과와 생원진사시에 응시하지 못하게 했으니, 명시하지 않은 잡과는 응시할 수 있었던 것으로 해석할 수도 있다. 당시에도 해석이 논란거리가 되었다. 이는 서얼의 잡과 응시를 허용한 규정은 아니다. 그렇게 된 것은, 중종 38년(1543)에 편찬한 『대전후속록』부터다. 2품 이상 문무 관료 첩의 증현손(曾玄孫)에게 잡과 응시를 허용한 것이

---

125) 『경국대전』 권1, 이전 한품서용.

126) 『성종실록』 권139, 13년 3월 기묘. 같은 잡과중인이나 역관, 의관, 음양관은 3품까지 승급할 수 있었으나 율관은 6품까지 승급할 수 있도록 한품서용했다.

127) 3품 이하의 첩자손에 대한 수직 규정은 없다. 그들은 실직 제수가 거의 불가능해, 대부분 군역(軍役)을 마치면 한품계(限品階)에 따라 산직(散職)을 제수받거나 군역 종사 중 체아직에 머물 수 있었던 것으로 보인다.

128) 犯罪永不敍用者 藏吏之子再嫁失行婦女之子及孫 庶孼子孫 勿許赴文科生員進士試(『경국대전』 권3, 예전 제과). 이 외에 귀양 간 사람들의 아들도 과거를 볼 수 없다가 영조 39년(1763)에 허락했다(『영조실록』 권102, 39년 8월 무자).

다.[129] 이처럼 법규화하기까지 조정에서는 다음과 같은 논의가 있었다.

연산군 3년(1497) 종2품 동지중추부사 이공(李拱)의 첩자 이칭수(李稱壽)의 잡과 응시 요청 건이다. 첩자였던 그는 잡과에 응시하게 해줄 것을 조정에 요청했다. 연산군은 그 문제를 논의하게 했다. 논의 과정을 보면, 당시 대신들이 서얼의 잡과 응시를 어떻게 여겼는지 알 수 있다. 윤필상은 보게 하는 것이 무방하다고 했으며, 대신 노사신, 어세겸, 한치형 등도 같은 의견이었다. 반면에 신승선·정문형은 불가하다고 했다. 왕은 윤필상의 의견을 따라 허용했다.[130] 하지만 곧 논란을 불러왔다. 다음 날 천출(賤出)에게 의과 시험을 허락한 것을 두고, 상호군(上護軍) 송흠(宋欽) 등이 상소문을 올렸다.

> 명분이란 국가의 큰 법칙으로 의술이란 만백성의 목숨을 맡은 것이므로 소중한 것입니다. 따라서 의료기관을 설치하고 세계(世系)에 험이나 허물이 없는 자를 선택해서 소속되게 했으므로, 사대부로서 재주와 학식이 있는 자가 혹 문과나 무과에 떨어지면, 곧 여기에 투신하여 탁마하고 연구해서, 세상의 명의(名醫)가 되었습니다. 그런데 근년에 와서 사류(士類)들이 수치로 여기어 소속되기를 원하지 않는 것은, 까닭이 있습니다. 바로 세종조 때 훈로(勳勞)를 존중히 여겨, 2품 이상의 승중(承重)한 서자를 성중관에 속하도록 하는 법을 만들었으니, 이는 대신의 후사가 끊어지는 것을 중대시한 의도였습니다. 그래서 새 『대전』이 될 적에, 2품 이상의 서자와 친족들을 소속케 하매, 천출 서자들이 폭주해 와서 소속되었으므로 존비귀천이 다시 구별할 수 없게 되자, 사대부들이 더불어 짝이 되는 것을 수치

129) 『대전후속록』 권3, 예전 제과.

130) 『연산군일기』 권25, 3년 7월 신축.

로 여겨 거의 달아나고 말았습니다. 따라서 이공의 서자 이칭수가 상언하여 의과를 보게 해달라고 애원한 것은 자기 분수를 모르고 국법을 무시하는 일로 적서의 구분이 없어지는 것입니다.[131]

여기서 『대전』은 『경국대전』이며, 직접적으로는 한품서용조의 규정을 가리킨다. 그 규정에 따라 천출 서자들이 폭주해 오자, 사대부들이 수치로 여겨 거의 달아나고 말았는데, 이제 취재뿐만 아니라 잡과 응시를 허용하게 되면, 적서의 구분이 없어질 것이라 했다. 다소 긴 내용이지만 기술직 중인(상호군 송흠이 의관[132])이 서얼들의 기술관서 입속을 어떻게 보고 있는지 알 수 있는 흥미로운 기사다. 서얼의 잡과 응시를 극구 반대한 것이다. 하지만 연산군은 받아들이지 않았다. 이에 다시 상소문을 올려 이의를 제기하자 다시 논의하게 했다. 승정원에서 다음과 같이 아뢰었다.

신묘년(성종 2년, 1471) 『대전』의 여러 조목에 이르기를, '서얼의 자손은 과거 보는 것을 허하지 아니한다' 했고, 『신대전』에 '과거를 보는 것은 허하지 않는다' 하고, 그 아래에 문과 · 생원진사 등의 글자를 덧붙였으며, 잡과는 거론하지 않았습니다. 그러므로 사람 등이 위에 기록된 문구를 그릇 보고서 잡과에 대해서는 첩자도 시험 볼 수 있다고 여긴 것입니다. 신들의 생각으로는 잡과는 향시(鄕試)가 없고, 문 · 무과와 생원 · 진사는 향시가 있기 때문에 분별해서 말한 것이며, 첩자에게 잡과 보는 것을 허락한다고 이

131) 『연산군일기』 권25, 3년 7월 임인.

132) 성종 25년(1494) 원손 탄생을 맞아 의원 송흠은 의관 김흥수와 함께 특별히 포상을 받았다(『성종실록』 권287, 25년 2월 갑신).

른 것은 아닙니다. 앞서 대전의 '시험 보는 것을 허하지 않는다'는 문구를 보면, 과거를 보지 못하게 된 것이 분명하오니, 대전의 글로써 시행하는 것이 좋겠습니다.[133]

서얼은 문무과와 생원진사시뿐 아니라 잡과에도 응시할 수 없다는 승정원의 의견을 좇아, 연산군은 허락하지 않았다. 다음 달 다시 서얼의 잡과 응시를 둘러싸고 논의를 재개했고, 이미 한품서용으로 의사(醫司)에 속하게 했으니 무방하다는 결론을 얻었다.[134] 의과에 응시할 수 있었던 것은, 그의 누이동생이 연산군의 총애를 받은 후궁[숙원]이라는 점과 무관하지 않다.[135] 열한 살 때 시녀로 소혜왕후전(昭惠王后殿)에 입시한 그녀는 연산군이 동궁(東宮)으로 있을 때 그리로 가게 되었다. 그리고 그 후에 후궁이 되었다.[136] 연산군 4년(1498), 이칭수는 식년시 의과에 응시, 2등으로 합격했다.[137] 그 시험에는 다른 2품관의 첩자들도 응시하여 합격했음을 확인할 수 있다. 몇 가지 사례를 더 살펴보면 다음과 같다.

---

133) 『연산군일기』 권25, 3년 7월 을축.

134) 『연산군일기』 권26, 3년 8월 갑술.

135) 이칭수의 아버지 이공에게는 첩 소생으로 이칭수 외에 형수(亨守), 연산군의 후궁이 된 정이(貞伊)가 있다. 이형수는 전의감 직장을 역임했으며 그의 아들 이거(李蕖)는 중종 35년(1540) 식년시 의과에 합격하여 내의원의 정을 지냈다(『嘉靖十九年庚子四月日式年榜目』, 고려대학교도서관).

136) 『중종실록』 권16, 7년 8월 무신.

137) 『의과방목(醫科榜目)』(하버드옌칭도서관), 연산군 4년 무오 식년시.

[사례 1] **연산군 4년(1498) 식년시 역과 합격자 이세규(李世規)**

본관은 광주(廣州). 종6품 사역원 주부를 지냈다. 부친 이극돈(李克墩)은 세조 3년(1457) 알성시 문과에 합격, 종1품 찬성을 역임했다. 조부 이인손(李仁孫)은 태종 17년(1417) 식년시 문과에 합격한 뒤 정1품 우의정, 증조부 이지직(李之直)은 문과에 합격한 뒤 정3품 형조참의를 지냈다. 이극돈은 이세규 이외에 세전(世銓) · 세경(世卿) · 세정(世貞) · 세윤(世綸)을 아들로 두었다. 세전은 성종 14년(1483) 식년시, 세경은 성종 11년(1480) 식년시, 세정은 연산군 7년(1501) 식년시 문과에 합격했으며, 세윤은 무과에 합격했다. 그런데 이세규는 광주이씨 계보에서 확인되지 않는다.[138]

[사례 2] **연산군 4년(1498) 식년시 의과 합격자 신승손(申承孫)**

본관은 평산(平山). 부친은 신계동(申繼童). 신계동의 관품은 알 수 없으나 실록을 통해서 가계를 추적할 수 있다. 신계동은 종2품 인순부윤(仁順府尹) 신자근(申自謹)의 아들이며, 신승손의 증조부는 도총제(都摠制) 신효창(申孝昌)이다. 신효창은 개국 당시 음관으로 사헌부 시사에 올랐으며, 상장군에 천거되었다. 그 후 대사헌 · 충청도 도관찰사 · 동지총제 · 좌군도총제로 승진했으나, 죄를 받아 삭직, 전라도 무주로 귀양 갔다.

7년간의 귀양을 마치고 서울로 돌아왔다. 마침 그의 손녀가 왕자와 혼인하게 되어 고신을 돌려받았으며, 세종 22년(1440) 죽으니 아들로는 자근(自謹) · 자경(自敬) · 자수(自守)가 있었다.[139] 단종 2년(1456) 첫째 아들 인순부윤 신자근이 적자가 없이 죽으니 제사를 받드는 문제가 논란이 되었

---

138) 이창현, 『성원록(姓源錄)』, 오성사, 1985, 234~236쪽; 윤직구, 『만성대동보(萬姓大同譜)』 상, 명문당, 1931 · 1983, 99쪽.

139) 『세종실록』 권90, 22년 8월 을해.

다.[140] 성종 1년(1470) 결국 신효창의 제사는 신자수의 손자인 신승민(申承閔)에게 맡기고, 신자근의 제사는 그의 첩자 신계동에게 맡도록 했다.[141] 이를 통해 신계동이 평산신씨 집안의 서얼이라는 것을 알 수 있다. 신승손의 직계를 정리하면, 증조부 신효창(종2품 사헌부 대사헌) → 조부 신자근(종2품 인순부윤) → 부친 신계동(서얼)이다. 그는 신계동의 아들로 연산군 4년(1498) 의과에 합격해 의관으로 입신했다.[142]

[사례 1]은 부친이 종1품 찬성, [사례 2]는 조부가 2품 이상이고, 부친이 서얼인 경우다. 『대전후속록』의 2품 이상 문무 관료 첩의 증현손의 잡과 응시를 허용한다는 규정에 따라 문무관 2품 이상의 서얼로 잡과에 응시했던 것으로 보인다. 중종 4년(1509) 전의감 주부 신희호(申希浩) 역시 잡과 응시를 요청하여 허락받았다.[143]

이전에는 서얼은 특은이 아니면 과거에 응시할 수 없었다. 세조 4년(1459) 특지로 평양부원군 조준의 첩외손 안유 · 안혜의 과거 응시를 허용했다. 이에 예문봉교 정란종, 성균박사 정자청, 교서랑 조서정 등은 서얼이 잡과에 응시한다고 해도 참여할 수 없는데, 하물며 문무 양과에 허용할 수 있겠느냐고 상언했다.[144] 서얼이 문무과는 물론이고

---

140) 『단종실록』 권12, 2년 11월 을묘.

141) 『성종실록』 권6, 1년 6월 신미. 이 집안의 봉사 건은 다시 논의되었다(『성종실록』 권107, 10년 8월 갑오).

142) 이 외에도 공조판서 김양경의 아들 김괴, 공조참판 이영의 아들 이지손, 공조참의 이계기의 아들 이경이 연산군 4년(1498) 의과에 합격했다.

143) 典醫監主簿申希浩等 以庶孼欲赴雜科 陳疏議諸三公 命許赴(『중종실록』 권8, 4년 4월 임술).

144) 『세조실록』 권21, 6년 8월 경오. 유생 이옹이 생원 초시에 합격하여 복시에 응시 합격했으나 서얼로 드러나 방목에서 삭제하고 백패를 거두었다(『성종실록』 권

잡과에도 응시할 수 없었음을 뒷받침해 준다고 하겠다.[145)]

하지만 잡과의 경우 특은에 의해서는 가능했던 것으로 보인다. 그런 예로 성종 2년(1471) 식년시 음양과 합격자 성담기(成聃紀)를 들 수 있다. 본관은 창녕(昌寧), 부친은 문종 1년(1450) 문과 식년시에 합격하여 조산대부 행교서교리 겸승문원 교리(朝散大夫行校書校理兼承文院校理)를 지낸 성희(成熺)다.[146)] 그 집안은 창녕성씨(昌寧成氏) 성현(成俔)이 『용재총화』에서 지적한 것처럼, 과거를 통해 입신한 당대의 명족가문이다. 아들로는 담기 이외에 담수(聃壽)·담년(聃年)·담명(聃命)·담령(聃齡)·담중(聃仲)이 있다. 담수는 생육신의 한 사람이며, 담년은 성종 1년(1470) 별시문과, 담명은 생원, 담령은 진사, 담중은 생원에 합격했다. 담기는 서자다.[147)] 그의 잡과 응시는 성종의 특은에 의한 것이었다. 성희는 세조 2년(1456) 교리로 출사 중에 사육신 사건에 연루되어 유배되어 적몰의 형벌에 처해졌다가,[148)] 성종 2년(1471) 고신을 돌려받았다.[149)] 바로 그해, 성담기는 잡과에 응시하여 합격했다.

이상의 논의를 통해서 다음과 같은 점을 알 수 있다. 우선, 양반층

226, 20년 3월 기미 및 7월 임오).

145) 兵曹啓 各品妾産 赴武科則不可 只許春秋都試 終之(『세종실록』 권28, 7년 5월 무인). 서얼은 무과로 나가지 못하는 대신 무예도시(武藝都試)로 진출하게 했다.

146) 『문종실록』 권13, 부록.

147) 성담기의 경우 『창녕성씨회곡파세보(昌寧成氏檜谷派世譜)』(국립중앙도서관)에서 확인할 수 있다. 창녕성씨 가계에 관해서는 이태진, 「15세기후반기의 「거족」과 명족의식」, 『한국사론』 3, 1976 참조.

148) 『세조실록』 권4, 2년 6월 을축.

149) 『성종실록』 권9, 2년 2월 병오. 성희가 유배지에서 풀려난 것은 세조 7년(1461)이다(『세조실록』 권24, 7년 6월 을해).

에서 도태된 서얼을 기술관 충원의 큰 부류로 보았지만,[150] 실은 문무과 2품 이상의 첩자에만 해당되었다. 양첩 자손은 사역원·전의감·관상감 등의 아문에 입속할 수 있었으며, 천첩 자손은 혜민서·도화서·율학·산학 등의 아문에 입속할 수 있었다. 정종 대 의원 양홍도의 어미가 본래 김윤택의 계집종이었다는 기록,[151] 명의 양홍달과 홍적의 어미가 천인이었다는 기록 등이 서얼의 기술관서 재직 사실을 확인해 준다.[152]

그렇다면 부딪히게 되는 문제는 기술관서에 서얼이 과연 어느 정도 입속했는가 하는 점이다. 연산군 3년(1497) 서얼의 잡과 응시를 반대하는 상호군 송흠의 상소로 되돌아가 보자. 그 상소는 서얼의 기술관 입속과 관련해서 중요한 점을 시사해 주고 있다. 첫째, 예전에는 의료기관에 사대부로 재주와 학식이 있는 자가 문과나 무과에 떨어지면 투신해서 탁마하고 연구해서 세상의 명의(名醫)가 되었다는 것, 둘째, 그런데 2품 이상의 서자들이 폭주해 와 소속되었다는 점, 셋째, 그로 인해 사대부들이 같은 부류로 여겨지는 것을 수치로 여겨 대부분 달아났다는 점을 지적하고 있다. 의관 출신인 상호군 송흠 자신이, 성종 19년(1488) 당시 조정의 거센 반대를 겪고 첨지중추부사에 승급한 인물이라는 점을 감안하면[153] 다소 과장된 표현으로 보일 수도 있다. 하지만 서얼의 한품서용에 따라 기술관서 입속이 증가했다는 점을 말해 주기에는 충분하다고 하겠다.

---

150) 이성무, 앞의 논문(1978), 351쪽.

151) 『정종실록』 권1, 1년 8월 계묘.

152) 『정종실록』 권1, 1년 3월 갑신.

153) 『성종실록』 권216, 19년 5월 계미.

또한 첩자들에 대한 잡과 응시 규정은 특은에 의한 사례도 없지 않지만, 적어도 연산군 4년(1498) 이후에 이루어졌다는 점이다. 다시 말해 조선전기 서얼이 기술관에 입사한 것은, 2품 첩취 자손으로 재능에 의해서만 입속할 수 있었다. 서얼은 잡과를 통해서는 기술관에 입속할 수 없었다. 태조 6년(1397) 잡과를 처음 설행한 뒤, 연산군 4년(1498) 서얼의 잡과 응시가 공식적으로 이루어지기까지 39회(식년시 33회, 증광시 6회) 잡과를 실시했다.[154] 정원대로 선발했다면, 1회에 잡과 선발 인원이 46명이므로,[155] 46명×39회=1,794명의 잡과 합격자를 배출한 것으로 추산된다. 실제로는 그보다 적었을 것으로 추정되지만,[156] 약 천여 명의 고급 기술 관료는 서얼이 아닌 다른 계층에서 충원했다는 점을 주목해야 할 것이다. 기존 연구에서 양반층에서 도태된 서얼을 조선전기 기술관의 주류 충원층으로 보았으나,[157] 그들은 서얼 중에서도 2품 이상의 첩자손이며, 또 잡과에는 진출하지 못했다는 점을 지적해 두고자 한다.

4) 기술직 종사 양반

조선은 건국 후 양반의 자서(子壻)와 제질(弟姪)에게 기예를 익히도록 했다. 태조 6년(1397) 의흥부에 사인소(舍人所)를 설치, 그들에게 경

---

154) 이남희, 앞의 책(1999), 287~288쪽.

155) 『경국대전』 권1, 이전 제과.

156) 잡과 합격자를 정원대로 선발한 것은 19세기 들어서다.

157) 이성무, 앞의 논문(1978), 351쪽.

사(經史)와 병서뿐 아니라 율문(律文), 산수(算數) 등의 기예를 이습시키도록 했다.[158] 장래의 발탁과 임용에 대비하기 위해서였다. 태종 2년(1402)에는 의원을 설치, 양반 자제를 선발하도록 했다.[159] 이어 태종 16년(1416) 이조와 병조에서 공신과 2품 이상의 자제 등을 서용하자는 방안을 제시했다. 서학(書學)·산학(算學)·율학(律學)을 양반이 익혀야 할 덕목으로 보았던 것이다.[160] 이는 주목해야 할 점이라 하겠다. 그리고 태종 13년(1413)에는 사역원에 문신훈도관을 두어, 사역원 학생들이 한음(漢音)만 전습해 의리(義理)가 같은 것임을 깨닫지 못하는 것에 충분히 대비하도록 했다.[161] 문신들에게 기술학을 이습하도록 했을 뿐만 아니라 역과 시험에 사서를 포함해, 유학을 익히도록 했다.[162] 세종 11년(1429), 중국의 사신을 접대할 때나 사신으로 갔을 때, 잘못 통역해서 조롱과 비웃음을 사게 된다면서, 의관자제(衣冠子弟)를 뽑아 문의(文義)를 통하게 하고자 했다.[163]

기술학에 대한 인식은 어디까지나 '실용적'인 학문이라는 것이었다. 세종 때, 집현전 유신들에게 풍수학을 강명(講明)하게 하자, 사헌부는 "지리의 술법은 지리하고 망령된 것이어서 성경현전(聖經賢傳)에 보이지 아니하고, 유식한 선비가 모두 말하기를 부끄러워하는바"라고 상

---

158) 『태조실록』 권11, 6년 1월 정축.

159) 『태종실록』 권3, 2년 1월 을해.

160) 三品以上及曾經臺諫政曹子弟 一依續典所載 年十八歲以上有才幹者 令大小官薦擧 并錄內外祖父職名 呈本曹 以書算律 試其能否 方許敍用 以杜請謁之門(『태종실록』 권32, 16년 7월 정유).

161) 『태종실록』 권25, 13년 6월 을묘.

162) 宜并講四書 以全其業(『세종실록』 권93, 23년 7월 정미).

163) 『세종실록』 권45, 11년 9월 기유.

소했다. 세종은 "세상 사람들이 집을 짓고 부모를 장사 지낼 때에 모두 지리를 쓰고, 또 우리 태조·태종께서도 도읍을 건설하고 능침을 경영하심에 모두 지리를 쓰셨는데, 어찌 아뢴 말과 행한 것이 서로 다르냐"고 꾸짖었다.[164] 나아가 "산수(算數)를 배우는 것이 임금에게는 필요가 없을 듯하나, 이것도 성인이 제정한 것이므로 나는 이것을 알고자 한다"고 하면서 계몽산(啓蒙算)을 배우고자 했다.[165] 세종은 천문과 역산에 이해가 깊었으며, 그것은 세종조에 과학 문화가 발전한 것과 무관하지 않다. 또 자신만이 아니라 조정 대신에게 적극 습득할 것을 권했다.[166] 세조는 문학과 활쏘기와 말타기에 뛰어났으며, 나아가 역학(曆學)·산학(算學)·음율(音律)·의술(醫術)·복(卜) 등의 기예의 일에 이르기까지 모두 능했다.[167] 그는 유자(儒者)라면 천문·지리·의약·복서를 모두 알아야 비로소 통유라 할 수 있다고 했다.[168]

세종 21년(1439) 강이관(講肄官)은 통사와 같이 중국에 가서 어학을 습득하도록 했다.[169] 또 문신들이 윤번으로 북경에 가도록 했다.[170] 이어 26년(1444)에는 권장책으로, 강이관 가운데 재간이 특이하고 조상 계통에 허물이 없는 자를, 문신강이관의 예에 따라 동반의 청요직에

164) 『세종실록』 권61, 15년 7월 정축.

165) 上學啓蒙算 副提學鄭麟趾入侍待問 上曰算數在人主無所用 然此亦聖人所制 予欲知之(『세종실록』 권50, 12년 10월 경인).

166) 『세종실록』 권51, 13년 3월 병자.

167) 『세조실록』 권1, 총서.

168) 上又論術數之學 謂右承旨李坡曰 凡爲儒者 盡曉天文地理醫藥卜筮而後始可謂之通儒 汝其能之乎(『세조실록』 권33, 10년 4월 무신).

169) 『세종실록』 권96, 21년 9월 갑술.

170) 『성종실록』 권147, 13년 10월 갑오. 질정관은 승문원에 설치한 직제로, 중국에 가서 중국 어음(語音)을 질정하는 것이 주요 임무였다.

제수하도록 했다.[171] 국가에서는 습독관(習讀官) 제도를 운영하여 양반이 기술학을 익히도록 했다. 대상은 문반관료들이었다. 잡학에 능통한 문신을 양성하기 위해 한학습독관 30명, 의학습독관 30명, 이문습독관 20명, 천문학습독관 10명을 두었다.[172]

성종은 사족에서 연소하고 총민한 자를 택하여 습독관에 소속시키도록 했다.[173] 성종 7년(1475), 강이관은 사관(四館)의 참외관과 성균관 · 사학(四學)의 유생 중에서 간택하여 임명했다.[174] 이어 성종 20년(1488)에는 의서습독관의 권장사목을 만들기도 했다.[175] 『경국대전』에 의하면, 의서습독관은 읽은 책들의 일과를 기록하고, 본조가 제조와 함께 강시험을 보여 여러 책에 능통한 자는 왕에게 아뢰어 현관(顯官)을 주고 본직(本職)을 겸임시키며, 나태한 자는 그 경중에 따라 죄를 주었다. 습독관 및 교수 내에 생원 · 진사는 그 근무 일수를 원점수로 간주해 주어 문과의 관시에 응시할 수 있게 해주고, 재예를 성취한 자로서 산관(散官)으로 있는 자는 항상 본청에 근무하게 하며 포폄 성적을 상고하여 동서반에 자리가 나는 대로 임용하도록 규정했다. 한학습독관도 그 일에 정통한 자는 왕에게 아뢰어 현관을 주고, 부경(赴京)할 때에는 중국에 갔다 온 일이 있는지, 근무 일수가 많은지 상고하여 뽑아 보냈다. 생원 · 진사의 근무 일수를 원점수로 간주해 주는

---

171) 『세종실록』 권103, 26년 1월 임술. 한학강이관은 세종 15년(1433) 연소 문신들에게 한어를 가르치기 위하여 사역원에 설치한 제도이며, 성종 이후 한학습독관이라고도 했다.

172) 『경국대전』 권1, 이전 경관직.

173) 『성종실록』 권16, 3년 3월 경술.

174) 『성종실록』 권67, 7년 5월 병진.

175) 『성종실록』 권226, 20년 3월 을축.

것은 의학습독관과 같았다.[176)]

이러한 노력과 조처에도 불구하고, 양반들은 가능한 한 기술학을 습득하려고 하지 않았던 것 같다. 계속되는 장려책은 습독관 제도의 부진을 반증해 주는 것으로 볼 수도 있다. 세종 15년(1423) 전 사재감 부정 박유전은, 관리들이 형법으로 출신하는 것을 부끄럽게 여기며, 또 율학에 용렬한 사람이 많다는 지적과 함께 문과 출신으로 임명할 것을 요청했다.[177)] 이듬해(1424) 전의감에 박학한 유의(儒醫)로 제수하여 의생을 가르치기 위해 겸정(兼正)·겸부정(兼副正)·겸판관(兼判官)·겸주부(兼主簿) 등 겸관(兼官)을 두었다.[178)] 하지만 세종 28년(1446) 혁파했다.[179)] 대부분 6조의 낭관으로 사무가 번거롭고 바빠서 처리할 여유가 없었기 때문이다.[180)]

따라서 성종 9년(1477) 사역원 관리는 모두 사대부 자제가 아니며, 대부분 외방(外方)의 한미한 사람이라는 지적이 나오게 된다.[181)] 그럼에도 조선전기 역대 왕들의 계속된 기술학에 대한 장려, 문신들의 습독관 제도 운영 등에 힘입어 양반으로 기술학에 정통해 출세한 사례를 찾아볼 수 있다. 16세기 『잡과방목』의 유학(幼學) 분포 양상에도 뒷받침된다고 하겠다. 이는 문신으로 기술직에 종사하는 사례가 적지 않았음을 말해준다. 다시 말해 양반층의 기술학 습득, 나아가 잡과 합격 현상을 반영한 것으로, 전체 합격자 전력의 18.4%를 차지했

176) 『경국대전』 권3, 예전 장려.

177) 『세종실록』 권60, 15년 5월 무오.

178) 『세종실록』 권65, 16년 7월 경자.

179) 『세종실록』 권111, 28년 1월 정유.

180) 『세종실록』 권111, 28년 1월 정유.

181) 『성종실록』 권98, 9년 11월 임술.

다.[182] 전력이 유학인 합격자의 부친을 보면, 대부분 하층 양반(특히 무반 계통) 기술관직이었다. 그리고 잡과 합격자 전력에서 유학은 16세기에만 나타나며, 그 비율 또한 감소하고 있다. 이후의 『잡과방목』에는 보이지 않는다.

이는 15세기 기술관 충원이 양반층에서도 이루어졌음을 뒷받침해준다. 조선전기 기술직으로 진출하던 양반은, 그러나 조정의 비난과 논란 등으로 인해 점차 하층 양반으로 내려갔던 것으로 보인다. 그런 비중도 낮아짐으로써 16세기 후반부터는 다른 직역 출신자들은 사라지고 기술관서 재관자의 비율이 증가한 것이다. 따라서 이들은 잡과 천류로 사족과 구별된다든지[183] 요즘의 어의는 옛날과는 자못 다르다든지 하는 평이 나오게 되었다.[184]

5) 기술관서 재관자 및 자손

기술관을 어떻게 정의해야 할 것인가. 과연 어디까지 기술관이라 할 수 있을까. 기술관서에 재직하는 자는 모두 기술관으로 볼 수 있을까. 그 관서의 최고 책임자 및 일정한 직위까지는 당연히 양반관료

182) 이남희, 「조선 중기 서울의 잡과중인 연구」, 『향토서울』 67, 2006. 같은 시기 문과 급제자의 전력에 나타나는 유학의 비율이 24%였던 것과 대비하면(송준호, 『이조 생원진사시의 연구』, 대한민국국회도서관, 1970, 37쪽) 적지 않은 비중이다.

183) 且三醫司 雜科賤類之人 雖以一時特恩 陞堂上 不差諸將之任者 非徒重其任也 乃辨別士族也(『명종실록』 권3, 1년 6월 임진).

184) 今之御醫 比古頗殊 與內侍無異 故特命給馬 出於予之妄料(『명종실록』 권33, 21년 윤10월 기유).

가 맡았다. 따라서 기술관서에 재직하면서, 정3품 당하관 이하의 실무 담당자를 기술관으로 볼 수 있다. 그들은 실제 잡학 실무를 담당한 관료층이었다. 실록 기사를 보면 그들 기술관서에서도 분명한 차대가 나타난다. 기술관서의 제조직, 도제조, 제조, 부제조는 기술관으로 분류되지 않는다. 이른바 정3품 당상관 이상에는 기술관을 임명하려고 하지 않았다. 기술관서 재직자라 하더라도 정3품 당하관이 기준이 된다. 정3품 당상관 제조직 이상은 문반이 관장한 고위 정무직이었으며, 정3품 당하관 정(正) 이하의 기술직은 기술관으로 보아야 하는 것이다.

기술관서의 재관자들이 상급 기술관으로 승급하기 위해 잡과에 응시하는 사례를 살펴보자. 재관자라면 이미 기술 관료라 할 수 있지만, 고급 기술관(종6품 이상의 참상관)의 충원이라는 측면에서 대상으로 삼았다. 이어 기술관의 자손들이 기술관으로 충원되는 사례를 검토해 보기로 하자.

기술관의 전문성은 개국 초부터 강조되었다. 태조 7년(1398) 서운관과 전의감은 그 관직을 세습, 그 사무를 정밀히 학습하게 했으며,[185] 시험을 실시할 때도 성적이 충족되지 않으면 정원에 구애받지 말도록 했다.[186] 기술관서의 재관자들은 잡과에 응시, 고급 기술 관료로 승급했다. 생도는 물론이고 7품 이하의 관리로서 그 분야의 조예를 가진 사람이면 누구나 응시하도록 했다.[187] 세종 7년(1425) 기술학의 전문성

185) 『태조실록』 권15, 7년 9월 경인.

186) 태조 3년(1394) 역과 선발 액수를 정하면서도 정원에 구애받지 않도록 했다(『태조실록』 권6, 3년 11월 을묘). 이는 조선후기에도 준용되었다(雖未充元額 惟才優者是取, 『정조실록』 권3, 1년 3월 임오).

187) 『태조실록』 권6, 3년 11월 을묘. 기술관서의 종6품 이상의 주부는 출신자로 임명하

을 강화하기 위해, 서운감과 전의감의 권지(權知) 역시 역학과 율학의 예에 따라 과거 출신한 자로 입속하게 하고, 또 출신하지 않고서 입속한 자는 모두 선발해 서용하도록 했다.[188] 이 규정은 세종 24년(1442)에도 확인된다. 본업 출신자가 아니면 전의감이나 사역원 등의 관직을 제수하지 않았다.[189]

같은 기술관이라 하더라도, 잡과 출신자를 우대했다. 그런 우대는 출신자와 비출신자, 고급 관료[참상관 이상]와 하급 관료를 나눌 수 있게 해주었다. 주로 재관자들이 시험에 응시해 관서 재직자의 전문성을 강화시켜 주었다.[190] 기술관서에 재직하면서 실무 능력이 뛰어난 사람은 잡과를 통해 승진할 수 있었다.

16세기 잡과 합격자의 전력을 보면 75%가 재관자다.[191] 현재 16세기 이전의 잡과 단회방목은 전하지 않아 전력을 정확하게 알 수 없다. 하지만 16세기 이전 잡과 응시자 역시 재관자가 많았을 것으로 미루어 추정해 볼 수 있다. 잡과 가계가 분명하게 형성되지는 않았지만, 나름대로 잡과 합격자를 배출하는 층이 형성되고 있었다. 앞에서 살펴본 바와 같이 문신을 중심으로 하는 조정 관료들의 차대가 곧 그들 집단에 대한 경계를 말해준다.

도록 한 것을 볼 때(『경국대전』 권1, 이전 경관직 및 『대전후속록』 같은 조), 잡과의 응시는 재관자들 중에는 주로 7품 이하의 사람들이 응시했던 것으로 여겨진다.

188) 『세종실록』 권27, 7년 1월 을미.

189) 本業出身者 勿授典醫司譯等官 已嘗立法(『세종실록』 권97, 24년 7월 계유).

190) 이러한 전문성은 기술관서의 재직자뿐 아니라 총책임자에도 요구되었다. 전의감은 의술을 업으로 하지 않는 자는 제수할 수 없는데, 김맹헌을 판사로 삼았다고 하여 개체하기를 요청했다(『단종실록』 권5, 1년 1월 정묘).

191) 이남희, 앞의 책(1999), 83쪽. 16세기 잡과 단회방목에 잡과 합격 당시 신분인 전력(前歷)이 기재되어 있다.

명의 노중례(盧重禮)와 전순의(全循義)의 경우를 보기로 하자. 노중례는 첨지중추부사에 올랐으며,[192] 전순의는 내의로 가정대부에 올랐다.[193] 문종 즉위년(1450) 기사는 이들을 '의가(醫家)' 출신이라고 표현했다.[194] 의술을 업으로 하는 사람 정도로 해석된다. 태종 18년(1418) 성녕대군과 경안공주의 발병에 적절히 대처하지 못했다 하여, 의원들을 의금부에 가두고 일일이 국문하자, 양홍달은 '그런 것은 의가(醫家)에서도 알 수 없는 것'이라 답변한 데서도 알 수 있다.[195] 성종 14년(1483) 명역 장유화와 김저에게 '역가(譯家)의 무리'라는 표현을 사용한 데서 역어와 의술을 업으로 하는 범주가 성립했음을 알 수 있다.[196] 실록에서 어학(語學)·의약(醫藥)·음양학(陰陽學) 등의 기예(技藝)에 능통한 사람을 잡학자(雜學者),[197] 잡과인(雜科人),[198] 잡학인(雜學人),[199] 잡술인(雜術人)[200] 등으로 칭한 것은 그러한 직능(職能)을 수행하는 집단이 있었음을 말해준다.

기술직을 세전하는 사례로는 역관 임언충과 아들 임군례,[201] 의관

---

192) 『세종실록』 권112, 28년 4월 기해.

193) 『성종실록』 권99, 9년 12월 기해.

194) 右人等 出身醫家 凡於其術 固當謹愼(『문종실록』 권1, 즉위년 4월 기묘).

195) 『태종실록』 권35, 18년 4월 갑신.

196) 『성종실록』 권156, 14년 7월 병신.

197) 『세종실록』 권30, 9년 5월 무오.

198) 『문종실록』 권5, 즉위년 12월 을해.

199) 『세조실록』 권43, 13년 8월 갑오.

200) 『성종실록』 권282, 24년 9월 임진. 잡술인은 천문·지리·명과 등의 음양학에 종사하는 사람을 통칭한다. 음양술수를 통해 택지(擇地)와 택일(擇日) 등을 맡았으며, 복서(卜筮)를 통한 의료 행위를 하기도 했다.

201) 『세종실록』 권11, 3년 2월 신해.

평원해와 아들 평평순을 들 수 있다. 그리고 태조에서 세종에 이르는 약 35년 동안, 4대 왕의 치료를 담당한 어의 양홍달과 아들 양제남과 양회남이 대표적인 사례다. 양홍달은 의술로 왕과 대신들의 병환을 치료해, 공조 전서 · 검교 승녕부윤 · 검교 한성윤 · 판전의감사를 제수받았을 뿐만 아니라 많은 하사품도 받았다. 의술로 공로가 있다 하여, 세종은 그의 아들 양제남과 양회남까지 3품을 제수하게 했다.[202] 제남과 회남 역시 대를 이어 의관으로 진출했다. 양홍달의 동생 양홍적 역시 의술로 검교가 되었으며, 원종공신에 녹훈되어 상으로 전결(田結)을 받았다. 그의 모친은 천인이었다. 부친이 누구인지 알 수 없지만, 아들 양제남 대에 양인 신분이 되었다는 것을 볼 때, 천인은 아니었을 것이다. 주목해야 할 것은, 모친이 천인이던 양홍달이 높은 관품 등을 역임했지만 의료 활동을 계속했으며, 게다가 두 아들까지 의관으로 진출해 3품에 제수되는 영광을 누렸다는 점이다. 그것은 오로지 의술에 의한 공로였다. 의술에 힘입어 출세할 수 있었던 것이다. 성종 24년(1492) "의관 · 역관 등은 비록 사족은 아니지만 3품 이상은 음덕(蔭德)이 자손에 미치게 된 지 유래가 이미 오래되었다"는 기사가 이를 뒷받침해 준다.[203]

202) 『세종실록』 권53, 13년 9월 기사.

203) 醫譯等官 雖非士族 然三品以上蔭及子孫 其來已久(『성종실록』 권282, 24년 9월 임진).

6) 향화인 등 기타 부류

조선은 개국 후, 고려 이래로 각종 기예에 능통한 사람을 선발하도록 했다. 태조 1년(1392) 도평의사사 배극렴 · 조준 등은 "각 도에서 형률과 산수(算數)에 정통하고 행정에 통달하여 백성들을 다스리는 직책을 맡길 만한 사람과, 천문 · 지리 · 복서(卜筮) · 의약(醫藥) 등 혹 한 가지라도 기예(技藝)를 전공한 사람을 자세하게 방문하고 재촉하여 조정에 보내어서, 발탁 등용하는 데 대비하게 하도록 하기"를 요청했다.[204] 문무뿐만 아니라 기능(技能)을 연마한 인물을 전국에서 발탁해서 서용하고자 했다. 이는 『경제육전』의 천용법에도 나타난다. 천문 · 지리 · 복서 · 의약 중 한 가지 기예를 전공하는 자를 탁용하도록 했던 것이다.[205]

새로이 건국한 조선은 대외관계 특히 명나라와의 관계를 중요시했다. 능숙한 역관이 많이 필요했으나 그 일을 맡아줄 사람이 부족했다. 그 역할을 향화인(向化人)이 담당하기도 했다. 고려에서는 한어도감(漢語都監)과 사역상서방(司譯尙書房)을 설치하고 중국어를 익히게 하여 한인(漢人)으로 거주하는 자가 매우 많았다. 개국 후에는 사역원을 설치, 방화(龐和) · 형화(荊華) · 홍집(洪楫) · 당성(唐城) · 조정(曹正) 등이 서로 이어 가르쳐 인재를 많이 배출했다.[206]

향화인은 중국이나 주변국에서 귀화한 사람이거나 그들의 후손을

---

204) 『태조실록』 권2, 1년 9월 임인.

205) 『태종실록』 권16, 8년 11월 경신.

206) 高麗設漢語都監及司譯尙書房 專習華語 其時漢人來寓本國者甚多. 至國初 置司譯院 如龐和荊華洪揖唐城曹正等相繼訓誨. 由是親炙習業 人才輩出(『세종실록』 권93, 23년 8월 을해).

가리킨다. 국가에서는 그들을 대외관계에 활용하는 한편, 정착시키기 위해 일련의 정책을 마련했다. 세종 16년(1434) 귀화하는 왜인과 야인이 살 집은 관청에 속한 빈집을 주고, 빈집이 없으면 선공감이 그 가족의 많고 적음을 요량하여 2칸 혹은 3칸을 지어 주었다.[207] 또 토지 세금은 3년, 요역(徭役)은 10년간 면제해 주었다.[208] 세금과 요역을 면제한 이유는 그들을 흡수, 동화시키기 위해서였다. 아울러 귀화 외국인이 일정한 학문의 경지에 오르면 과거 응시를 허락하기도 했다. 따라서 과거를 통해, 혹은 관직을 제수받은 사례가 상당수에 달했다.[209] 세종 20년(1438)에는 외국인들의 혼인과 관련해 다음과 같은 대책을 마련했다. 장가가기를 원하는 사람은 공사노비 가운데 양인 남자에게 시집가서 낳은 여자를 주도록 하는 것을 항식으로 삼았다.[210] 또 그들에게 관향을 내려주기도 했다. 그러면 조선전기 기술직을 담당했던 향화인들의 구체적인 사례를 보기로 하자.

○ 대표적인 향화인으로는 설장수(偰長壽)를 들 수 있다. 그는 위구르 출신으로 공민왕 때 원(元)나라 승문감 벼슬을 하던 아버지 설손(偰遜)과 함께 귀화했다. 문장이 뛰어나 『직해소학(直解小學)』을 편찬하기도 했으며, 여러 편의 시를 남겼다. 일부가 김종직의 시선집 「청구풍아(青丘風雅)」에 전한다. 인물의 바탕이 민첩하고 굳세며 말을 잘해 사람들의 칭송을 받았다.[211] 19세에 조선에 왔는데, 그때 이미 조선말을 알고 있

207) 『세종실록』 권64, 16년 4월 무오.

208) 『세종실록』 권25, 6년 7월 경인.

209) 『세종실록』 권101, 25년 9월 임자.

210) 『세종실록』 권80, 20년 1월 계축.

211) 『정종실록』 권2, 1년 10월 을묘.

었다.[212] 그는 통역관으로 활약했으며, 사역원 제조로서 사역원과 역과제도의 입안에 큰 역할을 했다. 그에게는 계림(鷄林)을 관향으로 내려주었다.[213]

○ 한족(漢族)인 임언충(任彦忠)은 고려에 귀화, 역관을 지냈다. 개국공신이기도 하다.[214] 관직이 판선공감사에 이르렀다. 아들 임군례(任君禮)도 태종과 세종 대에 역관으로 활동해 거부가 되었다. 권세가에게 아부를 잘해 오방저미(五方猪尾)라는 별명을 얻었으며, 사욕을 부리다 결국 환형에 처해졌다. 사관은 그가 글을 알지 못했다는 점과 사행 밀무역의 폐단 등을 들어 역관들의 무지함을 비판했다.[215]

○ 이현(李玄)은 아버지가 원나라 관리 이백안(李伯顔)이었다. 조선초기 통역관으로 활약했는데, 태종 6년(1406) 임주(林州)를 관향으로 받았다. 그는 통사로 2품에 제수되었다.[216] 태종 7년(1407)에는 세자인 양녕대군을 중국 황제의 딸과 혼인시키려 했다. 결국 일이 잘못되어 여러 관리들과 함께 옥에 갇히는 곤욕을 치렀다.[217] 통역 업무 이외에 정치적 입지를 다지려 했다는 점에서 주목된다.

○ 중국인 당성(唐城)은 원나라 말기에 병란을 피해 조선으로 왔으며, 사대이문(事大吏文)에 관한 한 당대 최고의 인물이었다. 태종이 관향을

---

212) 『세종실록』 권27, 7년 1월 정해.

213) 『태조실록』 권10, 5년 11월 정축.

214) 귀화인 출신의 개국공신은 임언충 외에 이민도(중국인), 이지란(여진인) 등 세 사람이다. 그들이 개국에 대한 특별한 업적이 있었다기보다는 이성계 측에서 군사적 재능 혹은 어학력 등 재능을 활용하기 위해서였다고 할 수 있겠다[한영우, 앞의 책(1983), 144쪽].

215) 『세종실록』 권11, 3년 2월 신해.

216) 『태종실록』 권12, 6년 12월 갑오.

217) 『태종실록』 권13, 7년 6월 경인.

밀양(密陽)으로 내려주었다. 성석린이 시(詩)로써 "학문이 이문(吏文)을 겸하여 양쪽이 정강(精强)하니, 동방에 유익함을 누가 견줄 수 있으리오. 도통(都統)과 율문(律文)의 선후 이야기, 이번 생에 갚기 어렵고 죽어도 잊기 어렵네"라며 당성의 죽음을 애곡(哀哭)했다.[218)]

○ 중국인 매우(梅佑)는 통역관으로 활약했으며, 충주(忠州)를 관향으로 받았다. 그의 상소문에 관향을 받는 상황이 잘 드러난다. 할아버지 군서(君瑞)가 고려에서 벼슬했으며, 부친 원저(原渚)도 태종 때 벼슬해 관직이 의주목사에 이르렀다. 본관을 중국(中國)이라 칭한 것이 몹시 민망해 관적을 내려주기를 요청하는 상소문을 올렸다. 이에 이조에서는 "예전 제왕들은 다른 지방의 풍속이 다른 사람들이 오면 성을 내려주고 혹은 씨를 내려주어 회유했습니다. 우리나라에서도 고려 때 설장수의 아버지 설손이 원나라에서 왔는데 관향을 경주로 주었고, 상산군 이민도 또한 원나라에서 와서 태종 대에 관향을 경주로 주었습니다. 매우의 할아버지 군서가 처음으로 왔고, 아비 원저도 청렴 근신하여 목사관직에 이르렀으며, 매우에 이르기까지 우리나라에 복무했으니, 그전 예에 의해 관향을 내려주소서"라고 했다. 세종은 충주(忠州)로 관향을 내려주었다.[219)]

○ 왜인 의관으로 평순(平順)이 있다. 그는 명의 평원해(平元海)의 아들이다. 평원해의 뒤를 이어 의원으로 활동했다. 평순 대까지 관향을 받지 못했다. 평순 등은 본향이 없어 그 자손들이 일본을 본향으로 여기게 될까 우려된다며, 예전 향화인들의 예에 따라 본향 내려주기를 요청했

218) 『태종실록』 권26, 13년 11월 기묘. 조숭덕(曹崇德)도 중국인 조증(曹証)의 아들인데, 과거에 합격했으며, 이문에 능하고 중국어에 통달했다(『세종실록』 권29, 7년 8월 무인).

219) 『세종실록』 권84, 21년 윤2월 경진.

다. 세조는 창원(昌原)을 본향으로 내려주었다. 그런데 평순은 설장수의 친척 되는 설순을 치료했는데, 그가 죽는 사고가 발생했다. 세조는 형률에 의하면 참형이지만 귀화한 사람의 아들이라 하여 곤장 백 대를 치는 것으로 감해주었다.[220] 향화인에 대한 배려라 하겠다.

이상의 사례를 볼 때 향화인들은 외국인이라는 특성상 통역에 종사했다고 하겠다.[221] 여진인 주거(周巨)는 중국어를 알아 사역원 생도에 편입, 학습하도록 했다.[222] 의학에 뛰어난 외국인이 있으면 가서 배우게도 했다. 일본의 사자(使者) 가운데 요시마스(喜益)가 침구(鍼灸)와 의방(醫方)에 정통하다고 하자 내의(內醫) 김길호(金吉浩) · 정차량(鄭次良) · 김지(金智)에게 명해 가서 배우도록 했다.[223] 중국에서 각종 의서와 복서를 사오게도 했다.[224] 향화인에게는 앞서 설명한 다양한 혜택과 관향을 내려줌으로써 국내에 정착하도록 했다. 이들의 재능을 활용하기 위해서였다. 통역이나 의술 분야뿐만 아니라 배를 만드는 솜씨가 뛰어나거나,[225] 포를 쏘는 일이나 화약 제조에 뛰어난 이들도 있었다.[226] 그들은 주로 사신이나 통역관, 몽고 귀족의 시종 등으로 왔

---

220) 『세종실록』 권70, 17년 10월 기미.

221) 조선후기에도 표류해 온 중국인들에게 군직을 부여하고 집을 사 주고 역관들에게 중국어를 가르치게 했다(『숙종실록』 권6, 3년 3월 무술).

222) 『세종실록』 권30, 7년 10월 신사.

223) 『단종실록』 권7, 1년 7월 경오. 성종은 대비가 깊은 병환에 빠졌는데 국내의 의약으로 효험이 없자, 대마도주에게 양약(良藥)이 있는지 탐문하기도 했다(『성종실록』 권142, 13년 6월 정미).

224) 『태종실록』 권34, 17년 12월 을미.

225) 『세종실록』 권106, 26년 10월 정사 및 권109, 27년 9월 임진.

226) 『세종실록』 권107, 27년 2월 신해.

다가 정착하게 되었다.[227]

조선초기 승려들에게 의료기관이라 할 수 있는 한증소(汗蒸所)를 운영하도록 했다. 문 안팎에 하나씩 두고 전의감 · 혜민국 · 제생원의 의원을 두 사람씩 정해, 병의 증세를 진찰하게 했다. 상세히 살피지 않고 사람을 상해시킨 자는 모두 논죄했다.[228] 태종 대에는 무격(巫覡)에게 의료를 담당하도록 하고 활인서에 소속시켜 환자를 돌보도록 했으며, 세말마다 활인한 인원의 다소를 상고하여 논상하도록 했다.[229] 세종 27년(1445)에는 명과학을 하는 장님 가운데 나이 젊고 영리한 자 10인을 골라 서운관에 소속시키고, 훈도를 두어 3일마다 한 번씩 모여 그 업을 익히게 했다.[230]

실록에는 기술직 중인에 대해 천하다는 표현이 자주 언급되어 있다. "의관들은 미천한 데서 일어나서 관질이 높아지면 교만해진다"[231] "의자(醫者)와 역자(譯者)의 무리는 모두 미천한 출신으로 사족이 아니

227) 중세 시대 이슬람 문화권은 과학기술이 앞서서 연금술과 천문기상학, 수학, 물리학 등이 고도로 발달했다. 회회인(回回人)들을 통해 그 같은 과학 문명이 조선에도 전파되면서, 조선 개국 초기 천문, 의학 분야에서 과학 문명의 원동력이 되기도 했다(이희수, 「무슬림의 대한 접촉관계 소고」, 한국외국어대학교 석사학위논문, 1983).

228) 『세종실록』 권18, 4년 10월 병술. 세종 14년(1423)에는 한증소 등에 임무가 없는 중은 모두 군대에 충당하도록 했다(『세종실록』 권57, 14년 8월 임인).

229) 『태종실록』 권29, 15년 6월 경인.

230) 『세종실록』 권107, 27년 3월 무인. 관상감에 명과맹(命課盲)을 두었다. 명과맹은 서반 9품의 체아직 2인을 배당하되 사도목으로 서로 교체하여 직을 주고, 근무 일수 400일이 차면 품계를 올려주었다. 그런데 천인은 종6품에서 그치도록 했다(『경국대전』 권1, 이전 경관직).

231) 世之醫者 類起微賤 官秩纔高 志氣暴驕(『문종실록』 권12, 2년 3월 갑진).

다"[232] "미천하고 명류(名流)는 아니다"[233] 등과 같다. 이에 대해, 천인이 기술관이 된 것으로 이해할 수도 있으나, 역시 명문양반에 비해 천하다는 것으로 보아야 할 것이다. 대사헌 채수는 세종 대의 명역으로 김하(金何)와 이변(李邊), 성종 대의 명의로 한계희(韓繼禧)와 임원준(任元濬)·권찬(權攅)을 들면서, 이들이 천품(賤品) 출신이 아니라 했다.[234] 이들은 문신 출신으로 기술직에 종사한 인물들이라는 점을 감안할 때, 천하다는 것이 천인을 의미하는 것이 아님을 알 수 있다. 실제로 천인은 기술관이 될 수 없었다. 세종 8년(1426) 황보경(黃補敬)은 천인의 신분으로 산원이라 속이고 청탁해 직임을 받은 일로 참형에 처해졌다.[235]

이렇게 볼 때 고려 재능인, 중국·회회·일본 등지의 향화인, 승려, 맹인 등이 기술직에 종사했음을 알 수 있다. 다양한 계층에서 재능인을 충원해 기술직을 담당하게 했다. 그런데 그들은 한시적인 기간 동안 기술직을 담당했다는 공통점을 가지고 있다. 외국인이 역관직을 수행할 경우, 중국 조정에서는 그들을 신임할 수 없다는 입장을 취하기도 했다.[236]

---

232) 醫譯之流 皆出賤微 非士族也(『성종실록』 권140, 13년 4월 신해).

233) 況類皆賤微, 本非名流(『성종실록』 권140, 13년 4월 계축).

234) 『성종실록』 권140, 13년 4월 계축.

235) 『세종실록』 권33, 8년 8월 병술. 사천(私賤)이라도 의술이 뛰어날 경우 왕이 부르기도 했다. 그에 대해 "通津縣人前內府少尹李方善 私賤也 善治脚氣"란 기록이 보인다(『태종실록』 권22, 11년 11월 임술).

236) 『세종실록』 권95, 24년 5월 신사.

3

기술직 중인의 사회적 위상

기술관으로 고관이 된 사례와 고관자제로서 기술관이 된 사례를 중심으로 조선전기 기술관의 사회적 유동성, 즉 기술직 중인의 신분적 성격과 위상에 대해 살펴보기로 하자. 전자의 경우, 기술관직에 있으면서 공신 책봉이나 문반 고위직으로 진출한 사례를 들 수 있다. 조선후기와 두드러지게 다른 점이라 할 수 있다.

먼저 기술관으로 고관이 된 사례를 살펴보자. 개국공신 고여(高呂)와 원종공신 김보(金寶)의 사례를 보면, 태조 1년(1392) 전의감 고여에게 공신 칭호를 내렸다.[237] 고성군(高城君)에 봉해진 것으로 보아 강원도 고성 출신임을 알 수 있다. 선계에 관해서는 기록을 찾아볼 수 없다. 피주된 인물이 아닌데도 졸기에 아무런 기록이 없는 것을 보면, 신분이 미천한 평민이었을 것이다.[238] 태조 2년(1393) 전 서운감 정(正)

237) 『태조실록』 권1, 1년 8월 기사.

238) 한영우, 앞의 책(1983), 156~157쪽.

김보는 원종공신의 예로 포상을 받았다.[239]

율학 출신으로 문과 시험에 합격한 경우도 있다. 율과 출신 정신(鄭信, 본관 未詳)은 태종 8년(1408) 문과 식년시 동진사 23위로 합격했다. 검률로 세조 14년(1468) 식년시 을과 3위로 합격한 임건(林乾, 본관 開寧)의 사례도 있다.[240] 잡과 합격자는 양인 이상이므로, 문과 응시에 제한은 없다. 하지만 율과 합격자가 다시 문과에 합격한 사례는 조선 초기의 상황으로 이해된다.

세종조 역과 출신으로 의정부 우참판에 오른 정갑손(鄭甲孫)은 대사헌, 경기관찰사 등을 지냈다. 이두문을 해독하므로 사대문서를 맡아 여러 번 발탁되었다. 사관에 의하면, 군은 절개를 청백하게 닦아 의리가 아닌 것은 하나라도 취하지 않으며, 법을 지킴에 위엄 있게 우뚝 솟아 권도와 세력에 밀리지 않았다고 한다.[241]

검한성윤에 제수된 관상감 정 김귀지(金貴枝)는 성종 3년(1472) 정3품 당상 관상감 부제조를 맡았다.[242] 제조직은 상설 정직(正職)은 아니며 일이 있을 때마다 집무하게 하여 대부분 당상관 중에서 적임자를 골라 겸임하게 했다.[243] 그런데 당상관이라 하더라도 기술관으로 제조직에 오르기는 어려웠다. 성종 18년(1487) 당상관으로 승급한 역관 장유화와 김저를 사역원 제조로 임명하고자 했다. 하지만 조정 대신들이 반대했다. 그들 아래 있는 문신강이관이 모두 사족의 자제들이라, 수치로 여겨 마음을 다해 업을 연마하지 않을 것이며, 통사 출신에게

239) 『태종실록』 권4, 2년 8월 경인.

240) 『국조문과방목(國朝文科榜目)』(규장각).

241) 『세종실록』 권127, 32년 윤1월 병인.

242) 『성종실록』 권24, 3년 11월 무오.

243) 이성무, 앞의 책(1980), 134~136쪽.

제조직을 맡길 수 없다고 했다.[244] 그런데 김귀지는 예외적으로 관상감 부제조에 임명되었다.

이어서 문무고관으로서 기술직에 종사했던 사례를 보기로 하자. 역대 왕들의 기술학에 대한 장려, 문신들의 습독관 제도 운영 등에 힘입어, 양반으로 기술학에 정통해 출세한 사례를 찾아볼 수 있다. 그러면 어떤 인물들이 그러했는지, 그리고 조정 대신들의 평가는 어떠했는지 살펴보기로 하자.

검교 중추원부사 원빈(元賓)의 아들 인수부윤(仁壽府尹) 원민생(元閔生)은 사람됨이 정교하고, 지혜롭고, 구변이 좋고, 중국어를 잘했다. 왕이 중국의 사신과 이야기할 때면 반드시 그에게 통역하도록 했다. 명나라 황제도 그를 사랑해, 비밀리에 불러 이야기하기도 하고, 여러 번 비단도 하사했다.[245] 통사로 북경에 간 것이 14번, 사신으로 북경에 간 것이 7번이나 되었다.[246]

사재시(司宰寺) 판사 이공진(李公晉)의 아들 영중추부사 이변(李邊)은 세종 1년(1419) 30세가 넘어 문과 증광시에 합격, 승문원에 들어가 중국어를 배웠다. 밤을 새워 강독했으며, 중국어를 잘하는 사람이 있으면 찾아가 발음을 바로잡았다. 집에서도 중국어를 썼고, 친구를 만나도 먼저 중국어로 말하곤 해서, 마침내 중국어에 능통하게 되었다.[247] 한훈(漢訓)에 정통해 부교리에 오르고, 세종 9년(1427) 사역원 판관이 되었다. 때로는 승문원과 사역원 두 관아의 벼슬을 겸하기도 했다. 세

244) 『성종실록』 권188, 17년 2월 신사.

245) 『태종실록』 권35, 18년 3월 임자.

246) 『세종실록』 권69, 17년 7월 기해.

247) 『세종실록』 권63, 16년 2월 갑인.

종 20년(1438) 예문관 직제학, 세종 22년(1440) 사간원 우사간대부, 이듬해(1441) 호조참의에 올랐다. 세종 30년(1448) 가선대부 중추원부사, 이듬해(1449) 형조참판으로 옮겼으며, 예조 · 이조 · 공조 · 병조참판을 두루 거쳤다. 단종 1년(1453) 자헌대부 형조판서가 되었다. 세조 2년(1456) 예문관 대제학, 세조 8년(1462) 특별히 정1품 보국숭록대부에 올랐다. 성종 3년(1472) 영중추부사에 이르렀다. 그해에 죽었는데 나이 83세였다.[248] 그가 승진을 거듭했던 것은 중국어에 관한 각별한 지식이 있었기 때문이다. 중국에 40여 차례나 다녀오기도 했다.[249] 항상 승문원과 사역원의 제조를 겸했는데, 하루에 두 관사에 출사해 가르치기를 게을리하지 않았다. 사신이 올 때마다 어전에서 말을 전했는데 언제나 임금의 뜻에 들어맞아 좋은 대우를 받았다. 이변은 세종 1년(1419) 증광시 문과에 급제해 승문원박사에 제수된 뒤, 중국어를 연마해 사역원 판관에 제수되었다. 그의 사례를 통해서, 우리는 문신도 기술관서 관직으로 진출했다는 사실을 확인할 수 있다.

숭정대부 서하군 임원준(任元濬)은 세조부터 성종조에 활약한 명의다. 세조는 의술에 정통한 그를 기복시키기도 했으며,[250] 『의약론(醫藥論)』 주해를 내어 인쇄, 반포하게 했다.[251] 그는 전의감 제조로 의술이 뛰어나 관직을 제수받았다. 사간원과 사헌부의 관직을 역임, 거듭 6조의 당상에 올랐다.[252] 성종 8년(1477) 『의서유취(醫書類聚)』 30질을 인

---

248) 『성종실록』 권35, 4년 10월 무진.

249) 『성종실록』 권266, 23년 6월 병오. 하지만 사람이 본래 둔했으며, 사람됨이 편협하고 성급해 동료들이 조금만 마음에 맞지 않으면 문득 꾸짖었다 한다.

250) 『세조실록』 권18, 5년 11월 경인.

251) 『세조실록』 권31, 9년 12월 신해.

252) 『성종실록』 권80, 8년 5월 병술 및 권93, 9년 6월 을사.

간한 공로로 호피 한 장을 받기도 했다.[253] 이듬해(1478) 홍문관의 탄핵을 받게 되었다. 10여 가지 조목에 걸쳐 지적한 비리에 대해, 스스로 변명한 상소문에서 기술학과 관련된 부분을 살펴볼 수 있다.

> 그들이 신에게, '잡술(雜術)을 한다' 함은, 세종께서 말년에 병을 얻어, 신이 총명하고 지혜가 있다 함을 잘못 들으시고, 내의원에 벼슬하기를 명하여 의서를 습독하게 하였으니, 신의 의학은 또한 세종의 명입니다. 더구나 고금의 문학하는 재상은 다만 그 글만을 강설하였을 뿐 아니라, 직접 약재를 제조하여 인명을 구제하는 것으로 힘쓴 이가 한두 사람이 아니니, 홍문관에서 의학을 가지고 잡술이라 하면서 신을 헐뜯는 것은, 신은 사실 이해가 가지 않습니다.[254]

홍문관은 반대 상소를 올렸으나, 성종은 품계가 낮은 사람이 대신과 힐난함은 옳지 않다 하여 받아들이지 않았다.[255] 오랫동안 사역원·전의감 양사의 제조를 맡았으며, 성종 19년(1488) 숭정대부 서하군에 제수되었다.[256]

이상에서 알 수 있듯이 기술학의 장려, 습독관 제도의 운영 등에 힘입어, 문신으로 기술학을 겸하는 사례가 분명히 있었다.[257] 그들은 대

253) 『성종실록』 권80, 8년 5월 병술.

254) 其曰治雜術者 世宗末年遘疾 謬聞臣聰慧 命仕內醫院 習讀醫書 則臣之學醫 亦世宗之命也. 況古今文學宰相 非徒講說其書 親劑藥材 以救人爲務者非一 則弘文館以醫爲雜術而毁臣 臣實未解(『성종실록』 권93, 9년 6월 을사).

255) 『성종실록』 권93, 9년 6월 병오.

256) 『성종실록』 권217, 19년 6월 신유. 사관(史官)은 문학과 기예가 남아돌았으나, 재주가 덕을 앞서는 자였다고 평했다(『세조실록』 권2, 1년 8월 임술).

부분 문과 출신의 문반관료였다. 역학, 의술 등의 기능을 겸비한 것이 그들의 관로 진출에 도움이 되었다. 단종 3년(1454) 김하는 역어에 능통해 예조판서까지 서용되었다.[258] 역학에 전념하도록 외직에 서용하지 않고, 내직에 근무하도록 했다. 성종 10년(1479) 역학에 밝은 신계현령에 제수한 방귀화를 내직에 근무하도록 했다.[259] 하지만 기술학 습득을 비루하게 여기는 냉담한 현실에서 과연 그들의 입지는 어떠했을까. 한학강이관은 역관을 비천하게 여겼다. 그들은 영선을 지낸 자들이기 때문에 역관 보기를 외국인이나 변방 사람같이 여겼다.[260] 문관으로서 역어를 배우는 자도 당시 명역(名譯)이라고 할 수 있는 황중이나 장유성에게 배우는 것을 수치로 여겼다고 한다.[261]

그들에 대한 사관의 평가를 보기로 하자. 사론이 개인적 성품에 따라 평가가 다르다는 것은 어쩌면 당연하다. 공조판서 권찬과 숭정대부 서하군 임원준이 잡술(雜術)인 의술을 한다는 이유로 논핵의 대상이 되었다는 점에서 주목된다. 의술의 직능으로, 사족의 덕목으로 필요하지 않은 기능을 가지고 당상관에 승급했다는 점에서 탄핵을 받았다. 시기적으로는 성종 대다.

그러면 성종 이전에는 기술관을 천시하는 풍조가 두드러지지 않았을까. 세조 대 서리로서 관상감 관원이 되고, 당상관까지 승급한 안효례의 경우를 다시 보기로 하자. 그는 문신 최호원과 풍수의 이치를

---

257) 김하와 이변은 세종 대에 통역을 잘했던 것으로, 그리고 한계희, 권찬, 임원준은 성종 대에 의약에 밝았던 것으로 알려져 있다(『성종실록』 권140, 13년 4월 계축).

258) 『단종실록』 권14, 3년 윤6월 갑인.

259) 『성종실록』 권106, 10년 7월 임술.

260) 『세종실록』 권64, 16년 5월 갑신.

261) 『성종실록』 권98, 9년 1월 계해.

아는 것으로 지우를 맺기도 했다.[262] 최호원은 단종 1년(1453) 증광시 문과 출신이다. 그런데 세조 14년(1468) 이들에 대해 평하기를 술수로 왕의 총애를 받았으나, 모두 부랑하며 성실됨이 없다고 했다. 나아가 안효례는 본래 천한 자이므로 책망할 것이 못 되지마는, 최호원은 문신이면서 안효례와 사귀면서 전혀 부끄러움이 없으니 비속한 자라 평했다.[263] 문신으로 서리 출신과 교우관계를 맺은 것을 비난한 것이다.[264] 최호원은 방술을 좋아해서, 사류(士類)에 끼지 못하고, 술사로 대접받았다.[265] 기술직을 겸한 문신과 음양학에 밝은 양반관료가 어떠한 평가를 받았는지 가늠해 볼 수 있다. 이미 세조 대에 기술직을 겸하는 양반에 대해 잡술을 한다 하여 사류의 대접을 하지 않는 분위기가 있었음을 확인할 수 있다. 또한 세종 대부터 용렬한 역관, 무식한 통사, 용렬한 의관, 용렬하고 암매한 서운관원이라는 표현을 읽을 수 있다. 이러한 경향은 점차 가속화했던 것으로 보인다. 그리고 성종 대에 들어서 더욱 두드러졌다.

전체적으로 기술관의 사회적 지위는 불안정했다(【부록 1】 의관의 사로 진출 사례 참조). 사소한 사건이나 잘못 등으로 치죄당하는 경우가 많았다. 고유한 직능(職能)으로 고위직에 승급할 수도 있지만, 동시에 그로 인해 치죄를 받아야 하는 양면성이 있었다. 아울러 그들에 대한 근무 고과도 철저히 했다.

다양한 계층을 기술관으로 충원했으며, 그들 중에는 문반 출신으

262) 『세조실록』 권47, 14년 8월 신축.

263) 『세조실록』 권47, 14년 8월 을사.

264) 조정과 사림에서는 최호원을 비루하게 여겼다(『예종실록』 권1, 즉위년 10월 갑오).

265) 『성종실록』 권174, 16년 1월 기축.

로 기술직에 종사한 이도 있었다. 하지만 동시에 건국 직후부터 그들과 그들의 직능에 대한 차대는 분명하게 나타났다. 통역, 의술, 음양, 법률 등 직능의 필요성은 인식하고 있었지만, 같은 부류로 보려고 하지 않았다. 그 같은 차별과 차별화를 통해서 점차 그런 직종에 종사하는 집단이 형성되어 갔다고 하겠다. 그것은 '직능'이 '신분화'하는 현상, 나아가서는 '신분의 고정화' 현상을 초래하게 되었다. 그러나 개인 차원에서는, 아직은 신분 상승과 하강이 가능하며, 또 실제로 이루어지고 있었다. 다시 말해 상향적인 유동성과 하향적인 유동성이 동시에 존재했다고 할 수 있다. 말하자면 그들은 '제한된 개방성' 속에서의 사회적 유동성을 보여주었던 것이다.

II

기술직 중인과 잡학 교육

이 장에서는 기술직 중인과 잡학 교육의 연계성에 주목하고자 한다. 잡학과 잡과에 대해 검토하고 조선전·후기의 잡학 생도 실태와 그 추이를 분석한 후, 역학, 의학, 음양학, 율학, 주학 교육기관의 구성, 교재와 학습 방법을 살펴보고자 한다. 이를 통해서 조선시대 잡학 교육이 지닌 특성과 의미, 그리고 변화상을 알 수 있을 것이다.

1

잡학과 잡과

조선은 기본적으로 관료 집단에 의해 운영되었다. 관료 제도를 운용하기 위해서는 필요한 인재를 육성하고, 그들 중에서 뛰어난 자를 선발하는 과정이 따라야 했다. 다른 말로 기술관의 '교육과 충원' 영역이라 해도 좋겠다. 필요한 인재를 키운 다음 과거시험을 통해서 뽑아 쓰는 식이다. 전근대 사회에서 시험으로 통치 엘리트를 충원하는 시스템인 과거제는 오히려 예외적인 현상이었다. 중국, 조선, 베트남 정도에서 실시했을 뿐이다. 과거는 그 사람의 자질과 능력을 보고 선발하는 점에서 음서와는 구별된다. 또한 스스로 원해서 시험을 치른다는 점에서 천거와도 다르다. 과거제도는 흔히 출세의 사다리(The Ladder of Success)로 불린다.[1)]

기술직 중인을 위한 시험으로서의 잡과는 과거제의 일환을 이루긴

1) Edward W. Wagner, "The Ladder of Success in Yi Dynasty Korea", *Occasional Papers on Korea* vol.1, 1974.

했으나, 문과와 무과에 비해서 부차적인 위치에 머물러 있었다. 과거제 안에서 차지하는 비중 자체가 낮았다. 잡과 합격자라 할지라도 그들의 신분은 중인에 지나지 않았다. 양반과 상민 사이의 중간 신분층을 구성했다. 그들은 일종의 중간 계층 내지 하위 엘리트층(sub-elite)으로 국가의 각종 실용 기술과 행정 실무를 담당했다.[2)]

조선시대 유학(儒學)은 양반 사대부의 학문으로 모든 학문의 으뜸이었다. 유교는 기본적으로 모든 인간이 교육의 대상이라는 평등주의를 내세웠지만 동시에 인간을 지배층과 피지배층으로 나누어 설명했다. 또한 '군자불기(君子不器)'라 하여 전문적인 기술이나 기능 교육을 양반이 배워야 할 것으로는 보지 않았다.[3)] 잡학(雜學)이나 잡과(雜科)라는 용어 자체가 이미 그런 함의를 내포하고 있다.

과거제의 일환으로서의 잡과에는 역과, 의과, 음양과, 율과가 설치되어 있었다. 국가시험으로서의 과거제에 포함되어 있는 만큼 다른 잡학에 비해서 우대를 받았다. 잡학의 나머지 분야, 즉 주학(籌學), 화학(畫學), 악학(樂學) 등은 취재(取才)만 있었다. 취재는 말 그대로 실무 능력을 시험하는 것으로 취재에 합격하면 임시직인 체아직에 임명되었다. 하지만 공식적으로 국가가 인정하는 기술 관료가 되기 위해서는 국가 자격시험이라 할 수 있는 잡과를 통과해야만 했다. 잡과 출신자들의 진출이 우선되었다. 종6품 주부(主簿) 이상의 고위 기술 관

2) 잡과는 대과와 소과의 구별 없이 단일과로 치렀으며, 식년시와 증광시만 실시했다. 문과나 무과는 증광시 외에도 알성시, 정시, 춘당대시, 구현과, 충량과 등 다양한 별시를 실시했다.

3) 국가나 사회 운영에서 기술직이 중요하다는 것을 인식하고 있었다. 잡학은 집권 체제를 보완해 주는 장치[補治之具]로서 중시되었다(『정조실록』 권3, 1년 3월 임오).

직은 잡과 합격자만 임명될 수 있었다.[4] 전문성을 강조한 것이다.

문과나 무과와는 달리 잡과는 국왕 앞에서 시험을 보는 전시 없이 초시와 복시에 의해서만 이루어졌다. 그러면 초시와 복시에서 어느 정도의 인원을 선발했는가. 『경국대전』에 의하면 초시에서 111명(역과 57명, 의과·음양과·율과 각 18명)을 선발하고, 이어 복시에서 46명(역과 19명, 의과·음양과·율과 각 9명)을 선발했다.[5] 복시 경쟁률은 2.6 : 1 정도였다. 과별로 살펴보면 역과의 한학(漢學)을 제외한 나머지는 모두 초시에서 복시 인원의 2배수를 선발했다. 역과 내에서는 한학의 비중이 컸다. 초시 선발 인원 57명 중 45명이 한학으로, 초시 인원의 78.9%를 차지할 뿐 아니라 복시 경쟁률도 3.5 : 1로 높았다. 중국에 대한 외교의 중요성으로 인해 한학은 역과 내에서 가장 중시되었다. 명나라가 멸망하고 청나라가 들어선 후에도 마찬가지였다.

잡과를 실시했던 역학, 의학, 음양학, 율학 및 취재를 실시했던 주학 교육을 주요 검토 대상으로 살펴보고자 한다. 먼저 잡과 및 주학 취재와 관련된 교육을 받았던 잡학 생도에 초점을 맞추어볼 것이다.[6] 이어 잡학 교육을 담당했던 교육기관, 시험 교재와 학습 방법에 대해서 살펴볼 것이다. 특히 『경국대전』(1485, 성종 16) 체제에서 조선후기 『속대전』(1746, 영조 22) 체제로 바뀌면서 어떤 변화가 있었는지 구체적

4) 전의감과 관상감의 주부 이상은 본학 출신자로 제수한다(典醫監觀象監主簿以上 并以本學出身者除授)(『경국대전』 권1, 이전 경관직). 사역원 주부 이상은 관상감과 전의감 예에 따라 본학 출신자로 제수한다(司譯院主簿以上職 依觀象監典醫監例并以出身者除授)(『대전후속록』 권1, 이전 경관직).

5) 『경국대전』 권3, 예전 제과.

6) 이들 이외에 도화서 소속의 화학(畫學) 생도와 소격서 소속의 도학(道學) 생도가 있었다(『경국대전』 권3, 예전 생도).

으로 검토하고자 한다. 아울러 그런 변화에 담긴 잡학 교육의 제도적 특성과 사회적 의미에 대해서도 논의할 것이다.

2

잡학 생도 현황

조선시대의 잡학 교육은 크게 두 갈래, 다시 말해 중앙과 지방에서 이루어졌다. 역학, 의학, 음양학, 율학, 주학의 경우, 중앙에서는 사역원, 전의감과 혜민서, 관상감, 형조, 호조가 담당했으며, 지방에서는 8도 군현, 부(府)·대도호부(大都護府)·목(牧), 도호부(都護府), 군(郡), 현(縣)에서 가르쳤다. 몽학과 음양학은 중앙 관서에서만 교육을 실시했다. 그리고 주학 역시 중앙 관서인 호조에서만 교육이 이루어졌다.

1)『경국대전』 체제

『경국대전』에서 정한 중앙과 지방의 잡학 생도 정원을 보면 〈표 1〉과 같다.[7]

---

7) 『경국대전』 권3, 예전 생도 및 권1, 이전 외관직.

〈표 1〉 조선전기 잡학 생도 정원(『경국대전』)(단위: 명)

<table>
<tr><th colspan="2">과목</th><th>교육기관</th><th colspan="3">인원</th></tr>
<tr><td rowspan="10">역학</td><td rowspan="2">한학</td><td>사역원</td><td>35</td><td rowspan="2">125</td><td rowspan="10">236</td></tr>
<tr><td>평양 · 의주 · 황주</td><td>각 30</td></tr>
<tr><td>몽학</td><td>사역원</td><td>10</td><td>10</td></tr>
<tr><td rowspan="3">왜학</td><td>사역원</td><td>15</td><td rowspan="3">41</td></tr>
<tr><td>제포 · 부산포</td><td>각 10</td></tr>
<tr><td>염포</td><td>6</td></tr>
<tr><td rowspan="3">여진학</td><td>사역원</td><td>20</td><td rowspan="3">60</td></tr>
<tr><td>북청</td><td>10</td></tr>
<tr><td>의주 · 창성 · 이산 · 벽동 · 위원 · 만포</td><td>각 5</td></tr>
<tr><td colspan="2" rowspan="7">의학</td><td>전의감</td><td>50</td><td rowspan="2">80</td><td rowspan="7">3,182</td></tr>
<tr><td>혜민서</td><td>30</td></tr>
<tr><td>부</td><td>각 16</td><td rowspan="5">3,102</td></tr>
<tr><td>대도호부 · 목</td><td>각 14</td></tr>
<tr><td>도호부</td><td>각 12</td></tr>
<tr><td>군</td><td>각 10</td></tr>
<tr><td>현</td><td>각 8</td></tr>
<tr><td rowspan="3">음양학</td><td>천문학</td><td>관상감</td><td>20</td><td colspan="2" rowspan="3">45</td></tr>
<tr><td>지리학</td><td>관상감</td><td>15</td></tr>
<tr><td>명과학</td><td>관상감</td><td>10</td></tr>
<tr><td colspan="2" rowspan="6">율학</td><td>형조</td><td>40</td><td>40</td><td rowspan="6">3,142</td></tr>
<tr><td>부</td><td>각 16</td><td rowspan="5">3,102</td></tr>
<tr><td>대도호부 · 목</td><td>각 14</td></tr>
<tr><td>도호부</td><td>각 12</td></tr>
<tr><td>군</td><td>각 10</td></tr>
<tr><td>현</td><td>각 8</td></tr>
<tr><td colspan="2">산학</td><td>호조</td><td>15</td><td colspan="2">15</td></tr>
<tr><td colspan="2">계</td><td colspan="4">6,620</td></tr>
</table>

잡학 생도는 전체 6,620명에 이른다.[8] 전공별로 보면, 역학이 3.56%(236명), 의학이 48.07%(3,182명), 음양학이 0.68%(45명), 율학이 47.46%(3,142명), 그리고 주학이 0.23%(15명)에 이른다. 의학과 율학이 똑같이 큰 비중을 차지하고 있다. 이어 중앙과 지방의 비율을 보면, 역학 생도 중앙 80명(33.89%) : 지방 156명(66.11%), 의학 생도 중앙 80명(2.51%) : 지방 3,102명(97.49%), 음양학 생도 중앙 45명(100%), 율학 생도 중앙 40명(1.27%) : 지방 3,102명(98.73%), 그리고 주학 생도 중앙 15명(100%)으로 나타난다. 음양학과 주학을 제외한 모든 분야에서 지방이 압도적인 우위를 차지한다.

잡학별로 보면 역학은 사역원에 80명의 생도가 있었다. 어학별로는, 한학 35명, 몽학 10명, 여진학 20명, 왜학 15명으로 한학의 비중이 높았다. 한학은 평양·의주·황주에서 90명, 왜학은 제포·부산포·염포에서 26명, 여진학은 의주·창성·북청·이산·벽동·위원·만포에서 40명 등 모두 156명의 지방 생도를 대외관계가 빈번한 지역에서 육성했다.

문·무과 초시 선발 인원은 법제적으로 도(道)별로 지역 할당제가 있었다.[9] 그런데 잡과는 역과의 한학에만 향시(鄕試)를 실시했다. 한학의 초시 정원 45명 중 사역원이 주관하는 사역원시(司譯院試)에서 23명을 선발하고, 황해도와 평안도에서 각각 7명, 15명을 선발했다. 황해도와 평안도에서만 향시를 실시한 것은 그곳이 중국 사행이 지나는 요충지였기 때문이다.

---

8) 생도 수의 산출은 『경국대전』 이전 외관직조의 8도 군현 수, 부 3, 대도호부 4, 목 20, 도호부 44, 군 79, 현 175 등 325개를 기준으로 한 것이다(이존희, 『조선시대지방행정제도연구』, 일지사, 1990).

9) 『경국대전』 권3, 예전 제과 및 권4, 병전 시취.

지방에는 외국 사신 영접과 역학 생도 교육을 위해서 황해도 황주, 평안도 평양과 의주에 한학훈도를 배치했으며, 경상도 제포와 부산포에는 왜학훈도를 배치했다. 몽학은 다른 어학과는 달리 중앙의 사역원에서만 교육이 이루어졌다. 의학은 중앙에 80명의 생도가 있었다. 전의감에서 50명, 혜민서에서 30명이 교육을 받았다. 지방에서는 3,102명의 의학 생도를 육성했다. 음양학은 45명의 생도가 있었으며, 전공별로는 천문학(20명) · 지리학(15명) · 명과학(10명)으로 나뉘어 관상감에서 교육받았다. 지방에는 음양학 생도가 없었다. 율학은 생도 40명이 형조 율학청(律學廳)에서 교육받았으며, 지방에서는 3,102명의 율학 생도를 육성했다.

지방의 잡학 교육 현황에서 다음 두 가지 측면을 주목하게 된다. 우선 실용성을 강조했다는 점이다. 지방에서 실질적인 활용이 가능한 분야 위주로 기술학 육성이 이루어졌다. 생명을 다루는 의학과 법률을 조율하는 율학이 역학을 크게 앞섰다. 의학과 율학의 지방 생도 수가 각각 3,102명으로 역학 생도(156명)의 20배에 달한다.

그리고 중앙에서만 교육을 실시한 분야가 있었다는 점이다. 중앙과 지방 관서에서 역학(한학 · 왜학 · 여진학)과 의학 · 율학 분야의 생도를 교육했지만, 몽학과 음양학 그리고 주학은 중앙 관서에서만 교육을 실시했다. 특별히 몽학 교육은 중앙의 사역원에서만 실시했다. 몽학이 지금 당장 필요하지는 않지만, 한때 강성했던 몽고가 언제고 후환을 가져올지도 모른다고 여겼기 때문에 조선 정부는 역과 시험에서 몽학 전공자를 계속 선발했다. 하지만 실제 외교 관계가 없었기 때문인지 몽학은 다른 역학에 비해 부진했다. 교육 역시 중앙에서만 이루어졌다.

음양학은 천문(天文), 지리(地理), 명과학(命課學) 등의 분야를 다루었다. 우주의 흐름으로서의 천문, 인간이 발 딛고 사는 공간으로서의 지리, 그리고 인간의 운명을 엿보는 행위 등은 크게 보자면 국가와 왕실의 운세 및 안위와 관련하기 때문에, 중앙의 관상감에서만 교육했던 것이다.

주학은 호조에 소속되어 있던 산술을 가르치는 잡학의 하나로 고려시대에는 국자감에서 교육했다. 그런데 조선시대에 들어 십학의 하나로 호조에 소속되어 정원 생도 15명을 중앙에서만 교육했다.

잡학 생도에게는 경제적으로 외방(外方)이나 본가(本家)에 대한 잡역(雜役)을 면제해 주는 혜택을 부여했다. 그리고 호내의 인정 2명, 호내에 인정이 없는 자는 호(戶)별로 1명을 주어 학문에 전념하도록 했다.[10]

2) 『속대전』 체제

이 같은 『경국대전』의 잡학 생도 규정은 영조 22년(1746)에 편찬한 『속대전』에 이르러 변화 양상을 보인다. 시대의 흐름과 수요를 반영한 것이라 하겠다. 달라진 측면만을 중심으로 정리하면 〈표 2〉와 같다.[11]

『속대전』 체제의 변화에서 알 수 있는 사항은 다음과 같다. 첫째, 지방 역학 생도의 변화를 보면 제주에 한학 생도 15명 및 왜학 생도 15명, 거제에 왜학 생도 15명을 신설했다. 반면 10명의 왜학 생도가 있던 제포와 염포는 폐지했다. 156명에서 45명 추가, 20명 감액되어,

10) 『성종실록』 권98, 9년 11월 무인.

11) 『속대전』 권3, 예전 생도.

결과적으로 25명이 증액되었다. 그래서 전체 지방 역학 생도는 181명이 되었다.

〈표 2〉 **조선후기 잡학 생도 정원(『속대전』)(단위: 명)**

<table>
<tr><th colspan="2">과목</th><th>교육기관</th><th colspan="3">인원</th></tr>
<tr><td rowspan="11">역학</td><td rowspan="3">한학</td><td>사역원</td><td>75</td><td rowspan="3">180</td><td rowspan="11">389</td></tr>
<tr><td>평양 · 의주 · 황주</td><td>각 30</td></tr>
<tr><td>제주</td><td>15</td></tr>
<tr><td>몽학</td><td>사역원</td><td>35</td><td>35</td></tr>
<tr><td rowspan="4">왜학</td><td>사역원</td><td>40</td><td rowspan="4">80</td></tr>
<tr><td>부산포</td><td>10</td></tr>
<tr><td>제주</td><td>15</td></tr>
<tr><td>거제</td><td>15</td></tr>
<tr><td rowspan="3">청학[12]</td><td>사역원</td><td>54</td><td rowspan="3">94</td></tr>
<tr><td>북청</td><td>10</td></tr>
<tr><td>의주 · 창성 · 이산 · 벽동 · 위원 · 만포</td><td>각 5</td></tr>
<tr><td colspan="2" rowspan="2">의학</td><td>전의감</td><td>56</td><td colspan="2" rowspan="2">118</td></tr>
<tr><td>혜민서</td><td>62</td></tr>
<tr><td rowspan="3">음양학</td><td>천문학</td><td>관상감</td><td>40</td><td colspan="2" rowspan="3">60</td></tr>
<tr><td>지리학</td><td>관상감</td><td>10</td></tr>
<tr><td>명과학</td><td>관상감</td><td>10</td></tr>
<tr><td colspan="2">율학</td><td>형조</td><td colspan="3">80</td></tr>
<tr><td colspan="2">주학</td><td>호조</td><td colspan="3">61</td></tr>
</table>

12) 현종 8년(1667) 여진학에서 청학으로 개칭되었다(『통문관지』 권1, 연혁 관제).

둘째, 중앙의 역학 생도는 분야별로 정원이 크게 늘었다. 사역원의 경우 한학 생도는 40명이 증액되어 75명, 몽학 생도는 25명이 증액되어 35명, 왜학 생도는 25명이 증액되어 40명, 청학 생도는 34명이 증액되어 54명으로 되었다. 모두 124명이 증원되었으며, 전체 80명에서 204명으로 크게 늘어났다.

셋째, 중앙의 의학 생도의 수도 늘어났다. 전의감의 경우 6명이 증액되어 56명, 혜민서는 무려 2배가 넘는 32명이 증액되어 62명이 되었다. 모두 38명이 증원되어, 80명이 118명으로 늘어났다.

넷째, 중앙의 관상감에서만 잡학 교육이 이루어졌던 음양학 생도의 수도 늘어났다. 전공별로 편차가 있어 천문학은 20명이 증액되어 40명이 되었으나, 지리학은 5명이 감액되어 10명으로 줄어들었다. 모두 15명이 증원되어 45명이 60명으로 늘어났다.

다섯째, 율학의 경우 40명에서 40명이 증액되어 80명이 되었다. 두 배로 늘어난 셈이다. 조선후기에 법문을 조율하는 율관의 수요가 크게 늘어났음을 말해준다.

여섯째, 주학 생도 수가 크게 늘어났다. 『경국대전』의 15명에서 영조 대의 『속대전』에서 46명이 증액했다. 세 배 넘게 늘어서 주학 생도는 전체 61명이 되었다. 주학 생도의 정원이 크게 증가한 것은 조선후기 도량형의 정비와 양전 사업이 활발해지는 등의 사회 변화와 맞물려 산원의 수요가 많아졌기 때문이다.

이처럼 전체적으로 잡학 생도 정원이 증가했다. 하지만 증가는 중앙을 중심으로 이루어졌으며, 지방 생도의 수는 역학을 제외하고는 달리 변화가 없다. 『속대전』 이후 중앙, 서울의 집중도가 더 높아졌음을 알 수 있다.

3

잡학 교육과 학습

역과, 의과, 음양과, 율과로 구성된 잡과는 선발 방식과 인원이 식년시와 증광시가 동일했으며, 시험 방식은 1894년 과거제가 폐지될 때까지 그대로 유지되었다. 식년시와 증광시, 초시와 복시 과목이 같기 때문에 교육과 학습에서 시험 교재가 갖는 중요성이 훨씬 더 컸다. 그러면 잡과에 응시하는 사람들은 어떤 교재를 써서 어떻게 공부했을까. 교재와 공부 방법을 분명하게 알 수는 없지만, 잡과 시험 과목과 방식을 통해서 어느 정도 파악해 볼 수 있다.

1) 역학

(1) 교육기관

역학(譯學) 교육을 담당한 기관은 사역원(司譯院)이다. 고려 충렬왕

2년(1276) 한어(漢語) 교육을 위해 설치했던 통문관(通門館)을 사역원이라 했다.[13] 태조 2년(1393) 고려의 제도를 따라 사역원을 설치했다. 여러 나라의 말을 통역하는 일을 맡아 사대교린 업무를 관장하도록 했다.[14] 국가 간의 관계가 중요했기 때문에 사역원에서는 한어 · 몽어 · 왜어 · 여진어 교육을 시행하게 되었다. 통역과 번역을 담당해 부경사행이나 통신사행(通信使行)을 수행하고 표류, 도래인(渡來人) 등 외국인의 통역을 맡았다. 아울러 과거와 취재 시험 등을 관장했다. 태조 2년(1393) 사역원을 설치하고 이듬해(1394) 교육과정을 정비했다. 세조 12년(1466) 관제를 정하면서 교수직으로 한학교수(漢學教授) 2명, 한학훈도(漢學訓導) 4명, 몽학(蒙學) · 왜학(倭學) · 여진학(女眞學) 훈도 각 2명으로 정했다.[15]

『경국대전』의 직제를 보면[16] 사역원에는 정1품 도제조(都提調) 1명[시원임(時原任) 대신 중에서 겸임], 종2품 제조(提調) 2명, 정3품 당하 정(正) 1명, 종3품 부정(副正) 1명, 종4품 첨정(僉正) 1명, 종5품 판관(判官) 2명, 종 6품 주부 1명, 한학교수 4명(2명은 문신이 겸임), 종7품 직장(直長) 2명, 종8품 봉사(奉事) 3명, 정9품 부봉사(副奉事) 2명, 한학훈도 4명, 몽학훈도 2명, 왜학훈도 2명, 여진학훈도 2명, 종9품 참봉(參奉) 2명이 있었다.

역학 생도의 교육은 종6품 교수(教授)와 정9품 훈도(訓導)가 담당했다. 교수나 훈도의 자격을 보면,[17] 교수는 정3품 훈상당상(訓上堂上),

---

13) 『고려사』 권76, 지 30, 백관, 통문관.

14) 『태조실록』 권4, 2년 9월 신유.

15) 『세조실록』 권38, 12년 1월 무오.

16) 『경국대전』 권1, 이전 경관직.

17) 『통문관지』 권1, 관제.

종4품 첨정(僉正), 정5품 도사(都事) 등을 지내고 교회(敎誨) 등 경험이 많은 사람으로 임명했고, 훈도는 참상관이나 교회 중에서 임명했다. 교수와 훈도는 사역원의 다른 관직에 비해 우대했다. 사역원 정을 비롯한 11개의 녹직(祿職) 중에서 교육을 담당하는 교수와 훈도만이 구임(久任)으로 정직(正職)이었다. 구임이란 특정한 기술과 자격을 필요로 하는 관직은 임기와 상관없이 재직하게 하는 관리의 유임제도다. 나머지 정, 부정 등은 체아직(遞兒職)이었다.

사역원 내에서는 외국어만 사용하게 했으며,[18] 원어민이 어학 교육을 담당하기도 했다. 그들은 중국이나 주변국에서 귀화한 사람이거나 그 후손으로 향화인(向化人)이라고 했다.[19] 대표적인 예로 위구르 출신 설장수를 들 수 있다.[20] 그는 사역원과 역학제도의 입안에 큰 역할을 했다. 또한 중국어로 해석한 『직해소학』을 편찬했다. 향화인들은 통역과 교육에 종사했으며, 조선후기에 표류해 온 중국인들에게도 군직(軍職)을 부여하고 집을 사 주고 중국어를 가르치게 했다.[21]

중국어 관계의 지식을 강습시키기 위해 한학습독관(漢學習讀官) 30

---

18) 어길 시에는 현직에 있는 자는 파면한 뒤 1년 이내에 역관직에 오르지 못하도록 하고, 역학 생도의 경우에는 그 범한 횟수에 따라 그때마다 매를 때리도록 하는 강경책을 시행했다(『세종실록』 권95, 24년 2월 을사). 역학 교육에서는 무엇보다 회화 훈련이 중시되어, 숙종 8년(1682) 사역원 내에 회화 훈련을 위한 전문 교육기관인 우어청(偶語廳)을 설치하였다.

19) 향화인들이 살 집은 관청에 속한 빈집을 주고, 빈집이 없으면 선공감(繕工監)이 2칸 혹은 3칸을 지어 주었다. 토지 세금은 3년, 요역은 10년간 면제해 주었다. 장가가기를 원하는 사람에게는 공사노비 가운데 양인 남자에게 시집가서 낳은 여자를 주도록 했다. 또한 그들에게 관향(貫鄕)을 내려주어 조선의 백성으로 살도록 했다(이남희, 『조선왕조실록으로 오늘을 읽는다』, 다할미디어, 2014, 63쪽).

20) 『태조실록』 권10, 5년 11월 정축.

21) 『숙종실록』 권6, 3년 3월 무술.

명을 두었다. 그들은 양가 자제로서 총명한 자, 음자제, 사관(四館: 성균관 · 예문관 · 승문원 · 교서관)의 참외관(參外官), 성균관 · 사학(四學) 유생 중에서 선발, 임명했다. 문신으로 습독관이 되는 것은 자랑스러운 일이 아니었다. 청요직(淸要職)으로 나아가는 데 지장이 되었기 때문이다. 그래서 우수한 습독관을 청요직에 승진시키는 규정을 만들기도 하고, 부경사행에 젊고 재능 있는 습독관을 동참시키기도 했다.[22)]

(2) 교재와 학습

고려에서는 통문관에서 보듯이 한어에 국한되었지만, 조선에서는 그 외에 몽어, 왜어, 여진어 등을 덧붙였다. 어학 교육의 교재와 교육 방법에 대해서 명확한 내용을 알 수는 없다.[23)] 하지만 역과 시험을 통해서 추정해 볼 수는 있다. 역과 과목은 전공서, 경서, 『경국대전』으로 초시와 복시가 동일했으며, 식년시와 증광시가 같았다. 이들을 중심으로 교육이 이루어졌을 것이다. 외국어별 어학 교재를 정리해 보면 〈표 3〉과 같다.[24)] 여진학은 병자호란 이후인 현종 8년(1667) 청학으로 바뀌었다.[25)]

---

22) 『성종실록』 권10, 2년 5월 정유.

23) 원영환, 「조선시대의 사역원제도」, 『남계조좌호박사화갑기념사학논총』, 1977, 268쪽.

24) 『경국대전』 권3, 예전 제과 ; 『속대전』 권3, 예전 제과 ; 『대전통편』 권3, 예전 제과 ; 『대전회통』 권3, 예전 제과.

25) 『통문관지』 권1, 연혁 관제.

〈표 3〉 **조선시대 역과 시험 과목 추이**

법전	전공	강서(講書)	사자(寫字)	역어(譯語)
경국대전	한학	사서(四書), 노걸대(老乞大)·박통사(朴通事)·직해소학(直解小學)		경국대전
	몽학		왕가한(王可汗)·수성사감(守成事監)·어사잠(御史箴)·고난가둔(高難加屯)·황도대훈(皇都大訓)·노걸대·공부자(孔夫子)·첩월진(帖月眞)·토고안(吐高安)·백안파두(伯顔波豆)·대루원기(待漏院記)·정관정요(貞觀政要)·속팔실(速八實)·장기(章記)·하적후라(何赤厚羅)·거리라(巨里羅)	
	왜학		이로파(伊路波)·소식(消息)·서격(書格)·노걸대·동자교(童子敎)·잡어(雜語)·본초(本草)·의론(議論)·통신(通信)·구양물어(鳩養物語)·정훈왕래(庭訓往來)·응영기(應永記)·잡필(雜筆)·부사(富士)	
	여진학		천자(千字)·천병서(天兵書)·소아론(小兒論)·삼세아(三歲兒)·자시위(自侍衛)·팔세아(八歲兒)·거화(去化)·칠세아(七歲兒)·구난(仇難)·십이제국(十二諸國)·귀수(貴愁)·오자(吳子)·손자(孫子)·태공(太公)·상서(尙書)	
속대전	한학	사서, 노걸대·박통사·오륜전비(五倫全備)		경국대전
	몽학		노걸대·첩해몽어(捷解蒙語)	
	왜학		첩해신어(捷解新語)	
	청학		팔세아·소아론·노걸대·삼역총해(三譯總解)	
대전회통	한학	사서, 노걸대·박통사·역어유해(譯語類解)		경국대전
	몽학		노걸대·첩해몽어·몽어유해(蒙語類解)	
	왜학		첩해신어	
	청학		소아론·팔세아·노걸대·삼역총해	

우선 한학의 경우에만 강서(講書) 시험을 봤다. 몽학 · 왜학 · 여진학[청학] 같은 사자(寫字) 시험은 없었다. 한자였던 만큼 필요하지 않았을 것이다. 몽학 · 왜학 · 여진학[청학]은 사자 시험과 역어(譯語) 시험을 봤다.

조선의 외교에서는 한학이 통역의 기본이었다. 명 · 청 교체가 있은 후에도, 한어가 계속 사용되었다. 청나라는 만주인과 한인을 같이 등용했으며, 한어를 공용어로 택했다. 그래서 한학은 계속 우위를 차지할 수 있었다. 우대책은 제도적으로 보장되어 있었다. 한학 전공자를 장원(壯元)으로 삼았다.[26]

① 강서(講書)

강서는 배송(背誦)과 임문(臨文)이 있었다. 배송은 책을 보지 않고 외우고 강독하는 것이며, 임문은 책을 보고 강독하는 것이다. 배송은 임문에 비하여 보다 비중이 높은 시험 과목에 활용되었다.

사서(四書: 『논어』 · 『맹자』 · 『대학』 · 『중용』)를 보고 강독하게 했다. 한학에만 사서 강서가 있었다. 『노걸대』 · 『박통사』 · 『직해소학』은 배송하게 했다. 『노걸대』는 중국어 회화책으로 중국 북부 지방을 여행하는 고려인과 중국인이 나누는 대화로 돼 있다. 압록강을 건너 북경까지 가는 노정에서 경험하는 일들을 중국인과 대화하는 형식으로 서술한 것으로 몽고어와 왜어로 번역되기도 했다. 『박통사』는 북경에서 생활하는 데 필요한 여러 지식을 담고 있다. 의례적인 표현, 상급자가 하급자에게 발화하는 2인칭 명령형도 등장하며, 사설체도 실려 있다.

---

26) 『통문관지』 권2, 과거.

〈표 3〉에서 보듯이 『속대전』(1746, 영조 22)에는 중국어 학습서 『오륜전비』가 추가되고 『직해소학』은 폐지되었으며, 『대전회통』(1865, 고종 2)에서는 『역어유해』가 추가되고 『오륜전비』는 폐지되었다. 『속대전』과 『대전회통』에서 시험 과목의 변화는 다른 잡과에서도 나타난다. 서적 분실, 시의에 따른 변화상을 반영한 것으로 여겨진다. 전반적으로 시험 과목의 수가 축소되는 경향을 보여준다.

② 사자(寫字)

몽학, 왜학, 여진학[청학]은 사자를 실시했다. 사자는 글씨를 베껴 쓰는 것이다. 몽학 사자는 『왕가한』·『수성사감』·『어사잠』·『고난가둔』·『황도대훈』·『노걸대』·『공부자』·『첩월진』·『토고안』·『백안파두』·『대루원기』·『정관정요』·『속팔실』·『장기』·『하적후라』·『거리라』다. 『속대전』에서 『노걸대』와 『첩해몽어』만 남기고 나머지는 폐지했다. 『대전회통』에서는 『몽어유해』가 추가되었다. 『몽어유해』는 천문, 지리, 시령(時令), 인륜(人倫) 등으로 나누어, 표제어는 중국어를 한자로 제시하고 해당 국어를 한글(또는 드물게 한자)로 적고, 그 아래에 ○표를 한 다음 몽고어를 한글로 적었다.

왜학 사자는 『이로파』·『소식』·『서격』·『노걸대』·『동자교』·『잡어』·『본초』·『의론』·『통신』·『구양물어』·『정훈왕래』·『응영기』·『잡필』·『부사』다. 왜학 사자는 『속대전』에서 『첩해신어』를 새롭게 추가하고, 나머지는 폐지했다. 『첩해신어』는 임진왜란 때 포로였던 역관 강우성(康遇聖)이 편찬한 일본어 학습서다. 1627년(인조 5) 역관 최학령(崔鶴齡)이 교정 간행, 1676년(숙종 2)에 중간(重刊)했다. 일본어를 히라가나로 적고 한글로 읽는 법과 뜻을 기록했다.

여진학 사자는 『천자』·『천병서』·『소아론』·『삼세아』·『자시위』·『팔세아』·『거화』·『칠세아』·『구난』·『십이제국』·『귀수』·『오자』·『손자』·『태공』·『상서』다. 여진학은 1667년에 청학으로 개칭되었다. 『속대전』에서 청학은 『팔세아』·『소아론』·『노걸대』·『삼역총해』만 두고 나머지는 폐지했다. 『팔세아』는 초기부터 있던 여진학 초학서로 『소아론』과 함께 조선시대 내내 여진학[청학] 시험 과목이었다. 임진·병자호란으로 없어진 것을 인조 17년(1639)에 신계암이 다시 간행, 정조 1년(1777)에 김진하가 중간했다. 『소아론』은 여진어로 이야기를 적고, 오른쪽에 한글로 발음을 기록했으며, 구절 밑에 우리말로 뜻을 적었다. 내용은 짧은 동화다. 『삼역총해』는 『삼국지』를 여진 문자로 번역한 것으로 한글로 음과 뜻을 기록했다.

③ 역어(譯語)

갑국의 언어나 문자를 을국의 그것으로 번역해 의사를 전달하는 것을 역어라 한다. 한학, 몽학, 왜학, 여진학[청학]은 『경국대전』을 보고 번역하게 했다. 후기에는 시험 과목이 크게 줄어들었다. 양난을 거치면서 책이 많이 소실되고, 음의(音義)가 변하여 당시의 사정에 맞지 않는 등 교재가 적절치 않았기 때문이다.

역학 시험은 강서(講書), 사자(寫字), 역어(譯語)로 구분되었다. 한학은 어학서와 사서(四書) 강서와 『경국대전』 번역, 몽학·왜학·여진학은 역학서의 사자와 『경국대전』 번역으로 시험을 치렀다. 한학은 강서와 번역을 시험했으며, 몽학, 왜학, 여진학[청학]은 베껴 쓰기와 번역 시험을 보았다.

2) 의학

(1) 교육기관

의학(醫學) 교육을 담당한 기관은 전의감과 혜민서다. 전의감에서 50명, 혜민서에서 30명의 의학 생도를 교육했다. 특히 혜민서는 30명의 의학 생도 교육 이외에도 의녀(醫女) 교육을 담당했다. 전의감은 의학 교육과 함께 궁중의 의료와 시약(施藥)을 관장했다. 태조 1년(1392) 7월 관제를 정하면서 정3품 판사(判事) 2명, 종3품 감(監) 2명, 종4품 소감(少監) 2명, 종5품 승(丞) 2명, 종5품 겸승(兼丞) 2명, 종6품 주부(主簿) 2명, 종6품 겸주부(兼主簿) 2명, 종7품 직장(直長) 2명, 종8품 박사(博士) 2명, 정9품 검약(檢藥) 4명, 종9품 조교(助敎) 2명을 두었다.[27)]

세종 16년(1434)에는 겸관(兼官)으로 겸정 · 겸부정 · 겸판관 · 겸주부 각 1명을 더 설치하고 학문이 깊은 유의(儒醫)에게 제수했다.[28)] 겸직으로 문관이 의생을 가르치게 한 것이다. 세조 12년(1466) 관제를 개정하면서 검약을 고쳐 부봉사, 조교를 참봉으로 했다.[29)] 전의감 제도 정비를 거쳐 『경국대전』의 직제가 되었다.[30)] 종2품 제조(提調) 2명을 두었으며, 정3품 정 1명, 종4품 부정 1명, 첨정 1명, 종5품 판관 1명, 종6품 주부 1명, 종5품 의학교수 2명, 종7품 직장 2명, 종8품 봉사 2명, 정9품 부봉사 4명, 의학훈도 1명, 종9품 참봉 5명이었다. 교수와 훈

---

27) 『태조실록』 권1, 1년 7월 정미.

28) 『세종실록』 권65, 16년 7월 경자.

29) 『세조실록』 권38, 12년 1월 무오.

30) 『경국대전』 권1, 이전 경관직.

도가 전의감 의학 생도 50명의 의학 교육을 담당했다.

그리고 의서습독관(醫書習讀官)을 30명 두었다.[31] 세조 4년(1458)에는 습독관이 15명이었는데, 사족 자제로서 어리고 총민한 자를 뽑아 습독관으로 삼았다.[32] 그러다 세조 8년(1462) 장려책을 마련하면서 정원을 30명으로 증액했다. 성적이 좋은 자는 현관에 제수하고, 나태한 자는 직첩을 회수했다.[33] 전의감 취재 시험 시 점수가 가장 높은 자와 판관 1명은 구임(久任)으로 했다. 구임자 및 교수와 훈도 이외에는 체아직으로 1년에 두 차례(6월, 12월) 고과를 토대로 인사를 실시했다.

조선을 개국하면서 전의감과 함께 태조 1년(1392)에 혜민국을 설치했다.[34] 세조 12년(1466)에 혜민국을 혜민서로 개칭했다.[35] 혜민서는 의약과 서민의 질병을 구료하는 일과 함께 의학 생도 교육을 관장했다. 『경국대전』 경관직조를 보면 종2품 제조 2명을 두었으며, 종6품 주부 1명, 의학교수 2명(1명은 문관이 겸임), 종7품 직장 1명, 종8품 봉사 1명, 정9품 의학훈도 1명, 종9품 참봉 4명을 두었다.[36] 혜민서에 의학 생도를 30명 두어 교수와 훈도가 교육을 담당했다.

세조 6년(1406) 5월 제생원이 혜민서에 통합되었다.[37] 주목되는 것

31) 『경국대전』 권1, 이전 경관직 및 습독관.

32) 『세조실록』 권12, 4년 3월 정미.

33) 『세조실록』 권27, 8년 2월 기묘.

34) 『태조실록』 권1, 1년 7월 기미.

35) 『세조실록』 권38, 12년 1월 무오.

36) 『경국대전』 권1, 이전 경관직.

37) 이렇게 제생원이 혜민국에 병합된 것은 제생원의 기능과 조직이 혜민국의 그것과 큰 차이가 없어서 업무를 일원화하려 했고, 또한 경내외의 치료는 주로 활인원이 담당하여 그 존재 가치가 줄었기 때문이다(손홍열, 『한국중세의료제도연구』, 수서원, 1988, 175쪽).

은 제생원에서 의녀 교육을 담당했다는 점이다. 의녀는 부인의 질병을 구호, 진료하기 위해 두었다. 의녀 제도는 태종 6년(1406) 3월 검교한성윤(檢校漢城尹) 지제생원사(知濟生院事) 허도(許道)의 건의에 따라 설치했다.[38] 같은 해 동녀(童女) 수십 명을 뽑아 의녀 교육을 시행했다. 의녀는 대부분 13세 이하의 비자(婢子)를 중앙으로 올려 보내 교육시키되 봉족(奉足) 2명을 지급했다.[39] 의녀에는 내의(內醫)·간병의(看病醫)·초학의(初學醫) 3등급이 있었다. 강서 시험에 불통(不通)이 많은 의녀는 혜민서 다모(茶母)로 보내졌다 3략(略) 이상을 얻어야 돌아올 수 있었다.[40]

(2) 교재와 학습

의과에서는 의학 전문서에 대한 지식과 더불어 『경국대전』을 강독하게 했다. 『찬도맥(纂圖脈)』과 『동인경(銅人經)』은 외우게 하고, 『직지방(直指方)』·『득효방(得效方)』·『부인대전(婦人大全)』·『창진집(瘡疹集)』·『태산집요(胎産集要)』·『구급방(求急方)』·『화제방(和劑方)』·『본초(本草)』·『경국대전』은 보고 강독하게 했다.

의과 과목은 『속대전』 이후 조금 바뀌었다. 『찬도맥』과 『동인경』은 그대로 외우게 하고, 『직지방』·『본초』·『경국대전』은 책을 보고 강독하게 했으며, 나머지는 폐지했다. 대신 『소문(素問)』·『의학정전(醫學正傳)』·『동원십서(東垣十書)』를 새로 추가했다. 『소문』은 동양에서 가

38) 『태종실록』 권11, 6년 3월 병오.

39) 『태종실록』 권35, 18년 6월 경자.

40) 『세조실록』 권30, 9년 5월 경술.

장 오래된 의서로, 황제와 기백이 의학에 관해 묻고 답한 내용을 모은 것이며, 주나라 · 춘추전국시대 · 진(秦)나라 연간에 구문을 기록해 책으로 만들었다고 전한다. 『의학정전』은 중국 명나라 우박(虞搏)이 지은 의서로 조선에서는 내의원에서 간행했다. 『동원십서』는 명나라 때 송 · 금 · 원나라 시대 학자의 저서 10종을 정리, 수록해서 간행한 총서다. 이들 과목은 책을 보고 강독하도록 했다. 『찬도맥』과 『동인경』은 조선후기에도 계속 외우게 했으며, 임문 고강하는 의과 과목은 9종에서 6종으로 줄어들었다.

『대전회통』 때 『의학입문(醫學入門)』이 새로 추가되어 암송하고 강독하게 했다. 『의학입문』은 의학의 이론에서부터 경락(經絡), 장부(臟腑), 본초(本草), 병증(病症)에 관한 내용을 포괄해 의학에 입문하는 사람들에게 길잡이가 된 서적이다.

3) 음양학

(1) 교육기관

음양학(陰陽學) 교육을 담당한 부서는 관상감이다. 관상감은 음양학 교육 외에도 지리(地理), 역수(曆數), 점산(占算), 측후(測候), 각루(刻漏) 등에 관한 일을 맡았다.[41] 지리는 풍수지리, 역수는 역서(曆書)와 그 추산법을 말한다. 점산은 점치는 기술을 말하며, 측후는 기상의 상태를 알기 위하여 천문의 이동이나 천기의 변화를 관측하는 것이

41) 『경국대전』 권1, 이전 경관직 및 권3 예전 제과 · 생도 · 취재.

다. 각루는 물시계로 누호(漏壺)에 일정하게 물이 떨어지게 해 수량이 줄어드는 정도를 계산해, 시간을 잴 수 있게 만든 것이다.

관상감 직제는 태조 1년(1392) 7월 관제를 정하면서 정3품 판사 2명, 종3품 정 2명, 종4품 부정 2명, 종5품 승 2명, 겸승 2명, 종6품 주부 2명, 겸주부 2명, 종7품 장루(掌漏) 4명, 정8품 시일(視日) 4명, 종8품 사력(司曆) 4명, 정9품 감후(監候) 4명, 종9품 사진(司辰) 4명을 두었다. 1438년(세종 20) 이후로는 천기를 관찰하는 간의대(簡儀臺)와 관천기(觀天器)인 규표(圭表)·혼상(渾象)·혼의(渾儀) 등은 매일 밤 5명이 입직하여 관찰하도록 했다. 세조 12년(1466) 풍수학은 지리학으로 이름을 고쳐 교수·훈도 각 1명, 천문학은 교수·훈도 각 1명, 음양학은 명과학으로 이름을 고쳐 훈도 2명을 두었다.[42)]

관상감 정비 과정은 『경국대전』 직제로 확정되었다.[43)] 정1품 영사(領事: 영의정 겸임) 1명, 종2품 제조 2명, 정3품 당하 정 1명, 종3품 부정 1명, 종4품 첨정 1명, 종5품 판관 2명, 종6품 주부 2명, 종6품 천문학교수 1명, 지리학교수 1명, 종7품 직장 2명, 정8품 봉사 2명, 정9품 부봉사 3명, 정9품 천문학훈도 1명, 지리학훈도 1명, 명과학훈도 2명, 종9품 참봉 3명, 천문학습독관 10명을 두었다. 관상감 취재에서 점수가 높은 자와 판관 이상 1명은 구임(久任)으로 했고, 구임자 및 교수, 훈도 이외에는 체아직으로 양도목으로 했다. 종6품 주부 이상은 음양과 합격자 출신으로 임명했다.

---

42) 『세조실록』 권38, 12년 1월 무오.

43) 『경국대전』 권1, 이전 경관직.

(2) 교재와 학습

음양학은 관상감에서 교수와 훈도가 생도들의 교육을 담당했다. 시험에 사용한 서적을 통해서 교재를 살펴볼 수 있다. 음양과 시험 과목은 전공서와 『경국대전』을 강서(講書)하게 했다. 천문학, 지리학, 명과학의 시험 과목이 달랐다.

천문학의 경우 『보천가(步天歌)』는 외우게 하고, 『경국대전』은 보고 강독하게 했으며, 『칠정산내편(七政算內篇)』·『칠정산외편』·『교식추보가령(交食推步假令)』을 계산하게 했다. 지리학의 경우 『청오경(靑烏經)』과 『금낭경(錦囊經)』은 암송하여 강독하게 했고, 『호순신(胡舜申)』·『명산론(明山論)』·『지리문정(地理門庭)』·『감룡(撼龍)』·『착맥부(捉脈賦)』·『의룡(疑龍)』·『동림조담(洞林照膽)』·『경국대전』은 보고 강독하게 했다. 명과학의 경우 『원천강(袁天綱)』은 외워서 강독하게 했으며, 『서자평(徐子平)』·『응천가(應天歌)』·『범위수(範圍數)』·『극택통서(剋擇通書)』·『경국대전』은 책을 보고 강독하도록 했다. 『원천강』은 당나라 원천강이 편찬한 명리학서로 발단(發端), 귀신(貴神), 합(合), 인(印), 명격(命格) 등 14류(類)로 구성되어 있다.

『속대전』 이후 음양학 분야별로 시험 과목이 다소 변경되었다. 천문학의 경우 『속대전』에서 『천문력법(天文曆法)』을 추가했으며, 『대전회통』에서 『신법보천가(新法步天歌)』와 『시헌기요(時憲紀要)』를 추가했고 『보천가』와 『천문력법』은 폐지했다. 지리학의 경우 『속대전』에서는 명나라 서지진(徐之鎭)이 지은 『탁옥부(琢玉斧)』를 추가하고, 『지리문정』·『감룡』·『착맥부』·『의룡』은 폐지했다. 이어 『대전회통』에서는 『동림조담』과 『탁옥부』도 폐지했다. 명과학의 경우 『속대전』에서 『시용통서(時用通書)』를 추가하고 『극택통서』는 폐지했다. 『시용통서』는 태극도설의

응용 방법을 해설한 책으로, 송나라 주돈이가 지었다. 그리고 명과학은 『대전회통』에서 『협길통의(協吉通義)』로 과목이 단일화되었는데, 시험 방식은 책을 보고 강독하는 것이었다. 나머지 명과학 시험 과목들은 폐지했다. 『협길통의』는 정조 20년(1796) 관상감 제조 서유방(徐有防)이 편찬했으며 10책으로 구성되어 있다.[44] 국가와 민간에서 행사를 거행할 때 길(吉)을 택하고 흉(凶)을 피하는 원리를 담았다. 운명을 예측하는 추명서류(推命書類)에서 일상에서 길일과 흉일을 가리는 택일서류(擇日書類)로 바뀐 것이다.

조선후기에 시헌력의 이해가 심화되고, 이를 기반으로 한 명과학의 수요가 증가하면서 천문(天文)·지리(地理)·역수(曆數) 등의 일을 담당하는 음양관의 역할이 커졌다. 영조 대부터 서양 천문학과 시헌력에 대한 이해가 깊어졌다.[45] 정조 21년(1797) 관상감 제조 이시수(李時秀)의 요청에 따라 선발 인원을 늘리도록 했다.[46] 음양학 시험 과목은 다른 잡학과는 달리 대폭적인 축소보다는 다양한 과목이 추가된 점이 두드러지는 차이점이다. 잡과 내 위상은 정조 1년(1777)까지 역과가

44) 이수동, 「조선시대 잡과의 음양과 연구: 택일과목을 중심으로」, 『원불교사상과 종교문화』 51, 2012.

45) 정조 연간에 천문학에서는 『칠정산(七政算)』을 사용하여 계산하는 대통력(大統曆) 추보관(推步官)을 폐지하고 시헌력법을 운영하기 위한 관직을 설치하고 시험 과목도 개편했다. 또한 명과학 부분에서도 관원의 보강과 처우 개선, 시험 과목의 개편 등이 이루어졌다(전용훈, 「정조대의 역법과 술수학 지식: 『천세력』과 『협길통의』를 중심으로」, 『한국문화』 54, 2011).

46) 다음 해 실시한 정조 22년(1798) 음양과 식년시에서 11명을 선발, 바로 시행했음을 알 수 있다. 이것이 『대전회통』 법규로 반영되었다(『대전회통』 권3, 예전 제과). 명과학의 경우 초시가 4명에서 8명, 복시가 2명에서 4명으로 늘어났다. 음양과의 정원은 11명이 되었다.

으뜸이었으나 『대전통편』에서 수위(首位)가 음양과로 바뀌었다.[47] 역시 그 시대의 상황과 무관하지 않은 듯하다. 또한 그것은 기능을 중시하는 잡과의 근본 취지에도 맞는 것이었다. 이런 변화는 음양학 교육 교재와 학습 방법에도 그대로 반영되었을 것이다.

4) 율학

(1) 교육기관

고려에서는 율학(律學)을 국자감에서 교육했으나, 조선시대 율학 교육은 형조 산하 율학청에서 담당했다.[48] 율학청은 태조 1년(1392) 7월 관제를 정하면서 조율(照律)을 담당하는 관서로 설치했으며, 종8품 박사 2명과 종9품 조교 2명을 두었다.[49]

세종 15년(1433) 고율사(考律司)의 낭청 한 사람을 별좌(別坐)로 겸하게 하여 율과 출신자들에게 율문을 강습하게 했다. 그리고 제조로 하여금 규찰하게 했다. 이듬해(1434) 8월 율학청을 사율원(司律院)으로 개칭했다.[50] 율학은 녹관아문인데 다른 제학(諸學) 칭호와 마찬가지로 율학이라 일컫는 것이 옳지 않다 하여 사율원이라 개칭한 것이다.

세조 12년(1466) 사율원을 다시 율학이라 개칭하여, 종7품 명률(明

47) 『대전통편』 권3, 예전 제과.

48) 실록에서는 율학이 관청, 학문, 율관 등을 칭하고 있어 구분이 분명치 않다(이남희, 「조선전기의 율관」, 『한국사학보』 15, 2003, 344쪽).

49) 『태조실록』 권1, 1년 7월 정미.

50) 『세종실록』 권65, 16년 8월 경오.

律) 1명, 종8품 심률(審律) 2명, 정9품 훈도 2명, 종9품 검률(檢律) 2명을 소속시켰다.[51] 율학청 직제는 『경국대전』에 성문화되었다. 종6품 율학교수 1명, 종6품 별제 2명, 명률 1명, 심률 2명, 율학훈도 1명, 검률 2명과 지방 8도 및 제주에 검률 각 1명씩을 두었다.

주목되는 것은 사역원, 전의감, 관상감 등과는 달리 주무관청이 형조 산하의 부속 기구였다는 점이다. 문반직으로 정2품 판서, 종2품 참판, 정3품 참의, 정5품 정랑, 정6품 좌랑 등이 있고, 기술직으로 율학교수·종6품 별제, 종7품 명률, 종8품 심률, 정9품 율학훈도, 종9품 검률 등의 관직이 있었다. 교수직인 율학교수, 별제, 훈도는 율학을 본업으로 삼는 사람을 뽑아 임명했다.[52] 종7품 명률 이하의 심률, 훈도, 검률은 체아직으로 취재를 통해 1년에 2회, 양도목으로 6월과 12월 성적에 따라 승진·출척(黜陟)하도록 했다. 성적에 따라 통(通)·약(略)·조(粗)로 채점했다. 점수가 같을 경우 근무 일수의 다소에 따라 선발했다.

(2) 교재와 학습

형조에는 40명의 율학 생도를 두었다. 이들이 사용한 교재는 알 수 없으나 시험에 사용한 율학 서적을 썼을 것으로 추정할 수 있다. 시험 과목은 과거와 취재 시험이 동일했다. 『대명률(大明律)』은 암송하게 하고, 나머지 『당률소의(唐律疏議)』·『무원록(無寃錄)』·『율학해이(律學解頤)』·『율학변의(律學辨疑)』·『경국대전』은 보고 강독하게 했다. 성종

51) 『세조실록』 권38, 12년 1월 무오.

52) 『경국대전』 권1, 이전 경관직.

10년(1479) 형조에서 율학은 나라의 형률을 맡고 있으므로, 시취 때에 율문과 판어(判語)뿐만 아니라 사서와 삼경 등의 경전도 스스로 원하는 한 책을 아울러 시험하도록 하자고 요청했다.[53] 하지만 율과 시험 과목에 유교 경전을 포함하는 논의는 받아들여지지 않았던 것 같다. 율과가 통치자가 아니라 기능인을 선발하기 위한 시험이었음을 말해 주는 것이다. 관리가 형법으로 출신하는 것을 양반들이 부끄럽게 여긴 것도 율관에 대한 인식을 뒷받침해 준다.

『속대전』 이후 율과의 시험 과목이 축소되어 『대명률』·『무원록』·『경국대전』으로 했으며, 나머지는 폐지했다. 『무원록』은 원나라 왕여(王輿)가 지은 법의학서로, 조선에서는 세종 22년(1440) 최치운(崔致雲)이 왕명을 받아 주역했다. 이후 영조 24년(1748) 구택규(具宅奎)가 왕명으로 첨삭·훈석(訓釋)했다. 구택규의 아들 구윤명(具允明)이 율학교수 김취하(金就夏)와 함께 다시 『증수무원록(增修無冤錄)』을 정조 20년(1796)에 간행했다.

잡학 교육에서도 수업 출석을 중시했다. 조선시대는 급사제(給仕制)를 중시했다. 급사란 근무 일수를 합산하여 취재, 관직 임용, 부경(赴京) 등에 반영하는 것으로서 원사(元仕)는 실제의 근무 일수이며, 별사(別仕)는 특근 또는 기능의 우수도를 평정하고 그것을 일수로 환산하여 상급(賞給)하는 제도다.[54] 출석 일수는 엄정하게 기록하여 성적 고과에 반영했다. 형태는 교관, 학생, 관원이 한자리에 모여 강독하는 공동 학습과 개별 학습이 있었다.

53) 『성종실록』 권101, 10년 2월 기축.

54) 『경국대전』 권3, 예전 장려.

5) 주학

(1) 산학과 십학

산학(算學)은 조선시대에 산술을 가르치던 잡학으로, 개국 초기부터 십학(十學)의 하나로 호조에 설치하였다. 조선시대에는 관료 제도를 운용하는 데 필요한 인적 자원을 충당하는 방법으로 관학(官學) 제도와 과거제도를 병행했다. 필요한 인재를 관학에서 양성한 뒤 과거시험을 통해 뽑아 쓰는 것이었다. 그래서 관학 교육은 지배사상인 유학(儒學) 교육을 비롯하여 국가 정책에 필요한 각 분야의 실용 교육도 함께 실시했는데 십학이 바로 그것이다.

조선시대 십학은 국가 운영에 필요한 각종 전문 지식인을 양성하던 관학(官學)으로, 태종 6년(1406) 유학(儒學), 무학(武學), 이학(吏學), 역학(譯學), 음양풍수학(陰陽風水學), 의학(醫學), 자학(字學), 율학(律學), 산학(算學), 악학(樂學)을 두었다. 이후 『경국대전』에서 유학, 무학, 역학, 의학, 음양학, 산학, 율학, 화학(畫學), 도학(道學), 악학의 십학 체계로 완성되었다.[55)]

십학이 처음 제도적으로 정비된 때는 고려 말이다. 『고려사』 백관지(百官志)를 보면, 공양왕 1년(1390) 십학을 설치하여 예학(禮學: 儒學)은 성균관(成均館), 악학(樂學)은 전의시(典儀寺), 병학(兵學: 武學)은 군후소(軍候所), 율학(律學)은 전법시(典法寺), 자학(字學)은 전교시(典校寺), 의학(醫學)은 전의시(典醫寺), 풍수음양학(風水陰陽學) 등은 서운관(書

55) 이성무, 『한국 과거제도사』, 민음사, 1997 ; 김대식, 「조선 초 십학 제도의 설치와 변천」, 『아시아교육연구』 12-3, 2011.

雲觀), 이학(吏學)은 사역원(司譯院)에 각각 속하게 하고, 십학교수관의 지도 아래 전문 교육을 실시했다.

조선을 건국하면서 유학을 독립시키고 풍수음양학, 이학, 악학 등은 폐지하고, 태조 2년(1393) 병학, 율학, 자학, 역학, 의학, 산학 등 육학을 설치하고 양가(良家)의 자제들로 하여금 익히게 했다.[56] 그러다 태종 6년(1406) 좌정승 하륜(河崙)의 건의에 따라 유학과 함께 무학, 이학, 역학, 음양풍수학, 의학, 자학, 율학, 산학, 악학을 설치했다.[57] 그 중 유학은 현임 삼관(三館: 예문관, 성균관, 교서관)의 7품 이하만으로 시험하게 하고, 나머지는 현임 관리나 품계만 있고 실직이 없는 산관(散官)을 가리지 않고 4품 이하부터 사중월(四仲月: 음력 2월, 5월, 8월, 11월)에 고시(考試)하게 하여 시험 성적에 따라 출척의 근거 자료로 삼게 했다. 사중월에 실시한 정기 시험은 취재(取才)라는 명칭으로 불렸다. 십학의 각 영역별 교육 책임자로 제조관(提調官)을 두었다.[58]

십학 중에서 양반이 입학하는 유학과 무학을 제외한 제학(諸學)을 잡학(雜學)이라 했다. 유학과 잡학을 같이 취재하는 십학 제도는 문신들의 불만을 불러일으켰다. 성균관, 예문관, 교서관 등의 문신들은 잡학 종사자들을 천하게 여기고 십학 제도의 개편을 끊임없이 요구했다. 하지만 태종은 십학 가운데서도 잡과가 설치된 역학, 의학 등은 문과와는 다르지만, 다른 산학, 악학 등의 잡학과도 구분된다는 것을 강조하며 계속 준행하도록 했다.[59]

---

56) 『태조실록』 권4, 2년 10월 기해.

57) 『태종실록』 권12, 6년 11월 신미.

58) 『태종실록』 권24, 12년 10월 기사.

59) 『태종실록』 권14, 7년 11월 을해.

세종 즉위년(1418) 십학 교육과 취재 실무를 담당할 인원을 추가 배치했다. 예조에서 십학 제조관이 고위직이어서 교육과 평가를 담당하기 부적합하다는 의견을 제시했다. 악학(樂學) · 의학 · 음양풍수학 등의 학문은 평소에 가르치지도 않다가 일이 있으면 고강(考講)하게 되니 인재를 뽑는 뜻에 어긋남이 있다는 것이다. 제조를 보좌하는 참좌관(參佐官)을 두어 각 학의 교육과 평가를 담당하게 할 것을 요청하여 각 학의 제조관을 보좌하는 참좌관으로 제거(提擧)와 별좌(別坐)를 두었다.[60] 이에 따라 십학 운영자가 각 학별로 제조 2명, 제거 1명, 별과 1명으로 증가했다.

십학 체계는 『경국대전』에서 자학(字學)과 이학(吏學)이 빠지고 화학(畫學)과 도학(道學)이 신설돼, 유학, 무학, 역학, 의학, 음양학, 산학, 율학, 화학, 도학, 악학으로 완성되었다.[61] 십학 중에서 유학과 무학은 양반이 입속했으며, 나머지 팔학은 잡학(雜學)이라 하여 기술직 중인층이 담당했다. 조선시대는 유교를 지배사상으로 삼고 있었기 때문에 십학 중에서 유학이 가장 우위에 있었다. 유학 교육을 위해 중앙에 성균관과 사학(四學), 지방에 향교 등 별도의 교육체계를 갖추고 있었으며, 무학은 훈련원(訓練院)에서 담당했다. 그리고 잡학 교육은 중앙과 지방에서 이루어졌다. 중앙에서는 해당 잡학 관청에서 실시했다. 교육을 위해 교수와 훈도, 습독관(習讀官) 등의 교관을 두었으며 잡학 생도들은 취재와 잡과 시험을 통해 관직에 진출했다.

---

60) 『세종실록』 권2, 즉위년 12월 임진.

61) 화학(畫學)이 십학에 들어간 것은 『경국대전』의 기록이 처음이다. 잡학 중에서도 도학, 화학, 악학에는 양인(良人) 및 천인(賤人)이 소속되었다.

(2) 교육 기구와 학습

산학은 고려조부터 국가에서 관리한 주요 학문 분야 가운데 하나로 율학(律學), 서학(書學)과 함께 국자감에 배속시켜 익히게 했다. 고려 식목도감(式目都監)의 학식(學式)에 따르면 산학의 수업 대상은 8품 이상의 자제와 일반 서인(庶人)이었으며 7품 이상의 자제도 원하는 경우 허락했다. 교육은 산학박사가 담당했다.[62]

조선은 개국과 함께 태조 2년(1393) 산학을 산술을 다루는 학문으로, 병학(兵學), 율학(律學), 자학(字學), 역학(譯學), 의학(醫學) 등 육학(六學)의 하나로 설치하여 양가(良家)의 자제들로 하여금 익히게 했다.[63] 태종 6년(1406) 유학과 함께 무학, 이학, 역학, 음양풍수학, 의학, 자학, 산학, 악학(樂學) 등 십학의 하나로 설치했다.[64] 십학 중에서 유학과 무학은 양반들이 입속했으며, 나머지 팔학은 잡학(雜學)이라 하여 기술직 중인층이 담당했다.

산학은 국가의 요무(要務)로 인식되었다. 산법(算法)이란 오직 역법에만 사용하는 것이 아니라 병력을 동원한다든가 토지를 측량하는 일이 있다면 이를 버리고는 달리 구할 방도가 없다는 것이다.[65] 이처럼 국가 정책 차원에서 산학 연구의 필요성이 부각되었다. 세종은 산학을 예습시킬 방도를 강구했고 집현전에 명하여 산학을 진흥할 방법을 연구하게 했다.[66] 세종은 대표적인 산학 서적 중 하나인 『산학계몽

---

62) 구만옥, 「조선전기의 산학 정책과 교육」, 『인문학연구』 11, 2007 ; 김대식, 앞의 논문.

63) 『태조실록』 권4, 2년 10월 기해.

64) 『태종실록』 권12, 6년 11월 신미.

65) 『세종실록』 권51, 13년 3월 병인.

66) 『세종실록』 권102, 25년 11월 무진.

(算學啓蒙)』을 공부하기도 했다. 산학은 천문역법을 계산하는 기초 지식으로 중시되었다. 조선 초 산학 교육은 호조 소속의 산학박사와 산학중감(算學重監)이 담당했는데 이들의 출신은 달랐다. 세종 5년(1423) 11월 이조에서 계문을 올렸다.

> "무릇 만물의 변화함을 다 알려면 반드시 산수(算數)에 인할 것으로서, 6예(六藝) 중에 수가 그 하나에 들어 있습니다. 전 왕조에서 이로 인하여 관직을 설치하고 전담하여 관장하도록 하였으니, 지금의 산학박사(算學博士)와 중감(重監)이 곧 그것입니다. 실로 율학과 더불어 같은 것이어서 이전(吏典)에 비할 바가 아닙니다. 근년에 산학이 그 직분을 잃어서, 심하기로는 각 아문의 아전으로 하여금 윤번으로 임명하였으니, 극히 관직을 설치한 본의를 잃은 것이오며, 중외의 회계가 한갓 형식이 되고 말았습니다. 청컨대, 이제부터 산학박사는 사족(士族)의 자제로, 중감은 자원하는 사람으로서 아울러 시험하여 서용하고, 그들로 하여금 항상 산법(算法)을 연습하여 회계 사무를 전담하도록 하고, 그 관대(冠帶)에 있어서는 율학의 예에 의하도록 하소서" 하니, 그대로 따랐다.[67]

산학박사를 사족인 의관자제(衣冠子弟) 가운데서 선발했다면, 산학중감은 각 사의 아전 가운데서 충당했음을 알 수 있다. 산학 교육은 호조를 중심으로 산법교정소(算法校正所), 역산소(曆算所), 습산국(習算

---

67) 凡盡物變 必因算數 六藝之中 數居其一. 前朝緣此 設官專掌 今之算學博士重監是已. 實與律學同 非吏典比也. 近年算學失職 至使各司吏典輪次除拜 殊失設官本意 中外會計 徒爲文具. 請自今算學博士以衣冠子弟 重監以自願人 竝取才敍用 令常習算法 專掌會計. 其冠帶 依律學例. 從之(『세종실록』 권22, 5년 11월 임진).

局) 등에서 이루어졌다.[68] 세조 12년(1466) 산학을 호조에 귀속시키고 박사는 없애고 종7품 산사(算士) 2명, 종8품 계사(計士) 2명, 정9품 훈도 2명, 종9품 회사(會士) 3명을 두었다.[69] 성종 대 기록에서 산학별제, 산학교수, 산학훈도 등의 관직이 보인다.[70]

신분적으로 보자면 산원은 하급 기술관이었다. 과거시험으로서의 잡과에는 포함되지 못했다. 그래서 상급 기술관으로서의 잡과중인(雜科中人)에 비해서 사회적 위상이 낮았다. 산원은 취재에 의해서 충원했으며, 산학 취재 시험 과목은 『상명(詳明)』, 『계몽(啓蒙)』, 『양휘(楊輝)』 등이다. 『상명』의 원명은 『상명산법(詳明算法)』으로 『신간상명산법(新刊詳明算法)』과 『상명산법(詳明算法)』이 전한다. 『계몽』의 원명은 『산학계몽(算學啓蒙)』으로 조선후기에 주해(註解)한 『산학계몽주해(算學啓蒙註解)』와 『신편산학계몽(新編算學啓蒙)』이 있다. 『양휘』에는 『송양휘산법(宋揚輝算法)』과 『양휘산법(揚輝算法)』이 전한다.

산학은 국가의 회계 업무에도 요긴한 분야였다. 산학은 호구 파악과 호적 작성과 그를 기초로 한 각종 역의 징발 등에서 국가 요무를 담당했으며, 양전 사업에서 토지 면적과 비옥도 등을 계산하고 평가하는 실무진의 역할이 매우 중요했다. 이렇듯 조선왕조 집권 체제를 운영하는 데 산학은 중요한 실용적 기능을 담당했다.[71] 천문역산학의 정비, 양전 사업의 실시, 중앙과 지방의 회계 업무와 관련하여 산학의 중요성이 강조되었다. 산학 교육은 호조를 중심으로 산법교정소, 역

68) 『세조실록』 권20, 6년 6월 신유.

69) 『세조실록』 권38, 12년 1월 무오.

70) 『성종실록』 권33, 4년 8월 을해.

71) 구만옥, 앞의 논문, 89쪽.

산소, 습산국 등에서 이루어졌다. 이들 가운데 중심 기관은 호조였다.

『경국대전』에서 산학과 관련된 직제를 보면, 종6품 교수 1명, 종6품 별제 2명, 종7품 산사 1명, 종8품 계사 2명, 정9품 훈도 1명, 종9품 회사 2명이 있다.[72] 산학 생도는 15명, 산원(算員)은 30명이었다. 『주학선생안』을 참조할 때 산학 생도에 대한 실질적인 교육은 산학교수와 산학훈도가 담당했을 것이다.[73] 산원 가운데 교수 · 별제 · 훈도는 산학 본업인(本業人)을 임명하는 정규직이었다. 종7품 산사 이하는 체아직으로 1년에 두 번 도목(都目)할 때 514일을 근무하면 품계를 올려주되 종6품이 되면 그 직에서 물러나도록 했다. 그러나 그 자리에서 계속 근무하기를 원하는 자는 그때부터 900일을 근무하면 품계를 올려주되 정3품 당하관에서 그치게 했다. 관직을 떠나지 않는 자는 모아서 재능을 시험하여 체아직을 주었다.

『속대전』에서는 산학별제가 2명에서 1명으로 감액되고 산학 생도는 46명이 대폭 증액되어 61명이 되었다. 『대전통편』에서는 산원이 26명이 증액되어 56명으로 규모가 확대되었다.[74] 산학의 정원이 증가한 것은 조선후기 양전(量田)과 도량형(度量衡)의 정비와 통제가 실시되면서 산원의 수요가 많아졌기 때문이다. 『대전회통』에서 종6품 겸교수(兼教授) 1명이 신설되었다.

산원은 호조 각 부서에 배정되어 호구(戶口) · 공부(貢賦) · 전량(田粮) · 식화(食貨)에 관해 문무 관료들이 입안한 정사를 맡아보았다. 호

72) 『경국대전』 권1, 이전 경관직.

73) 홍성사 · 홍영희, 「조선의 산학훈도와 산학교수」, 『한국수학사학회지』 19-3, 2006 ; 구만옥, 앞의 논문, 96쪽.

74) 『속대전』 권1, 이전 경관직 ; 『대전통편』 권1, 이전 경관직 ; 『대전회통』 권1, 이전 경관직.

조 산하의 판적사(版籍司) 5명, 회계사(會計司) 6명이 배속되었다. 판적사는 호구, 토전(土田), 조세, 부세(賦稅), 공부, 풍흉과 진대(賑貸)의 조사, 회계사는 서울과 지방의 관아에서 비축한 물자와 세입 세출의 회계, 경비사는 서울의 각 관아의 경비 지출과 조달 등을 담당했다. 양전 사업에서는 토지 면적과 비옥도 등을 계산하고 평가하는 실무진의 역할이 매우 중요했다. 이 외에 지조색(支調色), 판별방(版別房), 해유색(解由色)에 각 6명, 세폐색(歲幣色)에 4명, 작미색(作米色)에 5명, 수공안색(收貢案色)에 10명, 응판색(應辦色)에 4명, 목물색(木物色) · 금은색(金銀色) · 주전소(鑄錢所)에 각 2명이 배정되어 근무했다. 그리고 선혜청에 3명, 균역청과 병조에 각 2명, 양향청 · 금위영 · 어영청에 각 1명씩 파견해 근무하도록 했다.

산학은 정조 즉위년(1776) 호조의 상언에 따라 발음이 정조의 이름인 이산(李祘)과 같다고 하여 주학으로 개칭했다.[75] 이에 따라 산학 관련 학호(學號)와 직명은 모두 주학, 주사 등으로 바뀌게 되었다. 호조의 산학산원(算學算員)도 주학계사(籌學計士)가 되었다.

75) 『정조실록』 권1, 즉위년 5월 임진. 지명도 이산(理山)은 초산(楚山)으로, 이산(尼山)은 이성(尼城)으로 바꾸었다.

4

잡학 교육의 특징과 의의

조선시대의 잡학 교육은 크게 두 갈래, 다시 말해 중앙과 지방에서 이루어졌다. 중앙에서 잡학 교육을 담당하는 부서는 그 분야를 총괄하는 중앙 관서에 다름 아니었다. 사역원[역학], 전의감과 혜민서[의학], 관상감[음양학], 형조 율학청[율학], 호조[주학]가 그들이다. 지방의 경우 부 · 대도호부 · 목, 도호부, 군, 현에서 가르쳤다. 전공별로 보면, 역학 236명, 의학 3,182명, 음양학 45명, 율학 3,142명, 그리고 주학 15명에 이른다. 역시 의학과 율학이 두드러졌다.

이 중 몽학과 음양학, 주학은 중앙 관서에서만 교육을 실시했다. 실제 접촉이 없던 조선에서 몽고어를 가르치고 시험 쳐서 선발한 것은, 당장 필요하지는 않지만 강성했던 국가인 몽고가 후환을 가져올지도 모른다고 여겼기 때문이다. 그리고 음양학은 천문, 지리, 명과학 등의 분야를 다루었다. 우주의 흐름으로서의 천문, 인간이 발 딛고 사는 공간으로서의 지리, 인간의 운명을 엿보는 명과 등은 크게 보자면 국가와 왕실의 운세 및 안위와도 무관하지 않기 때문에, 중앙의 관상감에서만 교육했을 것이다.

하지만 『경국대전』의 잡학 생도 규정은 영조 대의 『속대전』에 이르러 변화 양상을 보인다. 시대의 흐름과 수요를 반영한 것이라 하겠다. 우선 지방 역학 생도의 변화를 보면 제주에 한학 생도 15명 및 왜학 생도 15명, 거제에 왜학 생도 15명을 새롭게 추가했다. 반면 10명의 왜학 생도가 있던 제포와 염포는 폐지했다. 전체 지방 역학 생도는 181명이 되었다.

그런데 주목할 점은 중앙의 분야별 잡학 생도 정원이 크게 늘어났다는 것이다. 사역원의 경우 한학 생도 35명이 75명, 몽학 생도 10명이 35명, 왜학 생도 15명이 40명, 청학 생도 20명이 54명으로 증액되었다. 모두 124명이 증원, 전체 80명에서 204명으로 크게 증가했다. 의학 생도의 수도 늘어났다. 전의감의 경우 6명이 증액되어 56명, 혜민서는 2배가 넘는 32명이 증액되어 62명이 되었다. 80명이 118명으로 증가했다. 관상감에서만 잡학 교육이 이루어졌던 음양학 생도의 수도 늘어났다. 천문학은 20명 증액, 지리학은 5명 감액되었다. 15명이 증액되어 45명에서 60명으로 늘어났다. 율학의 경우 40명이 증액되어 80명이 되었다. 두 배로 늘어난 셈이다. 법률을 조율하는 율학의 수요가 급증했음을 말해주는 것이라 하겠다. 주학의 경우도 46명이 증액되어 61명이 되었다. 15명에서 네 배로 늘어난 것이다. 전체적으로 잡학 생도 인원이 늘어났지만, 증가는 중앙을 중심으로 이루어졌다. 지방 생도 인원은 일부 역학을 제외하고는 달리 변화가 없었다. 그러니까 『속대전』 이후 중앙 집중도가 더 높아진 셈이다.

분야별로 구체적인 교재와 공부 방법 자체를 분명하게 알 수는 없지만, 시험 과목과 시험 방식을 통해서 어느 정도 추정해 볼 수 있다. 시험에 대비해서 가르쳤을 것이기 때문이다. 따라서 분야별로 조금씩 다르고 약간의 편차가 없을 수 없다. 예컨대 역학의 경우, 아무래도 외국어가 주안점이기 때문에 외국어 교재를 써서 공부했으며, 방식은 강서(講書), 사자(寫字), 역어(譯語)가 있었다. 가장 비중이 컸던 한어의 경우, 강서와 역어, 몽학과 왜학과 여진학[청학]은 사자와 역어를 시험 보았다. 공통된 것은 『경국대전』을 그 외국어로 번역하는 역어였다. 의학, 음양학, 율학의 경우 중요한 과목은 책을 보지 않고 암송하게 하고, 나머지 과목은 책을 보고 강독하는 것이 주된 방식이었다.

흥미로운 것은 의학, 음양학, 율학 시험의 경우에도 『경국대전』을 보고 강독하도록 한 점이다. 『경국대전』이 잡학 교육의 공통 과목이었던 셈이다. 잡학 교육에서도 행정법적 지식과 소양이 필요했음을 말해주는 것이라 하겠다.

시기별로 보면, 임진왜란을 기점으로 시험 과목에 변화가 있었다. 과목이 축소되면서 새로운 과목이 등장하기도 했다. 그것은 시대 변화에 부응하는 것이었다. 『경국대전』(1485, 성종 16) 이후 두 차례의 변화, 『속대전』(1746, 영조 22)과 『대전회통』(1865, 고종 2)에서 그 변화상을 확인해 볼 수 있다.

그리고 전체적으로, 시험 교재 수를 보면, 과목 자체가 축소되었다. 그런 만큼 잡과 시험 보기가 용이해졌을 것이다. 잡학 교육 역시 여러 과목보다는 몇 과목에 치중했다고 하겠다. 교재상으로 가장 많은 변화는 역과에서 확인된다. 양난을 겪으면서 서적이 많이 소실되었기 때문이다. 음양학의 명과학에서는 운명을 예측하는 추명서류에서 일상에서 길일과 흉일을 가리는 택일서류로 바뀌는 현상도 나타났다.

잡학과 잡과 내에서 두드러진 변화는 음양학의 위상이 달라진 것이다. 음양학의 경우, 시험 과목의 축소와 더불어 새롭게 등장한 과목의 수가 다른 과목보다 많다. 대폭적인 축소라기보다는 다양한 과목의 추가라 할 수 있다. 『대전통편』에 이르러 잡과의 수위(首位)가 역과에서 음양과로 바뀌었다. 서양 천문학의 전래, 시헌력의 보급과 같은 시대적 변화에 따른 것으로 보인다. 정조 21년(1797) 음양학 선발 인원이 늘어나 『대전회통』 법규로 반영되었다.

뒤이어 19세기 이후 나타나기 시작한 서세동점 현상, 조선 사회 내부의 급격한 사회 변동과 더불어 잡학과 기술관들의 세계 역시 크게 변모하게 되었다. 어쩌면 그 변화가 가장 두드러졌는지도 모르겠다. 오랫동안 기술관의 선발 통로로 기능했던 잡과 시험은 고종 31년(1894) 갑오개혁으로 폐지되었다.

왕조 집권 체제의 운영이라는 측면에서 주학은 역법 외에도 중요한 실용적 기능을 담당했다. 국가 정책 차원에서 주학 연구와 산원 교육의 필요성이 부각되었다. 산원은 국가의 회계 업무, 호구 파악과 호적 작성, 그를 기초로 한 각종 역의 징발 등에서 중요한 역할을 담당했다. 아울러 양전 사업에서 토지 면적과 비옥도 등을 계산하고 평가하는 실무진의 역할이 아주 중요했다. 주학 교육은 호조를 중심으로 산법교정소, 역산소, 습산국 등에서 이루어졌다. 그 중심 기관은 호조였다. 개국 초기 산학 교육은 호조 소속의 산학박사와 산학중감이 담당했으며, 이후 실질적인 교육은 산학교수와 산학훈도가 맡았다. 주학은 국가의 중요하고 요긴한 일로 인식되었다. 그래서 국가 정책 차원에서 주학 교육의 필요성이 부각되었던 것이다.

기술교육의 효율성을 극대화하기 위해 서종법(書從法), 출석 체크 같은 다양한 학습 방법이 강구되었다.[76] 이 중 서종법은 독서 권장과 실적을 평가하는 방법이다. 매일 또는 매월의 독서 목표량을 정해주

76) 이동기, 『조선후기 중인교육연구』, 영남대학교 박사학위논문, 1998, 36~37쪽.

었다. 공부한 내용을 임의로 추출하여 월례 고강(考講)하여 평점과 독서 분량을 개인별로 기록했다. 태만한 자는 처벌하고 실적이 우수한 자는 고과에 반영했다.

III

의역주팔세보의
편찬과 체제

이 장에서는 의역주팔세보의 편찬 배경과 체제에 대해 살펴보고자 한다. 족보의 연원과 팔세보 족보 편찬 배경을 논의한 다음, 의역주팔세보의 서지 사항, 편찬 연대, 팔세보와 등제팔세보의 구성 등을 검토하고자 한다. 이를 통해서 의역주팔세보 편찬 체제와 구성에 대해 파악할 수 있을 것이다.

1

팔세보 편찬 배경

1) 족보의 연원

족보는 가문에 관한 기록으로, 시조(始祖)로부터 자신에 이르는 혈통의 계보(系譜)를 적은 책이다. 족보는 한 성씨의 혈연관계인 계보(系譜)와 내력에 관한 것을 적은 가계 기록으로 혈통과 신분을 증빙하는 자료이기도 하다. 개인의 이름, 자(字), 생졸의 연월일, 과거(科擧), 관직, 학행(學行) 등의 행적, 묘(墓)의 소재지와 방향, 그리고 처(妻)의 4조(祖)에 관한 가계 사항 및 자녀 관계를 세대순으로 기재한다. 4조는 부친, 조부, 증조부, 그리고 외조부를 칭한다. 처의 4조는 처부, 처조부, 처증조부, 처외조부다. 외조부를 포함한 것은 아버지의 혼인 관계를 드러내 주기 때문이다.

현재 우리나라에 전하는 가장 오래된 족보는 『안동권씨성화보(安東權氏成化譜)』로 성종 7년(1476)에 간행한 것이다. 1476년은 중국 명나라 성화 12년에 해당하므로 흔히 '성화보'라 칭한다. 성화보에 앞서 세종 5년(1423)에 간행한 『문화유씨영락보(文化柳氏永樂譜)』가 있다고 하나 서문(序文)만 남아 있을 뿐 그 내용은 확인할 길이 없다.[1] 족보의 형태는 아니지만 태종 1년(1401)에 작성한 「해주오씨족도(海州吳氏族圖)」가 전한다.[2] 이 족도는 현존하는 가장 오래된 족보인 성화보가 출현하기 전에 가계를 어떤 형식과 방법으로 기록했는가에 대한 의문을 해소시켜 줄 수 있는 자료다. 그다음으로 오래된 족보는 명종 20년(1565)에 간행한 『문화유씨가정보(文化柳氏嘉靖譜)』다. 성화보와 가정보는 조선시대 족보 편찬에 있어서 하나의 준거가 되었다.[3] 이어 16세기에 간행한 족보로 명종 20년(1565) 『강릉김씨을축보(江陵金氏乙丑譜)』, 선조 8년(1575) 『능성구씨을해보(綾城具氏乙亥譜)』, 선조 33년(1600) 『진성이씨경자보(眞城李氏庚子譜)』 등이 전한다.

15세기와 16세기에 간행한 족보들 중에서 현재 이들만이 확인된다.[4] 조선전기의 사회상을 파악할 수 있는 자료가 극히 드문 상황에서, 이들은 조선전기 사회사를 연구하는 데 귀중한 정보를 제공해 주고 있다.[5] 예컨대 이를 통해서 여성의 사회적 지위를 가늠해 볼 수 있

1) 중국에서 현존하는 가장 오래된 족보는 베이징도서관에 보관되어 있는 명나라 때의 『가정각본(嘉靖刻本)』으로 알려져 있다. 중국의 족보 기재 양식은 우리의 그것과 차이점이 있다(송준호, 「족보를 통해서 본 한·중 양국의 전통 사회」, 『조선사회사 연구』, 일조각, 1987, 475~500쪽).

2) 정재훈, 「해주오씨족도고」, 『동아연구』 17, 1989. 족도는 세계도(世系圖)로 족보는 아니다.

3) 『연려실기술』 권14, 문예전고(文藝典故) 족보(族譜).

4) 현재 전하지 않지만 15세기에는 13개의 성관, 16세기에는 21개의 성관이 족보를 간행한 것으로 보인다(권기석, 「15~17세기 족보의 편제 방식과 성격: 서발문의 내용 분석을 중심으로」, 『규장각』 30, 2007, 59쪽).

5) 권영대, 「成化譜考」, 『학술원논문집』 20, 인문사회과학편, 1981 ; Edward W. Wagner, 「1476년 안동권씨족보와 1565년 문화유씨족보」, 『석당논총』 15, 1989.

다. 조선전기 여성의 가족 및 씨족 내에서의 지위, 그리고 당시의 문중(門中) 및 가문 의식 등을 엿볼 수 있다. 이들 족보를 정리하면 다음과 같다.

우선 『안동권씨성화보』의 본래 명칭은 『안동권씨족보: 성화병신보(安東權氏族譜: 成化丙申譜)』다. 성화보는 성종 7년(1476) 안동권씨 권근의 자손 양대에 걸쳐 수록했다. 완성 단계에는 서거정을 비롯한 외손도 참여하여 30년의 기간을 들여 완성했다. 그래서 내외손을 모두 적은 내외손보(內外孫譜) 형태를 취하고 있다. 천(天), 지(地), 인(人) 3권 3책으로 구성되어 있다. 1929년 복간본과 목판의 일부가 현존하고 성

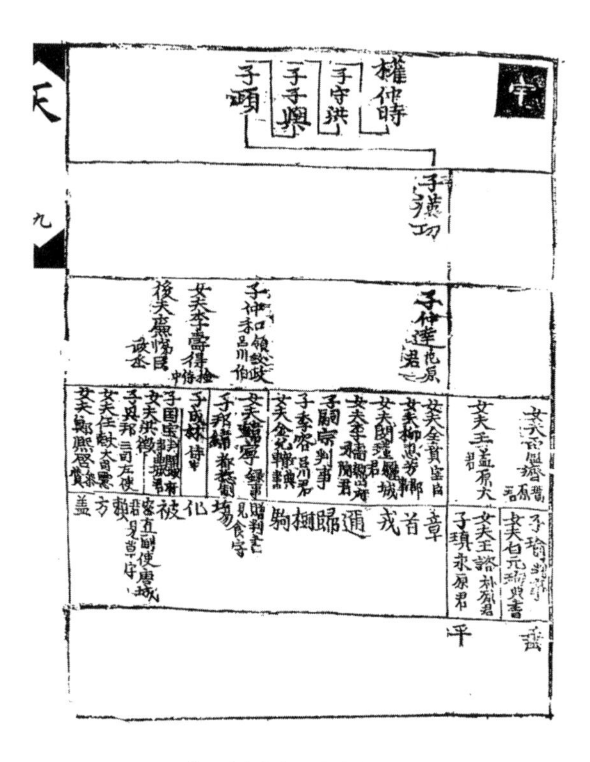

〈그림 1〉 **『안동권씨성화보』**

화보의 원본은 규장각한국학연구원에 유일본이 전한다. 그러다 1992년에 복간해 일반에 보급했다.[6]

성화보 이후 90년 뒤에 간행한『문화유씨가정보』는 명종 20년(1565) 문화유씨 내외손 300여 명이 참여하여 24년에 걸려 완성했다.[7] 10권 1질로 진성이씨(眞城李氏) 이재령(李在寧: 安東市 陶山面)이 소장했으며,

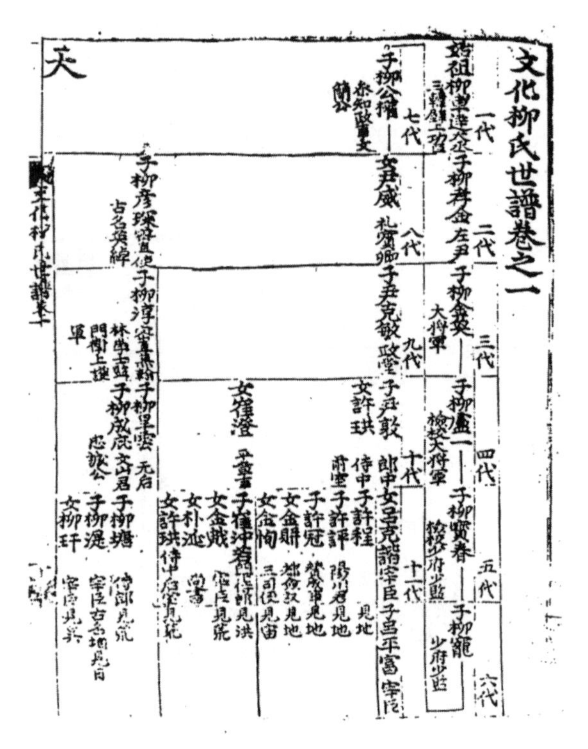
天

文化柳氏世譜卷之一

〈그림 2〉『문화유씨가정보』

6) 안동권씨중앙종친회,『성화보(成化譜)』, 이호문화사, 1992.

7) 이에 대해서는 川島藤也, *Clan Structure and Political Power in Yi Dynasty Korea : A Case Study of the Munhwa Yu Clan*, Ph. D. Dissertation, Havard University, 1972 참조.

1979년에 복간하여 일반에 보급했다. 종친회에서 이후의 다른 족보와 구분하기 위하여 가정판(嘉靖版)이란 부제를 붙여 축소 복사하여 간행했다.[8)]

가정보와 같은 해(1565)에 간행한 『강릉김씨을축보』는 강원도 동해시 송정동에서 발굴되었다.[9)] 강릉김씨 대동보 가운데 최초의 것이다. 을축보는 1책 99장으로, 서문, 범례, 본관지 연혁, 세보(世譜), 그리고 말미에 수록된 『고려사』에 나오는 김인존의 본전, 수보현산고묘기(修普賢山古墓記) 등으로 구성되어 있다. 수보현산고묘기는 김첨경이 실전(失傳)된 시조 김주원의 묘를 찾게 되는 경위를 기록한 것이다.

이어 『능성구씨을해보』는 선조 8년(1575) 청주의 보살사에서 목판본으로 간행되었다.[10)] 능성구씨 족보 가운데 가장 오래된 것이다. 을해보는 구사맹과 구봉령, 그리고 외손인 변순에 의해 완성되었다. 1책으로 묘지명, 성보(姓譜), 별보(別譜), 그리고 발문 등으로 구성되어 있다. 성보는 상·중·하로 되어 있으며, 별보는 선계(先系)를 정확하게 확인할 수 없는 가계를 따로 정리한 것이다. 그리고 내외손의 발문과 경비 조달에 참여한 인물의 명단을 내파와 외파로 나누어 기록하고, 족보 참여 실무자의 명단을 기록했다.

『진성이씨경자보』는 선조 33년(1600) 도산서원에서 목판본으로 간행한 진성이씨 첫 족보로, 안동의 진성이씨 종가에서 2000년 서울역사박물관에 기증했다. 진성이씨는 본관지인 진보(眞寶)에서 거주하다

---

8) 문화유씨종친회, 『문화유씨세보(文化柳氏世譜)-가정판(嘉靖版)』, 경인문화사, 1979.

9) 차장섭, 「조선시대 족보의 편찬과 의의: 강릉김씨 족보를 중심으로」, 『조선시대사학보』 2, 1997, 34~35쪽. 1714년, 1743년, 1873년 간행된 강릉김씨 족보와 호구단자 등 고문서가 같이 발굴되었다.

10) 차장섭, 「능성구씨 족보의 간행과 그 특징」, 『한국사학보』 22, 313~314쪽.

가 15세기 초반에 안동 풍산현으로 이주했다. 이 가문은 퇴계 이황을 배출한 집안이기도 하다.[11] 3권 3책이며, 족보의 권1에는 서문, 묘갈명, 목록, 분문이 수록되어 있고, 권2와 권3에는 본문만 수록되어 있다. 자손들의 이름을 수록한 본문은 각 장마다 천자문 순서대로 쪽 번호가 매겨져 있다.[12] 2007년에 전자도서로 일반에 보급했다.[13] 족보를 활용해서 고려 말, 조선전기의 여성, 양자 문제, 그리고 관직 진출 양상 등에 초점을 맞추는 사회사 연구를 진척시킬 수 있다. 족보를 통해서 그 시대의 사회상을 읽어낼 수 있다고 하겠다.

족보는 과거시험 응시나 관리 임용 시에 4조를 확인하거나 지방 사

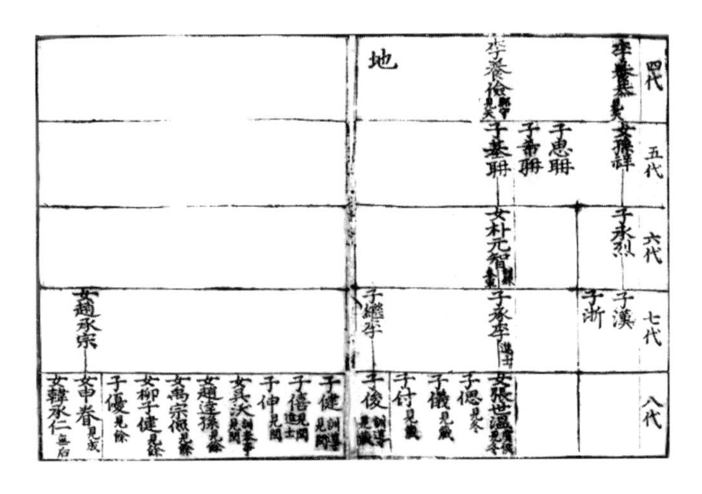

〈그림 3〉 **『진성이씨경자보』**

11) 김문택, 「1600년 간행 진성이씨족보 편찬과정과 그 성격」, 『연구논문집』 1, 서울역사박물관, 2003, 102쪽.

12) 천자문 순서대로 하면 '천(天)'부터 '명(鳴)'까지 모두 129장이어야 하지만, 천자문의 "조민벌죄(弔民伐罪)" 중 벌(伐)과 죄(罪)는 빠져 있어 총 127장으로 되어 있다.

13) 서울역사박물관, 『眞城李氏族譜 CD-ROM』, 2007.

회에서 향임(鄕任)을 임명할 때 신분을 확인하는 자료로 활용했다. 그렇기 때문에 사문서이지만 동시에 공문서의 구실도 했던 것이다. 가문의 역사를 과시하는 족보 간행이 일반화되는 조선후기와는 달리, 조선전기 그러니까 15·16세기에는 족보 간행이 상대적으로 활발하지 않았던 것으로 여겨진다. 앞에서 언급했듯이 15세기에 간행한 족보로 현재 남아 있는 것은 1476년에 간행한 『안동권씨세보』가 유일하며, 16세기의 것 역시 그리 많지 않다.

족보가 만들어지기 전에는 가승(家乘)이라는 것이 있었다. 자신을 중심에 놓고 조상을 거꾸로 밝혀가는 식이었다. 거기서는 부친, 조부, 증조부, 고조부 식으로 단선으로 올라갈 수밖에 없다. 잘되는 집안마다 가승을 만들어, 자기 직계 조상을 윗대까지 구성하고, 아래로 자기의 직속 가족만을 밝히는 가계 기록은 고려시대부터 발달했다. 그러나 어느 한 씨족의 시조 이하의 전 구성원 또는 그 씨족 어느 파의 전 구성원을 망라하여 수록하는 형태의 족보가 출현한 것은 15세기에 들어서의 일이다.[14]

때문에 15세기 족보나 현재 전하지는 않지만 구보(舊譜) 서문이 발견되는 집안은 대부분 훈구 세력을 비롯한 집권층이거나 정치적으로 안정된 인물을 배출한 가문에 해당한다. 이 같은 경향은 16세기에 족보를 간행한 집안을 통해서도 확인된다.[15] 중앙 정계에 진출한 사대부 관료들은 자신들의 정치·사회적 지위와 권위를 보다 분명하게 드러내고자 했던 것이다. 조선전기 족보 편찬자들은 거의가 다 현직 또

---

14) 조선초기에 사대부들의 족보 간행이 활발하지 않았던 이유는 왕조 교체에 따르는 정치적 혼란과 과도기적인 시대상에서 찾을 수 있지 않을까 한다(심승구, 「조선초기 족보의 간행형태에 관한 연구」, 『국사관논총』 89, 2000, 20쪽).

15) 송준호, 앞의 책, 34쪽.

는 전직 관리들이요 유학자들이었으며, 서울에서 누대로 세거하면서 관직자와 과거 합격자를 배출한 이른바 명문(名文) 세족(世族) 출신들이었다.

그러다 조선 집권 체제가 안정을 찾게 되고 유교화가 진척됨에 따라 동족(同族) 의식이 확산되자, 족보의 간행 역시 활발해졌다. 후기로 갈수록 족보 간행은 마치 유행처럼 번졌다. 개인이나 문중에서 족보를 간행했기 때문에 미화되거나 조작될 가능성도 없지 않았다. 조선후기에 간행된 족보가 그렇다. 조선후기가 되면서 실질적으로 족보 간행이 급격하게 늘어났기 때문이다.[16)]

족보에 관한 지식은 그 자체가 하나의 학문으로 성립되기도 했다. 이른바 보학(譜學)이 그것이다. 보학은 족보에 대한 자세하고 정확한 지식을 바탕으로 하며, 양반 사대부의 기본 교양의 하나로 간주되었다. 그런 만큼 조선시대 유학자는 곧 보학자이기도 했다. 유학자들의 문집을 보면 족보 편찬과 관련한 기록을 쉽게 확인할 수 있다. 이처럼 족보는 계속해서 우리 한국인의 큰 관심의 대상이 되어왔다고 하겠다.[17)]

16) 15세기는 13개 성관, 16세기는 21개 성관이 족보를 편찬한 것으로 보인다. 그런데 17세기의 경우 80개 성관으로 급증하고 있어(권기석, 앞의 논문, 59쪽), 조선후기에 족보 편찬이 성행하기 시작했음을 확인할 수 있다.

17) 1894년 과거제도가 폐지된 이후에, 그리고 그 뒤를 이어 일제강점기에 족보 간행이 급격하게 늘어났다. 1920년에서 1929년까지 출간된 도서 건수를 보면, 족보는 1920년에 63건, 1929년에는 178건으로 매년 1위를 차지했다(이기백, 「족보와 현대사회」, 『한국사시민강좌』 24, 1999). 흥미로운 현상이라 하겠다. 국립중앙도서관은 고서 족보 7,025종 30,008책, 양장 족보 2,491종 2,491책으로 총 9,696종 38,475책의 국내 최대 족보를 소장하고 있다(봉성기, 「한국의 족보도서관과 족보 콜렉션」, 『한국족보: 역동적인 전통』, 국립중앙도서관, 2006). 2021년 현재 국립중앙도서관 고문헌실에 의하면 고서 족보는 13,166종 58,133책에 이르고 있다고 한다.

2) 팔세보 족보 편찬

19세기에 들어 중인들은 의과팔세보, 의과보, 의보, 의등제보, 역과보, 역과팔세보, 역보, 역등제보, 등제팔세보, 미과팔세보, 의역주팔세보, 주학팔세보, 주학보, 성원록, 성원록속편 등과 같은 독자적인 족보를 제작하기 시작했다. 그런데 당시 편찬된 기술직 중인 족보에서 가장 두드러지는 특징은 대부분 팔세보(八世譜) 형식을 취하고 있다는 점이다.[18] 팔세보란 일반 족보처럼 시조를 기점으로 후손을 적어 내려오는 것이 아니라, 본인을 기점으로 하여 조상을 거슬러 올라가는 형식을 취한다. 본인을 상단으로 하여 아래로 부친, 조부, 증조부, 고조부 등 8대조를 차례로 기재하는 것이다. 이어 하단에는 외조부와 처부를 적고 있다. 따라서 팔세보를 통해서 8세대 250여 년에 걸친 중인 가계와 그 혈연적인 관계망을 파악할 수 있다.

본인을 기점으로 조상을 기록하는 형식의 족보로는 팔고조도(八高祖圖)도 있다. 다만 팔고조도는 본인을 하단에 기재하고 부, 조부 식으로 올라가면서 부계와 모계 양쪽으로 각각 고조 대까지 기재한다. 부친의 조부모, 증조부모, 고조부모와 모친의 조부모, 증보부모, 고

18) 『성원록(姓源錄)』(고려대도서관 소장본)과 『성원록속편(姓源錄續編)』(하버드옌칭도서관 소장본)은 중인들의 족보에 속한다고 할 수 있다. 하지만 '팔세보' 형식을 취하지는 않았다. 이들은 본관별로 계보도 형식을 취하고 있다. 『성원록』은 오경석의 삼촌이며 역관 집안 출신 이창현(李昌鉉, 1850~1921)이 편찬했으며, 『성원록속편』은 첨지에 "惠石李淳命舊藏本"이라고 적혀 있을 뿐 편찬자는 알 수 없다. 참고로 이순명은 『성원록』 편찬자 이창현의 아들이다. 성원록에 대해서는 김양수, 「해제」, 『영인본 성원록』, 오성사, 1985 ; Edward W. Wagner, "The Development and Modern fate of Chapkwa-Chungin Lineages", 『제1회한국학국제학술회의논문집』, 인하대학교 한국학연구소, 1987 ; 김두헌, 「『성원록』을 통해서 본 서울 중인 가계 연구」, 『서울학연구』 39, 2010 참조.

조부모를 함께 기재하여, 조부모 대는 4명, 증조부모 대는 8명, 고조부모 대는 16명을 기록한다. 가계도상에 나타나는 고조부가 8명, 고조모가 8명이므로 '팔고조도'라 칭한다. 팔세보가 본인을 상단에 두고서 아래로 부계 8대조를 내려가면서 기재한 반면, 팔고조도는 본인을 하단에 두고 부계와 모계의 고조 대까지의 조상을 위로 올라가면서 기재한 차이점이 있다.[19)]

팔세보 형식과 관련하여 주목되는 자료로 오세보(五世譜)가 있다. 오세보는 5대조까지 직계 조상을 수록하고 있다. 팔세보 이전에 오세보 편찬이 먼저 이루어진 것으로 보인다. 현재 국내에는 3종류의 오세보가 전하는데, 이들 중에는 정조 연간에 활동했던 인물들이 다수 발견된다.[20)] 그래서 팔세보보다 시기적으로 앞선다고 하겠다. 그 인물들을 감안한다면 정조 대에 편찬했을 것으로 추정할 수 있다. 수록된 인물의 인명 윗부분에 부(父), 조(祖), 증(曾), 고(高), 오대(五代), 외(外), 처(妻) 등으로 표시하여 기록된 사람이 누구인지를 밝히고 있다. 그런데 팔세보에는 그런 표시가 없다. 이는 본인 아래에 기록하는 사람이 본인과 어떤 관계인지를 밝히지 않아도 알 수 있을 만큼 형식에서 이미 일반화되었음을 말해준다고 하겠다. 아울러 현존하는 오세보가 모두 문보(文譜)인 점은 문과 급제자 위주로 만들다가 점차로 무과나 음직 진출자, 잡과 합격자까지 확산했다는 것을 알려준다.

---

19) 4대조인 고조부를 같이하는 후손들의 친족 집단은 당내친(堂內親), 집안이라고 칭하며 친밀감을 유지했다. 당내의 종손은 고조종(高祖宗)의 종손인 동시에 직계 증조종(曾祖宗)의 종손이고, 직계 조종(祖宗)의 종손이며 자기 이종(禰宗)의 종손이다. 당내친이 지내는 제사에는 서로 참석하는 것을 당연하게 여겼다.

20) 정해은, 「무보를 통해서 본 19세기 무과 급제자의 관직 진출 양상」, 『조선시대의 사회와 사상』, 1998, 189쪽.

팔세보 형식을 취한 것으로는 문보(文譜), 무보(武譜), 음보(蔭譜)가 있다. 이들은 별도로 전하기도 하지만, 『삼반팔세보(三班八世譜)』라고 표지에 이름을 붙여 같은 책에 함께 실려 있기도 하다. 물론 잡학팔세보는 '삼반팔세보'에 포함되지 않는다. 대표적인 관직 진출로가 문과, 무과 양대 시험이었기 때문이다. 음보는 문음을 대상으로 하므로 이 또한 문무 양반에 해당하는 것이었다. 하지만 대대로 벼슬하는 가문도 팔세보 편찬이 쉽지 않았던 것 같다.[21]

19세기에 들어 중인 집안에서도 팔세보 편찬이 이루어졌다. 독자적인 팔세보 편찬을 통해서 그들의 사회적 지위의 일단이나마 읽을 수 있다. 아울러 중인 가계에서 확인할 수 있는 세전성이 그만큼 강했다는 사실도 확인시켜 주고 있다. 이 시기 중인층의 성장과 의식 변화를 보여준다는 점에서 중요한 의미를 지닌다고 할 수 있다. 팔세보는 본인을 기점으로 부계 8대조를 기록한다. 그런 측면에서 본인의 내·외 4고조(高祖) 세계를 밝힌 팔고조도와도 구별된다.

팔세보 족보 형식이 중인에게 한정된 것은 아니었다. 앞서 언급한 바와 같이 문반, 무반, 음반 등의 삼반(三班)을 대상으로 하는 삼반팔세보(三班八世譜), 문보, 무보, 음보 등의 다른 팔세보도 있다. 그런데 이들 문반, 무반, 음반의 경우는 팔세보 외에 오세보(五世譜), 십세보(十世譜) 등의 형식을 띠는 것도 있으나 기술직 중인 보첩류는 이들과는 달리 '팔세보' 형식을 취하고 있다는 점이야말로 큰 특징이라 할 수 있다.

---

21) 대대로 벼슬하는 가문들도 팔세보를 만든 경우는 흔치 않으니, 대개 씨족이 자주 바뀌고 증거로 삼을 만한 것이 자세하지 못했기 때문이다(世之簪纓家 鮮能修八世譜 蓋緣氏族屢變 攷據未詳也)(『연암집』 권2, 연상각선본).

따라서 이 같은 중인 족보를 잘 활용하면 기존의 잡과중인 연구, 특히 잡과 합격자 명부 잡과방목을 토대로 진척된 연구를 보완할 수 있을 뿐만 아니라, 이를 통해서 그들의 신분과 사회적 배경 그리고 세전성 등의 분야에서 좀 더 나아갈 수 있을 것이다. 부친, 조부, 증조부 등 3대까지만 기재하는 방목과는 달리, 팔세보는 본인을 기점으로 8대조의 가계 기록을 확인할 수 있다. 게다가 합격 연도순으로 편찬한 방목과는 달리, 팔세보는 성관별로 분류하고 있어 가계별 집안의 연원을 파악하는 데 도움이 된다. 팔세보를 활용하는 연구는 이제 시작 단계라 할 수 있다.

중인 보첩류인 의역주팔세보(醫譯籌八世譜)는 곧이어 밝히겠지만, '의팔세보(醫八世譜)', '역팔세보(譯八世譜)', '주팔세보(籌八世譜)'로 구성되어 있다. 따로 존재하기도 하지만, 그들 세 범주를 한 권의 책으로 묶은 것도 있다. 팔세보는 일반 족보처럼 시조를 기점으로 후손을 적어 내려오는 것이 아니라, 본인을 기점으로 조상을 거슬러 올라가는 형식을 취한다. 따라서 본인을 상단에 두고 아래로 부친, 조부, 증조부 등 8대조를 차례로 기재한다. 하단에는 외조부와 처부를 적는다.

팔세보는 이처럼 8대조까지 수록하고 있는데, 이는 보학에서 8대조 직계를 중시한 데 따른 것으로 생각된다.[22] 대대로 벼슬하는 가문이라도 팔세보를 만드는 경우는 흔치 않았다고 한다. 대개 씨족이 자주 바뀌고 참고하고 근거하기가 상세하지 않았기 때문이다.[23] 이러한 점에서 19세기 이후 팔세보류의 중인 보첩류가 성행한 것은 당시 기술직

22) 충청도 진천의 유학 박준상(朴準祥)은 자신의 8대조 박승종(朴承宗) 및 아들 박자흥(朴自興)의 관작을 회복하는 일을 상언하기도 했다(『철종실록』 권9, 8년 6월 무오).

23) 世之簪纓家 鮮能修八世譜. 葢緣氏族屢變 攷據未詳也. 而况下土蚩氓 類多不記父名. 焉能識逓斜外出之所源乎(『연암집』 권2, 연상각선본).

중인의 사회적 위상을 단적으로 말해주는 것이라고 하겠다. 팔세보의 경우, 거기에 수록된 사람들의 신분적 연원과 사회적 지위를 드러내는 것인 만큼, 구성원들이 자긍심을 가졌다는 것, 그리고 일종의 계보의식 같은 것을 지니고 있었다는 점을 알 수 있기 때문이다.

팔세보는 19세기 말 이후에 편찬되었기 때문에, 8세대 240여 년에 걸친 중인 가계와 그 혈연적인 관계망을 파악할 수 있다. 예를 들어 ① 의과를 거쳐 의관이 된 기술관들과 ② 의과에 합격하지는 않았지만 의술에 종사했던 기술관들의 출신 배경과 사회적 성격 등에 대해서도 시사를 얻을 수 있다. 지금까지 잡과 합격자 명부인 잡과방목 중심의 연구 경향을 보완하는 의미도 가질 수 있을 것이다. 필자는 현존하는 잡과방목을 토대로 잡과방목에 수록된 6천여 명의 잡과 합격자와 3만여 명의 가계 구성원들을 데이터베이스로 구축, 실증적으로 분석해 보기도 했다.[24] 그 결과에 의하면, 잡과 합격자와 그들의 가계 구성원들까지 포괄해서 잡과중인이라 분류할 수 있는 일군의 집단이 존재했다는 것, 그들의 사회적 지위는 상급 기술관의 그것이었다는 것, 그들은 혼인과 세습을 통해서 응집력을 가진 집단이 되었다는 것, 그래서 조선후기의 신분제 동요라는 분위기 속에서 오히려 그들은 전문직을 세전하고 있었다. 그들은 전문 지식을 바탕으로 하는 동류의식, 그들 사이의 통혼을 통한 신분적 유대의 강화, 경제적 여유, 그리고 그것을 대물림하는 세전성 등의 특징을 보인다는 점을 밝혀내서 학계에 발표하기도 했다.

의역주팔세보는 잡과에 합격한 사람들에 대한 기록인 방목과는 또

24) 이남희, 『조선후기 잡과중인 연구: 잡과입격자와 그들의 가계 분석』, 이회, 1999 참조.

다른 성격을 보여준다. 방목이 부친, 조부, 증조부 등 3대와 가족 구성원들에 대한 정보를 담고 있다면, 팔세보는 부친으로부터 8대까지 이어지는 수직적 계보를 중심으로 편찬되었다는 점에서 차이가 있다. 따라서 팔세보와 기타 다른 족보 등을 통한 개별 가문 연구, 나아가서는 개별 구성원들에 대한 접근과 연구로 나아갈 수 있을 것으로 여겨진다.

중인들, 그중에서도 특히 잡과에 합격한 사람들은 잡과 시험의 합격자 명부인 방목을 편찬했다. 뿐만 아니라 그들은 의팔세보, 의과팔세보, 의보, 의과보, 역팔세보, 역과팔세보, 역과보, 역보, 주팔세보, 주학보, 주학전보, 주학팔세보 등 중인 족보를 편찬했다. 또한 자신들의 신분 연원을 밝히는 역사서를 편찬하기도 했다. 이 같은 중인 족보, 역사서의 편찬은 잡과 합격자를 중심으로 하는 고급 기술 관료들의 주도하에 이루어졌다. 그들은 잡과방목, 중인 족보, 역사서 등을 통해 본인들의 사회적 배경과 위상을 드러내고자 했다.

『의역주팔세보(醫譯籌八世譜)』는 의학, 역학, 주학 등 3개 과목의 팔세보가 3책으로 구성되어 있다. 한국학중앙연구원 장서각과 규장각한국학연구원에서 각각 소장하고 있는데 〈장서각본〉을 보면 첫 번째가 『의팔세보』, 두 번째가 『주팔세보』, 세 번째가 『역팔세보』다.[25] 책명은 '의역주팔세보'이지만, 수록된 순서에서 주학이 역학보다 앞서 있다는 점이 눈에 띈다. 잡과는 역과, 의과, 음양과, 율과 4개 과목으로 구성되며, 그 순서에서 역과가 수위(首位)를 차지한다. 그러면 왜 '역

25) 〈규장각본〉은 『의팔세보』, 『역팔세보』, 『주팔세보』 순으로 성책되어 있다. 한국학중앙연구원 장서각은 장서각, 규장각한국학연구원은 규장각으로 줄이기로 한다. 이하 같다.

의주팔세보'가 아니라 '의역주팔세보'인가. 『경국대전』 등 법전의 예전 제과조의 잡과 규정을 보면 과목 순서는 역과, 의과, 음양과, 율과 순으로 되어 있다.[26] 그런데 왜 음양과와 율과는 포함되어 있지 않은가. 요컨대 어떤 연유로 '의역주'가 하나의 범주로 묶이게 되었을까. 음양과와 율과 관련 개별 팔세보는 있는가, 게다가 주학은 취재만이 있었는데 어떻게 포함되었는가 하는 의문을 제기하지 않을 수 없다.

우선 제목이 '역의주팔세보'가 아니라 '의역주팔세보'라는 점이 눈에 띈다. 이에 대해서는 『의역주팔세보』가 편찬되기 시작하는 19세기 후반, 특히 고종 시대를 주목할 필요가 있다. 고종 대는 다른 왕 대보다 약 두 배 많은 의과 합격자를 선발했다. 이는 고종 때 콜레라가 유행했다는 것, 그리고 개항과 더불어 서양 의학에 대한 관심이 높아지면서 식년시뿐만 아니라 증광시를 통해서 많은 의관을 선발했기 때문으로 여겨진다. 실록에서는 『태종실록』부터 '의역'이라는 용어가 보인다.[27] "醫譯之流",[28] "醫譯輩"[29] 등을 확인할 수 있다. 반면 실록 기사에서 "역의(譯醫)"로 명기된 사례는 찾아볼 수 없다. 일반적으로 대외관계에서는 역관의 역할이 중요했지만, 의관의 경우 왕실을 비롯해서 많은 사람들의 생명을 다루는 직능인 만큼 중시되어 의역이라 칭한 것 같다. 아울러 역과와 의과 합격자 관로 진출에서도 상대적으로 의관들이 높게 나타난다.[30] 그래서 역의주팔세보가 아니라 의역주팔세보로 편찬하게 된 것으로 여겨진다. 책명은 『의역주팔세보』이지만, 장

---

26) 『경국대전』 권1 이전 제과 및 권3 예전 제과.

27) 醫譯陰陽律學 皆有科目(『태종실록』 권13, 7년 3월 무인).

28) 『숙종실록』 권1, 즉위년 10월 병신.

29) 『정조실록』 권52, 23년 10월 을미.

30) 이남희, 앞의 책(1999), 125~126쪽.

서각 소장의 『의역주팔세보』의 경우 의팔세보, 주팔세보, 역팔세보 순서로 성책되어 있다는 점 역시 궤를 같이한다고 하겠다. 근대화 과정에서 나타나는 사회적 현상과 무관하지 않은 것이다.

또한 필자가 조사한 바에 따르면 장서각, 규장각, 국립중앙도서관, 대학도서관 등 국내외 도서관에 소장된 팔세보는 의과팔세보, 의과보, 의보, 역과팔세보, 역과보, 역보, 주학팔세보, 주학보, 주학전보 등으로 의학, 역학, 주팔세보가 현재 전하고 있을 뿐이며 음양학이나 율학 팔세보는 확인되지 않는다. 이는 주목해야 할 점이라 하겠다. 특히 음양학의 경우 정조 때 잡과 내에서의 수위(首位)가 역과에서 음양과로 바뀌고,[31] 역과 · 의과 · 율과 등 타 잡과와는 달리 유일하게 합격 인원이 증가했기 때문이다.[32] 대통력에서 시헌력으로 바뀌면서(1645), 그에 부응해 명과학 합격자 정원을 증액했을 것이다. 그럼에도 조선후기에 부상하고 있던 음양학과 관련해서 작성된 팔세보가 전하지 않는다는 점과 그 원인과 배경 등에 대해서는 앞으로 규명해 볼 필요가 있다고 하겠다.

그리고 잡과에 포함되지 않는 주학팔세보가 『의역주팔세보』에 들어있다는 점이 가지는 의미 역시 중요하다. 잡과에 포함된 음양학과 율학 팔세보는 전하지 않는데 취재 시험만 있었던 주학팔세보가 전하는 점은 무엇을 말하는가. 원래 주학은 회계와 재정을 담당했던 산원(算

---

31) 『대전통편』 권3, 예전 제과. 조선후기 시헌력의 이해가 심화되고 시헌력을 기반으로 한 명과학의 수요가 증가하면서 천문 · 지리 · 역수(曆數) 등의 일을 담당하는 음양관의 역할이 증대된 것과 관계있다고 하겠다.

32) 『대전회통』 권3, 예전 제과. 정조 21년(1797) 음양과 전공 중 명과학의 선발 인원을 늘리도록 했으며(『정조실록』 권47, 21년 11월 정축), 이것이 『대전회통』에 법규로 반영, 음양과 최종 선발 인원은 2명에서 4명으로 늘어남으로써 음양과의 정원은 의과나 율과 최종 합격 정원(9명)과는 달리 11명이 되었다.

員)들이 공부했던 분야로, 잡과 시험 과목에 포함되어 있지 않았으며, 취재만 있었다. 따라서 잡과 합격자들의 명부인 잡과방목에는 당연히 포함되지 않았다. 취재 합격자 명단인 『주학입격안』이 있을 뿐이다.[33] 그것은 잡과방목에 비견되는 것이라 하겠다. 그런데 주학팔세보가 포함된 것은, 그 위상이 상대적으로 급부상하고 있다는 것을 말해주는 것이 아닐까 한다.

---

33) 『주학입격안』은 2권 2책으로 19세기 말 호조에서 편찬했으며, 시험 연도와 함께 합격자 본인 및 가계에 관한 정보를 담고 있다. 합격자를 상단에 적고 작은 글씨로 자(字), 생년, 관직을 부기한 뒤, 그 아래 본관과 부친, 조부, 증조부, 외조부 등의 4조와 처부 등의 성명과 관직 등을 기록했다. 『주학입격안』은 현재 규장각, 국립중앙도서관, 장서각, 고려대학교 등에 소장되어 있다. 그런데 수록 기간이 모두 동일하지는 않다. 시작 연도는 동일하지만 하한선에 차이가 있다. 예컨대 국립중앙도서관에 소장된 3종의 『주학입격안』은 시작 연도는 같지만 하한선이 1869년, 1870년, 1879년으로 다르다. 장서각과 고려대학교 소장 『주학입격안』은 하한선이 1879년이다. 규장각 소장 『주학입격안』은 하한선이 1888년으로 수록 기간이 가장 길고 합격자 명단(1,627명) 역시 제일 많다.

2

편찬 체제와 구성

1) 서지 사항

의역주팔세보의 편찬 체제와 구성을 장서각과 규장각에 소장되어 있는 『의역주팔세보』를 중심으로 검토해 보고자 한다.[34] 먼저 장서각본을 보기로 하자. 표지에 '醫譯籌八世譜'라 기재되어 있으며 분량은 3책(天 · 地 · 人)으로 구분되어 있다. 각 책 표지에는 서명이 없으며 천 · 지 · 인 각 첫 페이지에 "醫八世譜", "籌八世譜", "譯八世譜"라고 적혀 있다.[35] 『의팔세보』는 71장, 『주팔세보』는 52장, 『역팔세보』는 92장이다.

---

34) 장서각(K2-1778)과 규장각(奎15186)에 소장되어 있다. 다른 팔세보의 편찬 체제와 구성 역시 동일하다.

35) 천 · 지 · 인에 해당하는 책자의 수록 인물을 『잡과방목』과 『주학입격안』에서 확인해 보면, 천이 '의팔세보', 지가 '주팔세보', 인이 '역팔세보'임을 확인할 수 있다. 이 책에서는 『의역주팔세보』에 수록된 의학 · 역학 · 주학팔세보를 각각 『의팔세보』, 『역팔세보』, 『주팔세보』로 표기하기로 한다. 이하 같다.

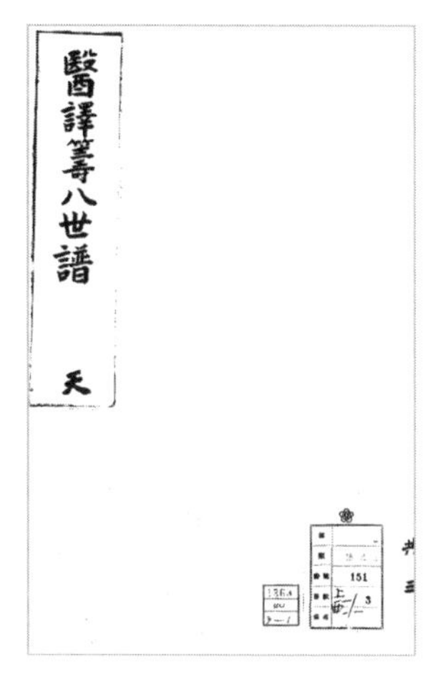

〈그림 4〉**『의역주팔세보』(天)**

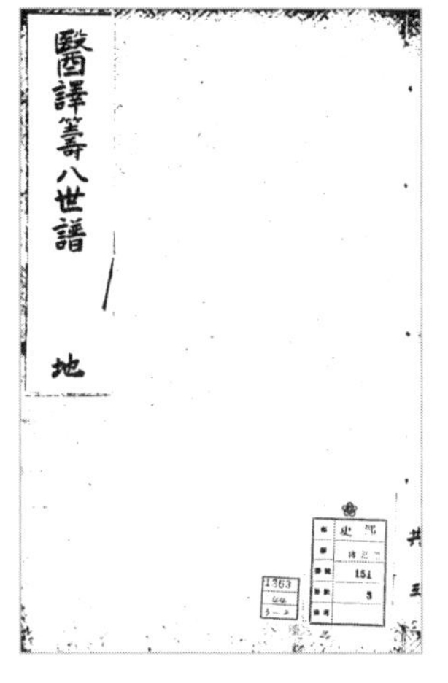

〈그림 5〉**『의역주팔세보』(地)**

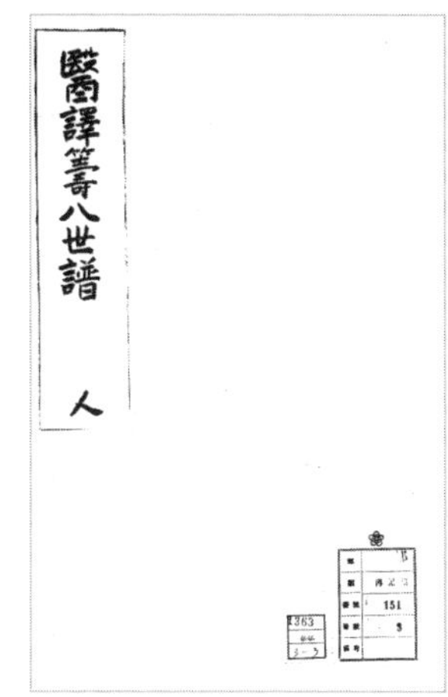

〈그림 6〉**『의역주팔세보』(人)**

장정은 인쇄된 면이 밖으로 나오도록 책장의 가운데를 접고 책의 등 부분을 끈으로 묶는 선장(線裝)이다. 책의 테두리 안에 세로 28.8cm, 가로 19.5cm의 크기에 5줄 11단으로 검은 줄을 쳐서 55개의 직사각형 칸으로 구분했다. 상삼엽화문(上三葉花紋) 어미(魚尾)가 있으며 밑에 그 페이지에 해당하는 본관 성씨가 명기되어 있다. 전체 크기는 세로 37.3cm, 가로 23.5cm이다.

『의팔세보』 본문 첫 페이지는 기재 내용이 없는 검은 줄을 친 오사란(烏絲欄)으로 시작하는데 "이왕가도서지장(李王家圖書之章)"의 인장이 찍혀 있다. 다음 페이지에는 해서체(楷書體)로 『의팔세보』에 수록한 본관 성씨가 단정하게 잘 정리되어 있다.

목록은 총 7단으로 구성되어 있으며 크게 두 부분으로 나뉜다(〈그림 7〉 참조). 첫 번째 부분은 1단 "全州李氏"에서 5단 중간까지 "羅州林氏"를 마지막으로 하여 79개의 성관을 기재했다. 그리고 두 번째

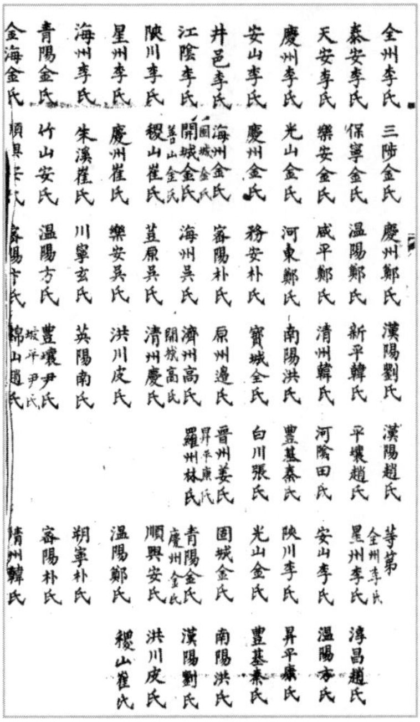

全州李氏 三陟金氏 慶州鄭氏 漢陽劉氏 漢陽趙氏 等第 全州李氏 淳昌趙氏
泰安李氏 保寧金氏 溫陽鄭氏 新平韓氏 平壤趙氏 星州李氏 溫陽方氏
天安李氏 樂安金氏 咸平鄭氏 清州韓氏 河陰田氏 安山李氏 昇平康氏
慶州李氏 光山金氏 河東鄭氏 南陽洪氏 豐基秦氏 陝川李氏 豐基秦氏
安山李氏 慶州金氏 務安朴氏 寶城金氏 白川張氏 光山金氏 南陽洪氏
井邑李氏 海州金氏 固城金氏 密陽朴氏 原州邊氏 晉州姜氏 昇平康氏 固城金氏 漢陽劉氏
江陰李氏 開城金氏 善山金氏 海州吳氏 濟州高氏 開城高氏 羅州林氏 青陽金氏 慶州金氏 洪川皮氏
陝川李氏 稷山崔氏 莖原吳氏 清州慶氏 順興安氏 稷山崔氏
星州李氏 慶州崔氏 樂安吳氏 洪川皮氏 溫陽鄭氏
海州李氏 朱溪崔氏 川寧玄氏 英陽南氏 朔寧朴氏
青陽金氏 竹山安氏 溫陽方氏 豐壤尹氏 坡平尹氏 密陽朴氏
金海金氏 順興安氏 密陽卞氏 錦山趙氏 清州韓氏

〈그림 7〉 **『의팔세보』(장서각본) 목차**

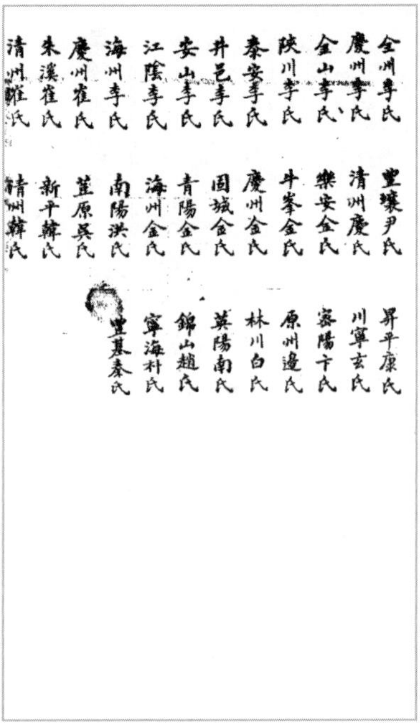

全州李氏 豐壤尹氏 昇平康氏
慶州李氏 清州慶氏 川寧玄氏
金山李氏 樂安金氏 密陽卞氏
陝川李氏 牛峯金氏 原州邊氏
泰安李氏 慶州金氏 林川白氏
井邑李氏 固城金氏 英陽南氏
安山李氏 青陽金氏 錦山趙氏
江陰李氏 海州金氏 寧海朴氏
海州李氏 南陽洪氏 豐基秦氏
慶州崔氏 莖原吳氏
朱溪崔氏 新平韓氏
清州崔氏 清州韓氏

〈그림 8〉 **『주팔세보』(장서각본) 목차**

부분은 행을 바꾸어 6단 앞에 "等第"라고 하고 새롭게 "全州李氏"부터 시작하여 7단 마지막의 "稷山崔氏"까지 21개의 성관을 적었다. 첫 번째 부분이 '의과팔세보', 두 번째 부분이 '등제팔세보'다.

이처럼 『의팔세보』는 「의과팔세보」와 「등제팔세보」를 포함하고 있다.[36] 「의과팔세보」는 121페이지, 「등제팔세보」는 21페이지다. 『의팔세보』에 수록된 인원을 보면 「의과팔세보」에 213명, 「등제팔세보」에 26

36) 책명으로서의 『의과팔세보』, 『등제팔세보』와 구별하기 위해서 『의팔세보』에 수록된 '의과팔세보'와 '등제팔세보'는 「의과팔세보」, 「등제팔세보」로 표기하기로 한다. 이하 같다.

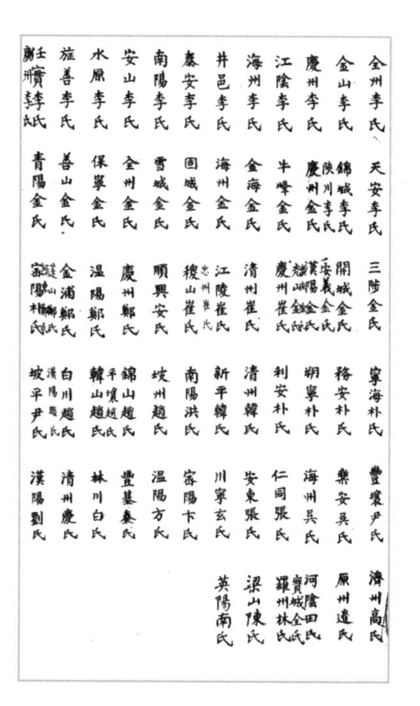
全州李氏 金山李氏 慶州李氏 江陰李氏 海州李氏 井邑李氏 泰安李氏 南陽李氏 安山李氏 水原李氏 旌善李氏 壬實李氏 [illegible]
天安李氏 錦城李氏 陜川李氏 慶州金氏 牛峰金氏 金海金氏 海州金氏 固城金氏 雪城金氏 全州金氏 保寧金氏 善山金氏 青陽金氏
三陟金氏 開城金氏 安義金氏 漢陽金氏 [illegible] 慶州崔氏 清州崔氏 江陵崔氏 忠州崔氏 稷山崔氏 順興安氏 慶州鄭氏 溫陽鄭氏 金浦鄭氏 [illegible] 密陽朴氏
寧海朴氏 務安朴氏 朔寧朴氏 利安朴氏 清州韓氏 新平韓氏 南陽洪氏 坡州趙氏 錦山趙氏 平壤趙氏 韓山趙氏 白川趙氏 漢陽趙氏 坡平尹氏
豐壤尹氏 樂安吳氏 海州吳氏 仁同張氏 安東張氏 川寧玄氏 密陽卞氏 溫陽方氏 豐基秦氏 林川白氏 清州慶氏 漢陽劉氏
濟州高氏 原州邊氏 河陰田氏 寶城全氏 羅州林氏 梁山陳氏 英陽南氏

〈그림 9〉 **『역팔세보』(장서각본) 목차**

명, 합해서 239명이다(【부록 2】와 【부록 3】 참조). 본인 239명에 8대조와 외조, 처부를 포함하면 산술적으로 2,629명의 인적 정보를 얻을 수 있다. 그런데 양자(養子)의 경우 친부와 양부 계통을 같이 적고, 외조와 처부가 여러 명인 경우 모두 적고 있어, 실제 인원수는 그보다 훨씬 많다.

한편 필자가 조사한 바에 의하면 『의역주팔세보』는 장서각 외에도 규장각에 동일한 책명의 책자가 소장되어 있다(奎15186). 현재로서는 『의역주팔세보』는 이들 두 기관에만 소장된 것이 분명한 듯하다. 두 기관의 『의역주팔세보』를 대조해 본 결과, 수록 내용이 완전히 일치한다는 것을 알 수 있었다.

하지만 면밀하게 살펴보면 몇 가지 차이가 있다. 우선 〈장서각본〉은 천(天)·지(地)·인(人) 3책으로 구분하여 의(醫)·주(籌)·역팔세보(譯八世譜) 순서로 성책되어 있는 데 반해서, 〈규장각본〉은 일(一)·이(二)·삼(三)으로 구분했으며, 순서도 의(醫)·역(譯)·주팔세보(籌八世譜) 순으로 역학과 주학의 순서가 다르다. 또한 필사 서체를 보면 작성자가 각각 다른 사람임을 알 수 있다. 〈장서각본〉이 해서체로 단정하게 정자로 정서되어 있는 반면, 〈규장각본〉은 같은 해서체이기는 하나 흘려 쓴 듯한 약자가 많이 나타난다. 〈장서각본〉에는 상삼엽화문(上三葉花紋) 어미(魚尾)가 있는 데 반해 〈규장각본〉은 없이 해당 본관 성씨만 기재되어 있다. 교정 사항에 있어서는 〈장서각본〉이 정밀하다. 예컨대 〈장서각본〉은 목차와 본문이 모두 하음(河陰) 전(田)이나, 〈규장각본〉을 보면 목차에는 하음(河陰) 전(全)이지만, 본문에는 하음(河陰) 전(田)으로 되어 있다. 따라서 〈장서각본〉을 정본으로 삼아 그 내용을 파악하는 것이 좋겠다.

또한 수록된 성관 목록을 보면 〈장서각본〉은 93개의 성관이 해서체로 단정하게 적혀 있고, 93개의 성관 목록 작성 뒤에 적은 것으로 보이는 작은 글씨로 해당 성관 사이에 7개의 성관(고성김씨, 선산김씨, 개성고씨, 파평윤씨, 승평강씨, 전주이씨, 경주김씨)을 삽입했다. 그런데 〈규장각본〉은 흘린 글씨체로 100개의 성관이 같은 크기로 작성되어 있다. 〈규장각본〉의 경우, 〈장서각본〉을 토대로 100개 성관 목록을 작성, 전사(轉寫)하지 않았을까 하는 추정을 가능케 한다.

팔세보는 한 면에 5줄 11단으로 검은 줄을 쳐서 55개의 직사각형 칸으로 구분했다. 그 칸에다 본인, 8대조, 처부와 외조 등을 기입했다. 그런데 각 개별 성관의 기재를 마치게 되면 중간중간에 여유 장, 즉 공란 면을 두었다. 이는 추가로 기록할 성관 혹은 사람을 대비한 것으로 보인다. 중간 여유 면에 삽입하기가 어려울 경우에는 같은 면에 첨기하거나 혹은 첨지(籤紙)를 붙여 추가했다.[37] 여유 장에 추가로 넣거나 덧붙였기 때문인지, 사이사이에 필체가 조금씩 다른 것을 확인할 수 있다.

2) 편찬 연대와 체제

『의역주팔세보』는 언제 편찬했을까. 『의역주팔세보』에는 서(序), 발문(跋文)이나 범례(凡例)가 없다. 이와 관련해서 현존하는 역과방목, 의과방목, 음양과방목, 율과방목 등 잡과방목이 나름대로 방증 자료가 될 수 있지 않을까 한다. 이들 잡과 단과방목 현황을 토대로 잡과방목의 각 과별 수록 연대를 종합적으로 정리하면 〈표 4〉와 같다.[38] 의과의 경우, 과거제도가 폐지되는 고종 31년(1894) 갑오개혁까지의 합격자 명단을 수록하고 있다.

- ○ 역　과 : 연산군　4년 ~ 고종 28년(1498~1891)
- ○ 의　과 : 연산군　4년 ~ 고종 31년(1498~1894)
- ○ 음양과 : 숙　종 39년 ~ 고종 22년(1713~1885)
- ○ 율　과 : 광해군　1년 ~ 철종 12년(1609~1861)

---

37) 예컨대 『의과팔세보』(연대본)에는 한 면에 밀양변씨(密陽卞氏)와 청주유씨(淸州劉氏)를 같이 적고 있다.

38) 이남희, 앞의 책(1999), 18쪽.

〈표 4〉 **잡과 단과방목의 현황**

과목	단과방목명	소장처	수록 연대
역과	象院科榜	하버드옌칭도서관	연산군 4년~고종 17년(1498~1880)
	譯科榜目	국립중앙도서관	연산군 4년~고종 28년(1498~1891)
	譯科榜目	규장각한국학연구원	연산군 4년~고종 28년(1498~1891)
	譯科榜目	장 서 각	연산군 4년~고종 7년(1498~1870)
	象院榜目	국사편찬위원회	선 조 1년~영조 16년(1568~1740)
	司譯院榜目	규장각한국학연구원	연산군 4년~고종 4년(1498~1867)
의과	醫科榜目	하버드옌칭도서관	연산군 4년~고종 17년(1498~1880)
	醫科榜目	텐리대학교	연산군 4년~고종 31년(1498~1894)
	醫科榜目	고려대학교도서관	연산군 4년~고종 22년(1498~1885)
	醫科榜目	국립중앙도서관	연산군 4년~고종 11년(1498~1874)
	醫 榜	규장각한국학연구원	연산군 4년~고종 7년(1498~1870)
음양과	雲科榜目	하버드옌칭도서관	숙 종 39년~고종 11년(1713~1874)
	雲科榜目	국립중앙도서관	숙 종 39년~고종 16년(1713~1879)
	雲觀榜目	규장각한국학연구원	숙 종 39년~고종 22년(1713~1885)
	觀象監榜目	규장각한국학연구원	숙 종 39년~고종 4년(1713~1867)
율과	律科榜目	하버드옌칭도서관	광해군 1년~철종 11년(1609~1861)
	律 榜	규장각한국학연구원	? 년~순조 27년(? ~1827)
	律科榜目	규장각한국학연구원	? 년~철종 12년(? ~1861)

이들 단과방목을 보면 서문이나 발문, 편찬자가 기록되어 있지 않아서 정확한 편찬 연도를 알 수 없다. 하지만 방목의 수록 하한선이 1800년대 말이라는 점, 역과방목인 『상원과방(象院科榜)』 앞부분에 함풍원년(철종 2년, 1851) 일자의 통청(通淸) 자료가 수록되어 있는 점 등을 미루어 볼 때,[39] 대부분 19세기 말에 편찬한 것으로 여겨진다.

39) 19세기 말 전개된 중인 통청 운동은 노비와 서얼이 대규모로 해방되는 추세와 함

19세기에 이러한 잡과방목류가 성책될 수 있었던 것은 당시 새롭게 부상하는 중인층의 신분 의식의 강화 및 신분 상승 운동과 궤를 같이한다고 하겠다. 19세기 말 전개된 중인 통청 운동을 주도한 관상감, 사역원, 전의감, 혜민서, 율학 등의 유사들이 대부분 잡과 합격자들이라는 사실을 방목에서 확인할 수 있다. 그런 만큼 잡과방목의 성책은 잡과중인들에 의해 이루어진 것으로 보인다.[40]

『의역주팔세보』도 비슷한 맥락에서 편찬된 것으로 볼 수 있다. 편저자 및 서문이나 발문이 없어서 언제 어떤 연유로 편찬되었는지 정확하게 파악할 수 없다. 그런데 『의역주팔세보』의 서지 정보를 보면 "寫年推定 : 內容 吳慶錫(1831~1879) … 吳世昌(1864~1953) … 己卯(1879)式"이라 했다. 그래서 사년(寫年)을 고종 연간인 1879년 이후로 추정한 것이다.[41] 이는 『의역주팔세보』의 세 번째 책인 『역팔세보』에 수록되어 있는 해주오씨(海州吳氏) 오경석과 오세창을 그 준거 근거로 삼은 듯하다.

하지만 수록자의 졸년을 기준으로 편찬 연도를 추정하는 것은 무리가 있다. 그보다는 『의역주팔세보』에 수록된 인물의 과거 합격 연도 등의 분석을 통해서 비정하는 것이 더 정확할 것이다. 먼저 『의팔세보』를 보자. 「의과팔세보」에 수록된 213명의 의과 합격 연도를 『의과방목』에서 찾아보면, 순조 13년(1813) 증광시에서 고종 17년(1880) 증광시 의과 합격자까지 수록되어 있다. 그리고 「등제팔세보」에 수록된

께 중인들이 벌인 집단적인 신분 상승 운동이었다. 통청 운동은 실패로 끝났기 때문에 실록과 『승정원일기』 등과 같은 관찬 자료에는 보이지 않는다.

40) 이남희, 「조선시대 잡과방목의 자료적 성격」, 『고문서연구』 12, 1997, 131쪽.

41) 한국학디지털아카이브(http://yoksa.aks.ac.kr).

26명의 입사 연도를 확인해 보니 헌종 3년(1837)부터 고종 17년(1880)까지 나타나고 있다. 두 자료 모두 수록 하한선은 1880년으로 일치한다. 다음으로 『역팔세보』에 수록된 533명의 역과 합격 연도를 『역과방목』에서 확인해 보았더니, 순조 7년(1807) 식년시에서 고종 19년(1882) 증광시 합격자까지 수록하고 있다. 그리고 『주학입격안』에서 『주팔세보』에 수록된 361명을 찾아보았더니, 순조 6년(1806)에서 고종 16년(1879)까지 나타난다. 그러므로 일단은 『역팔세보』 수록 연도 하한선인 1882년 이후에 만들어진 것으로 추정해 볼 수 있겠다. 이는 수록 내용에 근거해 팔세보의 편찬 연대를 구체적으로 비정했다는 점에서 의의를 찾을 수 있을 것이다.

이어 『의팔세보』를 구성하는 두 부분, 즉 「의과팔세보」와 「등제팔세보」는 어느 것이 먼저 만들어졌을까 하는 의문을 던져볼 수 있다. 각각 만들어진 「의과팔세보」와 「등제팔세보」를 한 책으로 묶어서 『의팔세보』를 만들었다고 볼 수 있기 때문이다. 이 같은 의문에 대해서는 「등제팔세보」에 수록된 사람들 중에서 나중에 의과에 합격한 사례를 통해서 이들의 편찬 시기를 가늠해 볼 수 있는 단서를 얻을 수 있었다. 이를 정리하면 〈표 5〉와 같다.

〈표 5〉 **「등제팔세보」 중 차후 의과에 합격한 경우**

번호	성명	본관	생년	합격 연도
①	이돈성(李暾成)	안산(安山)	1845	1873년 식년시 의과
②	안병의(安秉宜)	순흥(順興)	1841	1873년 식년시 의과
③	유정상(劉正相)	한양(漢陽)	1848	1873년 식년시 의과
④	김석윤(金錫潤)	고성(固城)	1849	1882년 증광시 의과
⑤	피희성(皮熙成)	홍천(洪川)	1863	1882년 식년시 의과
⑥	피상국(皮相國)	홍천(洪川)	1850	1888년 식년시 의과

이 중에서 ①②③의 경우, 「등제팔세보」와 「의과팔세보」 양쪽에 다 수록되어 있다. ④⑤⑥은 「의과팔세보」에는 수록되어 있지 않다. 그런데 흥미로운 것은, ①②③이 의과에 합격한 연도는 1873년, ④⑤⑥은 거의 10여 년 후인 1882년과 1888년에 합격하고 있다는 점이다. 1873년 의과 시험 합격자가 「의과팔세보」에 수록된 데 비해, 1882년 합격자가 수록되지 않았다는 점은 「의과팔세보」의 작성 연대가 그 이전임을 말해준다고 하겠다. 다시 말해 1880년에서 1882년 사이에 편찬되었음을 추정해 볼 수 있지 않을까 한다.

또한 다른 '의과팔세보'와 비교할 때 장서각과 규장각 소장 「의과팔세보」가 비교적 초창기에 편찬된 것으로 보인다. 왜냐하면 ④⑤⑥ 3명 모두가 연세대학교에 소장된 『의과팔세보』에는 수록되어 있기 때문이다. 그러니까 「등제팔세보」에서 빠지고 「의과팔세보」로 옮아간 것이다.[42)]

한편 1873년 의과에 합격했는데 ①②③이 「등제팔세보」에 수록된 것은 또 어째서인가. 작성 과정의 오류나 착오로 볼 수도 있을 것이다. 하지만 「등제팔세보」 편찬을 시작했을 당시에는 이들이 아직 의과에 합격하지 않은 입사자 출신이었기 때문에 그런 것이 아닌가 한다. 때문에 「등제팔세보」 편찬이 먼저 시작된 것으로 여겨진다. 「의과팔세보」에 수록되었다면 「등제팔세보」에는 수록되지 않았을 것이다. 그러면 「등제팔세보」 편찬은 언제쯤 마무리되었을까. ④나 ⑤와 같이 1882년 의과 합격자가 수록되어 있는 것으로 보아, 「등제팔세보」는 그 이

42) 예컨대 『의등제보』(국립중앙도서관 소장)를 보면 수록자 중에 차후 의과에 합격한 사람들에게는 '科'라는 첨지를 붙였다. '의과팔세보'와 '등제팔세보'를 구분해서 편찬하는 나름의 원칙이 있었음을 알 수 있다.

전에 편찬되었다고 하겠다. 수록 연한의 마지막이 1880년으로 「의과팔세보」와 「등제팔세보」가 같은 것으로 보아 마무리는 1882년 이전에 했을 것이다.

이렇게 본다면 『의역주팔세보』는 1880년대 이후에 편찬했다고 할 수 있겠다.[43] 무보(武譜)의 경우에도 대체로 서문이나 발문, 범례가 없어 편찬 연대를 확인하기가 쉽지 않다. 서·발문이나 간기가 없는 경우에도 무보에 수록된 최상단의 인물이 순조·고종 연간에 활동했다는 것, 그리고 관직 기록에서 삼군부 종사관인 삼군종(三軍從)이 있어 1870년 이후에 편찬했음을 확인할 수 있다.[44] 삼군부는 고종 7년(1870)에 창설했기 때문이다. 그리고 간기가 있는 팔세보 2종을 확인할 수 있는데, 각각 철종 2년(1851)과 고종 11년(1894)에 편찬한 것이다. 이처럼 팔세보에 수록된 인물을 검토해 보면, 팔세보 형식의 족보 대부분을 19세기 후반 이후에 간행했다고 추정해 볼 수 있다.

의역주팔세보가 편찬되기 시작한 19세기 후반은 문보, 무보, 삼반팔세보와 함께 진신보(縉紳譜)나 대동보(大同譜) 등 족보 편찬이 활발하게 이루어지던 시기였다.[45] 이들 족보는 대부분 전 가문의 세계를 망라하여 한 책에 함께 묶어서 편찬한 것이다. 이는 격동과 변환의 시기에 오히려 더 강해지고 있던 양반의 문벌 의식과도 무관하지 않다. 말하자면 '자기정체성(self identity)'과 직접적으로 관련된 사안이었던 셈이다. 또한 무보도 편찬되었다.[46] 그 같은 현상과 더불어 중인들의

43) 자세한 논의는 이 책 제Ⅳ장을 참조.

44) 정해은, 「무보(武譜)」, 『장서각도서해제』 2, 한국정신문화연구원, 1997, 45쪽.

45) 삼반팔세보, 문보, 무보 등은 『조선과환보(朝鮮科宦譜)』, 『만성대동보(萬姓大同譜)』 등의 만성보를 편찬하는 데 저본으로 활용되기도 했다.

46) 무반 가문 중 집중적으로 무반을 배출하면서 일정한 세력을 지닌 한정된 무반 가

신분 의식과 가문 의식 역시 나름대로 응집하게 된 결과였다고 할 수 있지 않을까 한다.

그들이 의역주팔세보를 편찬한 것은 어떤 측면에서 실제적인 필요에 의해 뒷받침되고 있었다고 볼 수 있다. 의역주 중인들의 가문 배경과 관직 진출이 중시되면서 중인 문벌 의식이 고양되고 있었다. 따라서 19세기 당대에 활동하는 의역주 기술직 중인 인물들의 출신 배경과 자긍심을 나타내고자 하는 의도도 있었던 것이다. 그리고 그들의 그 같은 자의식이, 잡과방목과는 다른 의역주팔세보라는 형식의 '족보'를 만들게 했을 것이다. 양반들처럼 중인들 역시 스스로 족보를 편찬하기도 했다는 맥락에서 읽어야 할 것이다.[47] 『성원록』, 『성원록속편』과 함께 『전주이씨족보』, 『합천이씨세보』[48] 같은 중인 족보가 편찬된 것 역시 그 점을 뒷받침해 준다고 하겠다.

문을 중심으로 무보가 편찬되었다(장필기, 「조선후기 『무보』의 자료적 검토」, 『조선시대사학보』 7, 1998, 167쪽).

47) 이 같은 팔세보의 편찬에서 19세기 후반 사회의 움직임을 읽을 수 있다. 예컨대 중인들은 『규사』, 『연조귀감』, 『호산외사』, 『이향견문록』 등과 같은 자신들의 신분 연원을 밝히는 역사서를 간행하고(이기백, 「19세기 한국사학의 새 양상」, 『한우근박사정년기념사학논총』, 1981), 통청 운동을 실제로 추진했다.

48) 이들 중인 족보 자료는 고(故) 와그너 교수(하버드대학)의 도움을 받았다. 『전주이씨족보』(규장각)와 『합천이씨세보』(하버드옌칭도서관)는 통상적인 족보 명칭을 달고 있으나 실제로 검토해 보면 중인 족보라 할 수 있다. 이들 족보는 역과, 의과, 음양과, 율과, 산학 등 잡학 합격 사항과 기술관서 관직 등을 모두 기록하고 있다. 『전주이씨족보』는 1858년, 『합천이씨세보』는 1864년, 『성원록』과 『성원록속편』은 1860년 이후에 편찬되었다.

3) 팔세보와 등제팔세보[49]

의역주팔세보에 대해서는 각 도서관에 소장된 의학, 역학, 주학 관련 팔세보 자료 해제를 참조할 수 있는 정도다. 그런데 유념해야 할 점은 책명과 그 수록 내용 사이에 일정한 차이가 있다는 것이다. 책명만을 가지고 수록자를 파악해서는 안 되는데, 그것은 수록된 사람들의 성격이 조금 다르기 때문이다. 예컨대 의팔세보라는 표현을 사용하고 있지만, 책명은 『의팔세보(醫八世譜)』, 『의보(醫譜)』, 『의과보(醫科譜)』, 『의과팔세보(醫科八世譜)』 등 다양하다. 그러므로 '의과팔세보'라 할 경우, 책명으로서의 『의과팔세보』와는 구별할 필요가 있다. 수록 대상이 의과에 합격한 사람이 아니지만 의관직에 종사한 경우는 의등제팔세보(醫等第八世譜)라는 식이다. 요컨대 의관과 관련한 팔세보 보첩류는 전체적으로 '의팔세보'라 할 수 있으며, 그것은 크게 '의과팔세보'와 '의등제팔세보'로 나누어 볼 수 있다고 하겠다.

이 점은 지금까지 주목하지 못한 부분이다. 기존 팔세보 자료 해제에서 등제팔세보(等第八世譜)를 역관직과 관련지어 '부경체아직(赴京遞兒職)'에 차임된 사람들의 팔세보라 했는데 이는 좀 더 검토가 필요하다. 예컨대 연세대학교 소장본 『등제팔세보(等第八世譜)』의 경우, 조사해 보니 하나는 역관, 다른 하나는 의관 집안의 팔세보로 확인되었다.

---

49) 주학에서는 팔세보와 등제팔세보 구분의 의미가 없다. 왜냐하면 주학은 과거제로서의 잡과에 포함되지 않기 때문이다. 의역의 경우, 잡과 합격 사실이 중요하기 때문에 의과·역과팔세보와 의등제팔세보, 역등제팔세보의 구분이 있었다. 주학의 경우 취재 시험만 있었기 때문에, 취재 시험에 합격했다는 의미에서 기본적으로 '등제'팔세보라 할 수 있다. 의역주팔세보에는 주학이 포함되었다는 점에서 '잡과' 합격 여부의 의미를 상대적으로 약화시키고 있다고 볼 수 있지 않을까 한다.

이 글에서 대상으로 삼는 팔세보는 역과, 의과에 합격한 사람과 주학 취재 시험에 합격한 사람들을 수록 대상으로 하며 그들의 8대조 및 외조와 처부를 수록한 중인 팔세보 보첩류(譜牒類)를 말한다. 의역의 경우, 잡과 합격이 중요하기 때문에 의과, 역과 팔세보와 의등제팔세보, 역등제팔세보의 구분이 있었던 것이다. 주학에서는 그 같은 구분의 의미가 없다. 취재 시험만 있었기 때문이다.

이처럼 팔세보 형식으로 이루어진 중인 집안 보첩류는 잡학 시험을 기준으로 크게 양분된다. 앞에서 언급한 바와 같이 의과 시험 합격자를 대상으로 하는 '의과팔세보', 그리고 의과에 합격하지 않았지만 의관직 종사자들을 대상으로 하는 '등제팔세보'로 나누어 볼 수 있다. 의과팔세보와 등제팔세보는, 필자가 수록된 내용을 토대로 한 분류상의 개념이다.[50] 책명으로서의 『의과팔세보』(규장각, 연세대 등 소장)나 『등제팔세보』(장서각, 연세대 등 소장)와 구분하기 위해 '의과팔세보', '등제팔세보'로 표기하기로 한다. 『의역주팔세보』의 『의팔세보』에 수록된 의과팔세보와 등제팔세보는 「의과팔세보」, 「등제팔세보」로 표기하기로 한 것이다. 이 같은 분류는 기존의 팔세보 연구에서 주목하지 않았던 점으로, 의과와 관련된 중인 집안 팔세보가 지닌 특성의 하나라고 할 수 있다.

의과와 관련된 팔세보를 검토해 보면 '등제팔세보'에 수록된 자가 이후 의과에 합격하면 다음에 편찬하는 팔세보에서는 '의과팔세보'

50) 등제(等第)는 등수를 매긴다는 뜻이다[『일성록』 정조 3년 11월 20일(경자) ; 『비변사등록』 현종 3년 1월 24일]. 『통문관지』 권1, 연혁(沿革) 등제(等第)조에서 "부경체아(赴京遞兒)의 호칭"이라 했다. 그 때문인지 부경직과 관련한 팔세보로 이해하기도 한다. 예를 들면 『등제팔세보』 해제, 한국학디지털아카이브(http://yoksa.aks.ac.kr). 그런데 등제팔세보는 역과뿐 아니라 의과에도 나타난다.

로 옮아가며 '등제팔세보'에서는 빠지게 된다. 예컨대 『의팔세보』(장서각 소장본)의 「등제팔세보」에 수록된 인물이 『의등제보』(연세대 소장본)에는 빠져 있는데 이들은 그 후에 의과에 합격했음을 확인할 수 있다. 또한 『의등제보』(국립중앙도서관 소장본)를 보면 수록자 중에 차후 의과에 합격한 사람들에게는 '科'라는 첨지를 붙였다. '의과팔세보'와 '등제팔세보'를 구분해서 편찬하는 나름대로의 원칙이 있었음을 알 수 있다. 그 핵심 관건은 의과 합격 여부라 할 수 있다.

『의역주팔세보』의 『의팔세보』에는 「의과팔세보」와 「등제팔세보」가 같이 수록되어 있다. 흔히 '의과팔세보'와 '등제팔세보'가 별도의 책자로 따로 존재하는 데 대해, 그들 둘이 같이 성책되어 있는 점에서 두드러지는 특징이다. 『의역주팔세보』 수권에 대해서 편찬 당시 『의팔세보』라 명명한 것은 그 점을 감안한 것으로 보인다. '의과팔세보'라고 할 경우 의과 합격자만을 수록한 것으로 여겨질 수 있기 때문이며, 동시에 한 책에 '등제팔세보'가 별첨되어 있다는 점을 감안했기 때문이다. 따라서 넓은 의미의 의팔세보 개념을 설정할 수 있으며, 그것은 '의과팔세보'와 '등제팔세보'를 포괄하는 개념이라 할 수 있다.[51)]

그러면 『의역주팔세보』 중 「등제팔세보」의 가계 배경은 어떠할까. 「의과팔세보」와 「등제팔세보」의 혈연적 상관성을 살펴보는 것이 좋겠다. 「등제팔세보」에 수록된 26명과 「의과팔세보」에 수록된 213명 사이에는 어떤 관련성이 있는지 분석해 보았다. 우선 검토를 위해서 「등제팔세보」 26명을 「의과팔세보」에 기재되어 있는 수록자 전원 213명 및 그들의 8대조와 대조하는 작업을 진행했다.

「등제팔세보」 수록자 본인을 기준으로 「의과팔세보」 수록자가 본인

51) 일본 텐리대학 소장의 『의보(醫譜)』는 '의과팔세보'와 '등제팔세보'를 포함하고 있다.

인 경우는 본인, 형제 등 동일 항렬인 경우는 0, 부친 항렬인 경우는 +1, 조부 항렬인 경우는 +2, 아들 및 조카 항렬인 경우는 −1과 같이 숫자로 표기했으며, 연결되지 않는 경우는 미연결, 해당 성관이 없는 경우는 ×로 나타냈다. 이를 정리하면 〈표 6〉과 같다.

〈표 6〉 **「등제팔세보」와 「의과팔세보」 수록 상관성**

번호	성명	본관	상관성
1	이선기(李先基)	전주(全州)	+1
2	이희구(李熹求)	성주(星州)	−1
3	이헌양(李憲養)	안산(安山)	−1
4	이돈성(李暾成)	안산(安山)	본인
5	이돈성(李暾成)	합천(陜川)	+1
6	김석의(金錫義)	광산(光山)	×
7	김석윤(金錫潤)	고성(固城)	+1
8	김석윤(金錫潤)	청양(靑陽)	+1
9	안 완(安 浣)	순흥(順興)	0
10	안병의(安秉宜)	순흥(順興)	본인
11	안병의(安秉宜)	온양(溫陽)	−1
12	정병로(鄭秉魯)	온양(溫陽)	+1
13	박유건(朴有鍵)	삭녕(朔寧)	×
14	박흥수(朴興洙)	삭녕(朔寧)	×
15	박유근(朴有根)	밀양(密陽)	−1
16	한홍술(韓弘述)	청주(淸州)	미연결
17	조영서(趙永緖)	순창(淳昌)	×
18	조영서(趙永緖)	온양(溫陽)	0
19	강재홍(康載弘)	승평(昇平)	×
20	진희성(秦喜性)	풍기(豊基)	−1
21	홍의찬(洪宜燦)	남양(南陽)	0

번호	성명	본관	상관성
22	유정상(劉正相)	한양(漢陽)	본인
23	피상국(皮相國)	홍천(洪川)	-1
24	피희성(皮熙成)	홍천(洪川)	0
25	김유성(金有聲)	경주(慶州)	미연결
26	최의성(崔義成)	직산(稷山)	+2

이미 앞에서 다루었듯이 26명 가운데 3명의 본인이 「의과팔세보」에 수록되기도 했는데, 이들은 의관직에 종사하면서 의과에 합격한 사례라고 하겠다. 게다가 16명의 경우, 본인을 기준으로 같은 항렬이나 위아래 항렬에서 「의과팔세보」에 수록된 자가 있음을 확인할 수 있다. 나머지 7명 중 4명은 해당 성씨가 「의과팔세보」에 없어 대조 확인할 수가 없으며, 연결되지 않는 경우는 3명에 그친다. 이는 「의과팔세보」와 「등제팔세보」의 구성원이 혈연으로 이어지고 있음을 말해주는 것이다. 필자가 이런 개념 구분을 시도한 것 역시 이 같은 구성을 감안했기 때문이다.

앞으로 구체적으로 개별 집안이나 개인 차원의 연구가 이루어져야 하겠지만, 전체적으로 보자면 동일한 집안 내에서 의과에 합격한 사람들과 의과에 합격하지는 않았지만 의관직에 종사하는 사람들이 같은 성관, 집안에 집중되어 있었다는 점을 말해주는 것이라 하겠다. 의과에는 합격했으나 세전성이 약한 사람들의 경우, 「의과팔세보」에 포함시키지 않은 것은 아닐지 모르겠다. 「의과팔세보」에 수록된 숫자가 의과방목에서 확인할 수 있는 합격자보다 적은 것은 그와 무관하지 않은 것으로 여겨진다. 또한 그들이 팔세보라는 족보 형식을 만들었을 뿐만 아니라, 그 수록 내용을 통해서 강력한 세전성을 확인할 수 있었다는 점이다. 따라서 「등제팔세보」의 경우, 의과에 합격하지는 않았지만 같은 성관과 집안 출신으로 세전성을 보여주는 의관들을 중심으로 범주화되었으리라는 점이다.

따라서 의팔세보는 의과에 합격한 사람들, 특히 세전성을 지니는 사람들에 의해서 주도적으로 편찬되었을 것으로 볼 수 있다. 역시 「의과팔세보」가 주축을 이루었다고 해도 되겠다. 하지만 의과에 합격하지는 않았지만, 당시 의관직에 있으면서 나름대로 세전성을 보여주는 사람들, 다시 말해서 「의과팔세보」에 수록된 사람이나 집안들과 밀접하게 연결되어 있는 사람들을 하나의 부차적인 범주로 묶어서 「등제팔세보」를 엮은 것으로 여겨진다. 일종의 준동류 집단처럼 여겼다고 해도 좋겠다. 그래서 「의과팔세보」를 보완해 주는 의미도 있지 않았을까 추정해 볼 수 있다. 그들 두 그룹은 서로 이어지면서도, 그들 사이에는 의관직 기술관의 진출에서 하나의 중요한 계기가 되는 의과 합격이라는 분명한 구분점이 있었던 것이다. 「등제팔세보」에 수록되어 있다가 의과 시험에 합격하면 자연스레 「의과팔세보」에 수록된 것 역시 그런 측면을 뒷받침해 주는 것이라 하겠다.

의팔세보에 수록된 본인들은 일차적으로 의과에 합격한 것은 분명하다. 하지만 의과방목에 있는 합격자들이 모두 팔세보를 가지지는 않았다. 그러니까 의과 합격자들 중에서 이른바 팔세보 형식을 충족할 수 있는 집안, 이른바 세전성을 보여주는 의관 '명문' 집안들이 주축이 되어 만들었을 것으로 보인다. 의과에 합격하지는 않았지만 의관직에 종사하는 자들 역시 팔세보 형식을 취하고 있는 '의등제팔세보'를 작성한 것과도 맥락을 같이한다고 하겠다. 그들 사이에 의과 합격 여부라는 경계선이 없지 않았지만, 그럼에도 그들에게는 같이 의관직에 종사한다는 것, 그리고 대대로 같은 직종을 세전하고 있다는 점 등에서 일정한 동류의식을 공유하고 있었던 것으로 여겨진다. '의등제팔세보'에 수록되었다가 '의과팔세보'로 옮아가는 사례나 「의과팔세보」와 「등제팔세보」가 같이 성책되어 있다는 사실 자체가 그것을 말해준다고 하겠다.

3

팔세보의 수록 내용

『의팔세보』, 『역팔세보』, 『주팔세보』 등 『의역주팔세보』의 가계 수록 내용은 동일하며 본인 기재 내용에 있어서 다소간의 차이가 있다.[52] 이를 종합해 보면 크게 본인에 관한 사항, 가계에 관한 사항으로 나누어 볼 수 있다.

1) 본인에 관한 사항

(1) 인적 사항

본인에 관한 사항을 보면, 본관은 본인 성명 상단에 적었다. 성명

52) 『의역주팔세보』 중 '의팔세보'를 중심으로 살펴보고자 한다. 『의팔세보』가 『의역주팔세보』의 수권(首卷)이라는 점, 그리고 『의역주팔세보』 중 『의팔세보』에만 「의과팔세보」와 함께 「등제팔세보」가 첨부되어 있다는 점에 주목했기 때문이다.

옆에 작은 글씨로 인적 사항을 적었다. 첫 번째 열이 자(字), 두 번째 열이 생년(生年)이다. 일반 족보와 같이 팔세보도 자와 생년 기록을 기재했다.[53] 잡과방목에는 초명이나 개명을 기재했으나 팔세보에서는 그런 사례가 많지 않다. 예컨대 『의팔세보』(장서각 · 규장각)에 개명한 이름을 적고 초명을 덧붙인 사례는 고종 13년(1876) 식년시 의과에 합격한 영양남씨(英陽南氏) 남명진(南命鎭) 1명 정도다. "初名鍾遠"이라 적혀 있다. 그러면 개명한 자가 없는 것일까. 『의팔세보』 수록 인물 239명 중 9명은 의과방목에서 합격한 연도를 확인할 수 없었다. 의과방목의 초명과 개명 기록을 통해 의팔세보에는 별도의 설명 없이 개명(7명)과 초명(2명)을 적었음을 알 수 있었다.[54] 『주학팔세보』(규장각)에도 초명과 개명을 모두 알 수 있는 사례가 4건 보인다. ① 금산이씨 이곤(李琨) "改名李琠"[개명 이전], ② 태안이씨 이제은(李濟殷) "初名弘"[초명 이제홍], ③ 청양김씨 김준식(金準植) "改弼"[개명 김준필], ④ 청양김씨 김준협(金準協) "改錫"[개명 김준석]이다. 『주학팔세보』 수록 인물 443명 중 4명으로 0.9%에 지나지 않는다.

세 번째 열에는 과거 및 취재 시험 합격 연도를 간지로 기재했다. 의과와 역과 시험은 "式"과 "增"을 명기하여 식년시와 증광시 시험을

53) 팔세보에 따라서는 자와 생년을 누락한 경우가 있다. 『주학전보』(규장각본)에는 자를 누락한 사례가 있다. 예를 들면 경주최씨(慶州崔氏) 최석희(崔錫熙)는 1871년(고종 8) 주학 취재 시험 합격자인데 자(字)가 누락되어 있다. 『역과팔세보』(명지대본)에는 생년을 누락한 사례가 있다. 1882년(고종 19) 식년시 역과 합격자 한산조씨(漢山趙氏) 조재익(趙在益)이 그렇다. 다른 역팔세보에는 "丙辰生"으로 기록되어 있다(철종 7, 1856). 의역주팔세보에 자와 생년을 누락한 경우는 극히 드문 사례라 할 수 있다.

54) 239명 중 9명(3.8%)이니 작은 비중에 지나지 않는다. 『의팔세보』의 초명과 개명에 대해서는 【부록 2】를 참조.

구분했다. 잡과는 문과와 달리 대과 · 소과의 구별이 없는 단일과로서 식년시와 증광시만 실시했다.[55] 식년시는 3년에 한 번씩 식년(式年: 子 · 卯 · 午 · 酉年이 들어 있는 해)에 시행하는 정기 시험이며, 증광시는 국가에 경사가 있을 때 특별히 실시하던 부정기 시험을 말한다. 또한 잡과에는 초시와 복시 두 단계만 있고 왕 앞에서 시험을 치르는 전시(殿試)는 없었다. 초시는 식년 전해 가을에, 복시는 식년 봄에 실시하였다. 주학은 잡과와는 달리 과거시험을 실시하지 않았으므로 취재시험 합격 연도를 간지로 기재하면서 "入格"을 명기한다. 예컨대 경주최씨 최경직(崔敬直)은 "壬申入格"이라고 적혀 있다. 순조 12년(1812) 임신년에 주학에 합격했음을 나타낸다.

네 번째 열에는 주로 관직을 기재했다. 예를 들어 의팔세보 맨 처음에 기재되어 있는 전주이씨 이종덕(李宗德)을 보면 "子厚 / 庚申 / 乙酉式 / 內醫資憲"으로 나타난다. 자후(子厚)는 자(字)이고, 경신(庚申)은 생년, 을유식(乙酉式)은 의과 시험 합격 연도로 을유년 식년시라는 것이다. 『의과방목』에서 이종덕을 찾아보면 순조 25년(1825) 을유 식년 합격자다. 생년인 경신은 1800년으로 26세에 의과에 합격했음을 알 수 있다. 관력을 보면, 내의와 자헌대부를 역임했다.

또 다른 사례 경주정씨(慶州鄭氏) 정유증(鄭有曾)을 보면 "道汝 / 庚申 / 壬午式 / 內醫知樞府使"로 나타난다.[56] 도여(道汝)는 자이고, 경신(庚申)은 생년, 임오식(壬午式)은 의과 시험 합격해인 임오년 식년시를 말한다. 의과방목에서 정유증을 찾아보면 순조 22년(1822) 임오 식

55) 문과나 무과는 증광시 외에도 알성시, 정시, 춘당대시 등 다양한 별시(別試)를 실시했다.

56) 자료에 따라서는 "字"와 "生"을 붙여 "字道汝 / 庚申生"으로 기재하기도 한다.

년 합격자임을 확인할 수 있다. 생년 경신년은 1800년으로 23세에 의과에 합격했음을 알 수 있다. 관직은 내의, 정2품 지중추부사, 정3품 부사를 역임했다.

그런데 『의팔세보』의 경우 「의과팔세보」와 「등제팔세보」의 기재 방식과 내용이 세 번째 열부터는 다르다. 「등제팔세보」를 보면 세 번째 열은 관직이다. 네 번째 열에 간지와 승(陞)·신(新)·원(元)을 기재했다. 다섯 번째 열(세 번째 열의 관직이 없는 경우는 네 번째 열이 됨)에 다시 관직이 나온다. 네 번째 열의 간지와 승·신·원은 세 번째 열의 의관직에 오른 연도와 그 방법을 밝힌 것으로 보인다. 그리고 다섯 번째 열은 그 이후의 관력이다.

그러면 승·신·원은 무엇을 의미하는가. 승·신·원의 분포를 보면 승이 23명, 신이 2명, 원은 1명에 그치고 있다. 승의 비율이 88.5%로 절대적인 비중을 차지한다. 다른 등제팔세보의 경우도 승·신·원이 표기되며 원(原)이 추가되기도 한다. 그런데 같은 인물을 등제팔세보에 따라 승(陞)이라 하기도 하고 원(元)이라 하기도 했다. 그런 점을 감안한다면 승·신·원의 구분이 명확하지는 않았던 것 같다.

예컨대 「등제팔세보」 맨 처음에 기재되어 있는 전주이씨 이선기(李先基)는 "舜初 / 甲寅 / 直長 / 庚辰元"으로 나타난다. '순초'는 앞서 지적한 바와 같이 이선기의 자다. 그런데 갑인과 경진년을 서기 연도로 환산하기가 쉽지 않다. '등제팔세보'는 기본적으로 의과 합격자는 제외하기 때문에 합격 연도가 없어 파악이 어렵다. 이 경우 잡과방목에 수록된 가계 구성원의 합격 연도를 통해 추정했다.[57] 이를 통해 출

57) 확인 가능한 가계 구성원이 여러 명일 경우에는 형제, 부친, 조부 등의 가까운 순으로 우선순위를 두었다.

생 연도와 입사 연도를 알 수 있다. 이선기 본인을 통해서는 출생과 입사 연도를 확인할 수 없지만, 내의(內醫)와 목사(牧使)를 역임한 아버지 이장혁(李章爀)을 통해 확인할 수 있다. 이장혁은 같은 책의 앞부분인 「의과팔세보」에 수록된 인물로 1852년 임자 식년시 의과에 합격했다. 이를 통해 이선기의 생년인 갑인이 1854년, 그리고 입사년인 경진은 1880년으로 확인된다. 따라서 이선기가 27세인 1880년에 직장 관직에 입사했음을 알 수 있다.

이와 같이 의역주팔세보 본인 기재 사항 네 번째 열에는 일반적으로 역임한 관직, 관력을 기재한다. 하지만 주팔세보는 관력 기재 사례가 많지 않고 오히려 역과, 의과 등 잡과, 문무과, 사마시 등 타과 합격 사항을 기재한 경우가 많다. 관직과 타과 합격을 같이 기재하여 다섯 번째 열까지 넘어가는 사례는 극히 드물다.

그런데 의역주팔세보 수록자 중에서 과거 합격 여부를 잡과방목 및 주학입격안 등 「의역주팔세보DB」에서 확인할 수 없는 경우가 있다. 예컨대 「의과팔세보」에 수록된 213명 중에서 9명은 의과 합격을 잡과방목에서 확인할 수 없다. 그러면 이들은 의과에 합격하지 않은 것인가. 이들은 개명을 고려해야 할 것이다. 왜냐하면 「의과팔세보」에서 합격 여부를 확인할 수 없었던 인물의 경우 방목에서 개명했음을 확인할 수 있기 때문이다. 몇 가지 사례를 보면 다음과 같다.

- 정재영(鄭在英): 본관은 경주(慶州). 『의과방목』을 보면 정재원(鄭在元)으로 개명했다. 1837년 식년시 의과 시험에 23세에 합격한 뒤 내의(內醫), 기약(耆藥), 내의원(內醫院) 정(正), 현감(縣監) 등을 역임했다.
- 오상현(吳象鉉): 본관은 두원(荳原). 『의과방목』을 보면 오길현(吳吉鉉)으로 개명했다. 1858년 식년시 의과 시험에 23세에 합격한 뒤 정3품

당하관 정(正)을 역임했다.

○ 전의용(田宜用): 본관은 하음(河陰). 『의과방목』을 보면 전의룡(田宜龍)으로 개명했다. 1858년 식년시 의과에 25세에 합격한 뒤 주부(主簿)를 역임했다.

이러한 점을 볼 때 이들 9명의 경우 의과방목에서 합격 연도가 확인되지 않지만 의과 시험에는 합격한 것으로 여겨진다.[58] 이러한 사례는 역팔세보와 주팔세보에서도 찾아볼 수 있다.[59]

---

58) 「의역주팔세보DB」를 통해서 「의과팔세보」의 의과 시험 합격 연도를 추정해 볼 수 있다. 구체적인 사례를 보면 다음과 같다.

〈표 7〉 **「의과팔세보」 중 의과 합격 연도 추정 사례**

번호	본인	본관	생년	의과 합격 연도	부친	합격 연도
①	李炳夏	泰安	庚申(1800)	丁亥增(1827)	李思仁	1783 증광시 의과
②	李炳殷	泰安	癸亥(1803)	辛卯式(1831)	李思仁	1783 증광시 의과
③	李炳成	泰安	丙寅(1806)	乙未增(1835)	李思義	
④	李裕誾	慶州	壬戌(1802)	乙未增(1835)	李彦厚	1786 식년시 의과
⑤	李裕豊	慶州	丁亥(1827)	戊午式(1846)	李彦周	1812 주학
⑥	李基徹	海州	丁酉(1837)	庚午式(1870)	李宜實	1816 식년시 역과
⑦	金亨錫	樂安	丁酉(1837)	辛酉式(1861)	金在璇	1834 식년시 율과
⑧	崔性愚	慶州	癸未(1823)	丙午式(1846)	崔好植	1840 식년시 의과
⑨	方漢模	溫陽	甲申(1824)	甲辰增(1844)	方允升	1827 증광시 의과

59) 예컨대 경주이씨 이형은(李亨誾)은 의과방목에서 확인된다. 그는 이유은(李裕誾)으로 개명했다. 그래서 『주학팔세보』(규장각)에는 이유은으로만 되어 있다. 그것만 보면 타과로서의 의과 합격 사실을 알 수가 없다. 그런데 주학입격안에는 '초명 이형은'으로 적혀 있다. 그래서 그가 의과에 합격했다는 사실을 확인할 수 있었다. 이형은은 주학 취재에 합격(1818)한 뒤, 의과에 합격(1835 증광시)했다.

(2) 경력 사항

본인 성명 옆으로 네 번째 열에 역임한 관청 관직, 품계 등을 기재했다. 수록된 관직의 수는 1개에서 많아야 대개 3개다.[60] 3개일 경우에는 다섯 번째 열까지 표기한다. 관직은 축약형으로 적었다. 예컨대 동참(同參)은 의약동참(醫藥同參), 능랑(能郞)은 능마아청(能麽兒廳) 낭청(郞廳), 치교(治敎)는 치종교수(治腫敎授), 흥주(興主)는 장흥고(長興庫) 주부(主簿)를 말한다.

먼저 「의과팔세보」에 기재된 경력의 분포를 보자. 우선 지적할 수 있는 것은 관력을 기재하지 않은 경우가 많다는 점이다. 수록된 213명 중에서 관직을 기재한 경우는 60명으로 28.1%에 그친다. 그럼 나머지 153명(71.8%)은 의과 합격 후 관직을 역임하지 못한 것인가. 이들 213명을 일일이 『의과방목』에 기재된 본인 관력과 대조해 추가로 132명의 관력을 확인할 수 있었다. 그래서 「의과팔세보」에 수록된 213명 중에서 192명의 관력을 확인했다. 또한 「의과팔세보」에 기재된 관직과 『의과방목』에 기재된 관직을 대조해 보면 『의과방목』에 있는 내의원 정, 주부, 교수, 판관 등이 보이지 않는데, 내의 등 경력 중 고위직을 「의과팔세보」에 적은 것으로 추정된다.

다음 「등제팔세보」에는 26명 중 19명의 관직이 나타나는데, 직장이 16명, 직장 및 계사, 참봉, 치교흥주(治敎興主, 치종교수 및 장흥고 주부)가 각각 1명이다. 직장이 65.4%로 높은 비중을 차지한다. 그런데 이들 관직이 기재된 위치가 다르다. 「등제팔세보」는 세 번째 열과 다섯 번째

60) 온양방씨 방우서(方禹敍)의 경우 "敎誨崇祿知樞府使"라 기록되어 있다. 이처럼 4개의 관품(교회, 숭록대부, 지중추부사, 부사)이 기재된 것은 드문 사례다.

열에 관직을 표기한다고 앞에서 지적했다. 직장 및 참봉이 세 번째 열에 기재된 관직이고, 계사 및 치교흥주는 다섯 번째 열에 기재했다.[61)]

전체적으로 「의과팔세보」와 「등제팔세보」에 기재된 관직을 보면 「등제팔세보」에 기재된 관직이 하위직으로 「의과팔세보」보다 낮다. 이는 고위직으로 진출하기 위해서는 의과 합격이 필수였음을 말해준다.

2) 가계에 관한 사항

(1) 인적 사항

팔세보는 부친, 조부, 증조부, 고조부, 5대조, 6대조, 7대조, 8대조와 외조 및 처부를 기재했다. 출계한 경우는 먼저 양부(養父)를 적고 그 왼쪽 옆에 생부(生父)를 적었다. 그리고 생부의 조상까지 같이 수록하여 계보를 밝힌다. 잡과방목이나 『주학입격안』에는 합격자 본인의 생부만을 밝히나,[62)] 팔세보는 8대조 내에 양부와 생부가 있을 때는 두

61) 이를 통해 기술직 입사 이후의 관력을 확인할 수 있다. 예컨대 승평강씨(昇平康氏) 강재홍(康載弘)은 "庚寅 / 直長 / 辛酉陞 / 計士"라고 기재되어 있다. 강재홍은 1844년 주학 합격자로 15세의 나이로 주학에 합격한 뒤 계사를 지냈고, 32세인 1861년 직장으로 승진했음을 확인할 수 있다. 아버지 강문환(康文煥) 역시 1832년 주학에 합격했다.

62) 『주학입격안』에는 본인의 성명을 상단에 적고, 오른쪽에 작은 글씨로 자(字), 생년, 관력을 2행으로 적었다. 성명 아래 본관을 기재하고 그 아래에 작은 글씨로 "父, 祖, 曾祖, 外祖, 妻父"를 표시하고 기재했다. "○" 다음에 처부를 적고 있다. 생부가 있는 경우에도 ○를 표시하고 기재한다. 이름 앞에는 관력을 기재하며, 외조와 처부는 본관을 추가한다.

가계를 모두 한 칸에 수록하는 특징이 있다.[63] 8대조 내의 양부와 생부 직계를 모두 밝혔다. 이는 주목되는 점이라 하겠다. 잡과방목에는 생부 정도를 기재하며, 생조부, 생증조부 등은 수록하지 않았다. 전반적으로 팔세보의 가계 정보가 더 풍부하다고 할 수 있다.

예컨대 우봉김씨(牛峯金氏) 김문환(金文桓)은 부친이 1명인데, 조부 2명, 증조 3명, 고조 3명, 5대조 5명, 6대조 5명, 7대조 3명, 그리고 8대조부 2명이 적혀 있다. 일반적으로 8명의 8대조를 기재하는데 김문환은 30명의 8대조를 수록한 것이다. 이처럼 수록 인원이 많은 것은 각 세대별로 양부와 생부, 생부의 생부 등을 모두 기재하여 혈연관계를 파악할 수 있도록 했기 때문이다. 이는 팔세보의 성격이 개별 집안의 혈연관계를 밝혀주는 족보로서의 역할을 충분히 하고 있음을 잘 보여주는 사례라고 하겠다.

『잡과방목』에는 형제나 다른 친척 등이 기재된 경우도 있으나 의역주팔세보에서는 찾아볼 수 없다.[64] 팔세보는 부친, 조부, 증조, 고조 등 8대조의 직계를 모두 기재하기 때문에 3대만 기재하는 방목과는 달리 형제나 사촌 등의 관계를 밝힐 필요가 없었기 때문이다. 8대조와 함께 외조부와 처부를 적고 있다. 외조부와 처부가 여러 명인 경

---

63) 『역과팔세보』(연대본) 남양홍씨 홍병완의 경우 양부와 생부가 각각 한 칸씩에 기재되어 있다. 이는 의역주팔세보 중인 족보 기재 양식에서 보기 어려운 사례다.

64) 잡과방목은 판본에 따라 수록 기간, 수록 인원, 기재 내용 등에서 상당한 편차가 있다. 예컨대 〈하버드옌칭도서관본〉『의과방목』은 필사본으로 합격자 본인과 가계에 관한 인적 사항 등이 가장 풍부하게 수록되어 있으며, 〈텐리대본〉『의과방목』은 활자본으로 수록 기간이 가장 길다. 연산군 4년(1498)에서 고종 31년(1894)까지 수록하고 있다(〈하버드옌칭도서관본〉은 1498년에서 1880년까지 수록). 따라서 자료를 활용할 때 수록 기간은 〈텐리대본〉, 수록 내용은 〈하버드옌칭도서관본〉을 기준으로 삼는 것이 좋다.

우, 모두 적었다. 예를 들어 밀양박씨 박승연(朴昇淵)은 1864년(23세) 증광시 의과에 합격했는데 처부는 경주최씨 최상식(崔庠植), 전주이씨 이필(李弼), 천령현씨 현계명(玄啓明) 3명이 모두 기재되어 있다.

기재 사항을 보면 직계 구성원에 대해서는 성명, 외조부와 처부의 경우는 본관을 기재한다.[65] 공통적으로 관직과 품계, 과거 합격 여부를 기재하고 있다. 대체로 과거 합격 사항을 먼저 적고, 이어 관력을 기재했다. 팔세보에서 수록된 내용은 상세하다. 기재 사항이 해당 의학, 역학, 주학에 국한되지 않고 역과, 의과, 음양과, 율과, 주학 등 잡학 관련 사항, 나아가서는 문과, 무과, 생원시와 진사시, 공신 책봉까지 나타난다. 그래서 조선후기 기술직 중인의 신분적 연원을 분석하는 데 좋은 자료가 된다. 팔세보 중인 보첩류를 통해 기술직 중인의 신분 연원을 파악할 수 있는 것이다. 연대기나 법전 등에서 찾아보기 어려운 중인들의 관직 진출 양상 실태를 구체적으로 파악해 볼 수 있다.

의역주팔세보에 수록된 가계에 관한 정보를 정리하면 다음과 같다.

○ 부친 이름 · 과거 · 관직, 조부 이름 · 과거 · 관직, 증조부 이름 · 과거 · 관직, 고조부 이름 · 과거 · 관직, 5대조 이름 · 과거 · 관직, 6대조 이름 · 과거 · 관직, 7대조 이름 · 과거 · 관직, 8대조 이름 · 과거 · 관직

○ 외조부1 이름 · 과거 · 관직 · 본관, 외조부2 이름 · 과거 · 관직 · 본관, 외조부3 이름 · 과거 · 관직 · 본관

○ 처부1 이름 · 과거 · 관직 · 본관, 처부2 이름 · 과거 · 관직 · 본관, 처부3 이름 · 과거 · 관직 · 본관

65) 의역주팔세보는 외조와 처부의 경우에 성명 앞에 본관을 기재했는데 『문보』에는 본관이 기재되어 있지 않다.

○ 생부 이름 · 과거 · 관직, 생조부 이름 · 과거 · 관직, 생증조부 이름 · 과거 · 관직, 생고조부 이름 · 과거 · 관직, 생5대조 이름 · 과거 · 관직, 생6대조 이름 · 과거 · 관직, 생7대조 이름 · 과거 · 관직, 생8대조 이름 · 과거 · 관직

○ 생외조부 이름 · 과거 · 관직 · 본관

팔세보에 수록한 내용은 상세하다. 기재 사항이 해당 의과에 국한되지 않고 잡과 관련 사항, 나아가서는 문과, 무과, 생원시와 진사시까지 나타난다.[66] 그래서 조선후기 의역주 중인의 신분적 연원을 분석하는 좋은 자료가 된다. 잡과중인들의 진출에 있어서도 연대기나 법전에서 찾아보기 어려운 사실들을 구체적으로 파악해 볼 수 있다.

(2) 견상

한번 언급한 인물은 다시 그 내용을 적기보다는 "견상(見上)"이라고 하여 앞의 내용을 참조하도록 했다. 견상이라는 용어는 본인 부계 직계에서만 나타난다. 예컨대 의역주팔세보 중 『의팔세보』(장서각본 · 규장각본)를 보면 견상이란 용어가 213명 중 160명(75.1%)에서 나타나며, 그중에서 45명(21.1%)은 부친 항목에서 견상의 표기를 보인다(〈그림 10〉 참조). 이러한 견상 표기는 팔세보에 수록된 인물들의 자료 내에서의 혈연적 상관성을 단적으로 보여주는 것이다. 특히 생부의 견

66) 청주한씨 한명오(韓明五)는 1864년 증광시 의과에 합격했다. 처부 전주이씨 이종혁(李宗爀)이 정5품 찬의(贊儀)와 종6품 찰방(察訪)을 지냈다. 증조부 한유문(韓有文)이 무과 출신으로 종6품 훈련원 주부(主簿)를 지냈다.

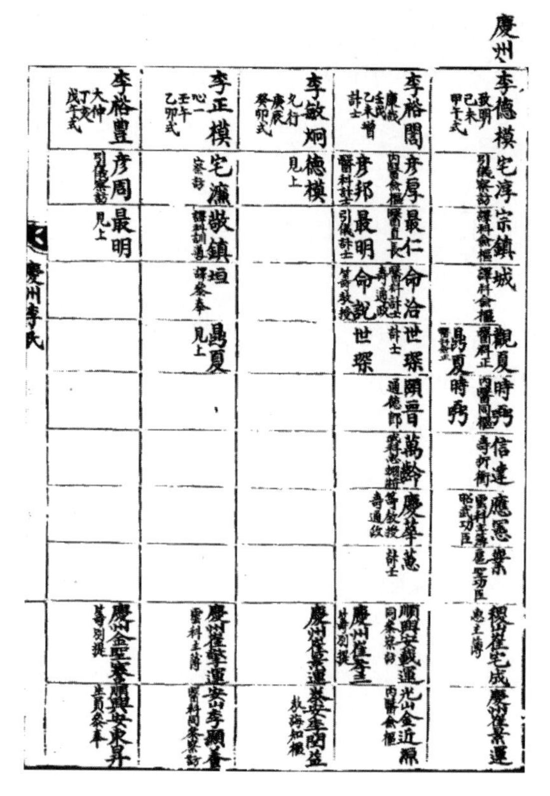

〈그림 10〉『의팔세보』 견상 기재

상 부분을 자세히 기재하여 출계(出系)를 밝히고 있다.

〈그림 11〉에서 경주김씨(慶州金氏) 김흥규(金興圭)를 보면 생조부, 생증조부, 생고조부 등이 기재되어 있다. 그런데 의과방목을 보면 그렇지 않다. 따라서 견상의 내용을 고려하지 않고 자료를 분석하면 수록 인물의 숫자 파악에서 누락이 많게 되고 정확하게 팔세보를 분석할 수 없다. 의팔세보에 처음으로 수록된 경주김씨 김선주(金善周)를 중심으로 가계도를 살펴보면 〈그림 12〉와 같다.[67] 김선주는 김흥규의 조카다.[68]

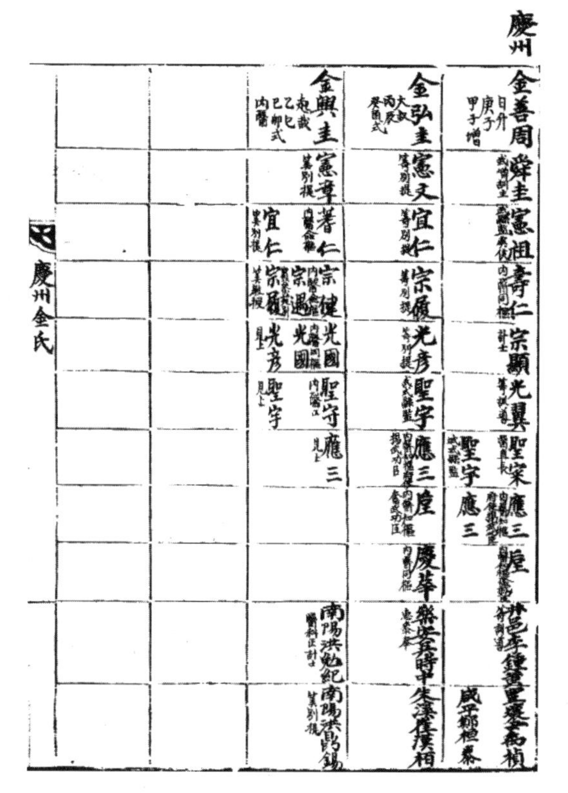

〈그림 11〉 **경주김씨 견상 사례**

67) 「의팔세보」를 토대로 가계도를 작성했으며, 의과 등 과거 합격 확인은 「의역주팔세보DB」 및 『잡과방목 CD-ROM』(한국학중앙연구원 · 동방미디어, 2002)과 '한국역대인물종합정보시스템'을 활용했다. 가계도에서 =는 혼인 관계를 표시한 것이다. 혼인 관계를 본인과 1대에만 작성한 것은 의역주팔세보에는 본인의 처부와 외조부가 기재되어 있기 때문이다. 系는 양부, 生은 생부를 가리킨다. 이하 같다.

68) 김흥규가 나중에 적혀 있는 것은 김선주보다 늦게 의과에 합격했기 때문이다. 김선주는 1864년 증광시 의과, 김흥규는 1879년 식년시 의과에 합격했다.

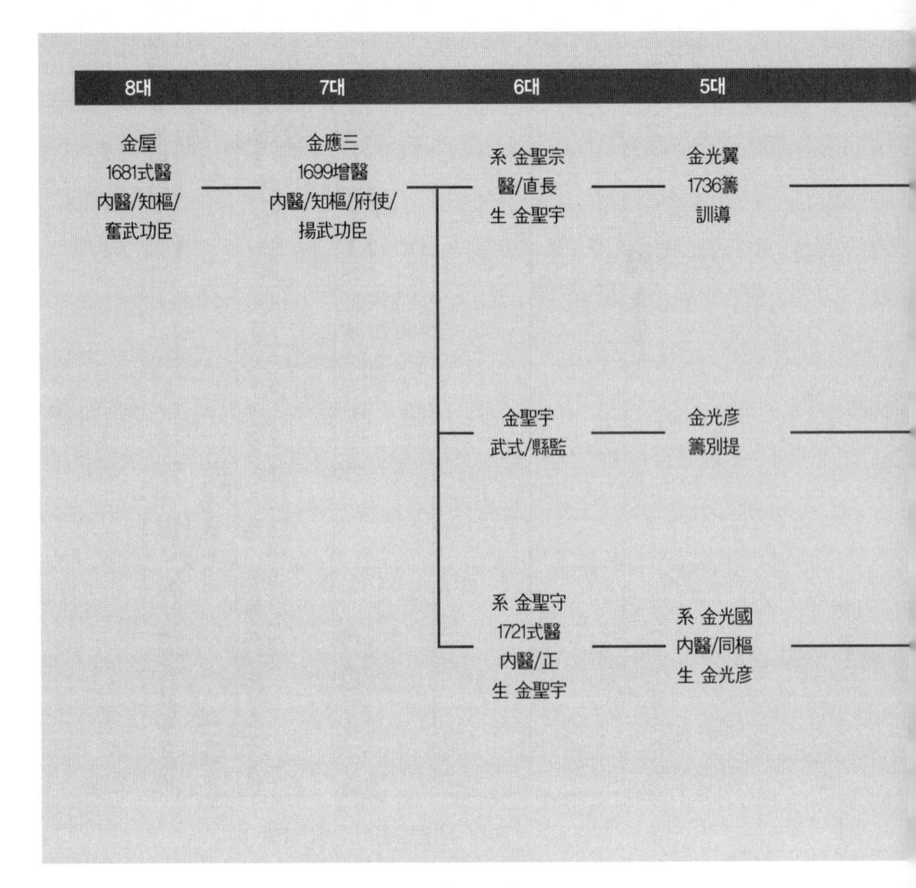

〈그림 12〉 **의팔세보 경주김씨(慶州金氏) 김선주(金善周) 가계도**

그런데 앞에서 언급한 인물이라 견상이라고 명기해야 함에도 그렇지 않은 사례가 더러 있다. 앞에서 언급한 인물이지만, '견상'으로 수록자의 8대조를 모두 기록할 수 없는 경우에는 굳이 표기하지 않았던 것으로 보인다. 예컨대 삼척김씨(三陟金氏)의 사례를 보면, 김홍남(金鴻男)(1843년式 의과)의 4대조가 김정서(金鼎瑞)(1714년式 율과)로 앞에 수록한 김진우(金鎭友)(1837년式 의과)의 5대조다. 김정서에 '견상'으로 표

4대	3대	2대	1대	본인
金宗顯 計士	金壽仁 內醫/同樞	金憲祖 武/縣監/ 虞候	金舜圭 1848增武 訓主 ‖ 李鍾黃(井邑) 1819籌 訓導	金善周 1864增醫 僉正 ‖ ‖ 鄭桓泰(豊壤) 尹禹楨(咸平)
金宗履 籌別提	金宜仁 籌別提	金憲文 1843籌 籌別提 ‖ 吳時中(樂安) 惠參奉	金弘圭 1873式醫 主簿 ‖ 崔漢栢(朱溪)	
系 金宗健 1765式醫 內醫/僉樞 生 金宗遇	系 金著仁 1810式醫 內醫/僉樞 生 金宣仁	金憲章 1838籌 籌別提 ‖ 洪勉紀(南陽) 1816式醫/1806籌 正/計士	金興圭 1879式醫 內醫/主簿 ‖ 洪鼎錫(南陽) 1835籌 別提	

기해서 김진우의 5대조를 참조하면 7대조밖에 적을 수 없다. 김홍남의 8대조를 확인할 수 없게 된다. 그래서 김홍남의 4대조 김정서가 앞에서 언급한 인물임에도 '견상'이라고 표기하지 않고 5대조부터 8대조까지를 모두 적은 것이다. 이런 사례는 경주김씨 김홍규(金弘圭) 팔세보에서도 찾아볼 수 있다.

지금까지 의역주팔세보를 자료로 활용, 분석하기에 앞서 그 자료적 특성과 의미를 검토해 보았다. 의역주팔세보의 편찬 연대는 간기, 서문, 발문 등이 없기 때문에 직접적으로 확인할 수는 없다. 하지만 수록된 인물을 통해 대략 19세기 후반 이후에 간행했다는 것을 알 수 있었다. 의역주팔세보 수록 내용을 본인에 관한 사항과 가계에 관한 사항으로 구분하여, 기재 순서, 과거 합격, 개인의 관력, 견상 등도 살펴보았다. 『의팔세보』, 『역팔세보』, 『주팔세보』는 본인 기재 내용에서 다소 차이가 나타났으나 가계 수록 내용은 거의 동일하게 기재되어 있었다. 의역주 중인이 팔세보를 편찬한 것은 어떤 측면에서 실용적 필요에 의해서라고도 볼 수 있다.[69] 그들의 가문 배경과 관직 진출이 중시되면서 중인 문벌 의식이 고양되고 있었다. 따라서 19세기 당대에 활동한 의역주 기술직 중인 인물들의 출신 배경과 자긍심을 나타내고자 하는 의도도 있었을 것이다. 그들의 그 같은 자의식이, 잡과방목과는 다른 의역주팔세보라는 형식의 족보를 편찬하게 한 것이다.

69) 교회, 내의, 계사 전직 관원의 성명, 관직명, 생년, 본관 등을 기록한 『교회내의계사선생안(教誨內醫計士先生案)』을 통해서도 뒷받침된다고 하겠다.

Ⅳ

의역주팔세보 현전 자료와 특성

이 장에서는 의역주팔세보의 현전 자료와 특성에 대해 살펴보고자 한다. 의역주팔세보 자료의 현황을 검토한 다음, 의역주팔세보의 구성과 내용, 수록 기간과 인원을 검토하고자 한다. 이를 통해서 의역주팔세보 자료가 갖는 여러 특성을 파악할 수 있을 것이다.

1

의팔세보 자료와 특징

1) 자료 현황

의팔세보라는 표현을 사용하고 있지만, 책명은 『의팔세보(醫八世譜)』, 『의보(醫譜)』, 『의과보(醫科譜)』, 『의과팔세보(醫科八世譜)』 등 다양한 명칭을 붙였다. 여기서는 의과 시험에 합격한 사람들을 수록 대상으로 하여 8대조 및 외조와 처부를 수록한 보첩류를 의미한다.

그런데 유념해야 할 점은 책명과 그 수록 내용 사이에 일정한 차이가 있다는 것이다. 책명만을 가지고 수록자를 파악해서는 안 되는데, 그것은 수록된 사람들의 성격이 조금 다르기 때문이다. 수록 대상이 의과에 합격한 사람이 아니지만 의관직에 종사한 경우는 의등제팔세보(醫等第八世譜)라는 식이다. 요컨대 의관과 관련한 팔세보 보첩류는 전체적으로 '의팔세보'라 할 수 있으며, 그것은 크게 '의과팔세보'와 '의등제팔세보'로 나뉘는 것이다. 이 점은 지금까지 주목하지 못한 부분이라고 하겠다.[1]

필자가 확인한 바에 의하면 현재 5종의 '의과팔세보'가 국내외 도서관에 소장되어 있다. 『의팔세보(醫八世譜)』(장서각본), 『의팔세보(醫八世譜)』(규장각본), 『의보(醫譜)』(텐리대본), 『의과보(醫科譜)』[미키 사카에(三木榮)본], 『의과팔세보(醫科八世譜)』(연대본)가 그것이다.[2] 이에 대해 수록된 인원수의 다과에 따라서 순서대로 검토해 보기로 하자.

(1) 『의팔세보』

『의팔세보(醫八世譜)』는 3책으로 이루어진 『의역주팔세보』 중의 첫 번째 책으로 장서각(K2-1778)과 규장각(奎15186)에 소장되어 있다. 〈장서각본〉과 〈규장각본〉은 필사체 등 다소의 차이점이 있으나 1책 71장으로 수록 내용이 동일하므로 같이 살펴보기로 한다.

먼저 서지 사항을 보면 장정은 인쇄된 면이 밖으로 나오도록 책장의 가운데를 접고 책의 등 부분을 끈으로 묶는 선장(線裝)이다. 구성형태는 종이 한 면에 세로 28.8cm, 가로 19.5cm의 크기에 가로 5줄 세로 11단으로 검은 줄을 쳐서 총 55개의 직사각형 칸으로 구분했다. 전체 크기는 세로 37.3cm, 가로 23.5cm이다. 필사본으로 편저자 및 간기나 서문 등이 없어서 언제 어떤 연유로 편찬했는지 파악할 수 없다.

본문 시작에 앞서 해서체로 『의팔세보』에 수록된 본관 성씨 목록이

1) 기존 팔세보 자료 해제에서 등제팔세보(等第八世譜)를 역관직과 관련시켜 '부경체아직(赴京遞兒職)'에 차임된 사람들의 팔세보라 했는데 이는 좀 더 검토가 필요하다. 예컨대 연세대학술정보원 소장본 『등제팔세보(等第八世譜)』의 경우, 조사해 보니 하나는 역관, 다른 하나는 의관 집안의 팔세보로 확인되었다.

2) 이들 자료를 서로 비교해서 지칭할 경우 〈장서각본〉, 〈규장각본〉, 〈텐리대본〉, 〈미키 사카에본〉, 〈연대본〉으로 줄여서 적기로 한다. 이하 같다.

정리되어 있다. 의과팔세보 중 성관 목록이 수록되어 있는 것은 『의팔세보』가 유일하다. 목록은 총 7단으로 구성되어 있는데, 크게 두 부분으로 나뉜다. 첫 번째 부분에는 1단 "全州李氏"에서 5단 중간까지 "羅州林氏"를 마지막으로 하여 79개의 성관을 기재하였다. 그리고 두 번째 부분은 행을 바꾸어 6단 앞에 "等第"라고 하고, 다시 "全州李氏"부터 시작하여 7단 마지막의 "稷山崔氏"까지 21개 성관을 적었다. 첫 번째 부분이 「의과팔세보」, 두 번째 부분이 「등제팔세보」에 해당한다. 수록 인원을 보면 「의과팔세보」에 213명, 「등제팔세보」에 26명, 합해서 239명이다.

〈장서각본〉과 〈규장각본〉을 대조해 보면 수록 내용이 일치하지만, 몇 가지 사소한 차이점이 확인된다. 필사 서체를 보면 작성자가 각각 다른 사람임을 알 수 있다. 〈장서각본〉이 해서체로 단정하게 정자로 정서되어 있는 반면, 〈규장각본〉은 같은 해서체이기는 하나 흘려 쓴 듯한 약자가 많이 나타난다. 〈장서각본〉에는 상삼엽화문(上三葉花紋) 어미(魚尾)가 있는 데 반해 〈규장각본〉은 어미 없이 해당 성관만 기재되어 있다. 교정 사항에 있어서는 〈장서각본〉이 정밀하다.[3] 따라서 〈장서각본〉을 정본으로 하여 내용을 파악하는 것이 좋겠다.

(2) 『의보』

『의보(醫譜)』는 일본 텐리대학 이마니시 류(今西龍) 문고에 소장되어

3) 예컨대 〈장서각본〉은 목차와 본문이 모두 하음(河陰) 전(田)이나, 〈규장각본〉을 보면 목차에는 한음(河陰) 전(全)이지만, 본문에는 하음(河陰) 전(田)으로 되어 있다. 이에 대해서는 이남희, 「장서각 의팔세보의 자료적 성격과 특징」, 『장서각』 21, 2009 참조.

있다(490-A7).[4] 국립중앙도서관에서 1991년 국외 유출 자료를 영인해 소장하고 있다(BA6024-163). 1책 88장이며, 장정은 선장(線裝)이다. 사주쌍변(四周雙邊) 반곽(半郭)으로 세로 20.1cm, 가로 13.7cm, 가로 5줄 세로 11단으로 검은 줄을 친 오사란이다. 상하향삼엽화문(上下向三葉花紋) 어미(魚尾)가 있으며 판심에 본관과 성씨를 기재했다. 전체 세로 24.8cm, 가로 15.4cm이다. 성씨별로 수록했으며 새로운 본관이 시작될 때는 페이지를 달리했다. 필사본으로 편저자 및 간기나 서문 등이 없어서 언제 어떤 연유로 편찬했는지 파악할 수 없다.

한 가지 주목해야 할 점은 『의보』의 경우 앞서 언급한 『의팔세보』(장서각본 · 규장각본)와 같이 「의과팔세보」와 「등제팔세보」가 같이 수록 편찬되어 있다는 것이다. 『의보』의 수록 인원을 보면 「의과팔세보」에 311명, 「등제팔세보」에 30명, 합해서 341명이 기재되어 있다.

(3) 『의과보』

『의과보(醫科譜)』는 일본 미키 사카에 문고에 소장되어 있다(164). 국립중앙도서관에서 1994년 국외 유출 자료를 영인해 왔다(BA6024-168). 1책 86장이며, 장정은 선장이다. 사주쌍변 반곽으로 세로 20.4cm, 가로 14.2cm, 가로 5줄 세로 11단으로 검은 줄을 친 오사란이다. 상하향삼엽화문 어미가 있으며 판심에 본관과 성씨를 기재했다. 전체 세로 24.5cm, 가로 17.8cm이다. 수록 인원은 334명이다. 성씨별로 수록했으며 새로운 본관이 시작될 때는 페이지를 달리했다. 『의과보』 역시 필사본으로 편저자 및 간기나 서문 등이 없어서 언제

4) 텐리대학부속 텐리도서관(http://www.tcl.gr.jp).

어떤 연유로 편찬했는지 파악할 수 없다.

현재 미키 사카에 문고가 별도로 있는 것은 아니다. 미키 사카에가 오사카 사람으로 자신이 모은 자료를 말년에 오사카의 다케다약품주식회사(武田藥品株式會社)의 재단에 기증한 것으로 보인다. 다케다약품주식회사에 다케다과학진흥재단(武田科學振興財團)이 있는데, 거기에 미키 문고로 따로 정리되어 있지는 않고 쿄우쇼오쿠(杏雨書屋)라는 문고에 포함되어 있다.[5] 필자가 자료를 조사하는 과정에서 텐리대학부속 텐리도서관에 문의, 확인할 수 있었다.

(4) 『의과팔세보』

『의과팔세보(醫科八世譜)』는 연세대학교학술정보원 국학자료실에 소장되어 있다(貴355). 1책 78장이며, 장정은 선장이다. 구성 형태를 보면 팔세보 형식에 따라 종이 1면에 가로 5줄 세로 11단으로 검은 줄을 쳐서 총 55개의 직사각형 칸으로 구분했다. 서지 정보에는 무어미(無魚尾)로 되어 있으나,[6] 실제로 확인해 보니 상하향삼엽화문 어미가 있었다. 판심에 본관과 성씨를 기재했으며, 다른 의과팔세보와는 달리 어미 위에 '의과팔세보(醫科八世譜)'라고 책명을 적었다. 성씨별로 수록했으며 새로운 본관이 시작될 때는 페이지를 달리했다. 다른 본과는 달리 수록자 본인 이름 위에 가로로 본관을 적었다. 필사본으로 편저자 및 간기나 서문 등이 없어서 언제 어떤 연유로 편찬했는지 파

5) 다케다과학진흥재단(武田科學振興財團, http://www. takeda-sci.or.jp). 김호, 「醫史學者 三木榮의 생애와 朝鮮醫學史士及疾病史」, 『醫史學』 14-2, 2005, 104쪽.

6) 연세대학교학술정보원(http://library.yonsei.ac.kr).

악할 수 없다.

수록 인원을 보면 366명으로 현전하는 의과팔세보 중에서 가장 많다. 의과 합격자의 팔세보를 파악하는 데에 〈연대본〉이 가장 풍부한 자료원임을 확인할 수 있다. 본인 366명에 8대조와 외조, 처부를 포함하면 산술적으로 4,026명의 인적 정보를 얻을 수 있다. 그런데 양자의 경우 친계와 양계를 같이 적고, 외조와 처부가 여러 명 있는 경우 모두 적어, 실제 인원수는 그보다 훨씬 많다.

이를 전체적으로 정리해 보면, 『의보』(텐리대본)와 『의과보』(미키 사카에본)는 다음과 같은 점에서 유사성이 큰 의팔세보로 보인다. 우선 성관별로 이씨, 김씨, 최씨, 안씨, 정씨 등 전반부 5개 성씨는 수록 인원과 수록 기간이 동일하게 나타난다. 박씨, 그중에서도 밀양박씨에서 처음으로 다르게 기재되어 있다. 〈텐리대본〉이 10명(1861년式—1882년增),[7] 〈미키 사카에본〉은 14명(1861년式—1888년式)으로 4명의 수록자 차이와 그에 따른 수록 기간의 차이가 드러난다. 그리고 지평윤씨(坡平尹氏), 홍천피씨(洪川皮氏), 임천백씨(林川白氏), 곡산노씨(谷山盧氏), 진주류씨(晋州柳氏), 무장유씨(茂長庾氏) 등에서 차이를 가져와 〈미키 사카에본〉의 수록 인원이 334명으로 〈텐리대본〉 311명보다 23명 많다. 배열 순서에서도 약간 차이가 있다. 하지만 다른 사항들은 거의 일치한다. 〈텐리대본〉과 〈미키 사카에본〉이 편찬 과정에서 어떤 관련이 있었을 것으로 보인다.[8]

7) 式은 식년시, 增은 증광시를 말한다. 이하 같다.

8) 이들 외에 『의과팔세보』가 규장각과 한국한의학연구원에 소장되어 있다. 하지만 이들 자료는 책명은 의과팔세보이지만 수록 내용은 의과 합격자를 대상으로 한 것이 아니다. 의학 입사자를 대상으로 한 의등제팔세보다. 따라서 여기서는 검토 대상에

2) 구성과 내용

자료로서의 팔세보가 갖는 특징은 무엇인가. 구체적으로 기재 순서, 과거 합격, 관력, 견상 등을 살펴보고자 한다. 의팔세보가 지니는 자료적 성격과 그 의미에 대한 분석이라 하겠다.

(1) 기재 순서

의팔세보는 성씨별로 분류하고 그런 다음 본관별로 기재해서 성관별 가계를 파악하는 데 도움이 된다. 기재 순서를 보면 이씨가 앞서고 그다음은 김(金), 최(崔), 안(安), 정(鄭), 박(朴), 오(吳), 현(玄), 방(方), 변(卞) 등의 순서다. 전주이씨가 제일 앞서 나온다.[9] 이처럼 전주이씨를 가장 먼저 기재한 것은 다른 역학, 주학 팔세보의 경우와 같다. 이는 중인 팔세보의 일반적인 기재 순서로 보인다.[10]

기재 순서는 같은 성, 본관 순이다. 동일 성씨 내에서 본관은 어떤 순서로 배열했을까. 의과 합격자 배출 수와 어떤 상관관계가 있을까.

넣지 않았다.

9) 전주이씨는 잡과와 문과, 생원진사시에서 합격자를 가장 많이 배출한 성관이다. 그런데 잡과 합격 현황을 보면, 왕대군을 중시조로 하는 103개 전주이씨 분파에서 완창대군파(完昌大君派), 장천군파(長川君派), 양녕대군파(讓寧大君派) 등 7개 분파에서만 잡과 및 주학 합격자 420명을 배출했다. 게다가 그들 7개 왕자군 가계에서도 편차가 드러난다. 완창대군파에서 298명을 배출하여 70.9% 비중을 차지한다. 전주이씨 집안 내에서도 잡과, 문과, 생원진사시 진출에 있어 차이가 있었음을 알 수 있다. 이러한 개별 성관 사례는 다음에 다루고자 한다.

10) 모든 팔세보가 전주이씨를 맨 먼저 기재하는 체제는 아니다. 예컨대 『삼반팔세보(三班八世譜)』(규장각)의 경우 민씨(閔氏)가 맨 앞에 기재되어 있다. 전주이씨를 가장 먼저 기재하는 것은 중인 팔세보 보첩류의 특징으로 보인다.

제일 먼저 기재되어 있는 이씨의 사례를 통해서 의팔세보 수록 인원을 살펴보기로 하자. 각 의팔세보별로 정리해 보면 〈표 8〉과 같다.

〈표 8〉 **의팔세보별 동일 성씨 내의 본관 기재 순서와 인원(단위: 명)**

성	본관	『의팔세보』(장서각본)	『의팔세보』(규장각본)	『의보』(텐리대본)	『의과보』(미키 사카에본)	『의과팔세보』(연대본)
李	全州	10	10	19	19	22
	泰安	15	15	19	19	21
	天安	7	7	8	8	8
	慶州	9	9	10	10	10
	安山	6	6	9	9	10
	井邑	1	1	3	3	3
	江陰	2	2	5	5	5
	陜川	1	1	1	1	1
	星州	1	1	1	1	1
	居昌	0	0	0	0	1
	海州	2	2	4	4	4
	계	**54**	**54**	**79**	**79**	**86**

수록 인원이 가장 많은 〈연대본〉을 보면 천안이씨가 8명인데 경주이씨(10명)와 안산이씨(10명)에 앞서 기재된 것이나 해주이씨가 4명인데도 마지막에 기재된 것 등의 예외가 있지만 의과 합격자 배출 수와 본관 기재 순서가 거의 일치함을 알 수 있다. 다른 성씨의 경우에도 다소의 예외는 있지만 대체로 의과 합격자 수에 따라 본관 배열의 순서가 정해진 것으로 보인다.

동일 성관 내에서 수록자의 기재 순서는 어떠했을까. 온양정씨(溫陽鄭氏) 사례를 보면 〈표 9〉와 같다.

〈표 9〉 **의팔세보 동일 성관 내의 기재 순서**

본관	성명	생년	합격 당시 나이	의과 합격 연도
온양(溫陽)	정충구(鄭忠求)	1800년(庚申)	28세	1827년 증광시
	정인하(鄭麟夏)	1816년(丙子)	25세	1840년 식년시
	정동빈(鄭東賓)	1816년(丙子)	25세	1840년 식년시
	정재선(鄭在善)	1830년(庚寅)	21세	1850년 증광시
	정민구(鄭敏求)	1820년(庚辰)	31세	1850년 증광시
	정병호(鄭秉灝)	1827년(丁亥)	32세	1858년 식년시
	정 집(鄭 楫)	1816년(丙子)	55세	1870년 식년시
	정재교(鄭在敎)	1859년(己未)	21세	1879년 식년시
	정관희(鄭觀喜)	1852년(壬子)	29세	1880년 증광시
	정병기(鄭秉岐)	1863년(癸亥)	18세	1880년 증광시

〈표 9〉를 통해 같은 성관 내의 기재 순서가 생년순이 아니라 합격 연도순임을 확인할 수 있다. 이는 다른 잡학팔세보 성관 기재에서도 마찬가지다. 그러면 같은 연도 합격자의 경우는 어떻게 배열했을까. 족보와 같이 출생 순서로 기재했을까. 〈표 9〉를 보면 정재선과 정민구는 같은 해(1850)에 합격했는데 21세인 정재선을 31세인 정민구보다 앞서 기재했다. 팔세보의 경우 합격자의 부계 8대조를 적고 있다는 점에서는 족보와 같은 보첩류의 성격을 가짐에도 불구하고 합격 연도가 같은 경우 '성적'순으로 기재하고 있어 독특한 팔세보만의 기재 형식을 나타내고 있다.

온양방씨의 사례를 보자. 10명이 의과팔세보에 수록되어 있는데 그 중에 방은영(方殷榮), 방득영(方得榮), 방윤국(方允國) 3명이 같은 해인 고종 22년(1885) 증광시에 합격했다. 이들의 합격 당시의 나이와 등수를 보면 다음과 같다.[11]

11) 1885년 증광시에서는 법정 선발 인원 9명보다 월등히 많은 46명이 합격했다. 왕

[사례] **온양방씨(溫陽方氏) 1885년 증광시 의과 합격자**

○ 方殷榮 — 1866년생 / 20세 / 34등

○ 方得榮 — 1858년생 / 28세 / 38등

○ 方允國 — 1856년생 / 30세 / 39등

의팔세보에 이들은 방은영 → 방득영 → 방윤국 순으로 기재되어 있다. 일반적인 보첩류의 기재 순서인 연장자 우선의 출생 순서가 아니라 합격 등위에 따라 기재한 방목 방식을 따르고 있다. 이들 3명은 같은 의관 집안이라는 점에서 주목된다. 부계를 추적해 보면 방은영의 7대조, 방득영의 7대조, 방윤국의 5대조는 동일 인물 방진익(方震翊)이기 때문이다.

이렇게 본다면 의팔세보의 기재 순서는 대성(大姓), 대본관, 동일 성관 내에서는 합격 연도, 그리고 합격 연도가 같을 경우에는 합격 순위에 따르고 있음을 알 수 있다. 이는 의팔세보가 『의과방목』과 같은 과거 합격자 명단을 토대로 작성되었음을 말해주는 것이라 하겠다. 의과방목은 합격 연도별로, 그리고 1, 2, 3등 순위별로 기재하고 있기 때문이다. 이러한 점은 의팔세보가 8대 계보를 적고 있다는 보첩류의 성격과 함께 의과 합격이라는 점을 강조했음을 알 수 있게 해준다. 합격 순위가 특별히 중요했음을 말해주는 것이다.[12]

실 경사를 축하하기 위해 시행한 증광시로 초시 합격자를 특별히 직부(直赴)하여 방방했기 때문이다(이남희, 「조선시대 잡과 운영과 그 추이」, 『청계사학』 11, 1994, 106쪽).

12) 의과 1등은 종8품계, 2등은 정9품계, 3등은 종9품계를 주었다. 1등은 해당 아문에 서용하고 2, 3등은 해당 아문의 권지(權知)에 임명했다(『경국대전』 권1, 이전 제과).

(2) 과거 합격

관력을 보면 "의(醫)" 혹은 "의과(醫科)"로 명기되고 있다. 후자의 경우는 의과 합격을 말한다. 그런데 문제는 '의'로 명기된 경우다. 이는 어떻게 읽어야 할 것인가. 의 혹은 의과 기재가 같이 나타나는 한덕윤 가계 사례를 보자. 한덕윤은 고종 1년(1864) 식년시 의과에 20세의 나이로 합격했다.

[사례] **신평한씨(新平韓氏) 한덕윤(韓德潤)의 8대조**

① 韓弘鎭(醫 直長) → ② 韓昇奎(醫 參奉) → ③ 韓景濂(醫 參奉) → ④ 韓聖一(醫科 正) → ⑤ 韓斗衡(內醫 正) → ⑥ 韓重愈(內醫 正) → ⑦ 韓道昌(內醫 嘉善) → ⑧ 韓璜(醫科 正 寧國功臣 壽通政)

이들의 관력을 보면 의직장(①), 의참봉(②③), 의과정(④⑧), 내의정(⑤⑥), 내의가선(⑦)이다. 그런데 이들의 과거 합격 여부를 의과방목에서 확인해 보면 '의과(④⑧)'와 '내의(⑤⑥)'라고 명기된 경우는 모두 의과 시험에 합격했다.

④ 韓聖一(醫科 正) → 1738년(영조 14)式 醫科
⑤ 韓斗衡(內醫 正) → 1711년(숙종 37)式 醫科
⑥ 韓重愈(內醫 正) → 1666년(현종 7)式 醫科
⑧ 韓璜(醫科 正) → 1621년(광해군 13)式 醫科

그런데 '醫'라고 적은 경우는 의과방목에서 보이지 않는다. 이들은 의과에는 합격하지 못했던 것으로 보인다. '의'는 전의감(典醫監)을 줄인 말이다. 그러면 다른 의료기관들은 어떻게 적었을까. 고종 22년(1885) 식년시 의과 시험에 합격한 한양유씨(漢陽劉氏) 유한준(劉漢晙) 가계의 관력 일부를 보면 다음과 같다.

○ 부친 劉健祜 — 惠 參奉

○ 조부 劉運銓 — 不記

○ 증조 劉德基 — 惠 直長

○ 고조 劉益周 — 惠 主簿

의과 표시가 없는 이들 역시 의과방목에서 확인되지 않는다. 여기서 보이는 혜참봉, 혜직장, 혜주부 등의 관력은 바로 혜민서(惠民署) 참봉, 직장, 주부를 말한다. 이런 사례는 다른 잡과방목에도 나타난다. 예컨대 역과방목을 보면 '譯直長'이라고 되어 있는데 이는 사역원(司譯院) 직장을 말한다. 『음양과방목』에서도 '雲主簿'는 관상감(觀象監) 주부를 말한다. 세조 12년(1466) 서운관(書雲觀)을 관상감으로 바꾸었다.[13)]

여기서 한 가지 주목해야 할 것은 가계 구성원에서 나타나는 내의(內醫)의 경우에는 의과 합격자임에도 '의과'라고 표기하지 않았다는 점이다. 『의팔세보』(장서각본·규장각본)에 수록된 부친의 관력이 내의로 기재된 경우를 방목에서 확인한 결과 의과 합격자임을 알 수 있었다. 예컨대 전주이씨 이호근(李浩近)의 부친 이유탁(李惟鐸)은 "內醫 知樞 縣監"으로 기재되어 있는데, 이유탁은 정조 14년(1790) 증광시 의과에 합격했다. 경주최씨 최성협(崔性協)의 부친 최광식(崔光植)은 "內

13) 『세조실록』 권38, 12년 1월 무오.

醫 僉樞"인데, 최광식은 순조 9년(1809) 증광시 의과에 합격했다. 국왕의 진료를 전담하는 내의는 의과 시험에 합격해야 할 수 있는 관직이었으므로 굳이 의과라는 표기를 하지 않은 것으로 보인다.[14] 흥미로운 점이라 하겠다.

(3) 관력

의팔세보를 보면 본인 성명 옆 네 번째 열에 역임한 관청 관직, 품계 등을 기재했다. 수록된 관직의 수가 많을 경우 다섯 번째 열까지 표기했다. 관직은 축약형으로 적었다. 전체적으로 팔세보에 나타난 본인의 관력(官歷)을 보면 의과방목의 그것보다 소략하다. 편찬 연도의 차이로 인해서 수록된 것이 적은 것일까. 개성김씨(開城金氏) 김한영(金漢榮)의 사례를 보자. 의팔세보에는 "桓卿/癸卯/庚午式"이라고 적혀 있다. 그런데 관력은 기재되어 있지 않다. 그렇다면 김한영은 고종 7년(1870) 식년시 의과 시험 합격 후에 관직을 역임하지 않은 것일까. 의과방목을 보면 내의와 주부가 기재되어 있다. 이는 의팔세보의 본인 관력을 파악하는 데 주의해야 할 점이라 하겠다. 기재되어 있지 않지만, 의과방목을 확인해 보면 관직을 역임한 사례가 있기 때문이다.[15]

---

14) 의관들은 국가의 의료사업을 담당했으며, 의료 관청에 따라 진료받는 사람들의 신분이 각각 달랐다. 내의원에서는 왕실의 진료나 제약을 담당했으며 때로 왕명에 따라 대신들의 의료에 종사하기도 했다. 전의감에서는 왕실 및 조정의 신하들의 의료뿐만 아니라 일반 백성이나 병졸들의 의료도 담당했으며, 혜민서에서는 주로 일반 서민들의 의료 활동을 맡았으며, 활인서에서는 도성 안의 전염병 환자와 빈민 및 죄수들의 진료 활동에 종사했다. 지방의 의료는 의학 생도가 파견되어 맡기도 했다.

15) 관력을 기재하지 않은 경우는 김해김씨(金海金氏) 본인 사례에서도 확인할 수 있

다음으로 가계의 관력을 살펴보자. 계속해서 김한영의 사례를 보면, 부친 김제만(金濟萬)은 "雲科 正", 조부 김수종(金秀鍾)은 "雲科 紙別", 증조부 김득신(金得臣)은 "僉樞"로 되어 있다. 그런데 의과방목을 보면 부친 김제만은 1849년(헌종 15) 식년시 음양과에 합격해 관상감 정을 역임했으며, 조부 김수종은 1807년(순조 7) 식년시 음양과에 합격해 정6품 조지서 별제, 종6품 교수, 삼력관, 구임 등을 역임했다. 증조부 김득신은 정3품 절충장군, 정3품 첨지중추부사, 화원 등을 지냈다.[16]

그러니까 의팔세보와 의과방목의 관력 기재 사항을 대비해 보면 부친, 조부, 증조부가 본인들의 대표적인 관력을 기재했던 것으로 보인다. 증조부 김득신의 경우 본인 관력 중에서 첨추(僉樞)를 기재했다. 이 같은 점들은 의팔세보의 가계 관력을 검토할 때 주의해야 한다. 다시 말해서 의과방목과 비교해서 보아야 한다는 것이다. 방목에는 관력을 모두 적는 데 반해서 팔세보에는 대표적인 관력을 적었던 것으로 보인다. 따라서 그 의관의 관력을 파악하는 데는 의과방목, 부친 가계의 대표 관직을 파악하는 데 팔세보가 도움이 된다. 이는 자료에 기재된 관력을 가지고 그 가계의 신분을 파악할 때 유의해야 할 점이라고 하겠다.

다. 팔세보 수록자 9명을 보면 ①金漄(1827년增)은 관력을 기재하지 않았으며, ②金瀫(1850년增)과 ③金潤(1859년增)은 내의(內醫)가 기재되어 있고, 다음에 있는 ④金亨集(1879년式), ⑤金性集(1885년式), ⑥金仁桓(1885년增), ⑦金煥(1888년式), ⑧金均興(1891년增), ⑨金淅炯(1891년式)은 관력을 기재하지 않았다.

16) 김득신은 조선후기 화원으로 풍속화에 능했다. 작품으로 〈파적도〉, 〈긍재풍속화첩〉, 〈신선도〉 등이 있다. 그는 도화서 화원 김홍환의 조카다.

3) 수록 기간과 인원

의팔세보의 수록 기간과 인원을 살펴보자. 각 의팔세보에 수록된 기간의 구체적인 고증에 대해서는 처음으로 시도해 본다는 데 의의가 있다고 하겠다.[17] 이를 통해서 각 의팔세보 편찬 연도의 선후 관계를 파악할 수 있을 것이다.

(1) 수록 기간

의팔세보가 언제 편찬되었는가 하는 연대를 살펴보기 위해서 먼저 각 자료별로 수록된 인물들의 의과 합격 연도 분포를 파악해 보기로 하자. 이를 각 기재 성씨별로 정리하여 표로 작성하면 〈표 10〉과 같다.

〈표 10〉에서 알 수 있는 점은 다음과 같다. 첫째, 의팔세보에는 32개의 성씨가 수록되어 있는데 각 성씨별로 시작 연도가 모두 일치한다는 점이다. 이씨 1813년, 김씨 1822년, 최씨 1828년, 안씨 1852년, 정씨 1822년, 박씨 1831년 등이다. 성씨별로는 차이가 있지만 각 성씨가 시작되는 연도는 같다. 성씨 중에서 가장 이른 시기의 기록자는 오씨로, 해주오씨(海州吳氏) 오경환(吳景煥)이다. 오경환의 합격 연도는 "계유증(癸酉增)"으로 되어 있다. 그런데 계유년인 1813년에는 증광시

17) 예컨대 『의보(醫譜)』(텐리대본)의 수록 연대를 1498년부터 1880년으로 보았는데(에드워드 와그너 지음, 이훈상 · 손숙경 옮김, 『조선왕조 사회의 성취와 귀속』, 일조각, 2007, 옮긴이 주 252쪽 및 270쪽), 이는 오류라 하겠다. 『의과방목』의 시작 연대가 1498년이라고 본 데서 기인한 착오로 여겨진다. 뒤에서 보듯이 『의보』의 수록 기간은 1812년에서 1894년까지다.

〈표 10〉 **의팔세보별 각 성씨 수록 기간**

성	『의팔세보』 (장서각본)	『의팔세보』 (규장각본)	『의보』 (텐리대본)	『의과보』 (미키 사카에본)	『의과팔세보』 (연대본)
李	1813式~1880增	1813式~1880增	1813式~1885增	1813式~1885增	1813式~1891式
金	1822式~1880增	1822式~1880增	1822式~1894式	1822式~1894式	1822式~1894式
崔	1828式~1880增	1828式~1880增	1828式~1885增	1828式~1885增	1828式~1891增
安	1852式~1876式	1852式~1876式	1852式~1876式	1852式~1876式	1852式~1891增
鄭	1822式~1880增	1822式~1880增	1822式~1888式	1822式~1888式	1822式~1888式
朴	1831式~1879式	1831式~1879式	1831式~1888式	1831式~1888式	1831式~1891式
吳	1812增~1870式	1812增~1870式	1812增~1882增	1812增~1882增	1812增~1882增
玄	1822式~1879式	1822式~1879式	1822式~1885增	1822式~1885增	1822式~1885增
方	1827增~1859增	1827增~1859增	1827增~1885增	1827增~1885增	1827增~1885增
卞	1827增~1880增	1827增~1880增	1827增~1888式	1827增~1888式	1827增~1891增
劉	1837式~1880式	1837式~1880式	1837式~1885增	1837式~1885增	1837式~1891增
韓	1840式~1874增	1840式~1874增	1840式~1885增	1840式~1885增	1840式~1885增
洪	1840式~1880增	1840式~1880增	1840式~1885增	1840式~1885增	1840式~1891式
全	1844增~1876式	1844增~1876式	1844增~1888式	1844增~1888式	1844增~1891式
邊	1844增~1859增	1844增~1859增	1844增~1859增	1844增~1859增	1844增~1859增
陳	×	×	×	×	1882式
高	1846式~1879式	1846式~1879式	1846式~1882式	1846式~1882式	1846式~1882式
慶	1846式~1861式	1846式~1861式	1846式~1885式	1846式~1885式	1846式~1885式
皮	1849式~1874增	1849式~1874增	1849式~1885增	1849式~1888式	1849式~1891式
南	1850增~1880增	1850增~1880增	1850增~1888式	1850增~1888式	1850增~1888式
尹	1852式~1858式	1852式~1858式	1852式~1858式	1852式~1882增	1852式~1882增
趙	1855式~1876式	1855式~1876式	1855式~1885增	1855式~1885增	1855式~1891式
白	×	×	×	1891式	1891式
田	1858式~1876式	1858式~1876式	1858式~1885增	1858式~1885增	1858式~1885增
秦	1867式	1867式	1867式~1885式	1867式~1885式	1867式~1885式
張	1874增	1874增	1874增	1874增	1874增
姜	1876式	1876式	1876式	1876式~1885增	1876式~1885增
康	×	×	×	1882增~1888式	1882增~1891式
林	1880增	1880增	1880增	1885增	1880增~1885增
盧	×	×	×	×	1891式
柳	×	×	×	1885式	1885式~1891增
庾	×	×	×	1885式~1885增	1885式~1885增
계	1812增~1880增	1812增~1880增	1812增~1894式	1812增~1894式	1812增~1894式

가 없었으며, 식년시만 설행되었다. 『의과방목』을 확인해 보면 오경환은 계유년이 아닌 1812년 임신년 증광시 합격자다. 의팔세보에 기재되어 있는 자[星汝], 생년[庚戌], 부친[吳千植] 등이 같은 것으로 보아 의팔세보의 오경환과 일치한다고 하겠다. 따라서 그는 1812년 증광시 합격자로서 의팔세보 수록자 중에서 가장 이른 시기의 인물이다.[18] 여기서 오경환처럼 의과 합격 연도의 오기는 팔세보 작성에서 매우 드문 사례다. 그런데 〈장서각본·규장각본〉, 〈텐리대본〉, 〈미키 사카에본〉, 〈연대본〉은 모두 그 오류를 반복하고 있다. 기존의 팔세보를 참조해서 의팔세보를 편찬했기 때문이 아닐까 한다.

둘째, 의팔세보의 수록 기간은 순조 12년(1812) 증광시부터 고종 31년(1894) 식년시까지 82년간에 이른다. 그런데 의팔세보별로 차이를 나타낸다. 각 팔세보의 수록 기간을 보면 『의팔세보』(장서각본·규장각본)가 1812년에서 1880년 증광시로 68년간에 이르는 데 반해서, 나머지 『의보』(텐리대본), 『의과보』(미키 사카에본), 『의과팔세보』(연대본)는 모두 1812년부터 1894년까지 82년간에 이른다. 나머지 3개 소장본 기간의 팔세보가 82년간의 기록을 남기고 있다는 점에서는 동일하지만, 자세히 살펴보면 전반적으로 〈연대본〉이 각 성씨별로 수록 기간이 가장 길다.

셋째, 각 성씨별로 수록 기간은 이씨가 1813년부터 1891년까지 78년으로 가장 길다. 〈표 10〉에서 0으로 표시된 것은 해당 성씨가 없는 것이며, 연도가 1개만 기재된 것은 해당 성씨에 1명만 수록된 경우를

18) 의역주팔세보 중 『의팔세보』(장서각본·규장각본)의 수록 기간을 1813~1880년이라 했는데[이남희, 앞의 논문(2009), 174쪽], 이는 1812~1880년으로 수정해야 한다.

말한다. 따라서 수록 기간이 가장 짧은 성씨는 연도가 1개만 기재된 성씨로 진(陳), 백(白), 장(張), 노(盧)가 되겠다.

그런데 〈표 10〉에서 32개의 성씨를 보면 뒷부분으로 갈수록 수록 시작 연도가 1850년대 후반으로 나타난다. 이들을 연도별로 정리해 보면 1850년대 안(安), 남(南), 윤(尹), 조(趙), 전(田), 1860년대 진(秦), 1870년대 장(張), 강(姜), 1880년대 강(康), 임(林), 류(柳), 유(庾), 1890년대 백(白), 노(盧) 등 14개의 성씨가 1850년대 이후 새롭게 등장한다. 전체 32개 성씨의 43.8%(14개)로 높은 비중을 차지한다. 그런데 1840년대 이전에 등장했던 개별 성씨 18개(56.2%) 내에서도 1850년대 이후 등장하는 성관이 있다. 예컨대 거창이씨(居昌李氏), 청도김씨(淸道金氏) 등은 1891년에 등장한다.[19]

(2) 수록 인원과 의미

수록 기간과 인원을 보면 『의팔세보』(장서각본 · 규장각본)는 1812년~1880년 / 213명, 『의보』(텐리대본)는 1812년~1894년 / 311명, 『의과보』(미키 사카에본)는 1812년~1894년 / 334명, 『의과팔세보』(연대본)는 1812년~1894년 / 366명이다. 〈연대본〉 『의과팔세보』가 각 성관별로 수록 기간도 길고 수록 인원도 많다. 이를 정리하면 〈표 11〉과 같다.

19) 1891년(고종 28) 식년시 의과 합격자 이진규(李振圭)와 김규섭(金奎燮)이 그들이다. 이러한 개별 성관의 변화에 대해서는 다음 기회에 본격적으로 다루고자 한다.

〈표 11〉 **의팔세보별 수록 기간 및 인원(단위: 명)**

구분	『의팔세보』		『의보』 (텐리대본)	『의과보』 (미키 사카에본)	『의과팔세보』 (연대본)
	(장서각본)	(규장각본)			
기간	1812년增 ~1880년增	1812년增 ~1880년增	1812년增 ~1894년式	1812년增 ~1894년式	1812년增 ~1894년式
인원	213	213	311	334	366

그러면 이들 의팔세보에 수록된 인원과 『의과방목』에 실린 사람들의 관계는 어떠한가. 다시 말해 19세기 의과 합격자들 중에서 어느 정도가 의팔세보에서 수록되어 있는가 하는 점이다. 의팔세보 수록 인원을 1801년부터 과거제가 폐지되는 1894년까지 의과 합격자 562명과 대비해 보면 〈장서각본 · 규장각본〉은 37.9%(213명), 〈텐리대본〉은 55.3%(311명), 〈미키 사카에본〉은 61.2%(334명), 〈연대본〉은 65.1%(366명)로 나타난다. 의팔세보에 수록된 의과 합격자의 비율이 점차 높아지고 있다. 의팔세보별로 수록 인원이 늘어나는 것은 새로운 성관의 의과 합격자가 등장하는 경우도 있지만, 이미 수록된 인원의 직계가 추가되고 있어 주목된다.

다음으로 의팔세보에 수록된 시기에 해당하는 1812년 증광시에서 1894년 식년시에 이르는 의과 합격자를 보면 총 490명이다. 이들 490명에 대한 비중은 〈장서각본 · 규장각본〉 37.9% → 43.5%, 〈텐리대본〉 55.3% → 63.5%, 〈미키 사카에본〉 61.2% → 68.2%, 〈연대본〉 65.1% → 74.7%로 높아진다. 그래도 19세기 합격자 전체를 모두 포괄하고 있지는 않다.

이에 대해 기존 팔세보 해제는 다음과 같이 적고 있다. "수록 기준은 분명하지 않다. 수록 대상 합격자에도 누락된 인물이 많아 입사(入仕)를 기준으로 한 듯하다. … 이 책은 잡과 합격자 중에서도 관직을 받은 자를 중심으로 기록한 것으로 보이는데, 선정 기준은 분명하지 않다."[20] 그러나 바로 이 점, 동일 시기(19세기) 의과 합격자 전체를 대상으로 하지 않고 그중에서 선별하여 의과팔세보를 작성했다는 사실이야말로 중요하다. 이는 누락이라기보다는 선택적 수록으로 보아야 할 것이다. 의과 합격자들 중에서도 팔세보 형식을 충족할 수 있는 사람들이 주축이 되고 있기 때문이다.[21] 다시 말해서 본인이 의과에 합격했다 하더라도 가계를 알지 못하면 의팔세보에 수록되지 못했다. 종래 지적되는 의팔세보의 미비점 내지 아쉬운 점이 오히려 의팔세보가 지니는 자료적 가치를 말해주는 것이라고 하겠다.

의과 합격자라고 해서 모두 기록한 것은 아니고 그들 중에서 어떤 기준에 따라서 선별 작업이 이루어졌다. 즉 의과에 합격했으며 가계가 팔세보 형식을 충족할 수 있는 자들을 수록했다. 따라서 그들은 이른바 대대로 이어져 오는 명문 의관 가문이었다고 보아도 좋을 것이다. 동시에 그들은 혈연적으로 세전되는 양상, 즉 세전성을 보여주는 가계의 구성원이기도 했다. 예컨대 경주정씨를 보면 의팔세보에 수록된 19명 모두가 "견상"으로 연결되는 같은 집안이다. 처음 기재된 정유증(鄭有曾, 1822년式)의 8대조 정수감(鄭壽瑊) 직계로 구성된 명문 의관 집안이다. 그 같은 그들의 자의식이 팔세보라는 족보를 만들게 했을 것이다. 중인들이 양반들처럼 스스로 족보를 편찬한 맥락에서 읽어야 할 것이다.[22]

---

20) 규장각 원문검색서비스, 『의역주팔세보』 해제(https://kyudb.snu.ac.kr).

21) 예컨대 강영우(康永祐)의 경우 의과에 합격하기는 했지만(1888년 식년시), 선대를 알 수 없기 때문에 수록하지 못한다고 적고 있다[光緖十四年戊子式年榜中 白弼鏞 康永祐 金耆榮 金明熙 合四員 八世譜遺漏不謄書, 『의과팔세보』(연대본)].

22) 『성원록』 및 『성원록속편』과 함께 『전주이씨족보』, 『합천이씨세보』 등의 중인 족보

그와 관련해서 의팔세보의 편찬 시기, 즉 『의팔세보』(장서각본 · 규장각본), 『의보』(텐리대본), 『의과보』(미키 사카에본), 『의과팔세보』(연대본)의 편찬 연대는 각각 언제인가, 그들 사이에 편찬 연도의 차이는 없는가, 하는 점에 대해서 간략하게 덧붙여 두고자 한다. 사실 이런 의문에 대해서는, 현재 의팔세보의 간기, 서문, 발문 등이 없기 때문에 직접적으로 확인할 수는 없다. 하지만 수록된 인물들을 통해서 기준점을 파악할 수 있으며 그 기준점을 준거로 이들 의팔세보 간의 편찬 연도의 선후를 가늠해 볼 수 있다.

이미 앞에서 살펴본 바와 같이 이들 의팔세보는 수록 기간에서 차이가 확인된다. 특히 수록 하한선에서 차이가 있다. 그러므로 이들 의팔세보의 차이에 주목하는 것이 좋을 것이다. 〈장서각본 · 규장각본〉은 1880년(고종 17)까지 수록하고 있다. 따라서 적어도 1880년 이후에 편찬했을 것이다. 나머지 〈텐리대본〉, 〈미키 사카에본〉, 〈연대본〉 의팔세보는 1894년(고종 31)까지 수록하고 있다. 그래서 일단은 1894년 이후에 편찬했을 것으로 본다. 이들은 〈장서각본 · 규장각본〉을 참조해 수록자를 추가했을 것이다. 이들 3종 의팔세보 중에서는 〈연대본〉이 가장 늦게 편찬한 것으로 보인다.

〈텐리대본〉과 〈미키 사카에본〉은 유사성이 큰 팔세보다. 예컨대 삼척김씨를 보면, 〈장서각본 · 규장각본〉에는 2명이 수록되어 있으나 〈텐리대본〉, 〈미키 사카에본〉, 〈연대본〉에는 4명이 추가되어 있다.[23] 그런데 이들 4명은 앞서 2명을 기재한 것과는 다른 필체로 〈텐리대본〉

가 편찬된 것 역시 궤를 같이한다고 하겠다.

23) 이들 4명은 김상일(金相一, 1882년增), 김훈영(金薰泳, 1885년式), 김진순(金鎭洵, 1885년增), 김상욱(金相郁, 1888년式)이다.

과 〈미키 사카에본〉에 추가로 기입했음을 확인할 수 있다. 반면 〈연대본〉에는 6명의 수록자가 동일한 서체로 기입되어 있다. 따라서 〈연대본〉『의과팔세보』의 편찬 연대가 가장 나중이었을 것으로 볼 수 있다.

4) 자료의 특징과 의의

의관과 관련한 팔세보 보첩류는 전체적으로 의팔세보라 할 수 있다. 현재 전하는 5종의 의팔세보, 구체적으로 『의팔세보』(장서각본), 『의팔세보』(규장각본), 『의보』(텐리대본), 『의과보』(미키 사카에본), 『의과팔세보』(연대본)를 분석 대상으로 삼았다. 5종의 의팔세보를 보면, 〈장서각본〉과 〈규장각본〉의 경우 필사체 등 다소의 차이점이 있으나 수록 내용이 동일하다. 그리고 〈텐리대본〉과 〈미키 사카에본〉은 유사성이 큰 팔세보라는 점을 알 수 있다.

의팔세보는 기재 순서, 과거 합격, 관력, 견상, 여유 면의 존재 등의 구성과 내용에서 모두 공통되는 측면을 지니고 있다. 의팔세보는 성씨별로 분류하고 그 안에서 본관별로 기재한다. 기재 순서는 이씨(李氏)가 앞서고 그다음은 김(金), 최(崔), 안(安), 정(鄭), 박(朴) 등의 순서다. 따라서 전주이씨가 제일 앞서 나온다. 그리고 성관 내에서는 생년순이 아니라 합격 연도순으로 배열한다. 같은 연도 합격자의 경우 의과 시험 '성적순'으로 기재한다. 팔세보만의 독특한 기재 형식이라 하겠다. 또한 이것은 의팔세보가 『의과방목』과 같은 과거 합격자 명단을 토대로 작성했다는 것, 그리고 의과 시험에서의 합격 순위가 중요했다는 것을 말해준다.

개인의 관력에 대해 의(醫) 혹은 의과(醫科)로 명기된 것이 많은데,

의과는 의과에 합격했다는 것을 말한다. '의(醫)'라는 표기는 전의감이라는 관청을 줄인 것이다. 그와 관련해서 내의(內醫)는 의과 합격자임에도 '의과'라는 표기가 없다. 의과팔세보를 보면 본인 성명 옆에 관력이 기재되어 있다. 그런데 관력이 기재되지 않은 경우가 많다. 하지만 의과방목에서 확인해 보면, 관력이 있지만 기재되지 않은 경우가 적지 않다. 기재되어 있지 않다고 해서 관직을 역임하지 않은 것은 아니었다. 의과팔세보의 관력을 토대로 연구할 때 주의해야 할 점이다. 의과방목과 비교해 보는 것이 필요하다고 하겠다. 방목에서는 가계 구성원의 관력을 상대적으로 많이 적는 데 반해서 팔세보에는 대표적인 관력을 기재했던 것으로 보인다.

팔세보라는 형식의 특성상, 8대에 이르는 조상을 수록하다 보니 조상이 같은 자손들이 많았다. 그래서 한번 언급한 인물은 다시 그 내용을 적기보다는 '견상'이라고 하여 앞을 참조하도록 했다. 이는 수록 인물 간의 혈연적 상관성을 단적으로 보여주는 것이라 하겠다. 또한 그 같은 견상의 내용을 고려하지 않고 자료를 분석하게 되면 수록 인물의 수 파악에서 누락되는 부분이 생기게 되어, 팔세보에 담긴 정보를 정확하게 분석할 수 없게 된다.

그 외에 팔세보는 5줄 11단으로 검은 줄을 쳐서 55개의 직사각형 칸으로 구분하고 있다. 거기에 본인, 8대조, 처부와 외조 등을 기입하였다. 그런데 개별 성관의 기재를 마치게 되면 여유 면, 즉 공란 면을 두었다. 이는 추가로 기록할 사람이나 혹은 성관을 대비한 것이라 하겠다. 팔세보 사이사이에 필체가 다른 것을 확인할 수 있다. 이것은 여유 장에 추가로 덧붙여 넣었기 때문이다. 예컨대 『의과팔세보』(연대본)에서 1888년(고종 25) 식년시 의과에 합격한 남성진(南成鎭)의 경우 같은 영양남씨(英陽南氏) 5명과 필체가 분명하게 다르다.

각 의팔세보의 수록 기간과 인원을 통해서 편찬 연도의 선후 관계를 파악해 보자. 이는 처음으로 구체적인 고증을 시도해 본다는 점에서 연구사적 의의가 있다고 하겠다. 첫째, 5종의 의팔세보의 수록 시작 연도는 32개 각 성씨별로 모두 일치한다. 각 성씨별 수록 기간은 이씨가 1813년부터 1891년까지 78년으로 가장 길다. 또한 팔세보에 수록된 사람들의 성관을 보면 그 성관 의과 합격자들의 일부에 해당한다. 다시 말해서 의과 합격자 모두를 포괄하고 있지 않다는 것이다.

둘째, 의팔세보의 수록 기간은 1812년 증광시부터 1894년 식년시까지 82년간에 이른다. 하지만 소장본별로 차이를 나타내고 있다. 『의팔세보』(장서각본 · 규장각본)가 1812년에서 1880년으로 68년간에 이르는 데 반해, 나머지 『의보』(텐리대본), 『의과보』(미키 사카에본), 『의과팔세보』(연대본)는 모두 1812년부터 1894년까지 82년간에 이른다. 나머지 3개 소장본의 팔세보가 82년간의 기록을 보여준다는 점에서는 동일하지만, 자세히 살펴보면 전반적으로 〈연대본〉이 각 성씨별로 수록 기간이 가장 길다.

셋째, 수록 인원을 보면 『의팔세보』(장서각본 · 규장각본)는 213명, 『의보』(텐리대본)는 311명, 『의과보』(미키 사카에본)는 334명, 『의과팔세보』(연대본)는 366명으로 〈연대본〉이 각 성관별 인원이 가장 많다. 의팔세보별로 수록 인원이 늘어나는 것은 새로운 성관의 의과 합격자가 등장하는 경우도 있지만, 이미 수록된 인원의 직계가 추가되고 있기 때문이다.

넷째, 현재 의팔세보의 간기, 서문, 발문 등이 없기 때문에 직접적으로 확인할 수는 없다. 하지만 수록 인물, 수록 인원, 수록 기간의 차이, 특히 하한선 등을 통해서 의팔세보 간의 편찬 연도의 선후를 가늠해 볼 수 있다. 『의팔세보』(장서각본 · 규장각본)가 먼저 편찬되었으며, 이어 많은 사항들이 거의 일치하고 있는 『의보』(텐리대본)와 『의과보』(미키 사카에본) 그리고 『의과팔세보』(연대본)가 가장 늦게 편찬된 것으로 보인다. 『의보』와 『의과보』 중에서는 수록 인원이 많은 『의과보』가 나중에 성립된 것 같다.

지금까지 밝힌 점들을 고려할 때, 자료로서 의팔세보가 갖는 의미는 적지 않다. 의팔세보에 수록된 본인들은 일차적으로 의과에 합격한 것은 분명하지만, 의과방목에 있는 합격자들이 모두 팔세보에 수록된 것은 아니다. 그러니까 의과 합격자들 중에서 이른바 팔세보 형식을 충족할 수 있는 집안들, 이른바 세전성을 보여주는 의관 '명문' 집안들이 주축이 되어 만들었을 것이다. 이는 의역주팔세보, 『성원록』, 『성원록속편』 등 일련의 중인 족보가 편찬된 것과 맥락을 같이한다고 하겠다.

이는 의과에 합격하지는 않았지만 의관직에 종사하는 이들 역시 팔세보 형식의 「의등제팔세보」를 작성한 것과도 맥을 같이한다. 그들 사이에 의과 합격 여부라는 경계선이 없지 않았지만, 그럼에도 그들은 같이 의관직에 종사한다는 점, 그리고 대대로 그 같은 직종을 세전한다는 점 등에서 일정한 동류의식을 공유했을 것이다. 재직하면서 나중에 다시 의과에 합격할 수도 있기 때문이다. 「의등제팔세보」에 수록되었다가 「의과팔세보」로 옮아가는 사례나 「의과팔세보」와 「의등제팔세보」가 같이 성책되어 있다는 사실이 그 점을 말해준다고 하겠다.

2

역팔세보 자료와 특징

1) 자료 현황

역팔세보라는 표현을 사용하고 있지만, 책명은 『역팔세보(譯八世譜)』, 『역과팔세보(譯科八世譜)』, 『역과보(譯科譜)』, 『역보(譯譜)』 등 다양한 명칭을 붙였다. 여기서는 역과 시험에 합격한 사람들을 수록 대상으로 하여 8대조 및 외조와 처부를 수록한 보첩류(譜牒類)를 가리킨다. 그런데 유념해야 할 점은 책명과 그 수록 내용 사이에 일정한 차이가 있다는 것이다. 책명만을 가지고 수록자를 파악해서는 안 된다. 그것은 수록된 사람들의 성격이 조금 다르기 때문이다.[24)]

필자가 확인한 바에 의하면 국내외 도서관에 다양한 역팔세보가 소장되어 있다. 『역팔세보(譯八世譜)』(장서각본), 『역팔세보(譯八世譜)』

24) 『등제팔세보(等第八世譜)』(연세대학교)의 경우, 하나는 역관, 다른 하나는 의관 집안의 팔세보로 확인되었다.

(규장각본), 『역과팔세보(譯科八世譜)』(명지대본), 『역과팔세보(譯科八世譜)』(규장각본), 『역과팔세보(譯科八世譜)』(연대본), 『역과보(譯科譜)』(장서각본), 『역과보(譯科譜)』(국중본), 『역보(譯譜)』(텐리대본) 등이 그것이다.[25] 이제 이들을 순서대로 검토해 보기로 하자.

(1) 『역팔세보』

『역팔세보(譯八世譜)』는 3책으로 이루어진 『의역주팔세보』 중의 한 책으로 장서각(K2-1778)과 규장각(奎15186)에 소장되어 있다. 〈장서각본〉과 〈규장각본〉은 필사체 등에서 다소의 차이점이 있으나 1책 92장으로 수록 내용과 인원이 동일하다.[26] 교정 사항에 있어서는 〈장서각본〉이 정밀하므로 〈장서각본〉 『역팔세보』를 정본으로 내용을 파악하는 것이 좋겠다.

본문 시작에 앞서 해서체로 『역팔세보』에 수록된 본관 성씨 목록이 정리되어 있다. 역팔세보 중 성관 목록이 수록되어 있는 것은 〈장서각본〉과 〈규장각본〉 『역팔세보』가 유일하다. 목록은 총 6단으로 구성되어 있으며 "全州李氏"로 시작해서 "英陽南氏"를 마지막으로 하여 77개의 성관을 기재하고 있다. 수록 인원은 533명이다.

---

25) 이들 자료를 서로 비교해서 지칭할 경우 〈장서각본〉, 〈규장각본〉, 〈명지대본〉, 〈연대본〉, 〈국중본〉, 〈텐리대본〉으로 줄여서 적기로 한다. 이하 같다.

26) 서지 사항은 『의역주팔세보』 수권(首券)인 『의팔세보』(장서각본 · 규장각본)와 같다.

(2)『역과팔세보』

『역과팔세보(譯科八世譜)』는 명지대, 규장각, 연세대에 각각 소장되어 있으며, 책명은 동일하다. 하지만 수록 내용과 인원에 차이가 있다. 〈명지대본〉(古YNH929.1-23)은 1책 93장, 〈규장각본〉(古4650-34)은 1책 104장,[27] 〈연대본〉(貴353.003)은 1책 129장이다. 서지 사항을 보면 장정은 인쇄된 면이 밖으로 나오도록 책장의 가운데를 접고 책의 등 부분을 끈으로 묶는 선장(線裝)이다. 사주단변(四周單邊) 반곽(半郭)으로 세로 29.3cm, 가로 19.4cm, 가로 5줄 세로 11단으로 검은 줄을 친 오사란이다. 상하향삼엽화문(上下向三葉花紋) 어미가 있으며 판심에 본관과 성씨를 기재했다. 형태, 사항이 모두 동일하며 크기 역시 비슷하다. 〈명지대본〉은 세로 36.6cm, 가로 23.5cm, 〈규장각본〉은 세로 36.5cm, 가로 23.7cm, 〈연대본〉은 세로 36.5cm, 가로 23.2cm이다. 성씨별로 수록하고 있으며 새로운 본관이 시작될 때는 페이지를 달리했다.

『역과팔세보』 역시 필사본으로 편저자 및 간기나 서문 등이 없어서 언제 어떤 연유로 편찬했는지 파악할 수 없다. 수록 성관과 인원을 보면『역과팔세보』〈명지대본〉은 73개 성관 457명, 〈규장각본〉은 72개 성관 518명, 그리고 〈연대본〉은 80개 성관 668명이다. 수록 성관과 인원을 볼 때『역과팔세보』는 〈명지대본〉 → 〈규장각본〉 → 〈연대본〉 순으로 편찬 시기를 추측해 볼 수 있다. 그리고 〈연대본〉은『역과

27) 규장각한국학연구원 서지 정보에 의하면 〈규장각본〉『역과팔세보』는 1책 97장으로 되어 있다. 하지만 직접 원문을 확인해 보니 104장이었다[(규장각 원문검색서비스(http://kyudb.snu.ac.kr)].

팔세보』 중 수록 성관과 인원이 가장 많아서 내용이 제일 풍부한 자료원임을 확인할 수 있다.

(3) 『역과보』

『역과보(譯科譜)』는 장서각에 소장되어 있다(K2-1768). 1책 116장이며, 장정은 선장이다. 사주단변 반곽으로 세로 29.3cm, 가로 19.3cm, 가로 5줄 세로 11단으로 검은 줄을 친 오사란이다. 내향삼엽화문(內向三葉花紋) 어미가 있으며 판심에 본관과 성씨를 기재했다. 전체 세로 36.1cm, 가로 23.4cm이다.

31개 성씨(李·金·崔·安·鄭·朴·韓·洪·趙·尹·吳·張·玄·卞·方·秦·白·慶·劉·高·邊·田·林·全·陳·南·蔣·姜·皮·申·仝)별로 수록했으며 새로운 본관을 시작할 때는, 페이지를 달리해서 상단에 본관을 적었다.[28] 『역과보』 역시 필사본으로 편저자 및 간기나 서문 등이 없어서 언제 어떤 연유로 편찬했는지 파악할 수 없다. 국립중앙도서관에서 장서각 소장 역과보의 사본을 소장하고 있다(古6024-137). 수록인원은 "全州李氏"에서 "全州仝氏"까지 82개 성관 671명에 이른다.

(4) 『역보』

『역보(譯譜)』는 국외 유출 자료로 일본 텐리대학 이마니시 류 문고

28) 합천이씨와 평양조씨는 페이지를 바꾸지 않고 금성이씨와 금산조씨 뒷면에 기재했다. 이는 『역과보』를 편찬한 뒤에 추가했기 때문일 것이다. 마지막 부분에 기재한 홍천피씨, 고령신씨, 전주전씨의 경우는 페이지 상단에 본관을 명기하지 않았다.

에 소장되어 있다(텐리대628526).[29] 국립중앙도서관에서 1994년 국외 유출 자료를 영인해 소장하고 있다(古6024-162-1). 1책이며, 사주단변 반곽으로 세로 31.4cm, 가로 18cm, 가로 5줄 세로 11단으로 검은 줄을 친 오사란이다. 상하향이엽화문(上下向二葉花紋) 어미가 있으며 판심에 본관과 성씨를 기재했다. 전체 세로 37.6cm, 가로 23.8cm이다. 성씨별로 수록하고 있으며 새로운 본관이 시작될 때는 페이지를 달리하고 있다. 필사본으로 편저자 및 간기나 서문 등이 없어서 언제 어떤 연유로 편찬했는지 파악할 수 없다. 전주이씨에서 홍천피씨(洪川皮氏)까지 83개 성관 685명이 기재되어 있다.

그런데 이마니시 류 문고에 동일 서명의 『역보(譯譜)』(텐리대628527)가 한 책 더 있다.[30] 이 책에는 전주이씨에서 한양유씨(漢陽劉氏)까지 51개 성관 168명이 기재되어 있다. 〈텐리대본〉 소장 동일 서명의 『역보』 두 책을 비교해 보면 수록 성씨의 기재 순서는 일치하나, 본관의 기재 순서는 일치하지 않는다.[31] 앞서의 685명을 수록한 『역보』(628526)에 비해 1/4 정도의 규모(24.5%)다. 이는 역과 합격자를 대상으로 한 역팔세보가 아니라 사역원에 소속된 역관을 본관별로 구분하고 개별 인물은 근무 연도순으로 수록한 역등제팔세보다.

이를 전체적으로 정리해 보면, 『역과팔세보』(연대본)와 『역과보』(장서각본)는 다음과 같은 점에서 유사성이 큰 역팔세보로 보인다. 우선

29) 텐리대학부속 텐리도서관(http://www.tcl.gr.jp).

30) 『역보』(텐리대 628527) 역시 국외 유출 자료로 원본은 일본 텐리대부속 텐리도서관에 있으며, 국립중앙도서관에서 영인본을 소장하고 있다(古6024-162-2).

31) 『역보』(텐리대 628527)에는 역팔세보에 기재되어 있지 않은 성관, 대원장씨(大元張氏) 1명[張彦植]이 수록되어 있다.

필사체의 차이가 있으나 전주이씨에서 제주고씨까지 성씨별 배열 순서와 인원이 일치한다. 안의김씨 여백에 『역과팔세보』(연대본)에는 첨지를 붙여 계림김씨(鷄林金氏) 1명(金泰煥, 1885년增 역과)의 팔세보를 추가했다. 반면 『역과보』(장서각본)에서는 계림김씨가 첨지 형태가 아니라 본문에 기재되어 있다. 다음으로 수록 인원을 보면 〈연대본〉은 668명, 〈장서각본〉은 671명으로 3명의 차이가 있다. 〈연대본〉에는 신평한씨가 1명 기재되어 있으나 〈장서각본〉에는 2명이 기재되어 있다. 그리고 〈장서각본〉에는 나주임씨와 전주전씨가 1명씩 추가되었다. 그 밖의 다른 사항은 거의 일치한다. 〈연대본〉과 〈장서각본〉이 편찬 과정에서 어떤 관련이 있을 것으로 여겨진다.

2) 구성과 내용

자료로서의 팔세보가 갖는 특징은 무엇일까. 구체적으로 기재 순서, 과거 합격, 관력, 견상 등을 살펴보고자 한다. 역학팔세보가 지니는 자료적 성격과 그 의의에 대한 접근이라 해도 좋겠다.

(1) 기재 순서

역팔세보는 성씨별로 분류하고 그런 다음 본관별로 기재해서 성관별 가계를 파악하는 데 도움이 된다. 기재 순서를 보면 이씨(李氏)가 앞서고 그다음은 김(金), 최(崔), 안(安), 정(鄭), 박(朴), 오(吳) 등의 순서다. 전주이씨가 제일 앞서 나온다. 이처럼 국성(國姓)인 전주이씨를 가장 먼저 기재하는 것은 다른 의학, 주학팔세보와 동일한 방식이다. 이

는 중인 팔세보의 일반적인 기재 순서로 보인다.[32]

기재 순서는 같은 성, 본관 순이다. 동일 성씨 내에서 본관은 어떤 순서로 배열했을까. 의과 합격자 배출 수와 어떤 상관관계가 있을까. 제일 먼저 기재되어 있는 이씨의 사례를 통해서 역팔세보 수록 인원을 살펴보기로 하자. 각 역팔세보별로 본관 기재 순서와 인원을 정리하면 〈표 12〉와 같다.

〈표 12〉 **역팔세보별 동일 성씨 내의 본관 기재 순서와 인원(단위: 명)**

성	본관	『역팔세보』		『역과팔세보』			『역과보』	『역보』
		(장서각본)	(규장각본)	(명지대본)	(규장각본)	(연대본)	(장서각본)	(텐리대본)
李	全州	39	39	35	39	46	46	47
	金山	15	15	13	15	19	19	20
	慶州	11	11	11	11	16	16	16
	江陰	11	11	9	11	15	15	16
	海州	9	9	8	9	13	13	14
	井邑	7	7	5	7	8	8	8
	泰安	10	10	8	10	13	13	15
	南陽	7	7	6	7	7	7	7
	安山	10	10	9	10	10	10	10
	水原	4	4	3	4	6	6	6
	旌善	2	2	2	2	2	2	3
	任實	2	2	2	2	2	2	2
	天安	3	3	3	2	3	3	3
	錦城	1	1	1	1	1	1	1
	陜川	1	1	1	1	1	1	1
	廣州	2	2	2	2	2	2	2
	계	**132**	**132**	**116**	**131**	**162**	**162**	**169**

32) 무보(武譜)의 경우 전주이씨만은 파별로 세분하여 수록했다.

〈표 12〉의 성관별 기재 순서는 수록 기간이 가장 길고 수록 인원도 가장 많은 『역보』(텐리대본)를 기준으로 삼았다. 다른 팔세보의 성관 역시 그 기준에 따라서 정리한 것이다. 왜냐하면 역팔세보별로 성관별 기재 순서에 약간의 차이가 있기 때문이다. 예컨대 이씨의 경우 『역팔세보』(장서각본 · 규장각본), 『역과팔세보』(연대본), 『역과보』(장서각본), 『역보』(텐리대본)는 본관 기재 순서가 동일하다. 태안이씨까지는 7종의 역팔세보 기재 순서가 동일하다. 하지만 〈표 12〉의 마지막에 있는 합천이씨와 광주이씨가 〈명지대본〉과 〈규장각본〉『역과팔세보』에는 태안 → 합천 → 남양 → 안산 → 광주 → 수원 순으로 앞부분에 기재되어 있다.

〈표 12〉를 보면 이씨 중에서 16개의 본관(全州, 金山, 慶州, 江陰, 海州, 井邑, 泰安, 南陽, 安山, 水原, 旌善, 任實, 天安, 錦城, 陜川, 廣州)이 역팔세보에 수록되어 있다. 태안, 안산 등 다소 예외는 있지만 대체로 역과 합격자의 수에 따라 본관 배열의 순서가 정해진 것으로 여겨진다.

역팔세보 이씨에 수록된 본관은 16개로 의팔세보의 11개에 비해 약 1.5배 많다. 흥미로운 점은 그중에서 9개 본관(全州, 泰安, 天安, 慶州, 安山, 井邑, 江陰, 陜川, 海州)이 중복된다는 것이다. 역팔세보는 7개 본관(金山, 南陽, 水原, 旌善, 任實, 錦城, 廣州)이 새롭게 기재되어 있으며, 의팔세보에는 성주(星州)와 거창(居昌) 본관이 새롭게 수록되어 있다.

다음으로는 전체 성관을 토대로 동일 성씨 내에서 본관은 어떤 순서로 배열되었으며, 역팔세보별로 역과 합격자 배출 수와 어떤 상관관계가 있는지를 좀 더 구체적으로 살펴보기로 하자. 이를 정리하면 〈표 13〉과 같다.

〈표 13〉 역팔세보별 각 성관 기재 순서와 인원(단위: 명)

성	본관	『역팔세보』		『역과팔세보』			『역과보』	『역보』
		(장서각본)	(규장각본)	(명지대본)	(규장각본)	(연대본)	(장서각본)	(텐리대본)
李	全州	39	39	35	39	46	46	47
	金山	15	15	13	15	19	19	20
	慶州	11	11	11	11	16	16	16
	江陰	11	11	9	11	15	15	16
	海州	9	9	8	9	13	13	14
	井邑	7	7	5	7	8	8	8
	泰安	10	10	8	10	13	13	15
	南陽	7	7	6	7	7	7	7
	安山	10	10	9	10	10	10	10
	水原	4	4	3	4	6	6	6
	旌善	2	2	2	2	2	2	3
	任實	2	2	2	2	2	2	2
	天安	3	3	2	3	3	3	3
	錦城	1	1	1	1	1	1	1
	陜川	1	1	1	1	1	1	1
	廣州	2	2	2	2	2	2	2
金	慶州	4	4	4	4	6	6	6
	牛峯	22	22	18	22	26	26	26
	金海	5	5	4	5	9	9	9
	海州	3	3	3	3	4	4	4
	固城	6	6	6	6	6	6	6
	雪城	10	10	9	10	11	11	11
	全州	1	1	1	1	1	1	2
	鷄林	0	0	0	0	1	1	1
	保寧	2	2	2	2	3	3	3
	善山	4	4	4	4	6	6	6
	靑陽	15	15	14	15	17	17	17
	三陟	5	5	4	5	5	5	5
	開城	3	3	3	3	4	4	4
	漢陽	1	1	1	0	0	0	1
	光山	1	1	1	1	4	4	4
	安義	1	1	0	1	6	6	6
	樂安	1	1	0	1	1	1	1
崔	慶州	18	18	15	13	20	20	20
	淸州	5	5	5	5	8	8	8
	江陵	1	1	1	0	1	1	1
	忠州	2	2	1	2	2	2	2
	稷山	4	4	4	4	4	4	4
安	順興	16	16	13	16	17	17	17
鄭	慶州	4	4	4	4	9	9	10
	溫陽	5	5	4	5	5	5	5
	金浦	2	2	1	2	3	3	4
	蓬山	1	1	1	1	1	1	1
	河東	1	1	1	1	2	2	2
朴	密陽	10	10	9	10	11	11	11
	寧海	17	17	10	13	17	17	17
	務安	5	5	5	5	5	5	5
	朔寧	2	2	2	2	2	2	2
	利安	1	1	1	1	1	1	1
韓	淸州	17	17	16	17	21	21	21
	新平	1	1	1	1	1	2	2
洪	南陽	19	19	15	18	24	24	26
趙	坡平	2	2	2	2	4	4	4
	錦山	2	2	2	2	2	2	2
	韓山	6	6	7	6	10	10	10
	白川	1	1	1	0	1	1	1
	漢陽	1	1	1	1	4	4	4
	平壤	1	1	1	1	3	3	4
尹	坡平	4	4	4	4	6	6	6
	豐壤	6	6	6	6	7	7	7
吳	樂安	13	13	13	13	13	13	13
	海州	13	13	12	13	18	18	18
張	仁同	1	1	1	0	1	1	1
	安東	4	4	0	4	4	4	4
玄	川寧	33	33	32	33	40	40	40
卞	密陽	22	22	16	22	22	22	22
方	溫陽	13	13	10	13	20	20	20
秦	豐基	7	7	5	7	10	10	10
白	林川	13	13	9	13	20	20	20
慶	淸州	1	1	1	1	1	1	1
劉	漢陽	12	12	11	12	17	17	17
高	濟州	17	17	14	17	20	20	20
邊	原州	7	7	6	7	7	7	7
田	河陰	1	1	1	0	1	1	1
林	羅州	1	1	1	1	0	1	1
全	寶城	1	1	0	1	1	1	1
	全州	0	0	0	0	0	1	1
陳	梁山	1	1	0	1	2	2	2
南	英陽	1	1	0	1	1	1	1
蔣	牙山	0	0	0	0	1	1	1
申	高靈	0	0	0	0	1	1	1
姜	晉州	0	0	0	0	2	2	2
皮	洪川	0	0	0	0	1	1	1
계		533	533	456	518	668	671	685

첫째, 전주이씨에서 전주김씨까지는 7종 역팔세보의 성관 기재 순서가 전반적으로 일치한다. 특히 2개 이상 본관이 기재된 성씨 중 정(鄭), 박(朴), 한(韓), 윤(尹), 오(吳), 장(張)은 7종 역팔세보의 기재 순서가 동일하다.

둘째, 전주김씨 이후 성관 기재가 『역보』(텐리대본)와 그 외 6종 역팔세보로 기재 순서가 양분된다고 하겠다. 예컨대 〈표 13〉과는 달리 6종의 역팔세보는 전주김씨 이후 본관의 기재 순서가 전주 → 보령 → 선산 → 청양 → 삼척 → 개성 → 광산 → 낙안 → 안의 → 계림→ 한양 순이다. 낙안과 안의의 순서가 바뀌고 중간에 위치했던 계림과 한양 본관을 마지막에 기재했다.[33] 또한 조씨의 경우에도 6종의 역팔세보는 마지막의 평양이 금산 다음에 기재되어 파평 → 금산 → 평양 → 한산 → 백천 → 한양 순이다. 이처럼 동일 성씨 내의 본관 기재 순서가 『역보』(텐리대본)와 그 외 6종 역팔세보로 크게 양분되기는 하지만 6종의 팔세보별로도 약간의 차이는 있다. 예컨대 『역팔세보』와 『역보』에서 최씨는 충주 → 직산 순이나, 『역과팔세보』와 『역과보』에서는 직산 → 충주 순이다. 『역팔세보』는 보성전씨 → 나주림씨 순으로 기재되는 등 역팔세보별로 기재 순서에 미세한 차이가 있다.

셋째, 역팔세보의 성관 기재는 동일 성씨 안에서 본관별로 배열되어 있다.[34] 본관 배열은 대체로 합격자가 많은 순서를 따른다. 그런데 반드시 그렇지는 않다. 예컨대 합격자 수가 많은 우봉김씨(『역보』 26명)가 경주김씨(『역보』 6명) 다음에 기재되어 있다. 합격자가 17명인 영해박씨의 경우 11명인 밀양박씨 다음에 온다. 배열 원칙은 역팔세보

33) 『역과팔세보』(연대본)와 『역과보』(장서각본)에는 한양김씨가 수록되어 있지 않다.

34) 이는 중인 팔세보 편찬 방식의 공통점이라 할 수 있다.

에서 특별히 밝히고 있지 않아서 현재로서는 분명한 이유를 알 수 없다. 하지만 이는 경주김씨나 밀양박씨의 경우 일반적으로 양반 성관으로 여기던 것과 무관하지 않은 듯하다. 상대적으로 우봉김씨, 영해박씨의 경우 비양반 계통의 성관으로 여겼다.[35] 천령현씨에서 40명의 합격자를 배출하고 밀양변씨에서 22명의 합격자를 배출했지만, 전체 성관 배열에서 역팔세보 후반부에 배치되어 있는 것 역시 그런 사정과 연관이 있지 않을까 한다. 천령현씨와 밀양변씨는 잡과의 대표적인 성관으로 문과와 생원시와 진사시에서는 합격자를 거의 배출하지 못했다.[36]

넷째, 전씨(全氏)의 경우 특이한 양상을 보인다. 전주전씨(全州全氏)는 『역과보』와 『역보』에만 보인다. 『역과보』에서는 보성전씨(寶城全氏)를 적은 다음, 이어 양산진씨, 영양남씨 등 다른 성관들을 다 기재하고, 그런 다음에 전주전씨를 마지막에 기재했다. 하지만 『역보』에는 전씨 항목 부분에 보성전씨에 이어 전주전씨를 적고 있다.[37] 이는 『역보』가 『역과보』 이후에 편찬되었음을 알려준다. 『역보』를 편찬하는 과정에서 전씨 항목을 정리해 같이 수록했을 것이다.

다섯째, 팔세보에 수록된 성관들을 보면 희관(稀貫), 벽관(僻貫)이 문과나 생원시와 진사시에 비해서 많은 비중을 차지한다는 것을 알 수 있다. 이는 중소 군현, 속현 및 비 토성인 신생 본관 출신이 잡과

35) Edward W. Wagner, "The Development and Modern fate of Chapkwa-Chungin Lineages", 『제1회한국학국제학술회의논문집』, 인하대학교 한국학연구소, 1987, 7~8쪽.

36) 최진옥, 『조선시대생원진사연구』, 집문당, 1998, 142~143쪽 ; 이남희, 『조선후기 잡과중인 연구』, 이회, 1999, 169쪽.

37) 『역과팔세보』와 『역팔세보』에는 전주전씨가 기재되어 있지 않다.

에 많이 응시, 합격했기 때문인 것으로 여겨진다.[38)]

여섯째, 인원이 2명 이하인 성관은 역팔세보별로 수록 인원이 모두 동일한 것으로 나타났다. 봉산정씨(1명), 삭녕박씨(2명), 이안박씨(1명), 금산조씨(2명), 청주경씨(1명)의 경우 7종의 역팔세보 수록 인원이 동일하며, 모두 한두 명이라는 공통점을 지닌다.[39)] 이들 성관에 수록된 인물들은 소수의 인원이지만, 동일 성관 내에서는 대표적인 역관 집안이었을 것이다. 한 예로 금산조씨 조영순(趙榮淳) 가계 사례를 살펴보기로 하자. 「의역주팔세보DB」에서 금산조씨 잡학 합격자를 정리해 보면 다음과 같다.

[사례] **금산조씨 잡학 합격 실태**

○ 조시열(趙時說): 1654년(효종 5)式 역과

○ 조득량(趙得亮): 1681년(숙종 7)式 역과

○ 조득현(趙得賢): 1684년(숙종 10)式 역과

○ 조홍서(趙弘瑞): 1714년(숙종 40)增 역과

○ 조석겸(趙錫謙): 1858년(철종 9)式 역과

○ 조영순(趙榮淳): 1880년(고종 17)增 역과

○ 조병순(趙柄淳): 1891년(고종 28)增 역과

○ 조종익(趙宗翊): 1801년(순조 1)增 의과

○ 조석홍(趙錫洪): 1855년(철종 6)式 의과

○ 조석범(趙錫範): 1885년(고종 22)增 의과

○ 조정순(趙貞淳): 1885년(고종 22)增 의과

---

38) 이수건, 『한국의 성씨와 족보』, 서울대출판부, 2003, 308~309쪽.

39) 낙안오씨의 경우 7종의 역팔세보에 수록된 인원이 모두 13명으로 나타난다.

○ 조의관(趙宜寬): 1849년(헌종 15)式 음양과

○ 조영순(趙榮淳): 1873년(고종 10) 주학

금산조씨의 경우 역과 7명, 의과 4명, 음양과 1명, 그리고 주학이 1명으로 전체 13명이 확인된다. 조영순이 역과와 주학 양과에 합격했으므로 실제로는 12명이다. 역과가 7명으로 가장 많다. 시기별로 보면 17세기 3명(조시열, 조득량, 조득현), 18세기 1명(조홍서), 19세기 3명(조석겸, 조영순, 조병순)이다. 그런데 역팔세보에 수록된 금산조씨는 7종의 역팔세보가 모두 2명, 조석겸과 조영순만을 기재하고 있다. 19세기 합격자 조석겸은 조병순의 부친인데, 아들 조병순은 역팔세보에 기재되어 있지 않다. 이는 조병순이 1891년 합격자라는 점에 기인한다. 현존하는 역팔세보의 수록 하한을 보면 1894년이나 금산조씨의 경우에는 1888년 식년시가 하한이기 때문이다. 조영순은 조석겸의 조카다. 조영순의 부친 조석홍은 철종 6년(1855) 식년시 의과에 합격한 후 혜민서 종4품 첨정, 의약동참, 내의 등을 역임했다. 조석홍은 조석겸의 형이기도 하다.

금산조씨는 의팔세보에 3명(①조석홍, ②조석범, ③조정순), 주팔세보에 1명(조영순) 수록되어 있다.[40] 의팔세보에 수록된 3명을 보면, ①조석홍은 조영순의 부친이며, ②조석범과 ③조정순은 부자간이다. ③조정순은 조석범의 아들이다. ②조석범은 역팔세보에 수록된 조석겸과 사촌형제, 조영순은 그들의 조카가 된다. 금산조씨 의과 합격자로 의팔세보에 수록되지 않은 1명(조종익)은 조석범의 조부로 의팔세보에 수록되어 있다. 그리고 조종익은 역팔세보에는 조석겸의 조부, 조영

40) 현재 음양팔세보는 전하지 않으므로 헌종 15년(1849) 음양과에 합격한 조의관(趙宜寬)의 팔세보 수록 여부는 확인하기 어렵다.

순의 증조부로 수록되어 있다. ①조석홍은 의팔세보에는 본인의 8대조가 기재되어 있으며, 역팔세보에는 아들 조영순의 부친으로 수록되어 있다. 한편 주팔세보에 수록된 조영순은 역팔세보에 수록된 조영순과 동일 인물이다.

이상의 금산조씨 조영순의 가계 배경을 추적해 보면 역팔세보 수록 인원이 2명에 지나지 않지만, 금산조씨 내에서는 대표적인 기술직 중인 가계였음을 알 수 있다. 팔세보에 수록된 인물과 가계는 그 인원이 소수라 할지라도 19세기에 유력했거나 부상하고 있던 기술직 중인 집안이었음을 시사해 주고 있다. 왜냐하면 팔세보는 잡과에 합격하면 당연히 수록하는 잡과방목과는 달리 나름대로 대상자들을 일정한 선별 과정을 거쳐 수록, 편찬했기 때문이다. 이는 유력 성관을 대상으로 편찬하는 만성보(萬姓譜)와 같은 의미를 가진다고 할 수 있지 않을까 한다.

그러면 동일 성관 내에서 수록자들의 기재 순서는 어떠했을까. 구체적으로 역팔세보를 검토해 보면 같은 성관 내의 기재 순서가 생년순이 아니라 합격 연도순이었음을 알 수 있다. 이는 다른 잡학팔세보 성관 기재에서도 마찬가지다. 그리고 같은 연도 합격자의 경우는 족보와 같이 출생 순서로 기재한 것이 아니라 합격 성적순으로 적었다. 팔세보의 경우 합격자의 부계 8대조를 적고 있다는 점에서는 족보와 같은 보첩류의 성격을 가짐에도 불구하고 합격 연도가 같은 경우 성적순으로 기재하고 있다는 점에서 독특한 팔세보만의 기재 형식을 보여준다. 직능을 중시했다는 하나의 뒷받침 자료로 볼 수 있다.

요컨대 역팔세보의 기재 순서는 대체로 대성(大姓), 대본관, 동일 성관 내에서는 합격 연도, 그리고 합격 연도가 같은 경우에는 합격 순위에 따르고 있음을 알 수 있다. 이는 역팔세보가 『역과방목』과 같은 과거 합격자 명단을 토대로 작성되었음을 말해주는 것이라 하겠다. 『역과방목』은 합격 연도별로, 그리고 1, 2, 3등 순위별로 기재하고 있기 때문이다. 이러한 점은 역팔세보가 8대 계보를 기재하는 보첩류의 성격과 함께 역과 합격이라는 점을 강조했음을 알려준다. 합격 순위가 특별히 중요했음을 말해주는 것이다. 역과 1등은 종7품계, 2등은 종8품계, 3등은 종9품계를 주었다. 1등은 해당 아문에 서용하고 2, 3등은 해당 아문의 권지(權知)에 임명했다.[41]

(2) 관력

역팔세보는 각 성관별로 본인 성명 옆에 첫 번째 열 자(字), 두 번째 열 생년, 세 번째 열 역과 합격 연도를 간지로 기재하며, 네 번째 열에 역임한 관청 관직과 품계 등을 기재했다. 수록된 관직의 수가 많을 경우 다섯 번째 열까지 표기한다. 관직은 축약형으로 적었다. 전체적으로 팔세보에 나타난 본인의 관력을 보면 역과방목의 그것보다 소략하다. 편찬 연도의 차이로 인해서 수록된 사항이 적은 것으로 여겨진다. 이는 역팔세보의 본인 관력을 파악하는 데 주의해야 할 점이다. 기재되어 있지 않지만, 역과방목을 확인해 보면 관직을 역임한 사례가 있기 때문이다.

관력을 보면 교회를 가장 많이 기재했다. 역관직만 기재되어 있는 것이 아니라 지주, 첨추 등의 중추부 서반식, 부사, 현령, 현감 등의 외관직, 계사 같은 주학 관련 관직이 보이기도 한다. 고종 17년(1880)

41) 『경국대전』 권1, 이전 제과. 역과 합격자의 경우 의과에 비해 품계가 한두 단계 높았다. 이미 품계를 가진 자에게는 1계를 더 올려주었다. 올린 품계가 응당 받아야 할 품계와 같을 경우에는 다시 1계를 올려주었다.

증광시 역과에 30세에 1등으로 합격한 조영순(趙榮淳)은 회계 실무를 담당했던 호조의 종8품 계사(計士) 출신이다. 고종 10년(1873) 주학 취재에 23세로 합격했으며[42] 주팔세보에도 수록되어 있다. 조영순의 관력은 역팔세보에는 계사만 기재되어 있으나 『역과방목』에는 부봉사, 한학관 등이 기재되어 있다.

역팔세보와 역과방목 등 잡과방목의 관력 기재 사항을 대비해 보면 부친, 조부, 증조부 등의 경우 그들의 대표 관력을 기재한 것 같다. 이 같은 점은 역팔세보의 가계 관력을 검토할 때 주의해야 할 점이라 하겠다. 다시 말해서 역과방목과 비교해서 보아야 한다는 것이다. 방목에는 관력을 모두 적는 데 반해서 팔세보에는 대표적인 관력을 적었던 것으로 보인다. 따라서 그 역관의 관력을 파악하는 데는 역과방목, 부친 가계의 대표 관직을 파악하는 데 팔세보가 도움이 된다. 이는 자료에 기재된 관력을 가지고 그 가계의 신분을 파악하는 데 유의해야 할 점이라고 하겠다.

3) 수록 기간과 인원

(1) 수록 기간

역팔세보의 편찬 연대를 가늠해 보기 위해서 먼저 각 팔세보별로 수록된 인물들의 역과 합격 연도를 파악해 보기로 한다. 이를 각 기재 성씨별로 정리하여 표로 작성하면 〈표 14〉와 같다.

---

42) 『주학입격안(籌學入格案)』(장서각 및 규장각).

〈표 14〉 **역팔세보별 각 성씨 수록 기간**

성씨	『역팔세보』		『역과팔세보』			『역과보』	『역보』
	(장서각본)	(규장각본)	(명지대본)	(규장각본)	(연대본)	(장서각본)	(텐리대본)
李	1809增~1882增	1809增~1882增	1809增~1880增	1809增~1882增	1809增~1888式	1809增~1888式	1809增~1891式
金	1816式~1880增	1816式~1880增	1816式~1880增	1816式~1882增	1816式~1888式	1816式~1888式	1816式~1888式
崔	1828式~1882增	1828式~1882增	1828式~1880增	1828式~1882增	1828式~1888式	1828式~1888式	1828式~1888式
安	1837式~1882式	1837式~1882式	1837式~1879式	1837式~1882增	1837式~1888式	1837式~1888式	1837式~1888式
鄭	1835增~1882增	1835增~1882增	1835增~1880增	1835增~1882增	1835增~1888式	1835增~1888式	1835增~1894式
朴	1822式~1882增	1822式~1882增	1822式~1880增	1822式~1882式	1822式~1888式	1822式~1888式	1822式~1888式
韓	1825式~1882式	1825式~1882式	1825式~1880增	1825式~1882式	1825式~1888式	1825式~1888式	1825式~1888式
洪	1835增~1882式	1835增~1882式	1835增~1880增	1835增~1882式	1835增~1888式	1835增~1888式	1835增~1891式
趙	1840式~1880增	1840式~1880增	1840式~1885式	1840式~1882式	1840式~1888式	1840式~1888式	1840式~1888式
尹	1828式~1880增	1828式~1880增	1828式~1880增	1828式~1880增	1828式~1888式	1828式~1888式	1828式~1888式
吳	1825式~1882式	1825式~1882式	1825式~1880增	1825式~1882式	1825式~1888式	1825式~1888式	1825式~1888式
張	1834式~1882式	1834式~1882式	1882式	1834式~1882式	1834式~1882式	1834式~1882式	1834式~1882式
玄	1810式~1882增	1810式~1882增	1810式~1880增	1810式~1882增	1810式~1888式	1810式~1888式	1810式~1888式
卞	1855式~1882式	1855式~1882式	1855式~1880增	1855式~1882式	1855式~1882式	1855式~1882式	1855式~1882式
方	1807式~1882式	1807式~1882式	1807式~1880增	1807式~1882增	1807式~1888式	1807式~1888式	1807式~1888式
秦	1831式~1882式	1831式~1882式	1831式~1859增	1831式~1882式	1831式~1888式	1831式~1888式	1831式~1888式
白	1843式~1882式	1843式~1882式	1843式~1880增	1843式~1882式	1843式~1888式	1843式~1888式	1843式~1888式
慶	1867式	1867式	1867式	1867式	1867式	1867式	1867式
劉	1813式~1882增	1813式~1882增	1813式~1880增	1813式~1882式	1813式~1888式	1813式~1888式	1813式~1888式
高	1835增~1882式	1835增~1882式	1835增~1880增	1835增~1882式	1835增~1888式	1835增~1888式	1835增~1888式
邊	1855式~1874增	1855式~1874增	1855式~1879式	1855式~1882式	1855式~1882式	1855式~1882式	1855式~1882式
田	1864式	1864式	1864式	×	1864式	1864式	1864式
林	1880增	1880增	1880增	1880增	×	1880增	1880增
全	1882增	1882增	×	1882增	1882增	1882增~1888式	1882增~1888式
陳	1882增	1882增	×	1882增	1882增~1885式	1882增~1885式	1882增~1885式
南	1882式	1882式	×	1882式	1882式	1882式	1882式
蔣	×	×	×	×	1885式	1885式	1885式
申	×	×	×	×	1885增	1885增	1885增
姜	×	×	×	×	1885增	1885增	1885增
皮	×	×	×	×	1885增	1885增	1885增
계	1807式~1882增	1807式~1882增	1807式~1885式	1807式~1882增	1807式~1888式	1807式~1888式	1807式~1894式

〈표 14〉를 통해 알 수 있는 사실은 다음과 같다. 첫째, 역팔세보에는 23개에서 30개의 성씨가 수록되어 있다. 역팔세보별로 보면 『역과팔세보』(명지대본) 23개, 『역과팔세보』(규장각본) 25개, 『역팔세보』(장서각본 · 규장각본) 26개, 『역과팔세보』(연대본) 29개, 그리고 『역과보』(장서각본)와 『역보』(텐리대본) 30개로 수록 성씨에 차이가 있다. 이 같은 차이는 편찬 연도와 관련 있을 것이다. 시작 연도를 보면 성씨별로 차이가 있지만 각 성씨별로 시작 연도는 일치한다. 예컨대 이씨 1809년, 김씨 1816년, 최씨 1828년, 안씨 1837년, 정씨 1835년, 박씨 1822년, 한씨 1825년, 홍씨 1835년부터 시작하고 있다. 시작 연도가 가장 이른 것은 방씨 1807년(순조 7), 시작 연도가 가장 늦은 것은 장씨 · 신씨 · 강씨 · 피씨 1885년(고종 22)이다.

성씨 중에서 가장 이른 시기의 기록자는 온양방씨(溫陽方氏) 방우서(方禹敍)다. 순조 7년(1807) 식년시 역과에 한학 전공으로 19세에 합격했다. 방우서는 종1품 숭록대부, 정2품 지중추부사, 정3품 당하 사역원 정, 종6품 교수, 정9품 훈도, 교회, 구압물 등을 지냈으며 지방관으로 정3품 당하 부사(府使)를 역임했다. 가계를 보면 부친 방효의(方孝懿)는 종8품 혜민서 봉사, 종9품 활인서 참봉, 생부 방효직(方孝直)은 영조 47년(1771) 식년시 의과에 27세에 합격한 후 종5품 전의감 판관, 종6품 혜민서 주부를 역임했다.[43] 외조부 무장이씨(茂長李氏) 이만

43) '한국역대인물종합정보시스템'에는 방효직의 전력(前歷)으로 혜민서 주부를 명기하고 있는데 이는 오류로 보인다. '한국역대인물종합정보시스템'이 의거한 『의과방목(醫科榜目)』(국립중앙도서관)은 종합방목으로 전력이 기재되어 있지 않다. 또한 법규에 주부는 의과 합격자를 임명하도록 했다(『경국대전』 권1, 이전 경관직). 전력이란 잡과 합격 당시의 신분을 말하는 것으로, 혜민서 주부는 의과 합격 후에 임명된 관직이기 때문이다.

혁(李萬爀)은 정7품 혜민서 직장, 생외조부 김해김씨(金海金氏) 김익희(金益熙)는 종9품 혜민서 참봉을 지냈다. 이처럼 역팔세보에는 양부와 생부의 외조부가 각각 기재되어 있다. 처부는 2명으로 태안이씨(泰安李氏) 이사윤(李思潤)은 종8품 계사, 남양홍씨(南陽洪氏) 홍득전(洪得傳)은 한학총민을 역임했다.[44)]

둘째, 역팔세보의 수록 기간을 종합하면, 순조 7년(1807) 식년시부터 고종 31년(1894) 식년시까지 87년간에 이른다. 1894년은 조선시대 과거가 마지막으로 실시된 해다. 하지만 현재 역과 합격자 명단인 역과방목은 1891년(고종 28)까지만 전한다. 역팔세보를 통해서 마지막 과거인 1894년 역과 합격자 명단을 1명이라도 파악할 수 있다는 점에서 주목된다. 그는 경주정씨(慶州鄭氏) 정재창(鄭在昶)이다. 1894년 식년시 역과에 14세에 합격했다. 가계를 보면 부친 정유성(鄭有性)은 고종 11년(1874) 증광시 의과에 26세에 합격했으며, 조부 정의수(鄭義秀)는 정7품 혜민서 직장, 외조부 예산정씨(禮山丁氏) 정석윤(丁錫胤)은 헌종 10년(1844) 증광시 의과에 21세에 합격한 뒤 정3품 당하 전의감 정, 의약동참을 역임했다.

셋째, 수록 기간은 역팔세보별로 차이가 있다. 각 팔세보의 수록 기간이 긴 순서대로 보면, 『역보』(텐리대본)는 1807년부터 1894년 87년간으로 수록 기간이 가장 길다.[45)] 『역과보』(장서각본)와 『역과팔세보』

---

44) 『역과방목』(국립중앙도서관)에는 방우서의 외조부와 생외조부의 관력이 기재되어 있지 않으며, 또한 두 명의 처부 중 홍득전은 수록되어 있지 않다. 전반적으로 역팔세보의 가계 정보가 더 풍부하다고 할 수 있다.

45) 『역보』(텐리대본) 수록 시기를 1891년까지로 본 연구도 있다(한미경, 「역과보에 대한 서지적 연구」, 『한국문헌정보학회지』 40-2, 2006, 128쪽 및 130쪽). 하지만 1894년이 맞는다고 하겠다. 『역보』에 수록된 경주정씨 정재창(鄭在昶)은 1894년 갑오 식년시 역과에 합격했기 때문이다.

(연대본)는 1807년부터 1888년까지 81년간, 『역과팔세보』(명지대본)는 1807년부터 1885년까지 78년간, 『역팔세보』(장서각본 · 규장각본)와 『역과팔세보』(규장각본)는 1807년에서 1882년까지 75년간을 수록하고 있다. 『역과보』(장서각본)와 〈연대본〉 『역과팔세보』가 수록 기간은 동일하지만 〈표 14〉에서 보듯이 〈연대본〉이 성씨별 수록 기간이 약간 길다. 『역과팔세보』는 〈연대본〉 이외에도 〈명지대본〉과 〈규장각본〉이 있다. 그런데 이들 『역과팔세보』는 책명은 동일하지만 수록 기간은 차이를 보인다. 〈명지대본〉은 1807년에서 1885년까지 78년간,[46] 〈규장각본〉은 1807년에서 1882년 증광시까지 75년간 역과 합격자의 팔세보를 수록하고 있다.

넷째, 역팔세보 중에는 『역보』(텐리대본)가 수록 성씨가 가장 많고 수록 기간도 제일 길다. 『역보』를 기준으로 보면, 성씨별 기재 순서와 수록 성씨에서 약간씩 차이를 보인다. 전씨(田氏)까지는 모든 역팔세보의 성씨 기재 순서가 일치한다. 〈규장각본〉 『역과팔세보』가 윤(尹) → 조(趙) 순으로 기재되어 있는 것은 예외라 하겠다. 그 이후 기재 순서가 다르다. 『역팔세보』(장서각본 · 규장각본)는 전(全) → 임(林) 순으로 기재되어 있으며, 『역과팔세보』(명지대본 · 규장각본 · 연대본)와 『역보』(텐리대본)는 신씨(申氏)가 마지막에 기재되어 있다. 『역팔세보』(장서각본 · 규장각본)에는 장(蔣), 신(申), 강(姜), 피(皮)가 수록되어 있지 않지만, 『역과팔세보』 · 『역과보』 · 『역보』에는 수록되어 있다. 그런데 〈명지대본〉에는 전(田), 진(陳), 남(南)이 보이지 않는다. 따라서 수록된 성씨만

46) 〈명지대본〉 『역과팔세보』 수록 시기를 1880년까지로 본 연구도 있다(한미경, 같은 논문, 128쪽). 하지만 1885년이 맞는다고 하겠다. 한산조씨 조재봉(趙在鳳)은 1885년 을유 식년시 역과에 합격했다.

보자면 〈명지대본〉『역과팔세보』가 제일 먼저 간행되고, 이어 전, 진, 남씨가 수록된 〈규장각본〉『역과팔세보』와『역팔세보』(장서각본 · 규장각본)가 그 후에 편찬된 것으로 여겨진다.

다섯째, 각 성씨별로 수록 기간을 보면 이씨(李氏)가 1809년 증광시부터 1891년 식년시까지 82년으로 가장 길다. 다음으로 수록 기간이 긴 경우는 방씨(方氏)로 1807년 식년시부터 1888년 식년시까지로 81년에 이르며, 그다음은 현씨(玄氏)로 1810년 식년시부터 1888년 식년시까지로 78년에 이른다. 〈표 14〉에서 0으로 표시된 것은 해당 성씨가 없는 것이며, 연도가 하나만 기재된 것은 해당 성씨에 1명만 수록된 경우를 말한다. 따라서 수록 기간이 가장 짧은 성씨는 연도가 1개만 기재된 성씨로 경(慶), 전(田), 임(林), 남(南), 장(蔣), 신(申), 강(姜), 피(皮)가 그들이다.[47] 이들 8개의 성씨 중 강씨만 2명 수록되어 있고 나머지는 1명씩 역팔세보에 수록되어 있다.

여섯째, 〈표 14〉에서 30개의 성씨들을 보면 뒷부분으로 갈수록 수록 시작 연도가 1850년대 후반으로 나타난다. 이들을 연도별로 정리해 보면 수록 시작 연대가 1850년대 변씨(卞氏)와 변씨(邊氏), 1860년대 경씨(慶氏)와 전씨(田氏), 그리고 1880년대에는 8개의 성씨(林 · 全 · 陳 · 南 · 蔣 · 申 · 姜 · 皮) 등 모두 12개의 성씨가 새롭게 등장한다. 이들은 전체 30개 성씨의 40.0%(12개)로 높은 비중을 차지한다.[48] 새로운 성씨가 역팔세보에 등장했다는 것이다. 이들의 경우 대체로 한두 명 기재되어 있을 뿐이다. 그런데 1840년대 이전에 등장했던 개별 성

---

47) 의팔세보는 4개의 성씨(陳, 白, 張, 盧)였다. 이들 중 노씨는 역팔세보에는 기재되어 있지 않다.

48) 의팔세보는 14개의 성씨가 1850년대 이후 새롭게 등장하여 43.8%(14/32) 비중을 차지했다. 특히 1890년대에도 2개 성씨(백, 노)가 등장했다.

씨 18개(60.0%) 내에서도 1850년대 이후 새롭게 등장하는 성관이 있다. 예컨대 한양김씨(漢陽金氏)와 낙안김씨(樂安金氏)는 1870년과 1882년에 각각 처음 등장한다. 대체로 한두 명 기재된 성씨나 성관의 경우 1850년대 이후에 등장한다.

(2) 수록 인원과 의미

역팔세보의 편찬 연대는 역팔세보의 간기, 서문, 발문 등이 없기 때문에 직접적으로 확인할 수 없다. 하지만 수록된 인물들을 통해서 기준점을 파악할 수 있으며 그 기준점을 준거로 삼아서 이들 역팔세보 간의 편찬 연도의 선후를 가늠해 볼 수 있다.

이제 역팔세보의 수록 기간과 인원을 살펴보기로 하자. 이를 통해서 각 역팔세보 편찬 연도의 선후 관계를 파악할 수 있을 것이다. 역팔세보의 편찬 연대를 살펴보기 위해 먼저 각 자료별로 수록자의 역과 합격 연도 분포를 파악해 보기로 하자. 이를 성씨별로 정리하여 표로 작성하면 〈표 15〉와 같다.

〈표 15〉 **역팔세보별 수록 기간 및 인원(단위: 명)**

구분	『역과팔세보』(명지대본)	『역과팔세보』(규장각본)	『역팔세보』(장서각본 · 규장각본)	『역과팔세보』(연대본)	『역과보』(장서각본)	『역보』(텐리대본)
기간	1807년式 ~1885년式	1807년式 ~1882년增	1807년式 ~1882년增	1807년式 ~1888년式	1807년式 ~1888년式	1807년式 ~1894년式
인원	456	518	533	668	671	685

이들 역팔세보는 수록 기간에서 차이가 확인된다. 『역과팔세보』(명지대본)는 1807년~1885년, 『역과팔세보』(규장각본)는 1807년~1882년, 『역팔세보』(장서각본 · 규장각본)는 1807년~1882년, 『역과팔세보』(연대본)는 1807년~1888년,[49] 『역과보』(장서각본)는 1807년~1888년, 『역보』(텐리대본)는 1807년~1894년이다.[50] 그런데 수록 하한선에서 차이가 있다. 『역과팔세보』(규장각본)와 『역팔세보』(장서각본 · 규장각본)는 1882년(고종 19)까지 수록하고 있다. 따라서 1882년 이후에 편찬했을 것이다. 『역과팔세보』(명지대본)는 1885년(고종 22), 『역과팔세보』(연대본)와 『역과보』(장서각본)는 1888년(고종 26), 『역보』(텐리대본)는 1894년(고종 31)까지 수록하고 있다. 그러므로 『역보』(텐리대본)는 1894년 이후에 편찬했다고 보아야 할 것이다.

다음으로 수록 인원을 보면 『역과팔세보』(명지대본) 456명, 『역과팔세보』(규장각본) 518명, 『역팔세보』(장서각본 · 규장각본) 533명, 『역과팔세보』(연대본) 668명, 『역과보』(장서각본) 671명, 『역보』(텐리대본) 685명 순이다. 수록 인원이 많아지는 순서로 편찬되었다고 보아야 할 것인가. 수록 인원이 적으면서 수록 기간이 긴 〈명지대본〉 『역과팔세보』와 〈규장각본〉 『역과팔세보』의 편찬 선후 관계가 쟁점이 될 수 있겠다. 〈명지대본〉 수록 인원은 456명으로 가장 적지만, 수록 기간에서 1807년~1885년까지 포괄하고 있기 때문이다. 구체적으로 보면 1명, 1885년 식년시 역과에 합격한 한산조씨 조재봉(趙在鳳)이 수록되어 있어

49) 수록 기간의 경우 〈연대본〉 『역과팔세보』에서 1801년부터 시작했다고 본 연구도 있다(한미경, 앞의 논문, 128쪽). 하지만 〈연대본〉 『역과팔세보』를 확인해 보면 온양방씨 방우서(1807년 식년시)부터 시작되고 있다.

50) 역팔세보의 수록 기간 동안에 모든 성관이 다 수록되어 있지 않다. 성씨별로 시작 지점도 다르며 수록 하한선도 다르다. 이는 중요한 점이라 하겠다.

수록 기간이 1885년까지 확장된 것이다.

그럼 수록 기간과 수록 인원이 상충할 경우, 어떻게 보아야 할 것인가 하는 문제가 생긴다. 필자의 경우, 기간과 인원이 상충할 경우 역시 수록 인원을 제1기준으로 보아야 한다고 생각한다. 팔세보 체제는 일반 족보 작성과 같이 앞서 간행한 팔세보를 참조하면서 수록자를 추가하는 형식으로 편찬했다. 인원을 추가하기는 쉽지만 기존의 명단에서 누락하기는 쉽지 않기 때문이다. 이제 수록 기간과 인원을 종합해 보면 『역과팔세보』(명지대본) 1807년~1885년 / 456명, 『역과팔세보』(규장각본) 1807년~1882년 / 518명, 『역팔세보』(장서각본 · 규장각본) 1807년~1882년 / 533명, 『역과팔세보』(연대본) 1807년~1888년 / 668명, 『역과보』(장서각본) 1807년~1888년 / 671명, 『역보』(텐리대본) 1807년~1894년 / 685명 순이다. 이렇게 본다면 『역보』(텐리대본)가 수록 기간이 제일 길고, 수록 인원 역시 제일 많다. 편찬 순서 역시 이와 같을 것이다.

그러면 이들 역팔세보에 수록된 인원과 『역과방목』에 실려 있는 사람들의 관계는 어떻게 보아야 할 것인가. 다시 말해서 19세기 역과 합격자들 중에서 어느 정도가 역팔세보에서 수록되어 있는가 하는 것이다. 19세기에 역과 시험은 48회 시행하여 1,120명을 선발했다. 19세기 이전까지는 역과 법정 선발 인원인 19명에 미치지 못했으나 19세기 들어 선발 인원이 증가해 평균 23.3명을 선발했다.[51] 역팔세보 수록 인원과 역과 합격자 1,120명과 대비해 보면 〈명지대본〉은

---

51) 이는 시험을 치르기가 이전보다 상대적으로 쉬워진 데다 직부(直赴)와 추부(追赴) 등 잡과 운영 체제의 이완에서 기인한다. 19세기 후반기에는 평균 36.3명을 선발했다[이남희, 앞의 책(1999), 60쪽].

40.71%(456명), 〈규장각본〉은 46.25%(518명), 〈장서각본 · 규장각본〉은 47.6%(533명), 〈연대본〉은 59.6%(668명), 〈장서각본〉은 59.9%(671명), 〈텐리대본〉은 61.2%(685)로 나타난다. 19세기 합격자 전체를 포괄하고 있지는 않다. 역과 합격자라고 해서 모두 역팔세보에 수록된 것은 아니라는 뜻이다.

다음으로 역팔세보에 수록된 시기에 해당하는 1807년 식년시에서 1894년 식년시에 이르는 역과 합격자는 1,026명이다. 이들 1,026명에 대한 비중은 〈명지대본〉 40.71% → 44.44%, 〈규장각본〉 46.25% → 50.49%, 〈장서각본 · 규장각본〉 47.6% → 51.9%, 〈연대본〉 59.6% → 65.1%, 〈장서각본〉 59.9% → 65.4%, 〈텐리대본〉 61.2% → 66.8%로 높아진다. 그렇다 하더라도 19세기 합격자 전체를 포괄하고 있지는 않다.

이에 대해서 "역과 합격자 전체를 대상으로 하지 않아 많은 합격자들이 누락되어 있는 아쉬운 점도 있다"고 보고 있다.[52] 그러나 바로 이 점, 동일 시기(19세기) 역과 합격자 전체를 대상으로 하지 않고 그 중에서 선별하여 역팔세보를 작성했다는 사실이야말로 중요하다고 하겠다. 이는 '누락'이라기보다는 선택해서 수록한 것으로 보아야 할 것이다. 역과 합격자들 중에서도 팔세보 형식을 충족시킬 수 있는 사람들이 주축이 되어 있기 때문이다.[53] 종래 지적되는 역팔세보의 미비점 내지 아쉬운 점이 오히려 역팔세보가 지닌 자료적 가치를 말해준다고 하겠다.

---

52) 한미경, 앞의 논문, 129쪽.

53) 이러한 점은 의팔세보에서도 나타난다. 의과에 합격했으나 선대를 알 수 없기 때문에 팔세보에 수록하지 못했다.

역과 합격자라고 해서 모두 기록한 것은 아니라 그들 중에서 어떤 기준에 따른 선별 작업이 이루어졌다. 즉 역과에 합격했으며 가계가 팔세보 형식을 충족할 수 있는 자들을 수록했다. 따라서 그들은 이른바 대대로 이어져 오는 명문 역관 가문이라고 보아도 좋을 것이다. 동시에 그들은 혈연적으로 세전되는 양상, 즉 세전성을 보여주는 가계의 구성원이기도 했다. 이러한 점은 역팔세보에 기록된 '견상' 기재 방식을 통해서도 뒷받침된다고 하겠다.

아울러 그들의 그 같은 자의식이, 역과방목과는 다른 역팔세보라는 형식의 '족보'를 만들게 했을 것이다. 이 같은 팔세보의 편찬은 19세기 후반의 사회적 움직임, 중인 신분의 연원을 밝힌다는 의미에서 선배 위항문인들의 생애와 업적을 정리한 전집(傳集: 전기류) 편찬과도 무관하지 않을 것이다.[54] 양반들처럼 중인들도 스스로 족보를 편찬하기도 했다는 맥락에서 읽어야 할 듯하다. 이는 『전주이씨족보』, 『합천이씨세보』와 같은 중인 족보가 편찬된 것과도 궤를 같이한다고 하겠다.[55]

---

54) 허경진, 『조선위항문학사』, 태학사, 1997, 295~296쪽. 조희룡은 직하시사(稷下詩社) 위항인들을 다룬 『호산외사』(1844), 유재건은 『이향견문록』(1862), 이경민은 『희조일사』(1866) 등의 전기(傳記) 역사서를 편찬했다.

55) 이들 족보는 역과, 의과, 음양과, 율과, 주학 등 잡학 합격, 기술관서의 직임을 모두 기록하고 있다. 하지만 이들 족보는 화원이나 사자관을 맡은 사실은 전혀 언급하지 않았다. 전주이씨의 경우 특히 화원이나 사자관을 많이 배출했음에도 불구하고 그런 사항을 기재하지 않았다[Edward W. Wagner, 앞의 논문(1987) ; 와그너 지음, 이훈상·손숙경 옮김, 앞의 책, 273~274쪽]. 그리고 딸의 후손들도 수록했다는 점 역시 특이하다. 3세대에 걸쳐서 각 세대 각 구성원들의 간략한 경력과 혼인 관계가 기록되어 있다. 딸의 후손들을 자세하게 수록한 것은 팔세보에 외조와 처부를 기록하는 등 혼인 관계를 중시한 것과 관련이 있는 듯하다.

4) 자료의 특징과 의의

역관과 관련한 팔세보 보첩류는 전체적으로 역팔세보라 할 수 있다. 현재 전하는 역팔세보, 구체적으로 『역팔세보』(장서각본), 『역팔세보』(규장각본), 『역과팔세보』(명지대본), 『역과팔세보』(규장각본), 『역과팔세보』(연대본), 『역과보』(장서각본), 『역보』(텐리대본) 등 7종의 역팔세보를 분석 대상으로 삼았다. 『역팔세보』 〈장서각본〉과 〈규장각본〉의 경우 필사체 등 다소의 차이가 있으나 수록 내용이 동일했다. 역팔세보 중에서는 『역보』(텐리대본)가 수록 기간도 길고 수록 인원이 많아 가장 풍부한 자료라는 점을 알 수 있었다.

역팔세보는 기재 순서, 과거 합격, 관력, 견상, 여유 면의 존재 등의 구성과 내용에서 모두 공통되는 측면이 있다. 역팔세보는 성씨별로 분류하고 그 안에서 본관별로 기재했다. 기재 순서는 전주이씨가 가장 앞선다. 그리고 성관 내에서는 생년순이 아니라 합격 연도순으로 배열했다. 같은 연도 합격자의 경우 역과 시험 성적순을 따랐다. 팔세보만의 독특한 기재 형식이라 하겠다. 또한 이것은 역팔세보가 『역과방목』과 같은 과거 합격자 명단을 토대로 작성되었으며, 역과 시험에서의 합격 순위가 중요했다는 사실을 말해준다.

본인 성명 옆에는 관력을 기재했다. 그런데 관력을 기재하지 않은 경우가 많았다. 하지만 관력이 있지만 기재하지 않은 경우가 적지 않음을 역과방목을 통해 알 수 있다. 기재하지 않았다고 해서 관직을 역임하지 않은 것은 아니다. 역팔세보의 관력을 토대로 연구할 때 그 점을 주의해야 할 것이다. 그래서 역과방목과 비교해 보는 것이 필요하다. 방목에서는 가계 구성원의 관력을 상대적으로 많이 적는 데 반해 팔세보에는 대표적인 관력을 기재한 듯하다.

팔세보라는 형식의 특성상, 8대에 이르는 조상을 수록하다 보니 조상이 같은 자손들이 많다. 그래서 한번 언급한 인물은 그 내용을 다시 적기보다는 견상이라 하여 앞서 나온 부분을 참조하도록 했다. 이는 수록 인물들의, 자료 내에서의 혈연적인 상관성을 단적으로 말해주는 것이라 하겠다. 또한 그 같은 견상의 내용을 고려하지 않고 자료를 분석하면 수록 인물의 숫자 파악에서 누락되는 부분이 생겨, 팔세보에 담긴 정보를 정확하게 분석할 수 없다.

그 외에 팔세보는 5줄 11단으로 검은 줄을 쳐서 55개의 직사각형 칸으로 구분하고 있다. 거기에 본인, 8대조, 처부와 외조 등을 기입했다. 그런데 개별 성관의 기재를 마치고는 여유 면, 즉 공란을 두었다. 이는 추가로 기록할 사람이나 혹은 성관을 대비한 것이라 하겠다.

팔세보에 수록된 사람들의 성관을 보면 그 성관 역과 합격자들의 일부에 해당한다. 다시 말해서 역과 합격자 모두를 포괄하고 있지 않다는 것이다. 역팔세보에 수록된 본인들은 일차적으로 역과에 합격한 것은 분명하지만, 역과방목에 있는 합격자들이 모두 팔세보에 수록된 것은 아니다. 그러니까 역과 합격자들 중에서 이른바 팔세보 형식을 충족할 수 있는 집안들, 이른바 세전성을 보여주는 역관 명문 집안들이 주축이 되어 역팔세보를 만들었을 것이다.

3

주팔세보 자료와 특징

1) 자료 현황

지금까지 필자가 조사, 확인한 바에 따르면 주학과 관련된 보첩류로는 『주학보』(규장각본), 『주학전보』(국중본), 『주팔세보』(장서각본), 『주팔세보』(규장각본), 『주학팔세보』(규장각본) 등이 전한다.[56] 이들은 족보 형식에서 팔세보 형식을 취하고 있다. 이들에 대해 수록된 인원수의 다과에 따라 순서대로 검토해 보기로 하자.

(1) 『주학보』

『주학보(籌學譜)』는 규장각에 소장되어 있다(古4650-135). 1책 50장이

56) 현재 전하는 산학과 주학 관련 팔세보에는 모두 '주학팔세보'로 적혀 있다. 필자가 조사한 바로는 '산학팔세보'라는 서명은 보이지 않는다.

며, 장정은 인쇄된 면이 밖으로 나오도록 책장의 가운데를 접고 책의 등 부분을 끈으로 묶는 선장이다. 구성 형태는 사주쌍변(四周雙邊) 반곽으로 가로 5줄 세로 11단으로 검은 줄을 친 오사란이다. 상하향삼엽화문 어미가 있으며 판심 하단에 본관과 성씨를 기재했다. 전체 세로 35.5cm, 가로 24cm이다.

성씨별 수록 형식을 따르며 새로운 본관이 시작될 때는 페이지를 바꾸었다. 다른 주팔세보와는 달리 처음 수록자 본인 이름 위에 본관을 세로로 적었다. 필사본으로 편저자 및 간기나 서문 등이 없어서 언제 어떤 연유로 편찬했는지는 파악할 수 없다. 『주학보』에는 335명이 수록되어 있으며, 수록 성관은 전주이씨에서 금산조씨(錦山趙氏)까지 31개다. 해제 정보에는 수록 성관의 수가 『주학팔세보』와 동일하다고 되어 있다.[57] 하지만 실제로 조사해 보았더니 『주학팔세보』의 수록 성관은 39개로 차이가 있었다.

(2) 『주학전보』

『주학전보(籌學全譜)』는 국립중앙도서관 소장본이다(한古朝66-74). 1책 69장이며, 장정은 선장이다. 사주쌍변 반곽으로 가로 5줄 세로 11단으로 검은 줄을 친 오사란이다. 상하향삼엽화문 어미가 있으며 판심 하단에 본관과 성씨를 기재했다. 전체 세로 35.6cm, 가로 22.4cm이다. 성씨별로 수록했으며 새로운 본관이 시작될 때는 페이지를 달리했다. 필사본으로 편저자 및 간기나 서문 등이 없어 언제 어떤 연유로 편찬했는지 파악할 수 없다. 수록 성관을 보면 전주이씨에서 금산

57) 규장각 원문검색서비스(http://kyudb.snu.ac.kr).

조씨까지 32개 성관을 수록했으며, 수록 인원은 349명이다.

(3) 『주팔세보』

『주팔세보(籌八世譜)』는 3책으로 이루어진 『의역주팔세보』 중의 한 책으로 장서각(K2-1778)과 규장각(奎15186)에 소장되어 있다. 『의역주팔세보』는 의과, 역과, 주학 등 3개 과목의 팔세보를 3책으로 구성했다. 잡과는 역과, 의과, 음양과, 율과 4개 과목으로 되어 있지만, 음양과와 율과는 빠져 있는 반면, 취재 시험을 실시한 주학이 포함되어 있어 주목된다.

〈장서각본〉과 〈규장각본〉은 수록 내용이 일치한다. 하지만 몇 가지 차이를 보이기도 한다. 앞서 언급한 바와 같이 〈장서각본〉은 천(天)·지(地)·인(人) 3책으로 구분하여 의·주·역팔세보 순서로 성책되어 있는 데 반해서, 〈규장각본〉은 일(一)·이(二)·삼(三)으로 구분했으며 순서도 의·역·주팔세보로 역학과 주학의 순서가 다르다. 〈장서각본〉에는 상삼엽화문(上三葉花紋) 어미가 있는 데 반해 〈규장각본〉은 어미 없이 해당 성관만 기재했다. 또한 필사 서체를 보면 작성자가 각각 다른 사람임을 알 수 있다.

필사체 등 다소의 차이점이 있으나 수록 내용이 동일하므로 두 소장본을 같이 살펴보기로 한다. 먼저 서지 사항을 보면 장정은 선장이며, 종이 한 면에 세로 28.8cm, 가로 19.5cm의 크기에 가로 5줄 세로 11단으로 검은 줄을 쳐서 총 55개의 직사각형 칸으로 구분했다. 전체 크기는 세로 37.3cm, 가로 23.5cm이다. 필사본으로 편저자 및 간기나 서문 등이 없어서 언제 어떤 연유로 편찬했는지 파악할 수 없다. 본문에 앞서 수록한 본관 성씨 목록이 정리되어 있다. 주학팔세보 중에서 성관 목록이 수록되어 있는 것은 『주팔세보』가 유일하다. 목록은 3단 구성이며, 1단에 12개의 성관을 기록했다. 1단 전주이씨에서 3단 풍기진씨(豊基秦氏)를 마지막으로 33개의 성관을 기재했으며, 수록 인원은 361명이다.

(4) 『주학팔세보』

『주학팔세보(籌學八世譜)』는 규장각에 소장되어 있다(古4650-36). 1책 77장이며, 장정은 선장이다. 구성 형태를 보면, 팔세보 형식에 따라 종이 1면에 가로 5줄 세로 11단으로 검은 줄을 쳐서 총 55개의 직사각형 칸으로 구분했다. 전체 크기는 세로 37.8cm, 가로 24.6cm이다. 상하향삼엽화문 어미가 있으며 판심 상단에 본관과 성씨를 기재했다. 성씨별로 수록했으며 새로운 본관이 시작될 때는 페이지를 달리하고, 처음 수록자 본인 이름 위에 가로로 본관을 적었다. 『주학팔세보』 역시 필사본으로 편저자 및 간기나 서문 등이 없어서 언제 어떤 연유로 편찬했는지 파악할 수 없다. 규장각 해제 정보에는 약 210명의 인적 사항이 수록되어 있다고 했으나, 실제로 확인해 보니 443명이었다. 수록 성관은 전주이씨에서 두주오씨(荳州吳氏)까지 39개다.

수록 성관과 인원이 39개 443명으로 현전하는 주팔세보 중에서 가장 많다. 주학 합격자의 팔세보를 파악하는 데에 『주학팔세보』가 가장 풍부한 자료원임을 확인할 수 있다. 본인 443명에 8대조와 외조, 처부를 포함하면 산술적으로 4,873명의 인적 정보를 얻을 수 있다. 그런데 양자의 경우 친계와 양계를 같이 적고, 외조와 처부가 여러 명 있는 경우 모두 적어, 실제 인원수는 그보다 훨씬 많다고 하겠다.

전체적으로 이들을 정리해 보면, 『주학보』는 31개 성관 335명, 『주학전보』는 32개 성관 349명, 『주팔세보』는 33개 성관 361명, 『주학팔세보』는 39개 성관 443명으로 수록 성관의 수와 수록 인원이 같이 증가하고 있음을 알 수 있다. 수록 성관의 순서를 보면 『주학보』·『주학전보』·『주팔세보』의 배열 순위가 일치한다. 다만 『주학전보』에 영해박씨, 『주팔세보』에 영해박씨와 풍기진씨가 추가되었다. 그런데 『주학팔세보』는 『주학보』보다 8개의 성관이 많으며, 배열 순서도 다르다. 이는 편찬 과정에서 기존의 주팔세보를 참조했기 때문으로 보인다.

이들 주팔세보는 모두 편저자 및 간기나 서문 등이 없어서 언제 어떤 연유로 언제 편찬했는지 파악할 수 없다. 그런데 수록 성관과 인원을 볼 때 『주학보』, 『주학전보』, 『주팔세보』, 『주학팔세보』 순으로 편찬했을 것이다.

2) 구성과 내용

팔세보는 한 면에 5줄 11단으로 줄을 쳐서 55개의 직사각형 칸으로 구분했다. 그 칸에다 본인, 8대조, 외조와 처부를 기입했다. 그런데 개별 성관의 기재를 마치면 여유 장, 즉 공란을 두었다. 이는 추가로 기록할 성관 혹은 사람을 위한 것이다. 여유 장에 추가로 삽입해서인지 주팔세보를 보면 중간에 필체가 다른 것을 볼 수 있다. 하지만 의과팔세보처럼 중간 여유 면에 삽입하기가 어려울 경우에도 같은 면에 첨가하여 기록하거나 혹은 첨지를 붙여 추가한 것은 보이지 않는다.

(1) 기재 순서

주팔세보는 성씨별로 나눈 다음 다시 본관별로 기재해서 성관의 분포를 파악하는 데 도움이 된다. 기재 순서를 보면 이씨가 앞서고 그 다음은 최(崔)·윤(尹)·경(慶)·김(金)·홍(洪)·오(吳)·한(韓)·강(康)·현(玄)·변(卞) 등의 순이다. 따라서 전주이씨가 가장 앞서 나온다. 이처럼 전주이씨가 수록 성관에서 수위를 차지하는 점은 다른 의학, 역학 팔세보와 같다.

기재 순서는 같은 성, 본관 순이다. 동일 성씨의 본관들은 어떤 순서로 배열했을까. 주학 합격자 배출 수와 어떤 상관관계가 있을까. 수록자가 많은 이씨와 김씨의 사례를 보면, 주학 합격자 배출 수와 본관 기재 순서가 거의 일치함을 알 수 있다. 다른 성씨의 경우 예외는 있겠지만 대체로 주학 합격자 수에 따라 본관 배열 순서를 정한 것으로 보인다. 그럼 동일 성관 내에서 수록자의 기재 순서는 어떠했을까. 수록 인원이 가장 많은 정읍이씨(井邑李氏) 사례를 보면 〈표 16〉과 같다.

〈표 16〉을 통해 같은 성관 내의 기재 순서가 생년순이 아니라 합격 연도순임을 확인할 수 있다. 이는 정읍이씨 『주학팔세보』 수록자 55명에서 모두 일치한다.[58] 그러면 같은 연도 합격자의 경우 족보처럼 출생 순서로 기재했을까. 이종근과 이해준은 같은 해(1825)에 합격했는데 이종근(15세)을 이해준(19세)보다 앞서 기재했다. 1835년 합격자 이해종과 이규성도 마찬가지다. 왜 그럴까. 1825년 합격자 10명 중 이

58) 『주학팔세보』(규장각본)에는 정읍이씨가 55명 기재되어 있다. 흥미롭게도 이들 55명을 한집안에서 배출했다.

〈표 16〉 **주팔세보 동일 성관 내의 기재 순서**

본관	성명	생년	합격 당시 나이	주학 합격 연도
정읍(井邑)	이종협(李鍾協)	1797년(丁巳)	16세	1812년 壬申
	이종황(李鍾黃)	1805년(乙丑)	15세	1819년 己卯
	이종근(李鍾根)	1811년(辛未)	15세	1825년 乙酉
	이해준(李海準)	1807년(丁卯)	19세	1825년 乙酉
	이종옥(李鍾玉)	1816년(丙子)	16세	1831년 辛卯
	이해두(李海斗)	1817년(丁丑)	16세	1832년 壬辰
	이해종(李海宗)	1822년(壬午)	14세	1835년 乙未
	이규성(李圭成)	1802년(壬戌)	34세	1835년 乙未
	이해원(李海源)	1824년(甲申)	15세	1838년 戊戌
	이종억(李鍾億)	1821년(辛巳)	20세	1840년 庚子

종근은 1등, 이해준은 6등으로 합격했다. 1835년 합격자 16명 중에서 이해종은 8등, 이규성은 16등이다. 이는 팔세보가 주학 합격자의 부계 8대조를 적고 있다는 점에서는 족보와 같은 보첩류의 성격을 가짐에도 불구하고 합격 연도가 같은 경우 성적순으로 기재하는 팔세보만의 독특한 기재 형식을 보여준다고 하겠다.

이는 다른 성관의 경우에도 같다. 전주이씨 이호중, 이호겸, 이호운 3명이 같은 해인 1829년(순조 29) 12월 시험에 합격했다. 이 시험에는 모두 22명이 합격했다. 이들의 합격 당시의 나이와 등수를 보면 〈표 17〉과 같다.

〈표 17〉 **전주이씨(全州李氏) 1829년 주학 시험 합격자**

성명	생년	합격 당시 나이	등수
이호중(李浩中)	1801년	29세	5등
이호겸(李浩謙)	1809년	21세	8등
이호운(李浩運)	1805년	25세	16등

주팔세보에 이들은 이호중 → 이호겸 → 이호운 순으로 기재되어 있다. 일반적인 보첩류의 기재 순서인 연장자 우선의 출생 순서가 아니라 합격 순위에 따라 기재하는 방목 방식을 따랐다. 그런데 이들 3명은 같은 주학 집안이다. 이호중의 부친 이유창(李惟昌)은 1781년, 이호겸의 부친 이유공(李惟恭)은 1786년, 이호운의 부친 이유원(李惟遠)은 1780년 주학 시험에 합격했다. 부계를 추적해 보면 이호중, 이호겸, 이호운의 5대조는 이귀령(李龜齡)이다.

이렇게 본다면 주팔세보의 기재 순서는 대성, 대본관, 동일 성관 내에서는 합격 연도, 그리고 합격 연도가 같은 경우에는 합격 순위에 따른다는 것을 알 수 있다. 이는 주팔세보가 『주학입격안』과 같은 과거 합격자 명단을 토대로 작성되었음을 말해주는 것이라 하겠다. 『주학입격안』은 합격 연도별로, 그리고 합격 순위별로 기재하고 있기 때문이다. 이러한 점은 주팔세보가 8대 계보를 적고 있다는 보첩류의 성격과 함께 주학 합격이라는 점을 강조했음을 알려준다. 합격 순위가 중요했음을 말해주는 것이다. 의팔세보와 역팔세보의 경우에도 대성, 대본관, 동일 성관의 경우 합격 연도, 그리고 동일 합격 연도의 경우 합격 순위에 따르는 것을 볼 때, 팔세보의 범례가 전해지고 있지 않아 편찬 지침을 정확하게 알 수 없지만, 당시 그러한 수록 방식이 일반적이었다고 할 수 있다.

그리고 한번 언급한 인물은 다시 그 내용을 적기보다는 '견상'이라고 하여 앞을 참조하도록 했다. 견상이라는 용어는 본인 부계 직계에서만 나타난다. 『주학팔세보』에는 견상이란 용어가 443명 중 384명(86.7%)에서 나타난다. 이러한 견상 표기는 주팔세보에 수록 인물들의 자료 내에서의 혈연적 상관성을 단적으로 보여준다. 특히 생부의 견상 부분을 자세히 기재하여 출계(出系)를 밝혔다. 따라서 견상의 내용

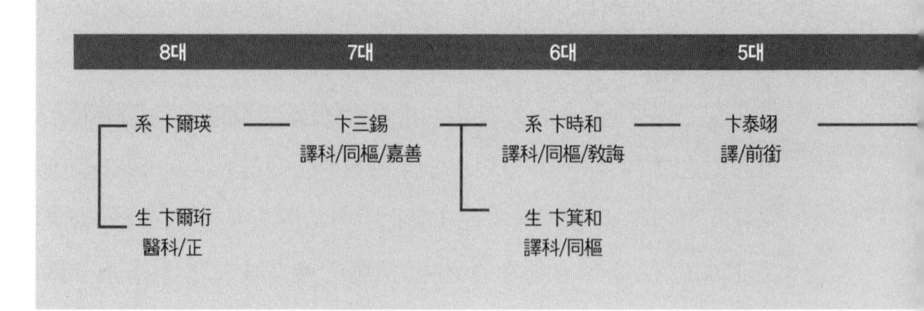

〈그림 13〉 **주팔세보 밀양변씨(密陽卞氏) 변대식(卞大植) 가계도**

을 고려하지 않고 자료를 분석하다 보면 수록 인물의 수 파악에서 누락이 많게 되고 정확하게 팔세보를 분석할 수 없다. 주학의 견상 비율은 의팔세보의 75.1%보다 10% 정도 높게 나타나고 있어, 주학의 세전성이 더 높았음을 알 수 있다.

그런데 이미 언급한 인물이므로 견상이라고 명기해야 함에도 그렇지 않은 사례가 더러 있다. 언급한 인물이지만 견상으로 수록자의 8대조를 모두 기록할 수 없는 경우에는 표기하지 않았던 것으로 여겨진다. 또한 견상으로 표기해도 8대조 등 혈연관계가 일치하지 않은 경우에는 견상이라고 표기한 다음, 인적 사항을 기재했다. 주팔세보에서 밀양변씨 변대식(卞大植)의 사례를 정리하면 〈그림 13〉과 같다. 변대식은 1871년(고종 8) 12세의 나이로 주학에 합격했다. 이어 17세인 1876년(고종 13) 증광시 의과에 합격했다.

주팔세보를 보면 변대식은 2대조 변종운부터 견상을 기재, 7대조 변삼석까지 모두 6대에 걸쳐 견상으로 적혀 있다. 그런데 특이한 점은 8대조 변이영과 변이형을 명기한 것이다. 이들을 견상이라고 할 경우 8대조를 명확하게 밝힐 수 없기 때문일 것이다. 이런 예는 주계최

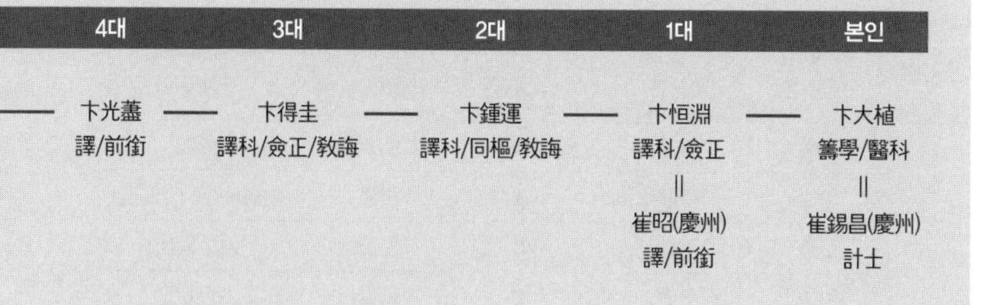

씨(朱溪崔氏) 최급(崔汲) 팔세보 가계에서도 확인된다.

(2) 관력

주팔세보를 보면 본인 성명 옆에 네 번째 열까지 덧붙여져 있다. 첫 번째 열에는 자, 두 번째 열에는 생년, 세 번째 열에는 주학 취재 입격 연도, 네 번째 열에는 역임한 관직(관력)을 기재했다. 그런데 네 번째 열에 관력이 적혀 있는 사례는 〈표 18〉에서 보듯이 아주 드물다. 네 번째 열에는 타과 합격 사항을 기재하는 경우가 많다. 하지만 관력과 타과 합격이 같이 기재되어 다섯 번째 열까지 넘어가는 사례는 보이지 않는다. 요컨대 주팔세보에는 본인의 관력 사항이 거의 기재되어 있지 않는 특징을 보인다. 반면 『주학입격안』의 관력 기재 사항이 비교적 풍부하다. 이러한 관력 기재 방식은 의학, 역학 팔세보와는 확실히 다른 점이라 하겠다. 이런 특성을 실제로 확인해 보기 위해서 각 주팔세보별 관력 기재 현황을 정리하면 〈표 18〉과 같다.

〈표 18〉 **주팔세보별 수록 관직 현황**

구분	『주학보』 (규장각본)	『주학전보』 (국중본)	『주팔세보』		『주학팔세보』 (규장각본)
			(장서각본)	(규장각본)	
본인 관력	引儀	引儀	內醫/縣監	內醫/縣監	察訪
	引儀	引儀	引儀	引儀	內醫/牧使[56)]/縣監
	引儀	引儀	引儀	引儀	引儀/縣監
	引儀	引儀	引儀	引儀	引儀
	引儀	引儀	引儀	引儀	引儀
	吏文學官	引儀	引儀	引儀	縣監
	引儀	吏文學官	引儀	引儀	內醫
		引儀	吏文學官	吏文學官	引儀
			引儀	引儀	引儀
			計士	計士	引儀
			計士	計士	引儀
					內醫
					吏文學官
					引儀/縣監
					引儀
계	**7**	**8**	**11**	**11**	**15건**

『주학보』 2.1%(7건/335명), 『주학전보』 2.3%(8건/349명), 『주팔세보』 2.8%(11건/361명), 『주학팔세보』 3.4%(15건/443명)로 나타나듯이 전체적으로 관력 기재 비율이 지극히 낮다. 그러면 이들은 주학 취재 시험

59) 이남희는 목관(牧官)으로 보았다(이남희, 「조선후기 주학팔세보의 자료적 특성과 의미」, 『고문서연구』 39, 2011, 199~200쪽). 하지만 『주학팔세보』에는 목사(牧使)로 기재되어 있다.

에 합격한 후, 관직을 역임하지 못한 것인가. 그렇지는 않다. 『주학입격안』과 대조해 보면 그들의 관력을 확인할 수 있기 때문이다.

〈표 18〉에 나타난 관직의 종류 역시 다음과 같은 특징을 보인다. 주학과 관련된 관직은 단지 계사(計士)만 보인다. 그것도 『주팔세보』(장서각본 · 규장각본)에만 기재되어 있으며, 2건에 지나지 않는다. 왜 그럴까.[60] 주팔세보에 수록된 인원의 경우, 이미 주학 취재 시험에 합격한 사실이 전제되어 있다. 그리고 합격했다면 종8품에 해당하는 체아직 계사는 역임했을 것이다. 더욱이 주팔세보에 수록될 정도라면 주학 명문 집안이라 할 수 있기 때문에 관직으로서의 계사는 그들에게 당연하다고 할 수 있다. 따라서 굳이 기재하지 않더라도 누구나 알 수 있었을 것이다. 한편 본인 관력이 거의 기재되어 있지 않은 것과는 달리 가계 구성원들의 관력(官歷)에 대해서는 분명하게 적고 있다. 거기서는 교수, 별제, 산사, 계사, 훈도, 회사 등이 확인된다.

다음으로 수록한 관직을 보면 통례원(通禮院) 인의(引儀)가 가장 많으며, 그다음은 목사(牧使), 현감(縣監), 찰방(察訪) 등 외관직, 내의(內醫), 이문학관(吏文學官) 등이 나타난다. 통례원 인의는 종6품으로 통례원은 국가의식을 관장하던 기관이다. 목사는 관찰사 밑에서 목을 맡아 다스리던 정3품 외관직이다.[61] 현감은 행정구역 현의 종6품 외

60) 산학과 관련된 직제는 종6품 산학교수(算學教授), 종6품 별제(別提), 종7품 산사(算士), 종8품 계사(計士), 정9품 산학훈도(算學訓導), 종9품 회사(會士) 등이다(『경국대전』 권1, 이전 경관직). 계사는 종8품 관직이다. 교수 · 별제 · 훈도는 정규직이며, 산사 이하는 체아직이다. 계사 역시 체아직이다.

61) 이긍주의 경우 『주학입격안』(장서각)에는 "계사 의과 의약동참 감목관"으로 기재되어 있다. 『의과방목』(국립중앙도서관)에는 "내의 목관"으로 되어 있다. 『주학팔세보』의 목사는 감목관으로 볼 수도 있을 것이다. 감목관은 지방 목장 업무를 담당하던 종6품 외관직이다.

관직이며, 찰방은 각 도의 역참을 관장하던 종6품의 외관직이다. 외관직을 역임할 수 있었던 것은 산원으로서 종사하는 일에 정통한 자로 지방의 관직을 주어 권장하도록 했기 때문이다.[62] 내의는 내의원 소속의 정3품 당하 의관을 지칭하는 것으로 의과에 합격해야 임명될 수 있었다. 이문학관은 중국과 왕래하는 문서에 쓰는 특수 문체인 이문을 전공해서 외교 문서를 관장하는 승문원 소속 관직이다. 이들 관직은 주학 관련 관직이 아니다. 특별한 관직 진출 사례이기 때문에 누락하지 않고 기재했을 것이다.

본인 관직 기록이 적다는 것은 주팔세보 편찬 당시 합격자들이 관직에 진출하지 않은 상황에 따른 것으로 볼 수도 있다. 뒤에서 보는 바와 같이 주팔세보 수록 기간이 1806년에서 1888년까지, 82년간이라는 점을 감안할 때 특이한 사항이라 하겠다. 하지만 주학팔세보에 수록될 정도라면 주학 관련 관직에 종사하는 것이 일반적이었다. 따라서 본인의 관력에 대해서는 〈표 18〉에서 보듯이 산원직 이외의 특별한 관직인 경우만 분명하게 기재한 것이 아닌가 한다.

반면에 팔세보에 수록된 8대 가계 구성원들, 그들의 선조들의 관력에 대해서는 분명하게 적었다. 그들의 관력에서 주학 관련 관직 교수, 별제, 산사, 계사, 훈도, 회사 등을 확인할 수 있다. 주팔세보에 기재된 관직을 가지고 19세기 주학 합격자들의 관력 진출을 논의할 때에는 주의해야 할 것이다. 본인 관력을 파악하기 위해서는『주학입격안』을 같이 분석하는 것이 바람직하다고 하겠다. 주학팔세보에서 본인의 주학 관련 관력은 미비하게 기재된 반면 역과, 의과, 음양과, 율과 등의 잡과, 문무과, 생원시, 진사시 등 타과 진출에 대해서는 상세하게

62)『대전회통』권3, 예전 장려.

기재했다. 결국 본인들의 경우 관력 중에서 특이한 사항들을 우선적으로 기재했다고 할 수 있다.

3) 수록 기간과 인원

(1) 수록 기간

주팔세보의 수록 기간과 인원을 살펴보기로 한다. 각 주팔세보에 수록된 기간의 구체적인 고증에 대해서는 처음으로 시도해 본다는 데에 의의가 있다고 하겠다. 이를 통해서 주팔세보 편찬 연도의 선후 관계를 파악할 수 있을 것이다. 주팔세보의 편찬 연대를 살펴보기 위해 먼저 각 자료별로 수록된 사람들의 주학 합격 연도 분포를 파악해 보기로 하자. 이를 각 성씨별로 정리하여 표로 작성하면 〈표 19〉와 같다.

〈표 19〉에서 알 수 있는 점은 다음과 같다. 첫째 주팔세보에는 18개의 성씨가 수록되어 있는데 개별 성씨별로 시작 연도가 모두 일치한다는 점이다. 이씨 1806년, 최씨 1812년, 정씨 1860년, 윤씨 1817년, 경씨 1831년, 김씨 1821년, 홍씨 1812년 등이다. 성씨별로 차이가 있지만 각 성씨가 시작되는 연도는 같다. 성씨 중에서 가장 이른 시기의 기록자는 이씨로, 전주이씨 이호풍(李浩豊)이다. 이호풍의 합격 연도는 병인으로 순조 6년(1806) 주학 시험에 17세의 나이로 합격했다. 그는 5종의 주팔세보에서 처음으로 기재된 인물이기도 하다.

둘째, 주팔세보의 수록 기간은 순조 6년(1806) 1806년부터 고종 25년(1888)까지 82년간에 이른다. 그런데 주팔세보별로 차이를 나

〈표 19〉 **주팔세보별 각 성씨 수록 기간**

성씨	『주학보』(규장각본)	『주학전보』(국중본)	『주팔세보』		『주학팔세보』(규장각본)
			(장서각본)	(규장각본)	
李	1806~1873	1806~1876	1806~1879	1806~1879	1806~1888
崔	1812~1873	1812~1873	1812~1880	1812~1880	1812~1888
鄭	×	×	×	×	1860~1871
尹	1817~1871	1817~1876	1817~1876	1817~1876	1817~1886
慶	1831~1871	1831~1871	1831~1871	1831~1871	1831~1882
金	1821~1873	1821~1876	1821~1879	1821~1879	1821~1888
洪	1812~1873	1812~1873	1812~1879	1812~1879	1812~1888
吳	1835	1835	1835	1835	1835
韓	1828~1873	1828~1873	1828~1873	1828~1873	1828~1888
康	1835~1871	1835~1871	1835~1871	1835~1871	1835~1886
玄	1871~1873	1871~1873	1871~1873	1871~1873	1871~1886
卞	1871~1873	1871~1876	1871~1876	1871~1876	1871~1888
邊	1871~1873	1871~1873	1871~1873	1871~1873	1871~1873
白	1871	1871	1871	1871	1871
南	1871~1873	1871~1876	1871~1876	1871~1876	1871~1876
趙	1873	1873	1873	1873	1873
朴	×	1876	1876	1876	876~1886
秦	×	×	1879	1879	1879
계	1806년~1873년	1806년~1873년	1806년~1879년	1806년~1879년	1806년~1883년

타내고 있다. 각 팔세보의 수록 기간을 보면 『주학보』와 『주학전보』가 1806년에서 1873년으로 67년간에 이르는 데 반해서, 『주팔세보』는 1806년에서 1879년으로 73년, 그리고 『주학팔세보』는 1806년에서 1888년 82년간에 이른다. 67년간을 동일하게 수록하고 있는 『주학보』와 『주학전보』의 경우도 수록 인원에서는 차이가 있으므로 동일 판본은 아니다. 전반적으로 『주학팔세보』(규장각본)가 각 성씨별로 수록 기간이 가장 길다는 점을 알 수 있다.

셋째, 각 성씨별로 수록 기간을 보면 이씨가 1806년부터 1888년까지 82년으로 가장 길다. 〈표 19〉에서 연도가 하나만 기재된 것은 해당 성씨에 1명만 수록된 경우다. 따라서 수록 기간이 가장 짧은 성씨는 연도가 1개만 기재된 성씨로 오(吳)·백(白)·조(趙)·진(秦)이다.

넷째, 〈표 19〉에서 ×로 표시된 것은 팔세보에 해당 성씨가 수록되지 않은 것이다. 정(鄭)·박(朴)·진(秦)이 그렇다. 자료별로 보면『주학보』에는 정·박·진씨 3개가 모두 없고,『주학전보』에는 정·진씨 2개,『주팔세보』에는 진씨 1개 성씨가 없다. 이는 기존의 주학팔세보 자료를 참조하면서 편찬했기 때문이 아닐까 한다.

다섯째, 현씨(玄氏)를 기점으로 뒷부분은 모두 시작 연도가 1870년대 이후로 나타나고 있다. 이들 성씨를 연도별로 정리해 보면 대부분 1871년으로 현(玄), 변(卞), 변(邊), 백(白), 남(南)이며 1873년 조씨, 1876년 박씨, 1879년 진씨 등 8개의 성씨가 1870년대에 새롭게 등장했다. 다만 예외적으로 정씨는『주학팔세보』에만 보이는데, 1860년에 시작되면서 세 번째로 기록되어 있다. 추가로 기입된 것이 아닌가 여겨진다. 이렇게 본다면 1860년대 이후 등장하는 성씨는 전체 18개 성씨의 50.0%(9개)로 높은 비중을 차지한다. 그런데 1830년대 이전에 등장했던 개별 성씨 9개(50.0%) 내에서도 1870년대 이후 등장하는 성관이 있다. 예컨대 천안이씨, 보령김씨, 삼척김씨, 선산김씨 등은 1880년대에 등장하고 있다.

(2) 수록 인원과 의미

수록 기간과 인원을 보면『주학보』는 1806년~1873년 / 335명,『주학전보』는 1806년~1873년 / 349명,『주팔세보』는 1806년~1879년 / 361명,『주학팔세보』는 1806년~1888년 / 443명이다.『주학팔세보』가

각 성관별로 수록 기간도 길고 수록 인원도 많다. 이를 정리하면 〈표 20〉과 같다.

〈표 20〉 **주팔세보별 수록 기간 및 인원(단위: 명)**

구분	『주학보』(규장각본)	『주학전보』(국중본)	『주팔세보』		『주학팔세보』(규장각본)
			(장서각본)	(규장각본)	
기간	1806년~1873년 (순조 6~고종 10)	1806년~1873년 (순조 6~고종 10)	1806년~1879년 (순조 6~고종 16)	1806년~1879년 (순조 6~고종 16)	1806년~1888년 (순조 6~고종 25)
인원	335	349	361	361	443

그러면 이들 주팔세보에 수록된 인원과 『주학입격안』에 실려 있는 사람들의 관계는 어떠한가. 다시 말해서 19세기 주학 합격자들 중에서 어느 정도가 주팔세보에 수록되어 있는가. 주팔세보 수록 인원을 1800년부터 마지막 취재 시험인 1888년까지 주학 합격자 692명과 대조해 보면[63] 『주학보』는 48.4%(335명), 『주학전보』는 50.4%(349명), 『주팔세보』는 52.2%(361명), 『주학팔세보』는 64.0%(443명)로 나타난다. 주팔세보에 수록된 주학 합격자의 비율이 점차 높아지고 있다. 주팔세보별로 수록 인원이 늘어나는 것은 새로운 성관의 주학 합격자가 등장하는 경우도 있지만, 대부분 이미 수록된 성관의 직계(直系)가 추가된 것이다. 주목할 만한 점이라 하겠다.

다음으로 주팔세보에 수록된 시기에 해당하는 1806년에서 1888년 식년시에 이르는 주학 합격자를 보면 662명에 이른다. 이들 662명에

63) 주학 등 과거 합격 확인은 「의역주팔세보DB」 및 『잡과방목 CD-ROM』(한국학중앙연구원 · 동방미디어, 2002)과 '한국역대인물종합정보시스템'을 활용했다.

대한 비중은 『주학보』 48.4% → 50.6%, 『주학전보』 50.4% → 52.7%, 『주팔세보』 52.2% → 54.3%, 『주학팔세보』 64.0% → 66.9%로 높아진다. 그래도 19세기 합격자 전체를 모두 포괄하고 있지는 않다.

바로 이 점, 동일 시기(19세기) 주학 취재 합격자 전체를 대상으로 하지 않고 그중에서 선별하여 팔세보를 작성했다는 점이 중요하다고 하겠다. 이는 누락보다는 선택해서 수록한 것으로 보아야 할 것이다. 주학 취재 합격자들 중에서도 팔세보 형식을 충족할 수 있는 사람들이 주축이 되고 있기 때문이다. 요컨대 의팔세보를 편찬하면서 의과에 합격하기는 했지만, 선대(先代)를 알 수 없기 때문에 팔세보에 수록하지 못한다고 적은 사례도 있다. 본인이 주학에 합격했다 하더라도 가계를 알 수 없으면 주팔세보에 수록하지 못했음을 미루어 알 수 있다.

이렇게 본다면, 종래 흔히 지적되는 팔세보의 미비점 내지 아쉬운 점이 오히려 주팔세보가 지니는 독자적인 자료적 가치를 말해주는 것이 아닌가 생각된다. 다시 말해서 주학 합격자라 해서 모두 다 기록한 것은 아니라 그들 중에서 어떤 기준에 따라서 선별 작업이 이루어졌다는 점이다. 즉 주학에 합격했으며 가계가 팔세보 형식을 충족할 수 있는 자들이 수록되었던 것이다. 따라서 그들은 이른바 대대로 이어져 오는 주학 명문 집안으로 보아도 크게 무리는 없을 것이다. 동시에 그들은 혈연적으로 세전되는 양상, 즉 세전성을 보여주는 가계의 구성원으로 볼 수도 있겠다.

구체적인 사례로 합천이씨를 보면 『주학팔세보』(규장각본)에 수록된 35명 모두가 견상으로 연결되고 있는 같은 집안이다. 합천이씨로 처음 주팔세보에 기재된 인물은 15세 때 1824년(순조 24) 주학 취재 시험에 합격한 이기혁이다. 35명의 합천이씨가 이기혁의 8대조 계사(計士) 이적(李迪)을 중심으로 한 직계로 세전되고 있다. 주팔세보에 처음 기재되어 있는 이기혁 가계가 주학 명문 집안이라 하겠다. 19세기 합격자 합천이씨 44명 중에서 79.5%(35명)를 차지한다.

그들의 세전성을 토대로 한 그 같은 자의식이, 『주학입격안』과는 다른 주팔세보라는 형식의 보첩류를 만들게 했을 것이다. 중인들이 양반들처럼 스스로 족보를 편찬하기도 했던 맥락에서 읽어야 할 것이다. 이 같은 팔세보의 편찬은 조선후기 사회적 움직임, 특히 『규사』, 『연조귀감』, 『이향견문록』 등과 같은 자신들의 신분 연원을 밝히는 역사서 편찬과도 관련이 있다고 하겠다.

그와 관련해서 주팔세보는 언제 편찬되었는가. 이들 『주학보』, 『주학전보』, 『주팔세보』, 『주학팔세보』의 편찬 연대는 어떠한가. 그들 사이에 편찬 연도의 차이는 없는가 하는 점에 대해서 간략하게 덧붙여 두고자 한다. 사실 이런 의문에 대해서는 주팔세보의 간기, 서문, 발문 등이 없기 때문에 직접적으로 확인할 수는 없다. 하지만 수록된 인물들을 통해서 기준점을 파악할 수 있으며, 이를 준거 삼아 이들 주팔세보 간의 편찬 연도의 선후를 가늠해 볼 수 있다.

앞서 살펴본 바와 같이 이들 주팔세보는 수록 기간에서 차이가 확인되는데 특히 수록 하한선에서 차이가 있다. 이들 주팔세보의 차이에 주목하는 것이 좋을 것이다. 『주학보』와 『주학전보』는 1873년(고종 10)까지 수록하고 있다. 적어도 1873년 이후에 편찬했을 것으로 추측해 볼 수 있다.[64] 그런데 수록 기간은 같지만 수록 인원이 335명과 349명으로 차이가 있다는 점을 간과해서는 안 될 것이다. 『주팔세보』는 1879년(고종 19), 그리고 『주학팔세보』는 1888년(고종 25)까지 수록하

64) 이들은 유사성이 커 보인다. 기재 양식에서 이들은 본인의 자(字)와 생년을 적는 양식이 같다.

고 있다. 적어도 각각 1879년, 1888년 이후에 편찬했을 것이다. 이들은 앞서 편찬된 주팔세보를 참고하면서 수록자를 추가, 편찬했을 것이다. 따라서 수록 기간이 제일 길고 인원수도 가장 많은 〈규장각본〉『주학팔세보』가 가장 늦게 편찬된 것이라 하겠다.

수록자의 인적 사항을 보면 이러한 편찬 연대의 순차성의 일단을 살펴볼 수 있다. 전주이씨 이긍주(李兢柱)는 14세의 나이로 1840년 주학에 합격하고, 이어 44세인 1870년 식년시 의과에 합격했다. 그의 관력을 주팔세보별로 정리하면 다음과 같다.

○ 醫科(『주학보』) → 醫科(『주학전보』) → 內醫/縣監(『주팔세보』) → 內醫/牧使/通政(『주학팔세보』)

이긍주의 부친 이호달(李浩達)은 계사다. 외조부 풍양윤씨(豐壤尹氏) 윤석철(尹錫喆) 역시 주학별제를 지냈다. 주학을 전공하는 주학 집안이지만, 이긍주는 의과에 합격한 뒤 의학에 진출했다. 『주학보』와 『주학전보』는 의과 합격 사항을 적고 있으나, 『주팔세보』는 내의와 현감(종6품), 그리고 『주학팔세보』에는 그보다 높은 목사(정3품 당하관)와 통정대부(정3품 당상관)를 역임했음을 밝히고 있다.[65] 특히 『주학팔세보』에는 "內醫牧使通政"을 작은 글씨로 덧붙였다. 이 같은 이긍주의 관력 추이는 앞서 말한 주팔세보들의 편찬 순서를 뒷받침해 준다고 하겠다.

---

65) 『주학입격안』(장서각)에는 "計士 醫科 議藥同參 監牧官"으로 기재되어 있다. 감목관은 종6품 외관직으로 지방 목장 업무를 담당했다. 『의과방목』(국립중앙도서관)에는 "內醫 牧官"으로 기재되어 있다. 하지만 앞에서 언급했듯이 『주학팔세보』의 목사는 감목관으로 볼 수도 있지 않을까 한다.

4) 자료의 특징과 의의

주학과 산원은 잡과 시험을 통해 선발되는 역관, 의관, 음양관, 율관 등의 상급 기술관으로서의 잡과중인에 비해서 사회적 위상이 낮았다. 하지만 조선후기에 나타난 사회적 변화와 더불어, 주학의 수요가 늘어났으며 점차로 사회적 위상 역시 높아졌다. 그 당시 팔세보 편찬은 의역주 중인에 의해서 이루어졌다. 그런데 주학에서도 팔세보 형식을 적용해 족보를 만들었다는 것 자체가 그런 위상을 뒷받침해 주고 있다. 『의역주팔세보』에서 보듯 역과, 의과 팔세보와 한 권으로 성책되었다는 것 자체가 상징적이라 하겠다.

현재 전하는 5종의 주팔세보, 『주학보』(규장각본) · 『주학전보』(국중본) · 『주팔세보』(장서각본 · 규장각본) · 『주학팔세보』(규장각본)를 분석 대상으로 삼아 검토해 보았다. 주팔세보는 성씨별로 분류하고 그 안에서 본관별로 기재했다. 이씨가 앞서고 그다음은 최 · 윤 · 경 · 김 · 홍씨 등의 순서였다. 성관 내에서는 합격 연도순으로 배열했다. 같은 연도 합격자의 경우 성적순을 따랐다. 이는 『주학입격안』을 토대로 작성했으며, 합격 순위를 중요하게 여겼음을 말해준다. 아울러 8대에 이르는 조상을 수록하다 보니 선대가 같은 경우가 많았다. 그래서 이미 언급한 인물의 경우는 견상이라 하여 참조하도록 했다. 수록 인물들의 혈연적인 유대를 단적으로 보여주는 것이다.

주팔세보에는 개인 관련 사항도 명기하고 있다. 관력은 거의 기재하지 않았다. 그렇다고 관직을 역임하지 않았다고 볼 수는 없다. 『주학입격안』에서 확인해 볼 수 있기 때문이다. 그래서 『주학입격안』과 비교해 보는 작업이 필요하다. 수록된 관직에서는 통례원 소속의 인의가 가장 많았으며, 그다음은 목사, 현감, 찰방 등 외관직, 내의원의 내의, 그리고 승문원의 이문학관이 나타났다. 주학과 관련한 관직은 계사만 보인다.

반면 본인의 타과 합격에 대해서는 상세하게 적고 있다. 99명이 확인되는데, 역과가 46명으로 가장 많았으며, 그다음은 의과가 37명, 음양과 5명, 율과 1명 순이다. 대부분 역과와 의과로 진출했던 것이다. 음양과와 율과 진출이 많지 않은 것은 그들의 사회적 위상과 무관하지 않을 것이다. 그 외에도 사마시 7명, 무과 2명, 그리고 문과 1명이 나타났다. 19세기 주학 취재 합격자 중에 잡학 이외의 사로(仕路)로 진출한 사례가 있었음을 알 수 있다(이에 대해서는 제Ⅵ장 2절 참조).

이어 5종의 주팔세보의 수록 기간과 인원에 대해 파악하고자 했다. 구체적인 고증을 시도해 보았다는 점에서 그 의미를 찾을 수 있겠다. 그리고 주팔세보 편찬 연도의 선후 관계도 파악해 보고자 했다. 그 같은 작업을 통해서 밝혀낼 수 있었던 점들은 다음과 같다.

우선 18개의 각 성씨가 시작되는 연도는 5종의 주팔세보가 모두 일치한다. 각 성씨별 수록 기간은 이씨가 1806년부터 1888년까지 82년간으로 가장 길다. 팔세보에 수록된 사람들의 성관을 보면 그 성관 주학 합격자들의 일부에 해당한다. 하지만 주학 합격자 모두를 포괄하고 있지는 않다.

주팔세보별로 수록 기간에 차이가 있었는데, 『주학보』(규장각본)와 『주학전보』(국중본)는 1806년에서 1873년, 『주팔세보』(장서각본 · 규장각본)는 1806년에서 1879년, 그리고 『주학팔세보』(규장각본)는 1806년에서 1888년까지 포괄하고 있다. 그리고 수록 인원을 보면 『주학보』 335명, 『주학전보』 349명, 『주팔세보』 361명, 『주학팔세보』 443명으로 확인되었다. 〈규장각본〉 『주학팔세보』에 수록된 인원이 가장 많았다. 주팔세보의 간기, 서문, 발문 등이 없기 때문에 편찬 연도를 직접적으로 확인할 수는 없지만 수록 기간과 인원, 그리고 수록 하한선 등을 토대로 살펴보면, 『주학보』가 먼저 편찬되었으며 이어 『주학전보』, 『주팔세보』, 『주학팔세보』 순으로 편찬되었을 것으로 여겨진다. 수록 기간이 가장 길고 수록 인원도 제일 많은 『주학팔세보』가 가장 늦게 만들어진 것이다.

이 같은 점을 전체적으로 고려해 볼 때, 자료로서의 주팔세보가 지니는 의미는 적지 않다고 하겠다. 주팔세보에 수록된 인물들은 주학에 합격한 것은 분명하지만, 당시 주학 합격자 모두를 대상으로 하지는 않았다. 그러니까 주학 합격자들 중에서 이른바 팔세보 형식을 충족할 수 있는 집안들, 이른바 세전성을 보여주는 주학 명문 집안들이 주축이 되어 만들었을 것이다. 그들은 역과나 의과에 비견되는 명문 주학 중인 집안으로서의 자의식을 가지고 있었으며 그것을 드러내기 위해 팔세보를 편찬했던 것이다.

V

의역주팔세보의
성관과 가계 분석

이 장에서는 의역주팔세보에 수록된 성관과 가계를 『의팔세보』, 『역팔세보』, 『주팔세보』의 순으로 분석하고자 한다. 먼저 의관과 의학, 역관과 역학, 산원과 주학에 대해 논의하고, 이어 의역주팔세보의 성관별 실태와 그 추이 및 팔세보 수록 성관의 특성에 대해 살펴보고자 한다. 이를 통해 기술직 중인을 많이 배출한 성관과 가문을 가늠해 볼 수 있을 것이다.

1

의팔세보 성관 실태

1) 의관과 의학

조선시대 의관은 의료, 의약 등에 관한 일을 전담하여 보았던 기술직 관원이다. 의관들은 국가의 의료사업을 담당했으며, 의료 관청에 따라 진료받는 사람들의 신분이 각각 달랐다.[1] 내의원에서는 왕실의 진료나 제약을 담당했으며 왕명에 따라 대신들의 의료에 종사하기도 했다. 전의감에서는 왕실 및 조정의 신하들의 의료뿐만 아니라 일반 백성이나 병졸들의 의료도 담당했으며, 혜민서에서는 주로 일반 서민들의 의료 활동을 맡았으며, 활인서에서는 도성 안의 전염병 환자와 빈민 및 죄수들의 진료 활동을 담당했다. 지방의 의료는 의학 생도가

1) 손홍열, 『한국중세의료제도연구』, 수서원, 1988 ; 연세대학교 국학연구원 편, 『한국 근대이행기 중인연구』, 신서원, 1999 ; 이남희, 「의사, 중인으로 살아가기」, 『조선사회 이렇게 본다』, 지식산업사, 2009.

파견되어 맡기도 했다.

의학 교육은 중앙의 경우 관상감과 혜민서에서,[2] 그리고 지방의 경우 지방관서에서 실시했다. 전의감 50명, 혜민서 30명을 두었으며, 지방에서는 부 16명, 대도호부와 목 각 14명, 도호부 12명, 군 10명, 현 8명씩 약 3,102명의 의학 생도를 두었다. 의학 교육은 의학교수와 훈도가 담당했다. 지방에서 실질적인 활용이 가능한 분야 위주로 기술학 생도 교육이 이루어져 생명을 다루는 의학 생도의 수가 다른 잡학에 비해 많았다. 의과 생도 교육은 의학 전문서에 대한 지식과 더불어 『경국대전』을 강독하게 했다. 『찬도맥(纂圖脈)』과 『동인경(銅人經)』은 외우게 하고, 『직지방(直指方)』·『득효방(得效方)』·『부인대전(婦人大全)』·『창진집(瘡疹集)』·『태산집요(胎産集要)』·『구급방(求急方)』·『화제방(和劑方)』·『본초(本草)』·『경국대전』은 보고 강독하게 했다.

의관이 되는 길에는 두 갈래 길, 취재와 의과 시험이 있었다. 취재는 말 그대로 실무 능력을 시험하는 것으로 취재에 합격하면 임시직에 임명되었다. 하지만 공식적으로 국가가 인정하는 의관이 되기 위해서는 자격시험이라 할 수 있는 의과에 합격해야 했다. 종6품 주부(主簿) 이상의 고위 의료 관직은 의과 합격자만 임명될 수 있었다.

의과는 양반들이 응시했던 문과와는 달리 대과·소과의 구별이 없는 단일과로서 식년시와 증광시에만 설행되었다. 식년시는 3년에 한 번씩 식년에 시행하는 정기 시험이며, 증광시는 국가에 경사가 있을

2) 전의감은 교육과 함께 궁중의 의료와 시약(施藥)을 관장했다. 조선은 개국하면서 전의감과 함께 1392년 혜민국을 설치했다(『태조실록』 권1, 1년 7월 정미). 혜민국은 세조 12년(1466)에 혜민서로 개칭했다(『세조실록』 권38, 12년 1월 무오). 혜민서는 의약과 서민의 질병을 구료하는 일과 함께 의학 생도 교육을 관장했다. 의녀 교육을 담당하기도 했다.

때 특별히 실시하던 부정기 시험을 말한다. 의과는 초시와 복시 두 단계만 있고 왕 앞에서 시험 치는 전시는 없었다.

선발 인원은 초시에서 18명, 최종 시험인 복시에서 9명을 뽑았다. 그런데 법 규정대로 9명을 선발한 경우는 거의 없으며 19세기 이전까지는 대체로 정원에 미치지 못했다. 이는 의학의 특성상 정원대로 반드시 뽑아야 하는 것이 아니라 의술이 우수한 자들을 뽑았기 때문이다.

의과에 합격하면 백패(白牌)를 수여한 뒤 1등은 종8품계, 2등은 정9품계, 3등은 종9품계를 수여했다. 이미 품계를 가진 자에게는 그 품계에서 1계를 더 올려주고, 올린 품계가 응당 받아야 할 품계와 같으면 1계를 또 올려주었다. 참고로 덧붙여 두자면, 양반들이 응시하던 문과의 경우 1등 합격자에게는 정7품직을 수여했으며, 원래 관품을 가지고 있던 자에게는 4계를 더 올려주었다.

의관들은 기본적으로 한품거관법(限品去官法)에 의해 관로가 제한되어 있었기 때문에, 계속적인 승진이 보장되지 않았다. 법규상으로는 최고 정3품 당하관까지 올라갈 수 있었다. 당상관으로 승진할 수 없었던 것이다. 하지만 당상관에 오른 예가 없지 않다. 실제로 의원들에게는 직능에 따라 당상관으로 승급할 수 있는 기회가 자주 주어졌다. 우선 왕의 최측근에서 보좌했기 때문에 승진할 수 있는 기회가 많았다. 왕이나 왕실 구성원의 병을 낫게 했을 때 특별히 승진시켜 주는 예가 빈번했던 것이다.[3)]

---

3) 『동의보감』으로 유명한 허준(許浚)의 경우, 선조의 어의로서 선조 37년(1604) 호성공신(扈聖功臣)에 봉해졌으며, 1606년에는 정1품 보국숭록대부(輔國崇祿大夫)에 올랐다. 이에 대해 조정에서는 예로부터 임금의 병을 고친 사람이 하나둘이 아닌데 숭자중질(崇資重秩)이 이같이 심한 것이 없다고 하면서 허준의 가자(加資) 개정을 주장했다. 의원들의 제도에 벗어나는 고품계화는 사실 빈번하게 조정의 논란을 불

따라서 의원들의 실질적 관직은 참상관직(6품에서 종3품)에 집중되어 있었다. 의과 합격자의 약 70%가 참상관까지 승급했으며, 당상관직(정3품에서 정1품)으로 진출한 경우도 15% 있었다. 그런데 그들 15%조차도 대부분 동반직이 아니라 서반직인 중추부(中樞府) 당상관직으로 나아갔을 뿐이다.[4] 중추부는 서반 정1품아문으로 문무당상관으로 맡은 직임이 없는 자를 우대하는 의미로 임명하는 예우 관서였다. 일종의 명예로 중추부 당상관직을 제수했으며, 그것도 단기적으로 운영했다. 의원에게는 동반 당상관직을 허용하지 않았다는 점을 주목해야 할 것이다. 의원들에게 급료가 지급되지 않는 명예직 품계에서는 당상관까지 승급하도록 허용한 반면, 관직이라는 실직에는 제한을 두었던 것이다.

의원은 때로 지방의 수령으로 진출하기도 했다. 다른 역관, 음양관, 율관 상급 기술관도 지방관으로 진출할 수 있었지만, 의원이 가장 많이 진출했다. 숙종 연간에는 경기도 수령 자리는 의관들이 의례히 맡는 자리가 될 정도였다고 한다.[5] 하지만 본인이 지방관으로 진출했다 하더라도, 그 자손들은 다시 기술직에 종사하는 경향을 보여주었다. 지방관으로 진출했다고 해서 양반층으로 신분 상승한 것이 아니어서 자손 대에서는 다시 기술직으로 돌아왔던 것이다.

오늘날 의사는 대표적인 전문 직종으로 꼽히지만, 조선시대가 그들에게 부여한 사회적 지위와 위상은 그리 높지 않았다. 인간의 목숨을 다룬다는 면에서 직무는 높이 평가되었지만, 신분적으로는 중인층에

러왔다.

4) 이남희, 『조선후기 잡과중인 연구』, 이회, 1999, 131~133쪽.

5) 『숙종실록』 권16, 11년 7월 임신.

속했다. 의학 전공이라는 특수성으로 인해 그들은 독특한 하나의 계층을 형성했다. 일정한 사회적인 차대가 그들 사이의 결속력을 촉진시키기도 했다.

따라서 그들은 독자적인 계층으로서 자의식을 지닐 수 있었으며 그러한 유대감은 19세기 이후에 활발하게 편찬된 중인 족보, 특히『의팔세보』,『의과보』,『의과팔세보』,『의역주팔세보』등을 통해 나타났다. 그러한 전문 지식을 바탕으로 하는 동류의식, 그들 사이의 혼인을 통한 신분적 유대의 강화, 그리고 의료직 등의 기술직을 대물림하는 세전성이 의사들의 세계를 특징짓고 있다. 그들의 세전성은 "의원이 3대가 되지 않으면 그 약을 먹지 말라"는 실록의 정형화된 문구에 단적으로 드러난다.[6)]

2) 기재 방식

의학을 전공한 사람들의 가계가 실려 있는 팔세보는 어떤 자료적 특성과 내용을 갖는지 살펴보고자 한다. 의팔세보는 의과 시험과 취재 시험에 합격한 사람들을 중심으로 8대조 및 외조와 처부를 수록한 보첩이다. 제일 먼저 의팔세보 성관 실태를 살펴보려는 것은『의역주팔세보』의 수권이라는 점, 그리고『의역주팔세보』에서『의팔세보』에만「의과팔세보」와 함께「등제팔세보」가 첨부되어 있다는 점을 감안했기 때문이다.

---

6) 古人云醫不三世 不服其藥 術不可不愼也(『성종실록』권173, 15년 12월 임신).

(1) 의과팔세보

먼저 「의과팔세보」의 수록 성관을 살펴보기로 한다. 「의과팔세보」에 수록된 기재 순서대로 정리하면 〈표 21〉과 같다.

〈표 21〉 「의과팔세보」 수록 성관

李	全州(10), 泰安(15), 天安(7), 慶州(9), 安山(6), 井邑(1), 江陰(2), 陜川(1), 星州(1), 海州(2)
金	靑陽(3), 金海(4), 三陟(2), 保寧(1), 樂安(4), 光山(1), 慶州(3), 海州(1), 開城(1), 固城(1), 善山(1)
崔	稷山(6), 慶州(12), 朱溪(3)
安	竹山(1), 順興(3)
鄭	慶州(13), 溫陽(10), 咸平(4), 河東(2)
朴	務安(2), 密陽(7)
吳	海州(1), 荳原(1), 樂安(1)
玄	川寧(12)
方	溫陽(5)
卞	密陽(10)
劉	漢陽(3)
韓	新平(2), 淸州(6)
洪	南陽(3)
全	寶城(3)
邊	原州(2)
高	濟州(1), 開城(1)
慶	淸州(3)
皮	洪川(4)
南	英陽(4)
尹	豊壤(2), 坡平(0)
趙	金山(1), 漢陽(1), 平壤(2)
田	河陰(2)
秦	風基(1)
張	白川(1)
姜	晋州(1)
康	昇平(0)
林	羅州(1)

(※ 괄호 안은 인원)

수록 성관과 인원을 보면, 79개 성관에 213명이 기재되어 있다. 파평윤씨와 승평강씨는 『의역주팔세보』 목록에는 있으나 본문을 보면 없다. 따라서 77개 성관에서 213명을 배출하여 1개 성관에 평균 2.7명이 수록되었다. 그런데 10명 이상을 수록한 성관이 7개로 82명이다. 즉 9.1%의 성관이 전체 38.5%를 차지한다. 반면에 1명이 수록된 성관은 21개, 21명이다. 즉 27.3%의 성관에서 9.9%를 차지한다. 소수의 성관에서 많은 비중을 차지하고 있다. 소수 집안에서의 세전성을 엿볼 수 있다.

기재 순서를 보면 전주이씨가 제일 앞서 나온다. 이는 다른 잡학팔세보에서도 공통되게 나타나는 현상이다.[7] 그리고 수록 순서는 같은 성, 같은 성 내의 본관순을 따랐다. 같은 성씨 내에서는 합격자의 수가 많다고 하여 먼저 배치한 것 같지는 않다. 흥미로운 점은 전주이씨를 시작으로 하여 이씨, 김씨, 최씨, 안씨, 정씨, 박씨 등의 순서는 다소의 출입은 있지만 『역팔세보』에서도 같은 순으로 나타난다는 것이다.[8]

그러면 같은 본관 성씨 내에서 수록자의 기재 순서에 어떤 원칙이 있었을까. 「의과팔세보」의 전주이씨와 태안이씨 사례를 정리하면 〈표 22〉와 같다.

---

7) 팔세보에 전주이씨를 언제나 가장 먼저 기재한 것은 아니다. 『삼반팔세보』(규장각)의 경우 7개 성씨(閔·金·朴·尹·鄭·洪·趙)만 수록되어 있다. 전주이씨는 수록되어 있지 않다.

8) 『주팔세보』는 이씨 다음에 최씨, 윤씨, 경씨를 기재하고, 다음에 김씨를 기재하고 있다.

〈표 22〉「의과팔세보」 동일 성관의 기재 순서

본관	성명	생년	의과 합격 연도
전주(全州)	이종덕(李宗德)	庚申(1800)	1825 식년시
	이호근(李浩近)	乙丑(1805)	1827 증광시
	이장혁(李章爀)	庚辰(1820)	1852 식년시
	이장혁(李章爀)	戊戌(1838)	1859 증광시
	이규상(李奎常)	乙巳(1845)	1864 식년시
	이규상(李奎常)	丁亥(1827)	1870 식년시
	이윤수(李崙秀)	己酉(1849)	1873 식년시
	이긍무(李兢懋)	癸丑(1853)	1874 증광시
	이면기(李冕基)	庚申(1860)	1874 증광시
	이만선(李萬善)	甲子(1864)	1880 증광시
태안(泰安)	이경년(李慶秊)	乙卯(1795)	1813 식년시
	이건기(李建基)	壬戌(1802)	1825 식년시
	이병하(李炳夏)	庚申(1800)	1827 증광시
	이병은(李炳殷)	癸亥(1803)	1831 식년시
	이병성(李炳成)	丙寅(1806)	1835 증광시
	이관기(李觀基)	丁丑(1817)	1840 식년시
	이한종(李漢宗)	乙酉(1825)	1846 식년시
	이준기(李濬基)	庚寅(1830)	1849 식년시
	이인선(李麟善)	丁亥(1827)	1849 식년시
	이능기(李能基)	甲申(1824)	1852 식년시
	이충근(李忠根)	戊戌(1838)	1855 식년시
	이민선(李民善)	戊戌(1838)	1858 식년시
	이서근(李恕根)	甲辰(1844)	1861 식년시
	이제형(李濟衡)	丙午(1846)	1874 증광시
	이만선(李晩善)	庚戌(1850)	1880 증광시

본관 성씨 다음의 배치가 생년순이 아니라 합격 연도순이다. 이는 전주이씨와 태안이씨 기재 순서를 통해서 알 수 있다. 예컨대 전주이씨 이긍주는 정해생(1827)으로 을사생(1845) 이규상보다 18세 많지만 합격 연도가 1870년으로 1864년에 합격한 이규상보다 늦기 때문에 이규상 다음에 기재되어 있다. 태안이씨 이능기는 갑신생(1824)으로 정해생(1827) 이인선보다 3세 많지만 합격 연도가 1852년으로 1849년에 합격한 이인선보다 늦기 때문에 이능기 다음에 기재되어 있다. 「의

과팔세보」에 수록된 77개 동일 성관의 기재 순서는【부록 2】「의과팔세보」 명단의 합격 시 연령과 합격 연도를 통해서 확인할 수 있다. 이는 의팔세보가 『의과방목』과 같은 과거 합격자 명단을 토대로 작성되었음을 말해주는 것이라고 하겠다.

(2) 등제팔세보

「등제팔세보」에 수록된 성관을 기재 순서대로 살펴보면 〈표 23〉과 같다.

〈표 23〉「**등제팔세보」 수록 성관**

李	全州(1), 星州(1), 安山(2), 陜川(1)
金	光山(1), 固城(1), 靑陽(1), 慶州(1)
安	順興(2)
鄭	溫陽(2)
朴	朔寧(2), 密陽(1)
韓	淸州(1)
趙	淳昌(1)
方	溫陽(1)
康	昇平(1)
秦	豊基(1)
洪	南陽(1)
劉	漢陽(1)
皮	洪川(2)
崔	稷山(1)

(※ 괄호 안은 인원)

77개의 성관이 기재된 「의과팔세보」에 비해서 「등제팔세보」에는 26개의 성관이 수록되어 있다. 산술적으로 51개의 성관이 「등제팔세보」에는 나타나지 않는다. 어떤 성관이 포함되지 않았는가. 예컨대 이씨에서는 태안(泰安), 천안(天安), 경주(慶州), 정읍(井邑), 강음(江陰), 해주(海州) 이씨가 그렇다. 특히 15명이 수록되었던 태안이씨가 빠져 있다. 정씨에서도 경주정씨(13명)가 빠져 있으며, 경주최씨(12명)도 수록하지 않았다.

반면 「등제팔세보」에 새롭게 등장한 성관은 삭녕박씨(朔寧朴氏), 순창조씨(淳昌趙氏) 등이다. 성씨 배열에서 「의과팔세보」에서와 같이 이씨, 김씨, 안씨, 정시, 박씨 등의 순서인데 세 번째였던 최씨가 「등제팔세보」에서는 맨 마지막에 나온다. 승평강씨(昇平康氏)의 경우 「의과팔세보」에는 목록에만 기재되고 본문 내용이 없었으나 「등제팔세보」에는 1명이 수록되어 있다. 그리고 「의과팔세보」에 있는 13개의 성씨(吳, 玄, 卞, 全, 邊, 高, 慶, 南, 尹, 田, 張, 林, 姜)는 「등제팔세보」에 보이지 않는다. 「등제팔세보」가 소수의 성씨에 집중되어 있음을 알 수 있다.

「등제팔세보」는 대부분의 성관이 1명 수록되어 있으며 2명 이상 기재된 성관의 기재 순서를 정리하면 〈표 24〉와 같다.

안산이씨, 순흥안씨, 온양정씨, 삭녕박씨, 홍천피씨 5개 집안의 동일 성관 내에서의 기재 순서를 보면 역시 생년순이 아니라 입사 연도순으로 정리했음을 확인할 수 있다(【부록 3】「등제팔세보」 명단 참조).

〈표 24〉 **「등제팔세보」 동일 성관의 기재 순서**

본관	성명	생년	입사 연도
안산(安山)	이헌양(李憲養) 이돈성(李暾成)	甲子(1804) 乙巳(1845)	1842 1870
순흥(順興)	안 완(安 浣) 안병의(安秉宜)	戊戌(1838) 辛丑(1841)	1864 1870
온양(溫陽)	정윤구(鄭允求) 정병로(鄭秉魯)	戊寅(1818) 乙未(1835)	1856 1870
삭녕(朔寧)	박유건(朴有鍵) 박흥수(朴興洙)	丙子(1816) 戊戌(1838)	1852 1868
홍천(洪川)	피상국(皮相國) 피희성(皮熙成)	庚戌(1850) 癸亥(1863)	1872 1878

3) 성관별 추이

다음으로 성관별 실태에 대해서 살펴보기로 하자. 『의팔세보』에 수록된 성관을 조사해 보면 〈표 25〉와 같다. 이는 가장 많은 인원이 수록된 성씨순으로 정리한 것이다.

〈표 25〉 **「의과팔세보」 대성(大姓)순 성관**

李氏 10개 본관 54명
(泰安 15, 全州 10, 慶州 9, 天安 7, 安山 6, 江陰 · 海州 각 2, 井邑 · 陜川 · 星州 각 1)
鄭氏 4개 본관 29명(慶州 13, 溫陽 10, 咸平 4, 河東 2)
金氏 11개 본관 22명
(金海 · 樂安 각 4, 靑陽 · 慶州 각 3, 三陟 2, 保寧 · 光山 · 海州 · 開城 · 固城 · 善山 각1)
崔氏 3개 본관 22명(慶州 12, 稷山 6, 朱溪 3)
玄氏 1개 본관 12명(川寧)

卞氏 1개 본관 10명(密陽)
朴氏 2개 본관 9명(務安 2, 密陽 7)
韓氏 2개 본관 8명(新平 2, 淸州 6)
方氏 1개 본관 5명(溫陽)
南氏 1개 본관 4명(英陽)

安氏 2개 본관 4명(竹山 1, 順興 3)
趙氏 3개 본관 4명(平壤 2, 金山 · 漢陽 각 1)
皮氏 1개 본관 4명(洪川)
慶氏 1개 본관 3명(淸州)
吳氏 3개 본관 3명(海州 · 荳原 · 樂安 각 1)

劉氏 1개 본관 3명(漢陽)
全氏 1개 본관 3명(寶城)
洪氏 1개 본관 3명(南陽)
高氏 2개 본관 2명(濟州 · 開城 각 1)
邊氏 1개 본관 2명(原州)

尹氏 1개 본관 2명(豊壤)
田氏 1개 본관 2명(河陰)
奉氏 1개 본관 1명(豊基)
張氏 1개 본관 1명(白川)
姜氏 1개 본관 1명(晋州)
林氏 1개 본관 1명(羅州)

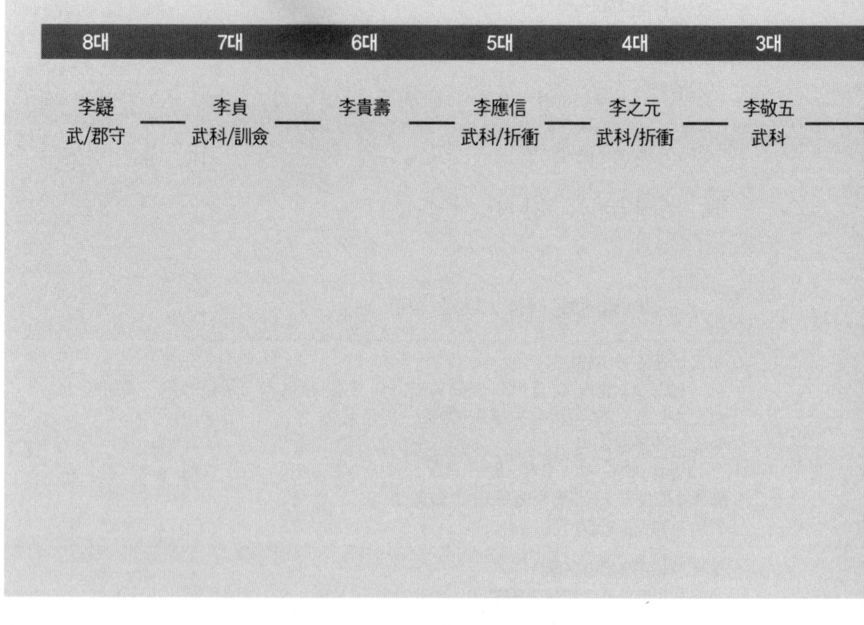

〈그림 14〉 **의팔세보 태안이씨(泰安李써) 이경년(李慶秊) 가계도**

「의과팔세보」의 수록 성관과 인원을 보면 79개 성관, 213명이 기재되어 있다. 수록 성씨는 모두 26개, 2개 이상의 본관이 수록된 성씨는 9개, 나머지 17개 성씨는 1개 본관만 기재했다. 성관별 배출 인원을 보면, 1명부터 최고 15명의 의관을 배출한 성관에 이르기까지 다양하게 분포되어 있다. 그런데 인원수가 가장 많이 수록된 성관을 의·역·주 팔세보별로 보면 「의팔세보」가 태안이씨 15명으로, 「역팔세보」 전주이씨 39명, 「주팔세보」 정읍이씨 46명에 비해 1/3에 그친다. 역팔세보와 주팔세보에 비해서 특정 성관 집중 비율이 상대적으로 낮은 것으로 여겨진다.

10명 이상이 수록된 성관을 보면, 태안이씨 15명, 경주정씨 13명, 경

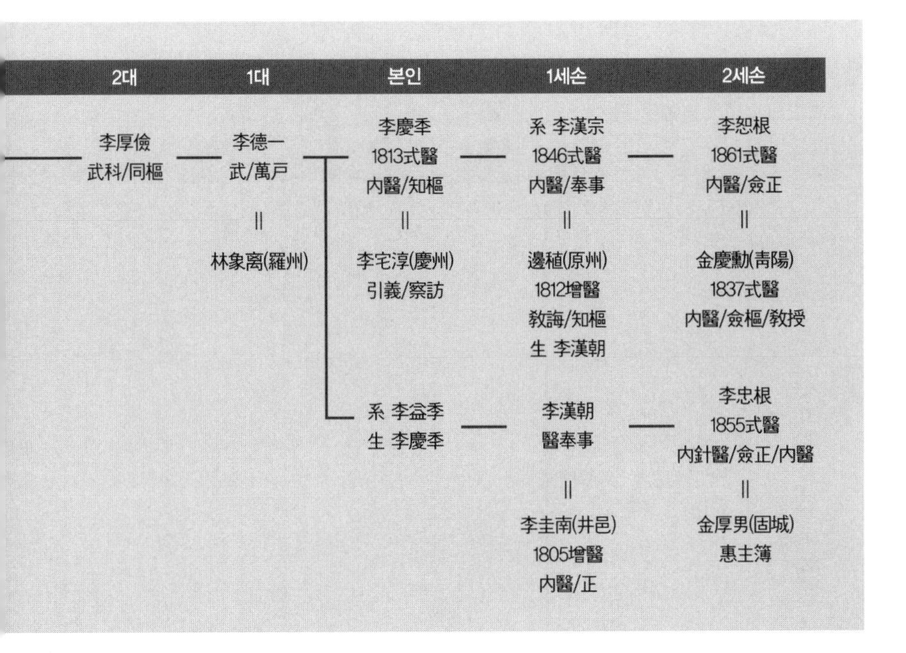

주최씨와 천령현씨 각 12명, 전주이씨, 온양정씨, 밀양변씨 각 10명이다. 10명 이상의 잡과 합격자를 배출한 성관은 7개다. 그런데 1개 성관만 수록된 천령현씨는 12명, 밀양변씨는 10명이 기재되어 있다. 의팔세보 내에서는 소수의 성관에 수록자가 집중되어 있는 특성이 잘 드러난다. 의팔세보에 첫 번째로 수록된 인물을 중심으로 대성관 태안이씨와 전주이씨 가계도를 살펴보기로 하자. 태안이씨는 1813년 식년시 의과에 합격한 이경년(李慶秊), 전주이씨는 1825년 식년시 의과에 합격한 이종덕(李宗德)이다. 그들의 가계도를 작성하면 〈그림 14, 15〉와 같다.[9]

9) 〈그림 14〉는 의팔세보를 토대로 이경년의 가계를 위로 8대, 아래로 2세손까지 구성

8대	7대	6대	5대	4대	3대
李承全 折衝/扈聖原從功臣	李誠一 1607籌 別提	李仁民 1627籌 別提/賓主	李東白 1666籌 訓導	李萬都 1666籌 教授	李泰昌 1727增譯 正
					李億昌 教誨/正
			李東羽 1656籌 計士	李萬實 1666籌 計士	李順昌 1692籌 籌訓導

〈그림 15〉 **의팔세보 전주이씨(全州李氏) 이종덕(李宗德) 가계도**

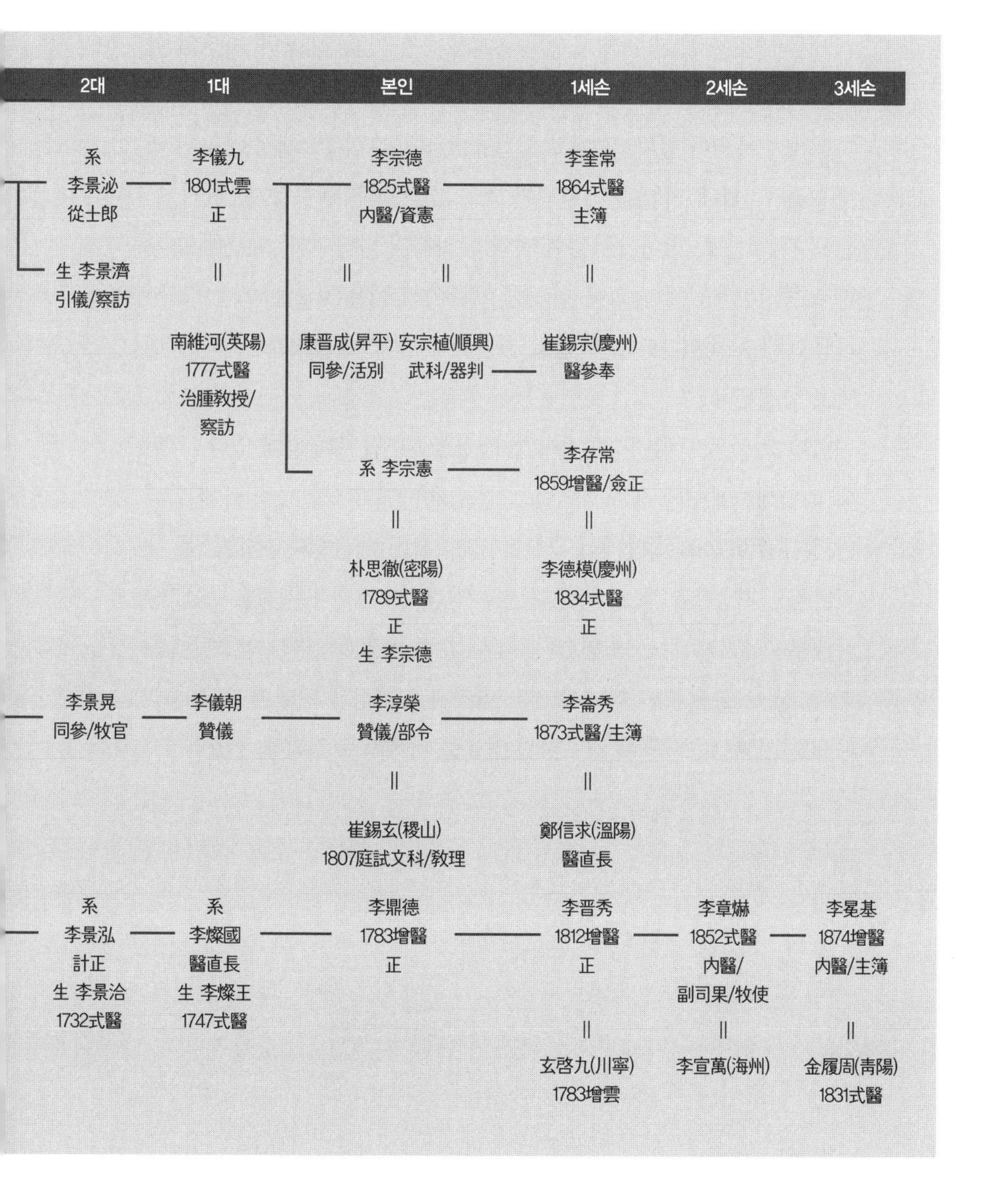
2대
1대
본인
1세손
2세손
3세손
系
李景泌
從士郎
生 李景濟
引儀/察訪
李儀九
1801式雲
正
南維河(英陽)
1777式醫
治腫教授/
察訪
李宗德
1825式醫
內醫/資憲
康晋成(昇平)
同參/活別
安宗植(順興)
武科/器判
李奎常
1864式醫
主簿
崔錫宗(慶州)
醫參奉
系 李宗憲
李存常
1859增醫/僉正
朴思徹(密陽)
1789式醫
正
生 李宗德
李德模(慶州)
1834式醫
正
李景晃
同參/牧官
李儀朝
贊儀
李淳榮
贊儀/部令
李崙秀
1873式醫/主簿
崔錫玄(稷山)
1807庭試文科/教理
鄭信求(溫陽)
醫直長
系
李景泓
計正
生 李景洽
1732式醫
系
李燦國
醫直長
生 李燦王
1747式醫
李鼎德
1783增醫
正
李晋秀
1812增醫
正
玄啓九(川寧)
1783增雲
李章爀
1852式醫
內醫/
副司果/牧使
李宣萬(海州)
李冕基
1874增醫
內醫/主簿
金履周(靑陽)
1831式醫

기재 내용을 보면 직계 구성원 8대조들은 이름, 외조와 처부의 경우는 성명과 본관이 적혀 있다. 공통적으로 관직과 품계, 과거 합격 여부가 수록되어 있다. 그리고 〈그림 14〉와 〈그림 15〉에서 보듯이 기재 사항이 해당 의학에 국한되지 않고 역과, 의과, 음양과, 율과 등 잡학 관련 사항, 나아가서는 무과와 문과까지 나타난다. 예컨대 1873년 고종 10년(1873) 의과에 합격한 전주이씨 이윤수(李崙秀)의 외조부 직산최씨 최석현(崔錫玄)은 순조 7년(1807) 정묘 정시(庭試) 문과에 병과로 합격했다.

한편 의팔세보에는 경주정씨(慶州鄭氏)가 13명 수록되어 있다. 그런데 의팔세보에 처음으로 기재된 순조 22년(1822) 식년시 의과에 합격한 정유증(鄭有曾) 집안에서 그들 13명을 모두 배출했다. 정유증은 내의(內醫), 지중추부사(知中樞府事), 부사(府使), 자헌대부(資憲大夫), 숭록대부(崇祿大夫) 등을 역임했다. 처부 순흥안씨(順興安氏) 안종탁(安宗鐸)은 정조 22년(1798) 식년시 의과 합격자로 첨정을 지냈다. 정유증의 자세한 가계는【부록 4】경주정씨 정유증 가계도로 정리해 두었다.

한 것이다. 1세손 한종, 2세손 서근과 충근은 의팔세보에 수록된 본인이기도 하다. 그래서 이들의 처부와 외조부를 기재했다. 〈그림 15〉에서 1세손, 2세손, 3세손으로 표기된 이들 역시 팔세보에 수록된 본인이다. 이하 같다.

2

역팔세보 성관 실태

1) 역관과 역학

역관들은 조선시대 대외관계에서 중요한 역할을 맡았다. 개국 초부터 조선은 외교 관계를 매우 중요시했기 때문이다. 대외 정책의 근간은 사대교린, 다시 말해서 중국에 대해서는 사대, 다른 국가에 대해서는 교린을 근간으로 삼았다. 외국과의 관계에서는 일차적으로 의사소통이 중요하다. 예나 지금이나 그 점은 다를 바 없다. 태종 4년(1404) 사헌부에서 올린 상소문을 보자.

> 작은 나라로서 큰 나라를 섬기는 것은 고금의 공통된 의리입니다. 하물며, 우리 조정은 바닷가 벽지에 치우쳐 있어서 어음(語音)이 아주 다르므로, 역관을 통해서 의사소통이 이루어집니다. 그러므로 사역(司譯)의 직임은 진실로 중요합니다.[10)]

이미 조선은 개국과 함께 사역원을 설립했으며, 태조 3년(1394) 사역원에서 교과과정을 정하여 서울과 지방에서 양가 자제 15세 이하로서 총명한 자를 뽑아 올려 교육시키도록 했다.[11] 그런데 조선시대에는 모든 사람들이 다 외국어를 배워야 한다는 생각이 없었다. 역대 국왕들은 문신들에게 외국어 공부를 하라고 권장하기도 했지만, 양반들의 외국어 학습 의지는 그다지 높지 않았다.

역학 생도 교육은 서울에서는 사역원, 지방은 8도 군현, 부(府) · 대도호부 · 목, 도호부 · 군 · 현의 관아에서 실시했다. 역학 생도는 취재와 역과를 통해 역관직에 진출했다. 역학 교육을 담당한 기관은 사역원이었다. 1393년 고려의 제도를 따라 사역원을 설치하고, 여러 나라의 말을 통역하는 일을 맡아 사대교린 업무를 관장하도록 했다. 사역원은 역학 행정 및 역학 교육의 중추기관으로 경관직 정3품아문이다. 사역원은 지금의 서울 세종문화회관 뒤편 종로구 적선동과 도렴동에 걸쳐 있었으며 그 규모는 동서가 23칸, 남북이 24칸으로 대청(大廳), 상사당상청(常仕堂上廳), 한학전함청(漢學前銜廳) 등 30여 개의 청이 있는 거대한 관사였다.

국가 간의 관계가 중요했기 때문에 사역원에서는 한학, 몽학, 왜학, 여진학[청학] 교육을 실시했다. 통역과 번역을 담당해 부경사행이나 통신사행을 수행하고 과거와 취재 시험 등을 관장했다. 교수직으로 한학교수 2명, 한학훈도 4명, 몽학 · 왜학 · 여진학훈도 각 2명을 두었다. 교수나 훈도의 자격을 보면, 교수는 정3품 훈상당상, 종4품

10) 以小事大 古今之通義也. 況我朝僻處海陬 語音殊異 因譯以達 故司譯之任 誠爲重矣(『태종실록』 권8, 4년 8월 기축).

11) 『태조실록』 권6, 3년 11월 을묘.

첨정, 정5품 도사 등을 지내고 교회 등 경험이 많은 사람을 임명했고, 훈도는 참상관이나 교회 중에서 임명했다.

사역원 내에서는 외국어만 사용하게 했을 뿐만 아니라 오늘날처럼 원어민이 어학 교육을 담당하기도 했다. 그들 외국인은 중국이나 주변국에서 귀화한 사람이거나 그들의 후손이었다. 그들을 가리켜 향화인이라고 했다. 대외관계에서 그들을 활용하는 한편, 정착시키기 위해 일련의 정책도 마련했다.[12] 그리고 역학의 특성상 정원에 구애받지 않고서 기능이 우수한 자들을 선발했다.[13]

역관들은 선진 문물이나 기술을 일찍 접하게 되어 외래 문물 수용에 앞장섰다. 조선전기의 역관들은 채은법(採銀法), 국가에서 필요로 하는 산법(算法), 석회(石灰) 만드는 법, 병선의 건보법(乾燥法) 등 실질적인 기술 도입에 주도적인 역할을 했다.[14] 역관들의 역학에 대한 정진은 국어학 발전에도 간접적인 도움을 주었다.

이처럼 역관은 어학을 바탕으로 앞선 문물과 학문을 도입해서 새로운 시대의 선도자 역할을 하기도 했다. 청나라에 간 사행원과 역관들은 각종 시설을 견학하고 북경 유리창을 둘러보았으며, 과학 · 윤리 · 지리 · 종교 등에 관한 한문으로 번역된 서양의 다양한 학술서적들을 구매해 왔다.[15] 조선후기 지식인들은 한역(漢譯) 학술서를 접함

---

12) 『세종실록』 권64, 16년 4월 무오.

13) 嚴飭各該司, 公以考試, 嚴其等第, 俾勿如前亂雜, 雖未充元額, 惟才優者是取(『정조실록』 권3, 1년 3월 임오).

14) 신해순, 「중인」, 『한국사』 25, 국사편찬위원회, 2008.

15) 의관, 천문관 등 담당 기술관이 직접 사행에 참여하여 서적을 구입해 오기도 했다. 부경사행원들의 손을 거쳐 조선으로 도입된 서책이 얼마나 많았는지는 오늘날 규장각 및 장서각 소장의 중국판 서적을 보아도 알 수 있다. 조선후기 대표적 서화가 김정희가 헌종 10년(1844) 유배지 제주도에서 그린 「세한도」는 수묵으로 작은

으로써 새로운 학문적 감흥과 함께 강렬한 자극을 받았다. 그들은 서양 학술서적을 탐독했으며 마침내는 서학(西學)이라는 학문적 경향을 조성하게 되었다.

또한 한역서학서와 더불어 이러한 서양의 과학·기술 기구와 지식은 해마다 중국에 파견되는 사행원에 의해 도입되어 주목을 받게 되었고 마침내는 학문적인 연구로 전개되었다.[16] 그들의 이러한 노력에 힘입어 조선후기의 많은 실학파 지식인들은 새로운 학문적 감흥과 함께 강한 자극을 받을 수 있었다. 북학(北學)과 서학이라는 새로운 학문적 경향은 그런 맥락에서 이해해야 할 것이다. 역관들의 활동은 조선후기 문화사에서의 역동적인 발전에 기여했다.

따라서 그들은 독자적인 하나의 계층으로 자의식을 가질 수 있었으며, 이러한 유대감은 19세기 이후에 활발하게 편찬된 역팔세보를 통해서 볼 수 있다. 잡과 합격자 10명 중 3명 정도는 아버지와 같은 과목 출신이었다. 잡과를 거치지 않은 기술관서 재직자까지 포함한다면 그 비율은 더욱 높았을 것이다.

집 한 채와 그 좌우로 잣나무, 소나무 두 그루씩을 배치한 담백한 필치의 작품으로 조선조 문인화의 백미로 평가받고 있다. 여기에는 하루아침에 모든 것을 잃은 자신을 잊지 않고 멀리 북경에서까지 귀한 서적을 구해다 준 제자 역관 이상적의 인품을 한겨울에도 가장 늦게 잎을 떨구는 소나무와 잣나무의 지조에 빗대 그렸다는 사연이 전한다.

16) 이원순, 「부경사행의 문화사적 의의」, 『사학연구』 36, 1983.

2) 기재 방식

의역주팔세보 수록자의 신분 배경과 관련해서 검토해야 할 주요한 측면의 하나는 그들의 혈연관계를 보여주는 성관(姓貫)에 대한 분석이다.[17] 본관 제도의 성립 배경은 나말여초에 전국적으로 발생한 인구 유동 현상에 대처하기 위해 유이(流移) 방지 수단으로 호구 상태를 파악하고 백성들을 통제하기 위한 데서 연유한다.

본관이라는 용어는 고려시대부터 사용했다. 그 당시의 본관은 출자지명(出自之名)으로 행정구역을 지칭해서 본관과 거주지가 일치했다.[18] 고려전기에는 원칙적으로 거주지를 본관으로 했으나 후기에 들어와서 본관으로부터의 유출이 진행됨에 따라 거주지와 본관의 분리가 이루어졌다. 본관이 시조가 생존했던 당시의 지방행정 구역의 군현명이므로 본관지의 연원을 고찰하는 것은 씨족의 연원을 파악하는 데 도움이 된다. 또한 성관은 혈연적 요소뿐 아니라 사회적 신분과도 관련성을 지니고 있어 팔세보 수록자의 가계 배경을 파악하는 데도 도움이 된다.

팔세보를 보면 각 성관별로 본인 성명 옆에 자 · 생년 · 잡과 및 주학 합격 연도를 간지로 기재했으며, 관직과 품계 등을 기재했다. 성관은 그들의 가계와 연원, 그리고 혼맥 등을 파악할 수 있게 해준다. 일

17) 세종 18년(1436)에 태종의 비 원경왕후 민씨의 외향(外鄕)이라 하여 여산현을 군으로 승격시키고 충청도에 이관했다가 세종 26년(1444)에 전라도로 복귀시켰다. 조선 인조 때 전라도 후영(後營)이 익산군에서 여산으로 이설되어 임피를 위시한 전라도 동북 지방의 10개 읍을 관할했다. 숙종 25년(1699) 단종 비 정순왕후 송씨의 본관[礪山]이라 하여 도호부로 승격시켰다. 이런 점을 감안할 때 본관이 중요했다는 것을 알 수 있다.

18) 김수태, 「고려 본관제도의 성립」, 『진단학보』 52, 1981.

정한 계층으로서의 그들의 사회적 성격과 지위 등을 가늠해 볼 수 있는 적절한 자료라고 할 것이다.

역학을 전공한 사람들의 가계가 실려 있는 팔세보는 어떤 자료적 특성과 내용을 갖는지 살펴보고자 한다. 역팔세보는 역과 시험에 합격한 사람들을 중심으로 8대조 및 외조와 처부를 수록한 보첩이다. 『역팔세보』에 수록된 성관을 정리하여 기재 순서대로 살펴보면 〈표 26〉과 같다.

『역팔세보』의 수록 성관과 인원을 보면 77개 성관에서 533명이 기재되어 있다.[19] 『의팔세보』의 79개 성관 213명 기재에 비해 성관 수는 2개 적으나 수록 인원수는 2.5배에 달하고 있다. 『역팔세보』에 소수의 성관이 많은 비중을 차지하고 있음을 알 수 있다. 이는 1개 성관별 평균 인원에서도 드러난다. 역팔세보는 77개 성관에서 533명을 배출하여 산술적으로 보면 1개 성관별 평균 6.9명을 수록, 『의팔세보』 2.7명과 대비하면 2.5배 많다.

실제로 개별 성관별 배출 인원을 보면, 1명부터 39명에 이르는 역관을 배출한 성관에 이르기까지 다양하게 분포해 있다. 성관별 편차가 있음을 알 수 있다. 20명 이상을 수록한 성관을 보면, 전주이씨가 39명을 배출했으며, 이어 천령현씨 33명, 우봉김씨 22명, 밀양변씨 22명이다. 20명 이상의 잡과 합격자를 배출한 성관은 4개다. 전주이씨, 천령현씨, 우봉김씨, 밀양변씨가 대표적인 역학팔세보 배출 성관임을 알 수 있다.

각 성관별 점유 실태를 보면, 20명 이상을 수록한 4개(5.2%) 성관에서 116명(21.8%), 10명 이상을 수록한 22개(28.6%) 성관에서 361명

19) 『의팔세보』와는 달리 목차에 있는 성관이 본문에 모두 수록되어 있다.

(67.7%)을 배출했다. 반면에 1명이 수록된 성관은 7개, 7명이다. 즉 9.1%의 성관에서 1.3%를 차지한다. 소수의 성관이 많은 비중을 차지하고 있다. 세전성을 엿볼 수 있는 측면이라 하겠다.

팔세보에 수록된 성(姓)을 보면 역학 26종, 의학 26종에 이른다. 그런데 『역팔세보』와 『의팔세보』에 수록된 성을 합하면 모두 29종[20]이다. 이

〈표 26〉 **『역팔세보』 수록 성관**

李	全州(39), 金山(15), 慶州(11), 江陰(11), 海州(9), 井邑(7), 泰安(10), 南陽(7), 安山(10), 水原(4), 旌善(2), 任實(2), 廣州(2), 天安(3), 錦城(1), 陜川(1)
金	慶州(4), 牛峯(22), 金海(5), 海州(3), 固城(6), 雪誠(10), 全州(1), 保寧(2), 善山(4), 靑陽(15), 三陟(5), 開城(3), 漢陽(1), 樂安(1), 光山(1), 安義(1)
崔	慶州(18), 淸州(5), 江陵(1), 忠州(2), 稷山(4)
安	順興(16)
鄭	慶州(4), 溫陽(5), 金浦(2), 蓬山(1), 河東(1)
朴	密陽(10), 寧海(17), 務安(5), 朔寧(2), 利安(1)
韓	淸州(17), 新平(1)
洪	南陽(19)
趙	坡平(2), 錦山(2), 平壤(1), 韓山(6), 白川(1), 漢陽(1)
尹	坡平(4), 豐壤(6)
吳	樂安(13), 海州(13)
張	仁同(1), 安東(4)
玄	川寧(33)
卞	密陽(22)
方	溫陽(13)
秦	豐基(7)
白	林川(13)
慶	淸州(1)
劉	漢陽(12)
高	濟州(17)
邊	原州(7)
田	河陰(1)
全	寶城(1)
林	羅州(1)
陳	梁山(1)
南	英陽(1)

(※ 괄호 안은 인원)

는 문과 급제자를 배출한 성의 수 119종, 생원진사시 150종과 비교해 보면, 아주 적은 편이다.[21] 이는 팔세보에 수록된 집단이 문과나 생원진사시를 배출한 집단보다 더 집중적으로 분포되어 있음을 말해준다.

잡과 합격자를 배출한 성(姓)을 살펴보면, 역과 63종, 의과 62종, 음양과 45종, 율과 48종에 이른다. 종류를 보면 역시 역과와 의과가 많고, 율과와 음양과가 그 뒤를 잇고 있다. 전체적으로는 모두 85종이다.[22] 『역팔세보』와 『의팔세보』에 수록된 성은 각각 26종으로 역과, 의과 합격자 배출 성의 약 40%를 차지한다. 그러므로 〈표 21〉과 〈표 26〉에 나타난 이들 성이 의관과 역관 기술직 중인을 배출한 주요 성씨 모집단임을 확인할 수 있다.

편찬 체제를 보면 전주이씨를 제일 먼저 기재했다. 수록 순서는 같은 성, 같은 성 내의 본관순이다. 같은 성씨 내에서는 합격자 수가 많다고 하여 먼저 배치했던 것 같지는 않다. 흥미로운 점은 전주이씨를 시작으로 이씨, 김씨, 최씨, 안씨, 정씨, 박씨 등의 순서는 다소의 출입이 있지만 팔세보류에 같은 순서로 나타나고 있다는 사실이다. 하지만 그 이후의 성씨는 차이를 보인다. 이를 『의팔세보』의 수록 성관 기재순과 간략하게 대비, 정리하면 다음과 같다.

---

20) 29개 성의 내역을 보면 강(姜), 강(康), 경(慶), 고(高), 김(金), 남(南), 유(劉), 이(李), 임(林), 박(朴), 방(方), 백(白), 변(卞), 변(邊), 안(安), 오(吳), 윤(尹), 장(張), 전(全), 전(田), 정(鄭), 조(趙), 진(秦), 진(陳), 최(崔), 피(皮), 한(韓), 현(玄), 홍(洪)이다.

21) 최진옥, 『조선시대생원진사연구』, 집문당, 1998, 129쪽. 생원진사시 합격자와 성관을 보면, 주요한 성들이 거의 저성(著姓)에 속하며 희성과 벽성에 대해서는 혼인과 벼슬에 있어서 대우가 같지 않았던 조선시대에는 성에 대한 차별 인식이 있었음을 알 수 있다[유수원, 『우서』 권9, 논희성지류(論稀姓之流)].

22) 이남희, 앞의 책(1999), 163쪽.

○ 『의팔세보』는 박씨 다음 오씨, 『역팔세보』는 박씨와 오씨 사이에 한·홍·조·윤씨 추가

○ 『의팔세보』는 오씨 다음 현씨, 『역팔세보』는 오씨와 현씨 사이에 장씨 추가

○ 『의팔세보』는 현·방·변씨 순서, 『역팔세보』는 현씨 다음에 변·방씨 순서

○ 『의팔세보』는 방씨 다음 유씨, 『역팔세보』는 방씨와 유씨 사이에 진·백·경씨 추가

○ 『의팔세보』는 임씨가 마지막이나, 『역팔세보』는 임씨 다음에 진·남씨 추가[23)]

이러한 성씨별 차이는 무엇을 말하는 것일까. 이씨, 김씨, 최씨, 안씨, 정씨, 박씨 등 중인 팔세보의 대표적인 성씨 이외에 역학, 의학, 주학 팔세보별로 대표하는 성씨가 있었음을 알게 해준다. 예컨대 임천백씨는 『역팔세보』에는 없지만 『의팔세보』에는 수록되어 있다. 임천백씨는 13명을 배출했다.[24)]

다음으로 『역팔세보』에 수록된 성관의 수록 인원과 수록 기간을 좀 더 구체적으로 살펴보기 위해 정리하면 〈표 27〉과 같다.

---

23) 남씨는 『의팔세보』에는 임씨 위에 순서하고 있다. 실제로는 『역팔세보』에 진씨 하나가 추가된 것이다.

24) 『주팔세보』에는 임천백씨가 1명 수록되어 있다. 이는 각 잡학별로 집중해서 나타나는 성관이 있었음을 말해주는 사례라 하겠다.

〈표 27〉 **『역팔세보』 수록 성관 및 수록 기간**

성	본관	인원	수록 기간	성	본관	인원	수록 기간
李	全州	39	1809增~1882式	鄭	慶州	4	1855式~1874增
	金山	15	1837式~1882式		溫陽	5	1835增~1882增
	慶州	11	1834式~1880增		金浦	2	1867式~1882式
	江陰	11	1831式~1882增		蓬山	1	1876式
	海州	9	1835增~1882增		河東	1	1880增
	井邑	7	1840式~1882增	朴	密陽	10	1835增~1882增
	泰安	10	1834式~1882式		寧海	17	1834式~1876式
	南陽	7	1849式~1882增		務安	5	1822式~1859式
	安山	10	1837式~1882式		朔寧	2	1864式~1876式
	水原	4	1867式~1882式		利安	1	1870式
	旌善	2	1840式~1864增	韓	淸州	17	1825式~1882式
	任實	2	1834式~1864增		新平	1	1858式
	廣州	2	1880增~1882式	洪	南陽	19	1835增~1882式
	天安	3	1858式~1882增	趙	坡平	2	1859增~1873式
	錦城	1	1850增		錦山	2	1858式~1880增
	陜川	1	1879式		平壤	1	1879式
金	慶州	4	1850增~1880增		韓山	6	1840式~1880增
	牛峯	22	1831式~1882式		白川	1	1846式
	金海	5	1837式~1882式		漢陽	1	1876式
	海州	3	1831式~1864增	尹	坡平	4	1828式~1880增
	固城	6	1816式~1880增		豐壤	6	1850增~1879式
	雪誠	10	1837式~1882式	吳	樂安	13	1867式~1880增
	全州	1	1867式		海州	13	1825式~1882式
	保寧	2	1852式~1861式	張	仁同	1	1882式
	善山	4	1831式~1880增		安東	4	1834式~1882式
	靑陽	15	1825式~1882式	玄	川寧	33	1810式~1882增
	三陟	5	1834式~1882增	卞	密陽	22	1855式~1882式
	開城	3	1843式~1867式	方	溫陽	13	1807式~1882式
	漢陽	1	1870式	秦	豐基	7	1831式~1882式
	樂安	1	1882式	白	林川	13	1843式~1882式
	安義	1	1882式	慶	淸州	1	1867式
	光山	1	1879式	劉	漢陽	12	1813式~1882增
崔	慶州	18	1828式~1882式	高	濟州	17	1835增~1882式
	淸州	5	1840式~1880增	邊	原州	7	1855式~1874增
	江陵	1	1837式	田	河陰	1	1864式
	忠州	2	1848增~1882增	全	竇城	1	1882增
	稷山	4	1846式~1874增	林	羅州	1	1880增
安	順興	16	1837式~1882式	陳	梁山	1	1882增
				南	英陽	1	1882式

『역팔세보』에는 26개의 성씨 76개 성관이 수록되어 있다. 수록 기간을 보면, 순조 7년(1807) 식년시부터 고종 19년(1882) 증광시까지 75년간이다. 본관 배열은 대체로 합격자가 많은 순서대로 기재했지만, 반드시 그렇지는 않다. 예컨대 합격자 수가 많은 우봉김씨(22명)가 경주김씨(4명) 다음에 기재되어 있다. 합격자가 17명인 영해박씨가 10명인 밀양박씨 다음에 온다.

각 성관별로 수록 기간을 보면 온양방씨가 1807년 식년시부터 1882년 식년시까지 75년으로 가장 길다. 다음으로 긴 경우는 전주이씨가 1809년 증광시부터 1882년 식년시까지 73년에 이르며, 그다음은 천령현씨로 1810년 식년시부터 1882년 증광시까지 72년에 이른다.

연도가 하나만 기재된 것은 해당 성씨에 1명만 수록된 경우를 말한다. 따라서 수록 기간이 가장 짧은 성씨는 연도가 1개만 기재된 성관들(금성이씨, 합천이씨, 전주김씨, 한양김씨, 낙안김씨, 안의김씨, 광산김씨, 강릉최씨, 봉산정씨, 하동정씨, 이안박씨, 신평한씨, 평양조씨, 배천조씨, 한양조씨, 인동장씨, 청주경씨, 하음전씨, 보성전씨, 나주임씨, 양산진씨, 한양남씨)이다. 22개 성관이 각각 1명씩 역팔세보에 수록되어 있다. 이들은 76개 성관의 28.9%를 차지한다. 이들 성관의 수록 기간은 대체로 1850년대 후반이다. 새로운 성관이 역팔세보에 등장한 것이다.

같은 본관 성씨 내에서 기재 순서의 배열 원칙은『의팔세보』와 마찬가지로 생년순이 아니라 합격 연도순이다. 기준이 합격에 있다는 것을 알 수 있다. 이는『역팔세보』가『역과방목』과 같은 과거 합격자 명단을 토대로 작성되었음을 말해주는 것이라 하겠다.

3) 성관별 추이

다음으로 성관별 실태에 대해 살펴보기로 하자. 『역팔세보』에 수록된 77개 성관을 조사하면 〈표 28〉과 같다. 이는 가장 많은 인원이 수록된 성씨를 중심으로 정리한 것이다.

〈표 28〉 **『역팔세보』 대성순 성관**

李氏 16개 본관 134명
(全州 39, 金山 15, 慶州 11, 江陰 11, 海州 9, 井邑 7, 泰安 10, 南陽 7, 安山 10, 水原 4, 旌善 2, 任實 2, 廣州 2, 天安 3, 錦城 1, 陜川 1)
金氏 16개 본관 84명
(慶州 4, 牛峯 22, 金海 5, 海州 3, 固城 6, 雪誠 10, 全州 1, 保寧 2, 善山 4, 靑陽 15, 三陟 5, 開城 3, 漢陽 1, 樂安 1, 光山 1, 安義 1)
朴氏 5개 본관 35명(密陽 10, 寧海 17, 務安 5, 朔寧 2, 利安 1)
玄氏 1개 본관 33명(川寧)
崔氏 5개 성관 30명(慶州 18, 淸州 5, 江陵 1, 忠州 2, 稷山 4)

吳氏 2개 본관 26명(樂安 13, 海州 13)
卞氏 1개 본관 22명(密陽)
洪氏 1개 본관 19명(南陽)
韓氏 2개 본관 18명(淸州 17, 新平 1)
高氏 1개 본관 17명(濟州)

安氏 1개 본관 16명(順興)
趙氏 6개 본관 13명(坡平 2, 錦山 2, 平壤 1, 韓山 6, 白川 1, 漢陽 1)
鄭氏 5개 본관 13명(慶州 4, 溫陽 5, 金浦 2, 蓬山 1, 河東 1)
方氏 1개 본관 13명(溫陽)
白氏 1개 본관 13명(林川)

尹씨 2개 본관 10명(坡平 4, 豐壤 6)
秦氏 1개 본관 7명(豐基)
邊氏 1개 본관 7명(原州)
張氏 2개 본관 5명(仁同 1, 安東 4)
慶氏 1개 본관 1명(淸州)

劉氏 1개 본관 1명(漢陽)
田氏 1개 본관 1명(河陰)
全氏 1개 본관 1명(寶城)
林氏 1개 본관 1명(羅州)
陳氏 1개 본관 1명(梁山)
南氏 1개 본관 1명(英陽)

수록된 성씨는 모두 26개, 2개 이상의 본관이 수록된 성씨는 12개, 나머지 14개 성씨는 1개 본관만 기재되어 있다. 이씨와 김씨가 16개의 본관으로 가장 많으며, 그다음은 조씨 6개, 박 · 최 · 정씨 5개 순이다. 그런데 1개 성관만 수록된 천령현씨 33명, 밀양변씨 22명, 제주고씨 17명, 순흥안씨 16명 등이 기재되어 있다. 소수의 성관에 수록자가 집중되어 있다는 점이 잘 드러난다.[25] 천령현씨와 밀양변씨는 『의팔세보』에도 각각 12명, 10명이 수록되어 있어 의학과 역학을 배출한 대표적인 성관임을 알 수 있다.

그러면 이들 역팔세보에 수록된 인원과 역과방목에 실려 있는 사람들의 관계는 어떠한가. 다시 말해서 19세기 역과 합격자들 중에서 어느 정도가 역팔세보에서 수록되어 있는가. 역팔세보 수록 인원을 1801년부터 과거제가 폐지되는 1894년까지 역과 합격자와 대비해 보면 19세기 합격자 전체를 모두 포괄하고 있지는 않다. 합격자들 중에서도 팔세보 형식을 충족하는 사람들이 주축이 되고 있기 때문이다. 다시 말해서 본인이 시험에 합격했다 하더라도 가계를 알지 못하면 팔세보에 수록되지 못했다. 시험에 합격했으며 가계가 팔세보 형식을 충족할 수 있는 자들이 수록되었던 것이다. 따라서 그들은 이른바 대대로 이어져 오는 명문 기술직 가문이었다고 보아도 좋을 것이다.

25) 잡과 합격자 배출 성관과 대비하면 전주이씨처럼 전체적으로 합격자를 많이 배출한 성관도 있으나, 각 과별로 명문 성관이 있다는 점이 주목된다. 천령현씨는 역과와 의과에서, 남양홍씨, 밀양변씨, 우봉김씨는 역과에서, 경주최씨, 태안이씨는 의과에서, 직산최씨, 경주김씨, 청주한씨는 음양과에서, 김해김씨, 안음임씨는 율과에서 두드러졌다[이남희, 앞의 책(1999), 168쪽].

3

주팔세보 성관 실태

1) 산원과 주학

산원은 호조에 속해 있으면서 호구(戶口) · 공부(貢賦) · 전량(田粮) · 식화(食貨)에 관해 문무 관료들이 입안한 정사를 맡아보았다. 그들은 호조 산하의 판적사 · 회계사 · 경비사 등에 배속되었다. 판적사는 호구, 토전(土田), 조세, 부세(賦稅), 공부, 풍흉과 진대(賑貸)의 조사, 회계사는 서울과 지방의 관아에서 비축한 물자와 세입 세출의 회계, 경비사는 서울의 각 관아의 경비 지출과 조달 등을 담당했다.[26] 신분으로 보자면 산원은 하급 기술관이었다. 분명한 사실은 과거시험으로서의 잡과에는 포함되지 못했다는 점이다. 그래서 원칙적으로 상급 기술관으로서의 잡과중인에 비해서 사회적 위상이 낮았다고 해야 할 것이다. 산원은 취재에 의해 충원되었다. 취재는 『상명』·『계몽』·『양휘』

26) 『경국대전』 권1, 이전 경관직.

등의 산학서로 시험을 보았다.[27]

『경국대전』에서 산학과 관련된 관직과 정원을 보면, 종6품 산학교수 1명, 종6품 별제 2명, 종7품 산사 1명, 종8품 계사 2명, 정9품 산학훈도 1명, 종9품 회사 2명이었고, 생도는 15명, 산원은 30명이었다.[28] 산학교수 · 별제 · 훈도는 산학 본업인(本業人)을 임명하는 정규직이었다. 종7품 산사 이하는 체아직으로 1년에 두 번 도목(都目)할 때 514일을 근무하면 품계를 올려주되 종6품이 되면 그 직에서 물러나야 했다. 그러나 그 자리에서 계속 근무하기를 원하는 자는 그때부터 900일을 근무하면 품계를 올려주되 정3품 당하관에서 그치게 했다. 관직을 떠나지 않는 자는 모아서 재능을 시험하여 체아직을 주었다.

그런데 『속대전』에서는 별제가 2명에서 1명으로 감원되었지만 생도는 15명에서 46명이 증원되어 61명이 되었다. 생도 수가 크게 늘었다. 이어 『대전통편』에서는 산원이 30명에서 26명 증원되어 56명이 되었다. 산원 역시 크게 증가한 셈이다.

이처럼 조선후기에 생도와 산원의 정원이 크게 증가한 것은 영조, 정조 시대에 양전과 도량형의 정비와 통제가 실시되면서 산원의 수요가 많아졌기 때문일 것이다. 조선후기 사회 변화와 긴밀하게 맞물려 있었다고 하겠다. 따라서 『속대전』과 『대전통편』이 편찬된 영조, 정조대에 주학의 사회적 수요가 늘어났으며, 자연히 그에 따라 사회적 위상 역시 높아졌을 것이다. 『속대전』과 『대전통편』을 거치면서 늘어난 생도와 산원의 정원은 각각 61명, 56명으로 『대전회통』까지 그대로 유

27) 『대전회통』 권3, 예전 취재.

28) 『경국대전』 권1, 이전 경관직 및 권3 예전 생도.

지되었다. 『대전회통』에서는 새로이 종6품 겸교수 1명을 두었다.[29] 이렇게 본다면 주학의 현실적 중요성과 사회적 위상은 계속 높아졌다고 할 수 있다. 조정에서는 산원으로 종사하는 일에 정통한 자는 서울과 지방의 이직을 주어 권장하도록 하기도 했기 때문이다.[30]

지금까지 주학 연구는 취재 시험 합격자 명부인 『주학입격안』 분석을 중심으로 진행되었으며, 개별 주학 가계 분석을 시도한 연구도 있다. 요컨대 조선후기에 사회 변화와 더불어 선발 정원이 크게 늘었다는 것, 주학 합격자들이 팔세보, 즉 주팔세보를 만들었다는 것, 그리고 주팔세보가 의·역팔세보와 함께 만들어지거나 한 부류로 묶이게 되었다는 것은, 주학의 사회적 위상이 크게 높아졌다는 것을 단적으로 말해준다고 하겠다. 과거제도로서의 잡과에는 포함되지 못했지만, 시대의 변화와 재정 업무의 부각 등은 그 위상을 거의 잡과에 버금가는 것으로까지 올려주었다고 해도 무리는 없겠다. 잡과에 포함되었지만 음양관, 율관이 상대적으로 소외되는 것과 좋은 대비를 이룬다고 할 수 있다. 음양관과 율관의 경우 팔세보가 전하지 않는다. 아마도 편찬하지 않았을 것이다.

29) 『대전회통』 권1, 이전 경관직.

30) 『대전회통』 권3, 예전 장려. 이직(吏職)에는 두 가지 의미가 있다. 하나는 아전, 이서직을 총칭하는 용어로[이진흥, 『연조귀감(掾曹龜鑑)』 이직명목행(吏職名目解)], 다른 하나는 일반적으로 관리의 직무(職務)를 뜻하는 용어로 쓰였다[『후한서(後漢書)』 마무전·공손술전(馬武傳·公孫述傳)]. 한우근 외, 『역주(譯註) 경국대전(經國大典)』, 한국정신문화연구원, 1985 참조.

2) 기재 방식

주학을 전공한 사람들의 가계가 실려 있는 팔세보는 어떤 자료적 특성과 내용을 갖는지 살펴보고자 한다. 주팔세보의 편찬 역시 조선 후기 주학의 위상 변화와 사회적 배경하에서 이루어진 것으로 여겨진다. 주팔세보는 주학 취재 시험에 합격한 사람들을 수록 대상으로 하여 8대조 및 외조와 처부를 수록한 보첩류의 일종이다. 『주팔세보』에는 33개 성관 361명이 수록되어 있다. 『주팔세보』에 수록된 33개 성관을 정리하여 기재 순서대로 살펴보면 〈표 29〉와 같다.

『주팔세보』의 수록 성은 17개이며 33개 성관에서 361명을 기재했으며, 『의팔세보』의 26개 성, 79개 성관, 213명, 『역팔세보』의 26개 성, 77개 성관, 533명과 대비할 때 『주팔세보』에 성관이 집중되어 있다.

〈표 29〉 **『주팔세보』 수록 성관**

성	본관
李	全州(35), 慶州(14), 金山(5), 陜川(28), 泰安(30), 井邑(46), 安山(2), 江陰(4), 海州(5)
崔	慶州(27), 朱溪(9), 淸州(1)
尹	豐壤(13)
慶	淸州(4)
金	樂安(12), 牛峯(4), 慶州(15), 固城(8), 靑陽(4), 海州(2)
洪	南陽(37)
吳	荳原(1)
韓	新平(17), 淸州(7)
康	昇平(8)
玄	川寧(6)
卞	密陽(7)
邊	原州(3)
白	林川(1)
南	英陽(3)
趙	錦山(1)
朴	寧海(1)
秦	豊基(1)

(※ 괄호 안은 인원)

잡학별로 보면, 주학 → 역학 → 의학 순으로 소수의 성관에 집중되어 있음을 확인할 수 있다. 성관별 배출 인원은, 1명부터 최고 46명의 산원을 배출한 성관에 이르기까지 다양하게 분포한다.

20명 이상이 수록된 성관을 보면, 정읍이씨가 46명을 배출했으며, 이어 남양홍씨 37명, 전주이씨 35명, 태안이씨 30명, 합천이씨 28명, 경주최씨 27명, 청주한씨 24명이다. 흥미로운 사실은 앞서 20명 이상이 수록된 『역팔세보』의 성관(전주이씨, 천령현씨, 우봉김씨, 밀양변씨)과 중복되는 것은 전주이씨 1개라는 점이다. 요컨대 전주이씨와 함께 정읍이씨, 남양홍씨, 태안이씨, 합천이씨, 경주최씨, 청주한씨가 대표적인 주팔세보 배출 성관임을 알 수 있다.

각 성관별 점유 실태를 보면, 20명 이상을 수록한 7개(21.2%) 성관에서 227명(63.0%), 10명 이상을 수록한 11개(33.3%) 성관에서 272명(76.0%)을 배출했다. 반면에 1명이 수록된 성관은 5개, 5명이다. 즉 15.2%의 성관에서 1.4%를 차지했다. 소수의 성관이 많은 비중을 차지하고 있다. 소수 성관에 집중되는 세전성을 엿볼 수 있는 측면이라 하겠다.

3) 성관별 추이

팔세보에 수록된 성(姓)을 보면 역학 26종, 의학 26종, 주학 17종에 이른다. 성의 종류는 의학과 역학이 같고, 주학이 가장 적다. 전체적으로는 모두 29종에 이른다. 앞서 언급한 바와 같이 문과와 생원진사시를 배출한 성의 수와 비교해 보면 매우 적은 편이다. 이를 통해 팔세보에 수록된 집단이 문과나 생원진사시를 배출한 집단보다 집중적으로 분포해 있음을 알 수 있다. 『의역주팔세보』에 수록된 29개의 성(姜, 康, 慶, 高, 金, 南, 劉, 李, 林, 朴, 方, 白, 卞, 邊, 安, 吳, 尹, 張, 全, 田, 鄭, 趙, 秦, 陳, 崔, 皮, 韓, 玄, 洪)을 가나다순으로 정리하면 〈표 30〉과 같다.

〈표 30〉 **의역주팔세보별 수록 성(姓) 분포**

성씨	『의팔세보』	『역팔세보』	『주팔세보』	『의역주팔세보』
姜	○	×	×	1
康	○	×	○	2
慶	○	○	○	3
高	○	○	×	2
金	○	○	○	3
南	○	○	○	3
劉	○	○	×	2
李	○	○	○	3
林	○	○	×	2
朴	○	○	○	3
方	○	○	×	2
白	×	○	○	2
卞	○	○	○	3
邊	○	○	○	3
安	○	○	×	2
吳	○	○	○	3
尹	○	○	○	3
張	○	○	×	2
全	○	○	×	2

성씨	『의팔세보』	『역팔세보』	『주팔세보』	『의역주팔세보』
田	○	○	×	2
鄭	○	○	×	2
趙	○	○	○	3
秦	○	○	○	3
陳	×	○	×	1
崔	○	○	○	3
皮	○	×	×	1
韓	○	○	○	3
玄	○	○	○	3
洪	○	○	○	3

15개의 성(韓·慶·金·南·李·朴·卞·邊·吳·尹·趙·秦·崔·玄·洪)은『의팔세보』,『역팔세보』,『주팔세보』에 모두 수록되어 있다. 전체 26개 성씨의 51.7%를 차지한다. 다음 9개의 성(高·劉·林·方·安·張·全·田·鄭)은『의팔세보』와『역팔세보』, 강씨(康氏)는『의팔세보』와『주팔세보』, 백씨(白氏)는『역팔세보』와『주팔세보』, 그리고 강씨(姜氏)와 피씨(皮氏)는『의팔세보』에만, 진씨(陳氏)는『역팔세보』에만 수록되어 있다.

기재 순서를 보면 다른 중인 팔세보와 같이 전주이씨가 제일 먼저 수록되어 있다. 기재 순서는 같은 성, 같은 성 내의 본관순이다. 같은 성씨 내에서는 합격자 수가 많다고 먼저 배치한 것 같지는 않다. 전주이씨를 시작으로, 이(李), 최(崔), 박(朴), 윤(尹), 경(慶), 김(金), 홍(洪), 한(韓) 등의 순서로 나타나는데 주목되는 것은 김씨다. 앞서의『의팔세보』와『역팔세보』에는 이씨 다음에 김씨가 기재되어 있으나

『주팔세보』에는 김씨가 이 · 최 · 박 · 윤 · 경씨 다음 여섯 번째로 기재되어 있다.

같은 본관 성씨 내에서 수록자의 기재 순서의 원칙은 『의팔세보』나 『역팔세보』와 같이 본관 성씨 다음의 배치는 생년순이 아니라 합격 연도순이다. 이는 『주팔세보』가 『주학입격안』과 같은 과거 합격자 명단을 토대로 작성되었음을 말해주는 것이라고 하겠다.

『주팔세보』에 가장 많이 수록된 성씨를 중심으로 33개의 성관을 정리하면 〈표 31〉과 같다.

〈표 31〉 **『주팔세보』 대성순 성관**

李氏 9개 본관 169명
(全州 35, 慶州 14, 金山 5, 陜川 28, 泰安 30, 井邑 46, 安山 2, 江陰 4, 海州 5)
金氏 6개 본관 45명(樂安 12, 牛峯 4, 慶州 15, 固城 8, 靑陽 4, 海州 2)
崔氏 3개 본관 37명(慶州 27, 朱溪 9, 淸州 1)
洪氏 1개 본관 37명(南陽)
韓氏 2개 본관 24명(新平 17, 淸州 7)

尹氏 1개 본관 13명(豐壤)
康氏 1개 본관 8명(昇平)
卞氏 1개 본관 7명(密陽)
玄氏 1개 본관 6명(川寧)
慶氏 1개 본관 4명(淸州)

邊氏 1개 본관 3명(原州)
南氏 1개 본관 3명(英陽)
吳氏 1개 본관 1명(荳原)
白氏 1개 본관 1명(林川)
趙氏 1개 본관 1명(錦山)

朴氏 1개 본관 1명(寧海)
秦氏 1개 본관 1명(豊基)

수록된 성씨는 모두 17개, 2개 이상의 본관이 수록된 성씨는 4개, 나머지 13개 성씨는 1개 본관만 기재되어 있다. 그런데 1개 성관만 수록된 남양홍씨는 37명, 풍양윤씨는 13명이 기재되어 있다. 소수의 성관에 수록자가 집중되어 있다는 점이 잘 드러난다. 성씨별로 보면 이씨가 169명으로 가장 많고 다음이 김씨로 45명이다. 1위와 2위의 차이가 많이 나며 이씨가 169명을 배출하여 46.8%를 차지하고 있음을 볼 때 주팔세보의 대표 성씨임을 알 수 있다.

이 중에서도 46명이 수록되어 있는 정읍이씨가 대표적인 주학 명문 집안이라고 하겠다. 흥미로운 점은 이들 46명이 정읍이씨에 처음 수록된 이종협(李鍾協) 집안에서 배출되었다는 것이다.[31] 이종협은 16세의 나이로 순조 12년(1812) 주학 취재 시험에 합격했다. 부친 이규풍(李圭豊)과 조부 이원섭(李元燮)이 주학별제(籌學別提), 증조부 이윤항(李允恒)이 주학훈도(籌學訓導)를 역임한 주학 집안이다. 외조부 양천허씨 허관(許寬)은 영조 44년(1768) 식년시 의과에 합격하고 전의감 정을 지냈으며, 처부 주계최씨 최형로(崔亨魯)는 주학별제를 역임했다. 이종협의 자세한 가계는 주팔세보를 토대로 【부록 5】 정읍이씨 이종협 가계도로 정리해 두었다.

31) 『주팔세보』 이후 편찬된 『주학팔세보』(규장각본)에는 정읍이씨가 55명 기재되어 있다. 이들 역시 이종협 집안에서 배출되었다.

4

팔세보와 잡학, 세전성

『경국대전』에 따르면 3년에 1회 실시한 식년시 시험에서 역과 19명, 의과, 음양과, 율과 각 9명씩 모두 46명을 선발했다.[32] 그리고 비정기 시험으로 증광시를 설행했으나 다른 과거시험이 조선후기에 남설된 것과는 달리 규칙적으로 선발했다. 연평균 역과 25명, 의과, 음양과, 율과의 경우 10명 내외를 선발했다.[33]

과연 이런 인원으로 기술직을 유지할 수 있었을까. 예컨대 왕실에서부터 일반 서민들에 이르기까지 의료를 담당했던 의관의 경우 연평균 10명으로 그 업무를 감당할 수 있었을까. 그에 대한 설명은 『의팔세보』에 수록된 인원들, 의과 합격자 및 합격하지 않았으나 의료에 종사했던 사람들을 같이 파악해 봄으로써 얻을 수 있을 것이다. 『의팔세보』가 갖는 자료적 가치의 하나는 바로 그런 측면에 있다고 해도 좋

32) 『경국대전』 권3, 예전 제과.

33) 이남희, 앞의 책(1999), 58~59쪽.

을 것이다. 다음에서는 팔세보와 잡학, 그리고 세전성을 살펴보기 위해서 '의과팔세보'와 '등제팔세보'를 중심으로 논의하고자 한다. 수록 인원의 범위, 편찬 시기 등에 초점을 맞추게 될 것이다.

의과 시험에는 합격하지 못했으나 의관직을 역임한 사람들에 대해서는 「등제팔세보」를 통해서 엿볼 수 있다. 그들 역시 의업에 종사했던 것이다. 하지만 그들 역시 높은 직위에 올라가기 위해서는 의과에 합격해야 했다. 따라서 그들은 계속해서 의과에 응시했을 것으로 추정해 볼 수 있다. 그중에는 당연히 합격한 사람도 있을 것이다. 그렇게 되면 이후 그들은 「등제팔세보」가 아니라 「의과팔세보」에 수록되는 것이다. 실제로 의과에 합격한 경우에는 다른 기관 소장의 등제팔세보에서 제외되었음을 확인할 수 있다. 연세대학교 소장 『의등제보(醫等第譜)』가 그러하다. 참고로 「등제팔세보」 수록자 중 추후 의과에 합격한 사례와 의팔세보 수록 사항을 정리하면 다음과 같다.

〈표 32〉 **「등제팔세보」 수록자 중 추후 의과에 합격한 경우**

본관	성명	생년	입사년	의과 합격 연도	의팔세보 수록
안산(安山)	이돈성(李暾成)	乙巳(1845)	1870庚午陞	1873癸酉식년시	○
고성(固城)	김석윤(金錫潤)	己酉(1849)	1864甲子陞	1882壬午증광시	×
순흥(順興)	안병의(安秉宜)	辛丑(1841)	1870庚午陞	1873癸酉식년시	○
한양(漢陽)	유정상(劉正相)	戊申(1848)	1866丙寅陞	1873癸酉식년시	○
홍천(洪川)	피상국(皮相國)	庚戌(1850)	1872壬申陞	1888戊子식년시	×
홍천(洪川)	피희성(皮熙成)	癸亥(1863)	1878戊寅新	1882壬午식년시	×

이돈성은 26세에 직장으로 입사하여 1873년(29세) 식년시 의과에 합격했다. 관직은 주부로 승진했다. 김석윤은 1864년(16세) 직장으로 입사해서, 1882년(34세) 증광시 의과에 합격했다. 안병의는 1870년(30

세) 직장으로 입사해서, 1873년(33세) 의과에 합격했으며, 주부와 내의를 역임했다. 유정상은 1866년(19세) 직장으로 입사하여 1873년(26세) 식년시 의과에 합격했으며, 주부를 역임했다. 피상국은 1872년(23세) 직장으로 입사하여 1888년(39세) 식년시 의과에 합격했다. 피희성은 1878년(16세) 직장으로 입사하여 1882년(20세) 식년시 의과에 합격한 뒤 주부를 역임했다. 이들이 의과 합격을 통해 승진했음을 알 수 있다. 김석윤, 피상국, 피희성은 『의팔세보』에서 확인되지 않는다. 의과에 합격했다고 해서 의팔세보에 모두 수록되지는 않았던 것으로 보인다.

그런데 의과가 아닌 주학 취재 시험에 합격한 경우에는 「등제팔세보」 명단에서 제외되지 않았다. 아마도 의과 외의 과목이기 때문인 듯하다. 예컨대 승평강씨 강재홍(康載弘)은 1844년(15세) 주학에 합격해, 1861년(32세) 직장에 입사했으며, 합천이씨 이시상(李時庠)은 1848년(16세) 주학에 합격했으며, 1862년(30세) 직장직에 올랐다.

팔세보를 보면 한번 언급한 인물은 다시 그 내용을 적기보다는 견상이라고 하여 앞의 내용을 참조하도록 했다. 견상이라는 용어는 본인 부계 직계에서만 나타난다. 견상은 『의팔세보』 239명 중 161명에서 확인할 수 있다. 이는 67.4%에 달하는 높은 비율이다.

그런데 「의과팔세보」와 「등제팔세보」로 나누어 보면 그 비율은 더욱 높아진다. 161명의 분포가 의과팔세보에 160명이며, 등제팔세보에는 1명[朔寧朴氏]에서만 나타난다. 따라서 의과팔세보만 보면 213명 중 160명으로 75.1%로 비율이 높아진다. 그리고 160명 중에서 45명은 부친 항목에서 견상의 표기가 보인다. 이는 213명 중에서 45명(21.1%)은 아버지가 같은 형제 혹은 부자 관계라는 것을 말해준다. 등제팔세보에 견상이란 용어가 1명에 그치는 것은, 전체 26개 성관 중에서 21개 성관이 1명이며, 2명인 성관은 5개다. 등제팔세보의 수록 인원이 적어서이지 의과팔세보에 비해 세전성이 적다는 뜻은 아니라는 점을 알 수 있다.

그럼 여기서 안산이씨(安山李氏)를 통해서 견상 사례를 살펴보자. 「의과팔세보」에 기재된 가계를 정리하면 〈표 33〉과 같다.

〈표 33〉 **「의과팔세보」 안산이씨(安山李氏) 부친 견상 사례**

본인	생년	의과 합격	관력	부친	과거 합격	관력
① 이한경(李漢慶)	1811	1835增	內醫/縣監/正	이현양(李顯養)	1803增의과	同參/察訪
② 이경인(李敬仁)	1809	1840式	內醫/惠民署/僉知	이형기(李亨基)	1803增의과	內醫/同樞
③ 이시성(李時成)	1828	1861式	內醫/惠民署	이경인(李敬仁) 見上	1840式의과	內醫
④ 이돈성(李暾成)	1845	1873式	主簿	이경의(李敬義)	1846式음양과	正
⑤ 이명윤(李命倫)	1856	1879式	內醫	이시성(李時成) 見上	1861式의과	內醫
⑥ 이명준(李命俊)	1851	1880增	內醫/惠民署主簿	이시성(李時成) 見上	1861式의과	內醫

안산이씨는 「의과팔세보」에 6명이 수록되어 있다. 그런데 ②이경인 → ③이시성 → ⑥이명준 / ⑤이명윤으로 직계가 이어져 6명 중에 4명이 부자, 형제 등의 직계임을 알 수 있다. 직계로 드러나지 않은 합격자는 ①이한경과 ④이돈성이다. 그런데 이돈성의 경우 부친이 이경의로 이경인과 형제 관계다.[34] 따라서 팔세보에서 혈연적인 관계가 드러나지 않은 것은 이한경 1명에 그친다.

이러한 특징은 『의팔세보』에 수록된 인물들의 자료 내에서의 혈연적 상관성을 단적으로 보여주는 사례라고 하겠다. 한편 앞에서도 지

34) 이돈성의 경우 부친 이경의(李敬義)가 아니라 조부 이형기(李亨基)에 '견상'이 부기되어 있다. 그런데 이형기는 ②이경인의 부친이다.

적한 바와 같이 견상의 내용을 고려하지 않고 자료를 분석하면 수록 인물의 수 파악에서 누락이 많아져 정확하게 자료를 이해할 수 없다.

지금까지 의팔세보, 역팔세보, 주팔세보 등 의역주팔세보에 대한 검토를 통해서 논의한 점을 몇 가지로 정리하면 다음과 같다. 먼저 '개념' 정리에 관한 것이다. 예컨대 종래 의팔세보, 역팔세보, 주팔세보, 의보, 역보, 의과보, 역과보, 주학보, 등제보, 등제팔세보 등 다양한 명칭이 쓰였는데, 『의팔세보』(장서각본 · 규장각본)가 계기가 되어 좀 더 명확하게 정리할 수 있었다. 팔세보 형식으로 이루어진 기술직 중인 족보는 그 자체로 자신들의 신분성과 세전성을 말해주는 것이라 하겠다. 그런데 『의팔세보』는 크게 ① 의과 시험 합격자를 대상으로 하는 「의과팔세보」와 ② 의과에 합격하지 않았지만 의료직에 종사하는 자들을 대상으로 하는 「등제팔세보」로 나누어 볼 수 있었다. 그 경계의 지표는 다름 아닌 '의과' 합격 여부라는 것이다. 따라서 「의과팔세보」와 「등제팔세보」는 넓은 의미의 『의팔세보』에 포괄된다고 할 수 있다.

팔세보의 정확한 편찬 연대는 좀 더 면밀한 검토가 필요하겠지만 수록된 인물들을 분석해 본 결과 「등제팔세보」가 먼저 편찬되기 시작했고, 이어 「의과팔세보」가 편찬되기 시작한 것으로 보인다. 양쪽 모두에 수록된 사례가 그것을 뒷받침해 준다고 하겠다. 또한 1882년(고종 19) 의과 합격자가 「등제팔제보」에 수록되어 있는 것으로 보아 그 이전에 편찬된 것으로 보인다. 그리고 「의과팔세보」와 「등제팔세보」에 수록된 연한의 하한선이 1880년으로 같은 것으로 보아, 마무리는 1880년 이후 1882년 이전에 같이 이루어진 듯하다.

다음으로, 좀 더 자세한 검토가 필요하지만 조선말기, 특히 19세기에 접어들면서 잡과, 더 크게는 기술관 중인들 내부의 변화를 감지할 수 있었다는 점이다. 다시 말해서 『경국대전』에 규정된 체계적이고 서열적인 잡과 구성(역과, 의과, 음양과, 율과)과 비중이 달라졌다. 제목부터 '역의주팔세보'가 아니라, '의역주팔세보'로 되어 있다는 것, 그리고 음양과와 율과를 포함하지 않았다는 것 등이다. 더구나 취재만 있던 주학이 의과·역과와 더불어 포함되었다는 것 역시 주목된다. 여기서는 상대적으로 주학의 비중과 위상이 높아졌다는 점을 지적해 두기로 하자.

의역주팔세보에 수록된 인원은 19세기의 잡과 합격자 및 주학 취재 시험 합격자 전체 인원에 비하면 아주 적은 편이다. 다시 말해서 의과와 역과 및 주학 취재 시험 합격자 전원을 수록한 것은 아니라는 뜻이다. 이는 잡과방목 및 주학입격안과 확연히 구분되는 측면이다. 팔세보에 본인의 8대조와 외조, 처부를 포함하면 방대한 인적 정보를 파악할 수 있다. 이들에 대한 개략적인 분석을 통해서, 조선후기 내지 말기에 신분제가 동요되고 해체되었다는 일반적인 설명과는 달리, 기술직 중인들의 경우, 세전성의 일단을 확인할 수 있었다. 예컨대 의과 합격이 가장 주요한 변수이기는 했지만, 의과에 합격하지 않았더라도 세전 가문에 속하는 경우 '등제(等第)'라 하여 같은 신분층 내지 동류층에 포함시켜 주었던 듯하다. '등제'와 등제팔세보는 그런 의식을 반영한 것이라 할 수 있다.

그리고 팔세보에 수록된 인물들을 통해서 19세기 의관과 역관, 산원 출신들이 소수의 집안에서 집중 배출됐음을 확인할 수 있다. 이는 「등제팔세보」 역시 크게 다르지 않다. 아울러 이 두 그룹은 서로 이어지고 있다. 「등제팔세보」에 수록된 인물들 중 본인들이 「의과팔세보」에 수록되기도 했는데, 그들은 의관직에 종사하면서 의과에 합격한 사례다. 그런데 나머지 사람들도 같은 항렬이나 위아래 항렬에서 의과팔세보에 수록된 자가 있음을 확인할 수 있다. 다시 말해서 「의과팔세보」와 「등제팔세보」에 수록된 인물들은 대체로 혈연으로 이어지고 있다. 전체적으로 보자면 의과에 합격한 사람들과 의과에 합격하지는 않았지만 의관직에 종사하는 사람들이 같은 집안과 성씨에 집중되어 있었다는 점을 말해주는 것이기도 하다.

따라서 의팔세보는 의과에 합격한 사람들, 특히 세전성을 지닌 사람들의 주도로 편찬되었을 것으로 보아야 할 듯하다. 역시 '의과팔세보'가 주축을 이루었으며, 의과에 합격하지는 않았지만 당시 의관직에 있으면서 나름대로 '세전성'을 보여주는 사람들, 다시 말해 '의과팔세보'에 수록된 사람이나 집안들과 밀접하게 연결되어 있는 사람들을 하나의 부차적인 범주로 묶어서 '등제팔세보'를 편찬한 것으로 보인다. 일종의 준동류 집단처럼 여기고 있었다고 할 수 있다. 그들 두 그룹은 서로 이어지면서도, 그들 사이에는 의관직 기술관의 진출에서 하나의 중요한 계기가 되는 '의과 합격'이라는 분명한 구분점이 있었다. 중인 신분사 내지 기술관 중인 연구에 있어서 팔세보의 분석과 활용은 이제부터라고 할 수 있지 않을까 한다. 종래의 잡과방목을 통해서 알 수 있었던 점을, 가문 차원에서 직접 실증적으로 검증할 수 있을 것이다.

Ⅵ

기술직 중인과 사회적 위상

이 장에서는 조선후기 사회 변화 속에서 기술직 중인의 사회적 위상이 어떻게 달라졌는지 살펴보고자 한다. 역과, 의과, 음양과, 율과, 주학의 과목별 타과 합격 실태와 그 시기별 추이를 분석하고자 한다. 이어 기술직 중인 가계의 성관과 통혼권, 과거 합격 실태를 토대로 기술직 중인 가계의 세전 양상을 검토하고자 한다. 이를 통해서 조선후기 기술직 중인과 그들의 사회적 위상이 갖는 특성과 의의를 파악할 수 있을 것이다.

1

기술직 중인과 사회 변화

조선후기의 사회 변화를 논할 때 널리 받아들이는 명제 중 하나는 국가 전반의 통제 기능이 약화되는 가운데 공명첩, 납속 등의 방법을 통해 부단한 신분 상승 노력이 이루어졌으며, 그 결과 급격한 신분 변동이 있었다는 것이다. 게다가 그런 경향이 점차 심화되어 신분제 자체가 형해화되는 모습까지 보여주게 되었다. 그 같은 신분제의 해체와 사회 질서의 재편이라는 현상의 기저에는 임진왜란과 병자호란 이후 공명첩 발매, 광작, 이앙법 등 농업 생산력의 발달, 상품화폐 경제의 발달 등이 작용하고 있었다는 것이다.

하지만 이런 일반적인 이해와는 조금 결을 달리하는 입장도 제기되고 있다. 흔히 생각하는 것과는 달리 조선후기에 급격한 신분의 변동, 해체는 그다지 없었다는 것이다.[1] 이런 주장은 더러 구체적인 자료에 의해 뒷받침되기도 한다. 향리 집안의 고문서 분석을 통해서 신분 상

1) 송준호, 『조선사회사연구』, 일조각, 1987.

승을 꾀할 수 있는 경제적 능력이 있었음에도 불구하고, 계속해서 향리의 지위를 유지해 갔다는 연구 역시 그런 입장을 뒷받침해 주는 사례라고 하겠다.[2)]

이처럼 상반되는 견해는 결국 각 신분층을 다양한 측면과 시각에서 조망한 연구들에 의해 검증될 때 조선후기 사회 변동의 전체적인 역사상이 보다 선명하게 드러날 것이다. 이 책에서는 중인, 그중에서도 기술직 중인에 초점을 맞춰서 살펴보고자 했다. 무엇보다 중인 신분이 포괄하는 층이 지역적으로, 담당 업무상으로 범위가 너무 넓기 때문이다. 또한 과거제도로서의 잡과에 합격한 잡과중인은 중인 중에서도 상층부에 속하며 그들은 사회적 유동성(Social Mobility)이라는 측면에서 볼 때 가장 민감하게 사회 변화에 반응한 계층이라 할 수 있기 때문이다. 아울러 잡과에는 속하지 않지만 산학, 즉 주학 분야 역시 그에 못지않은 급격한 변화상을 보여주었다.

국가에서는 사역원, 전의감, 관상감 등 기술관서의 종6품 이상 참상관으로 승급하기 위한 자격 요건을 잡과에 합격한 자로 규정했다.[3)] 잡과 합격자의 최고 관직을 보면 당상관 13.0%, 참상관 58.0%, 참하관 15.8%, 기타 체아직이 13.2%에 이르며, 최고 품계는 당상관 비중이 98.9%에 달한다.[4)] 합격자들은 관직으로는 참상관에 승급했으며, 품계에 있어서는 대부분 당상관으로 승급했다. 국가에서는 기술직의 실무를 통달한 사람에게 실무를 맡김으로써 운영상의 원활함을 꾀하

2) 최승희, 「조선후기 향리신분이동여부고」, 『김철준박사화갑기념사학논총』, 1983.

3) 『경국대전』 권1, 이전 경관직 및 『대전후속록』 같은 조.

4) 이남희, 「조선후기 잡과의 위상과 특성: 변화 속의 지속과 응집」, 『한국문화』 58, 2012, 74쪽.

기 위해 과거 출신자를 우대했다. 따라서 그들의 움직임을 조선후기 사회 변동의 하나의 지표로 삼을 수 있을 것이다.

여기서는 사회적 유동성에 대해서, 특히 그들의 신분적 배경과 사회적 지위에 대해서 살펴보기 위해서 기술직 중인, 잡과와 주학 시험 합격자를 일차적인 대상으로 삼고자 한다. 이들 시험 합격자 중에서 한 과만이 아니라 타과의 시험에도 합격한 사례를 상정해 볼 수 있겠다. 따라서 그들 중에서 문과와 무과, 생원·진사시, 다른 과목의 잡과에 합격한 자가 과연 몇 명이었으며, 또 어떤 과거에 합격했는가 하는 점을 밝히고자 한다. 『경국대전』을 비롯한 법전에는 기술직 중인의 문·무과 및 생원진사시 응시를 규제하는 조항은 없다. 실제로 조선초기 이래 기술관원이 문과에 응시하여 합격한 사례가 적지 않았다는 주장까지 있다.[5] 따라서 그들 가계에서 나타나는 타 과거의 합격 실태는 중요한 의미를 갖는다고 하지 않을 수 없다. 같은 기술직 중인이지만 그들 사이에 있을 수 있는 잡학별 세전성의 차이, 부친 등 가계 구성원들의 사회적 지위 편차도 확인할 수 있을 것이다.

그리고 다른 과거에 합격한 자들의 가계에서는, 특히 자손 대에서 기술직 중인직이 대대로 이어지고 있는지 아닌지도 검토해 보려고 한다. 여기서 말하는 가계는 부친, 조부, 증조부로 이어지는 부계와 외조부를 통해서 알 수 있는 모계, 본인의 혼인 관계를 알 수 있는 처가까지 포괄한다. 그러니까 혼인과 혈연을 바탕으로 하는 혈연적인 이어짐과 연대(連帶)라 할 수도 있겠다. 역과, 의과, 음양과, 율과 등 잡

5) 한영우는 조선시대 문과 급제자 14,615명의 신원을 문과방목, 통합보(統合譜), 실록 등의 자료를 면밀하게 조사하여 밝혀냈다. 한영우, 『과거 출세의 사다리: 족보를 통해 본 조선 문과급제자의 신분이동』 1~4, 지식산업사, 2013·2014 참조.

과 합격자와 주학 취재 합격자의 다른 과거 합격 실태를 실마리 삼아 조선후기 기술직 중인의 사회적 유동성이 보여주는 특징의 일단을 검토하고, 이를 토대로 그런 현상이 조선후기 사회 변화에 대해 시사하는 바를 추출해 내고자 한다.

2

기술직 중인의 타과 진출

1) 타과 합격 실태

잡과 및 주학 시험 합격자들 중에서 한 과가 아니라 타과의 시험에도 진출한 사례를 상정해 볼 수 있다. 전문 직종으로서의 잡과가 갖는 기본적인 속성상 그렇게 많지는 않았을 것이다. 하지만 방목을 검토해 보면 잡과 합격자들 중에서 타과에 진출한 실제 사례를 확인해 볼 수 있다.[6] 현존하는 잡과방목(1498~1894)을 토대로 필자가 조사한 바에 의하면, 잡과 합격자들 중에서 타과에 합격한 경력이 있는 사람은 역과 19명,[7] 의과 25명, 음양과 2명, 율과 5명 등 51명이다. 이를

6) 역팔세보와 의팔세보에는 잡과에서의 타과 합격 기록이 거의 기재되어 있지 않으므로 잡과방목을 분석 자료로 삼았다. 하지만 주팔세보에는 주학의 타과 합격 사항이 상세하게 기재되어 있으므로 주팔세보를 분석 자료로 이용했다.

7) 이성무 · 최진옥 · 김희복 편, 『조선시대 잡과합격자 총람』, 한국정신문화연구원, 1990, 〈표 9〉(21쪽)에는 역과 합격자 본인이 타과에 합격한 인원은 16명으로 되어

통해서 알 수 있는 사항들을 몇 가지로 정리해 보면 다음과 같다.

우선 현존하는 잡과방목(1498~1894)에 수록된 합격자는 6,115명(역과 2,976명, 의과 1,548명, 음양과 865명, 율과 726명)으로 타과 진출자 51명은 전체의 0.83%에 지나지 않는다. 어디까지나 이것은 잡과방목에 의거한 수이며, 16세기와 17세기 중반까지 잡과방목 기록이 영성한 것을 감안한다면 실제로는 그보다 더 많았을 것이다. 그렇다 하더라도 절대적으로 적은 수라 하지 않을 수 없다. 단적으로 말해서 잡과 합격자의 타과 진출이 쉽지 않았음을 말해준다.

둘째, 타과 진출 현황을 과별로 보면 역과는 무과 11명/주학 8명, 의과는 무과 6명/주학 19명, 음양과는 무과 2명, 율과는 무과 5명이다. 이처럼 진출한 타과는 무과와 주학으로 나타나고 있으며, 무과 24명(47.1%), 주학 27명(52.9%)으로 거의 비슷한 비율이다. 하지만 잡과 과목별로는 차이가 나타난다. 무과는 역과(45.8%), 의과(25%), 음양과(8.3%), 율과(20.8%)에서 모두 진출하고 있으며 역과가 거의 절반을 차지한다. 그런데 주학은 역과(29.6%)와 의과(70.4%)에서만 복수 합격 사례가 나타난다. 역관과 의관 중에는 주학 출신이 상당수 있었다는 것이다.

셋째, 역과, 의과, 음양과, 율과 등 잡과 내에서 다른 잡과에 복수로 합격한 사례는 보이지 않는다.[8] 이는 잡과 시험 과목이 통역, 의

있다. 이남희는 18명으로 보았으나(이남희, 「잡과합격자의 타과 진출 사례 분석」, 『열린정신 인문학연구』 15-2, 2014, 207쪽) 19명으로 바로잡는다. 당연한 것이지만 이러한 수치의 편차는 전체를 분석하는 데 영향을 미치지 못하며 또 새로운 자료가 발굴되면 인원수는 달라질 수 있다.

8) 역학생 중에서 역학이 너무 어려워 상대적으로 쉬운 율학으로 전공을 변경한 사례는 확인할 수 있다(『승정원일기』 1337책, 영조 49년 윤3월 갑신).

술, 천문학, 지리학, 명과학, 법률 등의 어학, 의학, 과학, 법학 등 각 과목이 갖는 전문성으로 인해서 동시에 합격하기가 쉽지 않았기 때문이다.[9] 잡과 가계의 타과 진출을 보면 부자(父子)가 동일 과목의 잡과에 합격한 경우는 31.1%, 동일 과목 이외의 잡과에 합격한 경우는 8.7%로 1/4로 크게 줄어든다.[10] 2개의 다른 잡과 과목에 같이 합격하기가 어려웠음을 뒷받침해 준다고 하겠다.

넷째, 잡학에서 무과 진출자를 시기별로 보면 17세기 14명(58.3%), 18세기 9명(37.5%), 19세기 1명(4.1%)으로, 17세기가 절반이 넘는 58.3%를 차지했다. 그들 14명을 보면 역과 4명, 의과 5명, 율과 5명이다. 특히 율과는 17세기에만 무과 진출이 나타났다. 18세기에는 37.5%(역과 7명, 음양과 2명)로 줄어들며, 19세기는 4.1%(의과 1명)에 지나지 않는다. 그리고 주학 진출자를 시기별로 보면 17세기 3명(11.1%), 18세기 19명(70.4%), 19세기 5명(18.5%)이다. 17세기 11.1%(역과 2명, 의과 1명)에서 18세기에는 70.4%(역과 3명, 의과 16명)로 급증하며, 19세기는 18.5%(역과 3명, 의과 2명)로 감소하고 있다. 무과는 17세기, 주학은 18세기에 잡과 진출이 많았음을 알 수 있다.

다섯째, 무과 및 주학 타과 진출자들의 합격 선후는 어떠했을까. 잡과에 합격한 후 무과 및 주학에 합격했는가 아니면 무과 및 주학에 합격한 후에 잡과에 합격했을까. 이는 조선후기 신분의 유동성이라는 측면에서 중요한 부분이다. 51명의 타과 진출자 중에서 27명(무과 6명,

---

9) 『경국대전』 권3, 예전 제과 ; 『속대전』 및 『대전회통』 같은 조.

10) 이남희, 앞의 논문(2012), 79쪽. 합격자와 부친 · 조부 · 증조부 3대가 동일 과목의 잡과에 합격한 경우는 20.5%, 동일 과목 이외의 잡과에 합격한 경우는 14.2%이다.

주학 21명)의 합격 연도를 확인할 수 있을 뿐이다.[11] 27명을 과별로 보면 역과는 무과 2명과 주학 7명, 의과는 주학 14명, 음양과는 무과 1명, 율과는 무과 3명이다.

흥미로운 점은 무과 및 주학의 합격 연도와 잡과 합격 연도 사이에 시기적으로 선후의 차이가 분명하게 있다는 것이다. 무과 합격자 6명 중에서 5명(83.3%)이 역과(2명), 음양과(1명), 율과(2명)에 합격한 뒤에 무과에 합격했다.[12] 무과에 합격한 뒤에 율과에 합격한 경우는 1명(16.7%)뿐이다. 대부분 잡과에 합격한 뒤에 무과로 진출했다는 것을 알 수 있다. 그 같은 상향 지원은 이해할 수 있는 것이다. 무과에 합격한 이후에 율과로 응시, 합격한 것이 오히려 예외적인 사례라 할 수 있다.

무과는 정기적으로 시행되는 식년시와 증광시, 그리고 부정기적으로 시행하는 각종 별시가 있었다. 특별시험인 별시에는 별시 · 정시 · 알성시 · 춘당대시 · 중시(重試) · 도과(道科) · 등준시(登俊試) · 충량과(忠良科) · 구현과(求賢科) 등이 있었다. 무과는 문과의 대거(對擧)라 하여 같이 시행했다. 식년시와 증광시 선발 인원이 동일했으며, 대증광시에만 식년시의 두 배를 뽑도록 했다. 무과는 기본적으로 초시, 복시, 전시를 거치는 삼장제로 운영했다. 식년시와 증광시를 제외한 각종

11) 문과 합격자는 연대순, 시험 종류별 그리고 성적순으로 수록한 문과 종합방목이 『국조방목(國朝榜目)』, 『국조문과방목(國朝文科榜目)』, 『등과록(登科錄)』 등의 이름으로 전하고 있다. 이를 통해서 전체 합격자 명단을 확인할 수 있다. 반면에 무과는 종합방목이 전하지 않는다. 조선시대에 시행한 무과 800회 중에서 현전하는 무과방목은 167개로 20.9%에 지나지 않는다(정해은, 『조선의 무관과 양반사회』, 역사산책, 2020, 40쪽). 무과 합격자들 중에서 합격 연도를 확인할 수 있는 인원이 적은 것은 그와 관련이 있다고 하겠다.

12) 『속대전』 권4, 병전 시취.

별시에서는 한 번 시험으로 당락을 결정하는 단시제나 강경이 있는 복시를 생략하고 초시와 전시만을 행하는 경우도 빈번했다. 각종 별시의 정원은 구체적인 규정이 없었다. 초시 액수는 왕에게 품지하고 전시는 초시 합격자 수에 따르도록 했다.

반면 주학의 경우는 무과와는 달리 합격 연도를 확인할 수 있는 21명 중에서 16명(76.2%)이 주학에 합격한 뒤 역과(5명)와 의과(11명)에 합격했다. 반대로 역과(2명)와 의과(3명)에 합격한 뒤 주학으로 진출한 경우는 5명(23.8%)에 그친다. 대부분 주학에 합격한 뒤 역과와 의과에 진출했음을 확인할 수 있다. 주학에서 역과와 의과로 진출한 사례는 일종의 신분 상승이라는 맥락에서 이해할 수 있다. 산원은 하급 기술관이었다. 산원은 호조에 속해 있으면서 호구 · 공부 · 전량 · 식화에 관해 문무 관료들이 입안한 정사를 맡았으며, 호조 산하의 기구에 배속되었다.[13] 주학은 과거시험으로서의 잡과에는 포함되지 못했다. 산원은 취재에 의해서 충원되었다.[14] 기본적으로 상급 기술관인 잡과중인에 비해서는 사회적 위상이 낮았다고 해야 할 것이다.

타과에 응시해서 진출한 자들의 합격 성적을 보면 전반적으로 우수했다. 장원(壯元) 합격자인 경우도 많았다. 예컨대 오석흥(吳碩興)은 1622년(현종 3) 증광시 역과, 안국빈(安國賓)은 1714년(숙종 40) 식년시 음양과에 장원으로 합격한 뒤 무과에 합격했다. 그리고 오중한(吳重漢)은 22세 때 1687년(숙종 13) 식년시 율과에 장원으로 합격한 뒤 32세 때 1698년(숙종 23) 정시 무과에서 160명을 선발하는데 병과 20위

13) 『경국대전』 권1, 이전 경관직.

14) 주학 취재는 『상명』 · 『계몽』 · 『양휘』 등의 산학서로 시험을 보았다(『대전회통』 권3, 예전 취재).

로 합격했다. 잡과에서 성적이 우수한 자가 타과 진출에도 상대적으로 용이했음을 말해준다.

또한 타과 진출자의 가계 배경을 보면, 진출해 왔거나 혹은 진출하려는 과거 과목과 동일한 경우가 많았다. 예컨대 무과에 진출한 경우를 보면, 식년시 역과(1786년, 정조 10)에 합격하고 이어 무과에 합격한 이진정(李鎭鼎)은 부친 이완기(李完基)가 무과 급제자로 종4품 평해(平海)군수를 지냈다. 이진정은 무과에 진출한 뒤 종2품 중군(中軍)을 역임했다.

산학(1736)에 합격한 뒤 식년시 역과(1750)에 합격한 이종헌(李宗憲)의 집안을 보면 부친 이덕상(李德祥)이 산학 전공이었다. 이덕상은 계사, 산학훈도 등을 역임했다. 산학 집안의 이런 가계 배경은 친가에 국한되지 않고 외가, 처가와도 관련이 있었던 것으로 여겨진다. 증광시 역과(1719)에 합격하고 이어 산학에 합격한 이덕숭(李德崇)을 보면 처부가 2명[崔碩昌, 崔坤]인데 모두 계사 출신이다. 산학은 부친이 호조 소속의 종8품 계사, 무과는 부친이 무과 급제자인 경우가 많았다. 과거시험 합격자의 가계 배경이 그들의 진로 설정에 영향을 주었음을 보여주는 것이라 할 수 있다.

2) 시기별 타과 진출 추이

이 같은 기술직 중인의 타과 진출 양상을 보여주는 실태와 그 추이를 역과, 의과, 음양과, 율과, 주학 등 잡학별로 살펴보기로 하자.[15)]

---

15) 잡과의 타과 진출은 이남희, 앞의 논문(2014)을 토대로 수정 보완한 것이다.

(1) 역과의 타과 진출

① 타과 진출 추이

먼저 역과 합격자의 타과 진출은 19명이다. 무과가 11명(57.9%), 주학이 8명(42.1%)으로 무과의 비중이 약간 높다. 이들 타과 진출자의 인적 사항을 시기별로 정리하면 〈표 34〉와 같다.

〈표 34〉 **역과 합격자의 타과 진출 실태**

성명	본관	전공	역과 합격	타과 합격
이계천(李啓天)	전주(全州)	청학	1603년(선조 36)式	무과
김신민(金信敏)	김해(金海)	한학	1639년(인조 17)式	산학
정동윤(鄭東尹)	하동(河東)	한학	1642년(인조 20)式	무과
정세익(鄭世益)	온양(溫陽)	한학	1648년(인조 26)式	무과
오석흥(吳碩興)	해주(海州)	한학	1662년(현종 3)增	무과
김국정(金國禎)	낙안(樂安)	한학	1696년(숙종 22)式	산학
이 구(李 榘)	금산(金山)	몽학	1714년(숙종 40)式	무과
이덕숭(李德崇)	전주(全州)	한학	1719년(숙종 45)增	산학
최도유(崔道裕)	주계(朱溪)	한학	1725년(영조 1)增	산학
이종헌(李宗憲)	정읍(井邑)	몽학	1750년(영조 26)式	산학
김면우(金冕禹)	경주(慶州)	한학	1768년(영조 44)式	무과
유 기(劉 琦)	한양(漢陽)	한학	1771년(영조 47)式	무과
김세정(金世禎)	설성(雪城)	몽학	1773년(영조 49)增	무과
홍택영(洪宅泳)	남양(南陽)	몽학	1783년(정조 7)式	무과
이진정(李鎭鼎)	완산(完山)	한학	1786년(정조 10)式	무과
홍득여(洪得輿)	남양(南陽)	한학	1790년(정조 14)增	무과
이 예(李 藝)	금산(金山)	한학	1837년(헌종 3)式	주학
이응헌(李應憲)	금산(金山)	한학	1855년(철종 6)式	주학
변 희(邊 喜)	원주(原州)	한학	1874년(고종 11)增	주학

먼저 역학 내의 전공별로 보면, 한학 전공자는 무과 7명 · 주학 7명, 몽학 전공자는 무과 3명 · 주학 1명, 청학 전공자는 무과 1명이 각각

타과에 합격했다. 한학 전공자가 14명(73.7%)으로 가장 많고, 다음이 몽학 4명(21.1%), 청학 1명(5.3%) 순이다. 왜학 전공자는 타과 합격 사례가 나타나지 않는다.

이런 차이는 전공별 선발 규정과 관련이 있다. 법전 규정에 따라 합격 정원 19명 중 한학 전공자는 13명(68.4%), 몽학 · 청학 · 왜학은 각 2명(10.5%)씩 선발한 데 기인한 것으로 여겨진다.[16] 한학에 대한 우대책은 제도적으로 보장되어 있었다.[17] 한학에서만 초시에 향시가 실시되었으며, 초시 정원 57명에서도 45명(78.9%)을 차지했다. 또한 한학 전공자를 장원으로 삼았다.

시기별 추이를 보면 17세기에는 무과 4명, 산학 2명으로 무과가 2배 많고, 18세기에는 무과 7명, 주학 3명으로 무과가 2.3배 정도 많다. 그런데 19세기에는 주학 3명이 있을 뿐, 무과 진출자는 보이지 않는다. 이들 역과 합격자의 타과 진출 현황과 가계 배경을 좀 더 구체적으로 살펴보면 다음과 같다.

[사례] **시기별 역과 합격자의 타과 합격 추이**

17세기

- 李啓天(全州, 34세):[18] 1603년式 譯科(淸學). 타과: 武科. 訓鍊院 主簿 역임. 부친 李得順 司果 역임.
- 金信敏(金海, 22세): 1639년式 譯科(漢學). 타과: 算學. 31세 1648년(인조 26) 합격. 籌學訓導, 折衝將軍 역임. 부친 金應實 嘉善大夫, 府使 역임.

16) 『경국대전』 권3, 예전 제과 및 『대전회통』 권3, 같은 조.

17) 『통문관지』 권2, 과거.

18) 괄호 안은 합격자의 본관, 합격 당시 연령이다. 이하 같다.

○ 鄭東尹(河東, 24세): 1642년式 譯科(漢學). 타과: 武科. 33세 1651(효종 2) 別試 합격. 萬戶 역임. 부친 鄭俊民 通政大夫 역임.
○ 鄭世益(溫陽, 19세): 1648년式 譯科(漢學). 타과: 武科. 典獄署 主簿 역임. 부친 鄭宗文 上通事, 司譯院 僉正 역임.
○ 吳碩興(海州, 27세): 1662년增 譯科(漢學). 타과: 武科. 萬戶 역임. 부친 吳尙俊 1639년(인조 17)式 譯科(蒙學) 합격. 司譯院 主簿 역임.
○ 金國禎(樂安, 23세): 1696년式 譯科(漢學). 타과: 算學. 19세 1692년(숙종 18) 합격. 計士 역임. 부친 金汝器 1615년(효종 5)式 醫科 합격. 算學, 嘉善大夫, 內醫, 造紙署 別提, 同知, 訓導 역임.

18세기

○ 李渠(金山): 1714년式 譯科(蒙學). 타과: 武科. 부친 李後廣 漢學 押物 역임.
○ 李德崇(全州, 26세): 1719년增 譯科(漢學) 전공. 타과: 算學. 1692년(숙종 18) 합격. 主簿, 計士 역임. 부친 李千翼 漢學 전공.
○ 金冕禹(慶州, 18세): 1768년式 譯科(漢學). 타과: 武科. 主簿, 守門將 역임. 부친 金致瑞 崇政大夫, 資憲大夫 역임.
○ 劉琦(漢陽, 31세): 1771년式 譯科(漢學). 타과: 武科. 僉節制使, 萬戶 역임. 부친 劉彦爀 通德郎 역임.
○ 洪宅泳(南陽, 29세): 1783년式 譯科(蒙學). 타과: 武科. 부친 洪聖翊 1726년(영조 2)式 譯科(漢學) 합격. 司譯院 僉正 역임.
○ 李鎭鼎(完山, 29세): 1786년式 譯科(漢學). 타과: 武科. 中軍 역임. 부친 李完基 武科 합격. 平海郡守 역임. 생부 李澤基 1747년(영조 23)式 譯科(漢學) 합격. 同知, 嘉善大夫 역임.
○ 洪得興(南陽, 19세): 1790년增 譯科(漢學). 타과: 武科. 萬戶 역임. 부

친 洪命福 1753년(영조 29) 譯科(漢學) 합격. 嘉義大夫, 敎誨, 司譯院 正, 同知 역임.

○ 崔道裕(朱溪, 19세): 1725년增 譯科(漢學). 타과: 算學. 29세 1736년(영조 12) 합격. 正, 計士 역임. 부친 崔始岱 計士 算員 역임.

○ 李宗憲(井邑, 30세): 1750년式 譯科(蒙學). 타과: 算學. 16세 1736(영조 12) 합격. 計士 역임. 부친 李德祥 算學, 計士, 算學訓導 역임.

○ 金世禎(海豊, 28세): 1773년增 譯科(漢學). 타과: 武科. 45세 1790년(정조 14)增 합격. 通政大夫, 上通事, 直長 역임. 부친 金德潤 1723년(경종 3)式 譯科(漢學) 합격. 嘉善大夫, 三押物 역임.

19세기

○ 李藝(金山, 29세): 1837년式 譯科(漢學). 타과: 籌學. 24세 1832년(순조 32) 합격. 崇政大夫, 三押物, 知樞, 敎授 역임. 부친 李時健 1789년(정조 13)式 譯科(漢學) 합격. 通政大夫, 折衝將軍, 敎誨, 僉知 역임.

○ 李應憲(金山, 18세): 1855년式 譯科(漢學). 타과: 籌學. 13세 1850년(철종 1) 합격.[19] 敎誨, 正, 僉知, 奉事, 次上通事 역임. 부친 李埶 漢學, 知樞, 主簿 역임.

○ 邊喜(原州, 29세): 1874년增 譯科(漢學). 타과: 籌學. 26세 1871년 합격. 參奉 역임. 부친 邊應參 1852년(철종 3)式 生員試 합격. 禮賓寺 參奉, 司饔院 奉事 역임.

---

19) '한국역대인물종합시스템'에는 이응헌의 산학 합격 당시의 나이가 73세로 되어 있으나 이는 13세가 맞는다. 생년 무술년을 1778년으로 계산한 데 따른 것으로 이응헌의 부친 이예의 생년이 1809년이므로, 이응헌의 생년 무술년은 1838년임을 알 수 있다. 의역주팔세보와 잡과방목에는 생년이 간지로 기재되어 있기 때문에 생년을 산정할 때 유의해야 한다.

타과에 진출한 역과 합격자 18명(무과 11, 주학 8) 중에서 10명(무과 2, 주학 8)의 합격 연도를 『무과방목』과 『주학입격안』에서 확인할 수 있다. 11명의 무과 합격자 중에서 합격 연도가 확인 가능한 사례가 2명(정동윤, 이세정)에 그치는 것은 앞에서 말한 바와 같이 현재 전하는 무과방목의 수량이 무과 시행 횟수에 대해서 20.9%(800회 중에서 167회)에 지나지 않기 때문이다.[20] 때문에 의역주팔세보나 잡과방목에 기록되어 있는 무과 합격 내용이 더욱 중요하다고 할 수 있다.

합격 연도를 확인할 수 있는 타과 합격자를 통해서 타과 합격의 선후 시기를 파악해 보기로 하자. 먼저 주학 진출자 8명을 보면, 역과에 합격한 뒤 주학에 진출한 경우가 2명(김신민, 최도유), 주학에 합격한 뒤 역과에 진출한 경우가 6명(김국정, 이덕승, 이종헌, 이예, 이응현, 변희)이다. 적은 수이기는 하지만 주학에 합격한 뒤 역과에 진출한 경우가 세 배 많다. 대부분 주학에 합격한 뒤 역과에 진출했다는 것을 확인할 수 있다. 주학에 합격한 뒤 역과에 진출한 기간은 대부분 합격한 이후 3~5년이었으며, 특이하게 이종헌의 경우 16세에 산학에 합격한 뒤(1736), 14년 뒤인 30세가 되어 식년시 역과에 합격했다(1750). 반면 역과에서 주학으로 진출한 기간은 그보다 많이 늦은 9~10년 뒤라는 공통점을 보여준다. 구체적인 사정은 알 수 없지만, 역과 합격 이후 주학으로 진출했다는 점에서 시선을 끈다. 일반적으로 주학에서 역학으로 진출한 사례가 훨씬 많았기 때문이다.

반면 무과 진출자 2명은 모두 역과에 합격한 뒤 무과에 합격했다. 정동윤은 24세에 1642년 식년시 역과에 합격하고, 33세에 1651년 별시 무과에 합격했다. 별시 무과는 인조의 신주(神主)를 종묘에 모시고

20) 정해은, 앞의 책, 40쪽.

세실(世室)에 봉안한 것, 돌아가신 왕후에게 휘호(徽號)를 올리고 존호(尊號)를 올린 것과 왕비와 왕세자의 책봉식을 행하고 세자의 관례(冠禮)를 행한 일곱 가지 경사로 실시하여 김정필(金廷弼) 등 1,236명을 선발했다.[21] 정동윤은 병과 268등으로 합격했다. 김세정은 28세에 1773년 증광시 역과에 합격하고, 45세에 1790년 증광시 무과에 합격했다. 원자의 호를 정한 경사로 시행한 경과(慶科)로 김창신(金昌信) 등 311명을 선발했다. 김세정은 병과 84등으로 합격했다. 역과 합격을 배경으로 무과로 상향 이동했음을 보여준다. 진출하는 기간을 보면 합격한 이후 9~17년으로 같은 잡학 내에서 진출한 기간보다 길다. 역시 무과 시험 준비가 필요했을 것이다.

무과 시험 과목은 크게 강서(講書)와 무예(武藝)로 나눌 수 있다.[22] 강서는 복시에만 있는 시험으로 사서오경(四書五經) 중의 하나, 무경칠서(武經七書) 중의 하나, 『자치통감(資治通鑑)』, 『역대병요(歷代兵要)』, 『장감박의(將鑑博議)』, 『무경(武經)』, 『소학(小學)』 중의 하나를 선택해서, 『경국대전』과 함께 시험을 치렀다. 잡학과는 다른 분야인 데다 과목마저 적지 않아 준비하는 데 많은 시간이 필요했을 것이다. 무예는 목전(木箭), 철전(鐵箭), 편전(片箭), 기사(騎射), 기창(騎槍), 격구(擊毬) 등을 시험했다.

그러면 이후 그들의 자손들도 무과로 계속 진출했을까, 아니 진출할 수 있었을까. 먼저 완산이씨 이진정의 사례를 보기로 하자. 이진정은 정조 10년(1786) 식년시 역과에 합격하고 이어 무과에 합격했다. 그의 무과 합격 연도는 현재 무과방목에서 확인되지 않는다. 이진정

---

21) 『신묘별시문무과방목(辛卯別試文武科榜目)』(하버드옌칭도서관).

22) 『경국대전』 권4, 병전 시취. 이남희, 『영조의 과거(科擧), 널리 인재를 구하다』, 한국학중앙연구원출판부, 2013, 57~59쪽.

의 부친 이완기는 무과 급제자이며, 종4품 평해군수를 역임했다. 이진정 본인은 무과 합격 이후에 종2품 서반 무관직 중군(中軍)을 역임했다. 그런데 그 이후 가계를 보면 잡과 합격자를 배출했다. 아들 이일달은 순조 5년(1805) 증광시 역과, 이일준은 순조 9년(1809) 증광시 역과, 이일구는 순조 13년(1813) 식년시 음양과, 이일유는 순조 27년(1827) 증광시 음양과, 사위 안국균(본관: 順興)은 순조 12년(1812) 증광시 역과에 합격했다.

이처럼 잡과에 다시 회귀한 데에는 이진정의 처부 이수(본관: 金山)가 한학교회를 역임했다는 점, 그리고 이진정의 형 이진복이 영조 38년(1762) 식년시 역과, 형 이진관이 영조 49년(1773) 증광시 역과에 합격한 가계 배경과 무관하지 않은 것으로 여겨진다.[23] 특히 이진복은 종1품 숭록대부까지 승급했으며, 관직은 정3품 사역원 정, 종6품 교수, 정2품 지중추부사 등을 역임했다. 그는 사역원 소속의 부경(赴京) 수행 역관인 교회를 지냈다. 이진복은 역과 시험 합격 60주년을 기념하여 1822년(순조 22) 회방(回榜)의 영예를 안기도 했다.[24] 수역(首譯)까지 오른 당대의 명문 출신 역관이었다.

다음으로 인조 17년(1639) 식년시 역과에 한학 전공으로 합격한 김해김씨 김신민의 사례를 보기로 하자. 그는 9년 뒤인 31세(인조 26년, 1648)에 산학에 합격하여 주학훈도, 절충장군 등을 역임했다. 부친 김

---

23) 생부 이택기는 영조 23년(1747) 식년시 역과에 합격, 종2품 가선대부, 종2품 동지중추부사 등을 역임했다. 그는 영조 때 중국에서 효종이 심양에 있을 때 쓴 친필을 가져와 상을 받기도 했다(『승정원일기』 1071책, 영조 27년 7월 신묘). 이진정 가계에 대해서는 이남희, 「조선시대 전주이씨 長川君派의 잡과 진출: 한학역관 李澤基 가계를 중심으로」, 『한국동양정치사상사학회』 16-2, 2017 참조.

24) 命回榜人李鎭復 依例回榜施行(『승정원일기』 2150책, 순조 22년 2월 무술).

응실은 가선대부, 부사를 역임했다. 처부 신극해는 사역원 관리로 가선대부를 역임했다. 흥미로운 점은 김신민의 처부 신극해 집안을 보면 잡과와 무과, 그리고 진사시(進士試)가 서로 뒤섞여 있다는 것이다. 처부 고령신씨 신극해의 가계를 정리하면 다음과 같다.

[사례] **고령신씨(高靈申氏) 신극해(申克海) 가계의 과거 진출**

- ○ 부친 申大源: 1609년(광해 1)增 譯科(漢學). 司譯院 僉正, 上通事. 처부 金業龍(光山).
- ○ 본인 申克海: 司譯院 僉正, 嘉善大夫. 처부 李愉(金山) 司譯院 教誨, 知樞.
- ○ 형 申益海: 1619년(광해 11)增 譯科(漢學), 司譯院 正, 折衝將軍, 通政大夫, 教誨.
- ○ 조카 申瀁(申益海 아들): 武科, 監牧官.
- ○ 아들 申清: 折衝將軍. 외조 玄琣(川寧) 1645년(인조 23)式 醫科, 典醫監 正.
- ○ 아들 申汎: 1652년(효종 3)增 의과, 內醫院 正, 教授. 처부 李春楊(永川) 1618년(광해군 10)式 醫科, 教授 內醫院 正.
- ○ 사위 金信敏(金海): 1639년(인조 17)式 譯科(漢學). 부친 金應實 嘉善大夫, 府使.
- ○ 사위 朴時俊(開城): 1652년(효종 3)增 譯科(漢學). 부친 朴瓚 講肄習讀官.
- ○ 손자 申世濟(申清 아들): 1682년(숙종 8)增 譯科(漢學). 처부 金策(金海) 1678년(숙종 4)增 進士試. 처조부 金謹行 嘉善大夫, 行忠武衛副司勇.
- ○ 손자 申世漫(申清 아들): 1693년(숙종 19)式 譯科(蒙學), 別遞兒, 奉事. 처부 姜時發(晋州).
- ○ 손자 申枋(申汎 아들): 1696년(숙종 22)式 譯科(蒙學), 別遞兒, 奉事. 처부 金振昌(開城) 漢學次上通事.

신극해 집안은 잡과와 무과, 그리고 진사시가 서로 교착되어 있다. 신극해의 손자 신세제의 처부는 1678년 증광 진사시에 유학(幼學)으로 합격한 김책이다. 거주지는 서울이다.[25] 김책의 부친 김근행은 종2품 가선대부, 오위 중 하나인 충무위 종9품 부사용을 역임했다. 생원시나 진사시는 문무과나 잡과와는 달리 합격 후 관직 진출이 보장되지는 않았으나, 사족으로 지위를 인정받는 신분이었다. 향촌 사회 내에서 일정한 세력을 형성했다는 것은 자체 협의기구였던 사마소나 향회 등을 통해서도 알 수 있다.

세전이라는 측면에서도 흥미로운 사례다. 그러면 그들은 과연 신분 상승에 성공할 수 있었을까. 개인적으로 그 같은 사례는 얼마든지 있을 수 있다. 잡과에 합격한 후에, 다시 무과에 급제하여, 무반직으로 나아가는 것을 충분히 상정해 볼 수 있기 때문이다. 좀 더 면밀한 검토가 필요하지만, 적어도 필자가 조사한 바에 따르면 그들의 자손들은 무과 관직으로 나아가기보다는 오히려 역관, 의관 등 기술직으로 돌아와 종사하는 측면을 보여준다.

역팔세보에는 고령신씨가 1명 수록되어 있다. 1885년 증광시 역과에 합격한 신학근(申學根)이다. 그는 위에서 본 신극해의 형 신익해의 7세손이다.[26] 신익해의 아들 신양(申瀁)과 손자 신지밀(申之謐)이 무과 출신이다. 그런데 신익해의 증손자 신성침(申性沉)은 1710년 증광시 역과에 합격했다. 이후 7세손 신학근에 이르기까지 계속 역관직에 종사하고 있다. 4세손 신한모는 동지 중추부사, 5세손 신명수는 교회, 6

25) 『정사증광사마방목(丁巳增廣司馬榜目)』(국립중앙도서관).

26) 참고로 신익해와 신극해의 아버지 신대원(申大源)은 1609년 증광시 역과에 합격했으며, 사역원 첨정을 지냈다. 신학근의 외조부 배천조씨(白川趙氏) 조홍부(趙弘頫)는 사역원 참봉을 지냈다. 처부는 수성최씨(隋城崔氏) 최진형(崔鎭衡)이다.

8대	7대	6대	5대
申大源 譯科/僉正	申益海 敎誨/正	申瀁 武科	申之滵 武科

〈그림 16〉 **역팔세보 고령신씨(高靈申氏) 신학근(申學根) 가계도**

세손 신극은 사역역 참봉을 지냈다. 이런 사실은 역팔세보에 의해서 확인된다. 참고로 『역보』(텐리대본)에 수록된 고령신씨 신학근의 가계를 정리하면 〈그림 16〉과 같다.

본인은 무과로 진출해 신분 상승을 했다고 볼 수도 있으나 자손 대에서 그런 위상을 대대로 유지했다고 보기는 어려울 것 같다. 무과를 통해 신분 상승을 했다 하더라도 그런 사회적 지위를 유지하는 것은 그리 간단치 않았을 것이다.[27] 아들 대에서 다시 잡과에 합격함으로써 기술직 중인으로 회귀하는 사례는 그 같은 어려움을 엿볼 수 있게 해준다.[28]

결국 잡과 합격자 본인의 타과 진출, 즉 잡과에 이어 무과에 합격했

27) 무과의 개방성에도 불구하고 하층민의 신분 이동 통로는 아니었으며, 오히려 중앙의 헤게모니를 뒷받침하는 방향으로 운영되었다(정해은, 「조선후기 무과급제자의 신분과 사회적 지위」, 『청계사학』 11, 1995 ; 정해은, 앞의 책, 27~28쪽).

28) 1871년 주학에 합격하고, 1874년 증광시 역과에 합격한 원주변씨(原州邊氏) 변희의 경우, 부친 변응삼(邊應參)이 1852년 임자 식년 생원시에 유학으로 합격했다. 그런데 가계를 보면 조부 변직(邊稙)은 가의대부(嘉義大夫), 행용양위호군(行龍驤衛護軍), 한학교회를 지냈으며, 증조부 변성구(邊性求)는 1795년 식년시 역과 합격자다. 변응삼의 동생 변응익(邊應翼)은 1844년(헌종 10) 증광시 의과에 합격하고 내의원 정을 역임했다. 기술직 중인 집안에서 생원시에 합격했으나 자손 대에서는 다시 잡과에 진출한 것이다.

4대	3대	2대	1대	본인
申性沉 譯科/僉正	申漢模 同樞	申命洙 敎誨	申汲 譯/參奉	申學根 譯科

다는 사실은 중요한 의미를 갖는다. 무반직에 나아가지 못했다고 할지라도 급제 사실 자체가 유리한 조건으로 작용했을 것이다. 전문 기술직 내에서의 승진과 출세에도 도움이 되었을 것이다.

② 복수 전공 현황

역과는 전공이 세분되어 있었다. 한학, 몽학, 왜학, 청학[여진학]이 있으며, 왜학의 경우에는 유구어도 포함해 학습하도록 했다.[29] 역과방목에서는 합격자의 구체적인 전공을 알 수 있다.[30] 역과방목을 보면 복수 전공의 경우 관력 뒤에 "漢學科, 蒙科" 등을 부기해 어느 전공으로 합격했는지 구분했다.

다음에서는 16 · 17세기 역과 합격자를 중심으로 전공 내역과 복수 전공 실태 현황을 살펴보기로 하자. 이 시기 역과 합격자 879명 중에서 전공을 알 수 있는 역관은 713명이다. 이를 정리하면 〈표 35〉와 같다.

---

29) 禮曹啓 琉球國 往往內聘 而我國無通解其文者 請令中外 搜訪通解琉球國文者 差司譯院訓導 令倭學生兼習 從之(『세종실록』 권79, 19년 11월 계축).

30) 잡과 시험에서 전공이 세분해 있는 것은 역과와 음양과다. 음양과는 천문학, 지리학, 명과학으로 전공이 세분해 있다.

〈표 35〉 **16 · 17세기 역과 합격자의 전공 분포(단위: 명)**

구분		한학	몽학	왜학	청학	계
16세기	식년시	5		1		6
	증광시	1				1
17세기	식년시	290	30	48	40	408
	증광시	199	25	39	35	298
계		**495**	**55**	**88**	**75**	**713**

역과 최종 선발 인원은 한학 13명(68. 4%), 몽학 2명(10.5%), 왜학 2명, 청학[여진학] 2명이다.[31] 〈표 35〉를 보면 전공 분포의 전체적인 양상이 드러난다. 16세기의 경우 전공을 알 수 있는 사람은 7명에 지나지 않는다(한학 6명, 왜학 1명). 17세기의 경우 706명의 전공을 알 수 있는데 한학 489명(69. 3%), 몽학 55명(7.8%), 왜학 87명(12.3%), 청학[여진학] 75명(10.6%)으로 나타나서, 규정 비율은 그대로는 아니라 할지라도 거의 비슷하게 실행된 양상을 보여준다. 이를 좀 더 구체적으로 살펴보면 우선 지적할 수 있는 것이 한학의 우위성이다. 한학은 규정에서도 나타났지만 실제로 그대로 선발했으며, 또 한학 전공자는 매회 거르지 않고 선발했다.[32] 비한학 계열의 순서를 보면 법규의 선발 인원은 동일했지만 실제로는 왜학 → 청학 → 몽학 순으로 선발했음을 알 수 있다.

그리고 이들 713명 중에서 복수 전공어가 나타나는 8명의 사례를 17세기 합격자들 중에서 찾아볼 수 있다. 그들의 인적 사항을 정리하

31) 『경국대전』 권3, 예전 제과 및 『대전회통』 같은 조.

32) 한학에 대한 우대책은 제도적으로 보장되어 있다. 한학의 경우에만 초시에 향시(鄕試)를 실시했으며, 초시 선발 인원 57명 중에서도 45명(78.9%)을 차지한다(『경국대전』 권3, 예전 제과).

면 〈표 36〉과 같다.[33)]

〈표 36〉 **17세기 역과 합격자의 복수 역어 전공 사례(※ 괄호 안의 나이는 합격 당시 연령)**

성명	본관	내용
전사홍(田嗣洪)	하음(河陰)	1627년式 한학 전공. 淸學上通事, 上等遞兒, 通政大夫
		부친 전득추(田得秋): 折衝將軍
박형원(朴亨元)	밀양(密陽)	1645년式 한학 전공(38세). 倭學聰敏
		부친 박수진(朴壽進): 折衝將軍
조흥구(趙興球)	평양(平壤)	1648년式 한학 전공(24세). 淸學上通事, 上等遞兒, 判官
		부친 조상훈(趙尙勳): 承仕郎
정충일(鄭忠一)	창녕(昌寧)	1648년式 한학 전공(41세). 淸學上通事, 上等遞兒, 僉正
		부친 정태생(鄭泰生): 司譯院 正
오극흥(吳克興)	해주(海州)	1663년式 한학 전공(17세). 淸學舊押物, 壽通政大夫
		부친 오상준(吳尙俊): 1639년式 역과(몽학). 司譯院 主簿
윤여즙(尹汝檝)	파평(坡平)	1669년式 한학 전공. 淸學判官
		부친 윤순원(尹順元): 역과
정선(鄭銑)	하동(河東)	1678년增 몽학 전공(24세). 淸學上通事, 判官
		부친 정동윤(鄭東尹): 1651년 별시 무과. 萬戶
김상빈(金尙賓)	낙안(樂安)	1684년式 몽학 전공(22세). 淸學上通事, 通德郎, 嘉善大夫
		부친 김유경(金惟鏡): 1682增 역과(청학). 司譯院判官, 通訓大夫

우선 한학과 몽학, 몽학과 왜학, 또는 왜학과 청학을 복수 전공한 사례는 보이지 않는다.[34)] 필자가 조사한 바에 따르면, 조선시대 전 시기를 통해서 잡과방목의 역과 합격자 중에서 한학과 몽학, 몽학과 왜

33) 현종 8년(1667) 여진학에서 청학으로 개칭했으므로(『통문관지』 권1, 연혁 관제) 청학으로 통일했다.

34) 왜학과 청학의 경우는 18세기에 1명 복수 전공 사례가 나타난다.

학을 복수 전공한 사례는 나타나지 않는다. 지금 당장 필요하지는 않지만 몽고가 최강성한 국가로 언제고 후환을 가져올 수 있다고 인식하여 폐하지 않고 후학을 열도록 했다.[35] 하지만 몽고와 실제적인 외교 관계가 없었기 때문에 몽학이 부진했던 것이다. 그 때문에 몽학의 복수 전공 선택 사례가 나타나지 않는다.

다음으로 주목되는 사실은 복수 전공에서 한학과 청학의 비중이 높다는 점이다. 16 · 17세기 한학과 청학 복수 전공이 5명, 한학과 왜학 1명, 몽학과 청학 2명이다. 어학별 선호도를 보면 청학 7명, 한학 6명, 왜학과 몽학이 1명으로 청학이 가장 높다.

18 · 19세기의 경우에도 복수 전공에서 청학과 한학의 비중이 높다. 구체적으로 보면, 한학과 청학 17명(18세기: 2명, 19세기: 15명), 한학과 왜학 6명(18세기: 2명, 19세기: 4명), 몽학과 청학 4명(18세기: 1명, 19세기: 3명)으로 나타난다. 한학과 청학의 복수 전공 추이를 보면 18세기 2명에서 19세기 15명으로 급격하게 증가하고 있는 점이 흥미롭다. 시기별로 보면 한학과 청학 복수 전공 비율이 16 · 17세기 62.5%(5명), 17 · 18세기 63.0%(17명)로 거의 비슷해서 청학 선호도를 확인해 볼 수 있다.

이 같은 점들은 역시 현실 국제 정치 및 외교 관계와 밀접한 관련이 있을 것으로 보인다. 1636년 병자호란 이후 청국이 강성해짐에 따라 청학을 부전공하는 경향이 나타나고 있다. 청학의 경우에는 호란을 계기로 그 비중이 커졌다. 선조 말년부터 광해조에 걸쳐서 차츰 만주족과 접촉이 잦아지면서 청학에도 변화가 오기 시작했으며, 호란을 계기로 대청 관계가 중시되고, 이에 따라 대청 무역이 활발해지면서

---

35) 蒙古種類 最盛而强 實有他日之深憂(『영조실록』 권44, 13년 5월 신축).

청학의 비중이 커졌던 것이다. 병자호란 이후 효종 3년(1652) 증광시를 제외하고는 거의 매회 거르지 않고 청학 전공자를 선발했다는 점은 이를 뒷받침해 준다.

(2) 의과의 타과 진출

의과방목에 의하면 의과 합격자의 타과 진출자는 25명이다.[36] 이를 정리하면 〈표 37〉과 같다.

〈표 37〉 **의과 합격자의 타과 진출 실태**

성명	본관	의과 합격	타과 합격
조 근(趙 瑾)	배천(白川)	1613년(광해 5)增	무과
윤 즙(尹 檝)	파평(坡平)	1618년(광해 10)式	무과
김여기(金汝器)	낙안(樂安)	1654년(효종 5)式	산학
김익정(金益精)	청양(靑陽)	1663년(현종 4)式	무과
이지화(李枝華)	안산(安山)	1666년(현종 7)式	무과
유장배(柳長培)	전주(全州)	1682년(숙종 8)增	무과
오수관(吳壽觀)	두원(荳原)	1726년(영조 2)式	산학
이만표(李萬杓)	전주(全州)	1726년(영조 2)式	산학
이경흡(李景洽)	전주(全州)	1732년(영조 8)式	산학
이희일(李禧一)	강음(江陰)	1732년(영조 8)式	산학
윤정리(尹貞履)	풍기(豊壤)	1732년(영조 8)式	산학
이원백(李遠白)	태안(泰安)	1738년(영조 14)式	산학
이명흡(李命洽)	경주(慶州)	1740년(영조 16)增	산학
김유택(金有澤)	낙안(樂安)	1740년(영조 16)增	산학
최시적(崔始迪)	주계(朱溪)	1741년(영조 17)式	산학

36) 팔세보에 타과 기록이 있는 경우에는 그들을 포함시켜 보완하고자 했다. 남기혁의 사례가 그러하다.

성명	본관	의과 합격	타과 합격
최한수(崔漢壽)	경주(慶州)	1773년(영조 49)增	산학
오윤석(吳允錫)	두원(荳原)	1774년(영조 50)式	산학
이문옥(李文玉)	태안(泰安)	1774년(영조 50)式	산학
김성택(金聖宅)	경주(慶州)	1777년(정조 1)式	주학
한응규(韓應奎)	신평(新平)	1783년(정조 7)式	주학
현우서(玄禹瑞)	천녕(川寧)	1790년(정조 14)增	주학
현우서(玄禹瑞)	신평(新平)	1792년(정조 16)式	주학
김석헌(金錫憲)	고성(固城)	1807년(순조 7)式	주학
이종려(李鍾呂)	정읍(井邑)	1812년(순조 12)增	주학
이순근(李淳根)	천안(天安)	1848년(헌종 14)增	무과

주학이 19명(76.0%), 무과가 6명(24.0%)으로 앞에서 살펴본 역과(42.1%)와는 달리 주학의 비중이 월등히 높다. 이는 역과의 타과 진출에 나타난 현상과는 상당히 다르다. 이 같은 차이는 의학과 주학이 학문의 성격상 유사한 분야라는 점에서 기인하는 것으로 여겨진다. 수학에 익숙한 주학 출신자들이 의과에 진출하고 있는 것으로 볼 수 있다. 이들 25명 의과 합격자의 타과 진출 현황과 가계 배경을 좀 더 구체적으로 살펴보면 다음과 같다.

[사례] **시기별 의과 합격자의 타과 합격 추이**

17세기

○ 趙瑾(白川, 34세): 1613년增 醫科. 타과: 武科. 訓鍊院 參軍 역임. 부친 趙環璧.

○ 尹櫶(坡平): 1618년式 醫科. 타과: 武科. 折衝將軍, 通政大夫, 內醫院正 역임. 부친 尹德恭.

○ 金汝器(樂安, 23세): 1654년式 醫科. 타과: 算學. 嘉義大夫, 內醫, 造紙署 別提, 同知, 訓導 역임. 부친 金厚立 算學, 算學別提, 訓導 역임.

- 金益精(青陽, 28세): 1663년式 醫科. 타과: 武科. 僉使, 僉知 역임. 부친 金應說 司果 역임.
- 李枝華(安山, 15세): 1666년式 醫科. 타과: 武科. 統制使 역임. 부친 李贇壯 左尹 역임.
- 柳長培(全州, 31세): 1682년增 醫科. 타과: 武科. 萬戶 역임. 부친 柳時雄 別軍職 역임.

18세기

- 吳壽觀(興陽, 19세): 1726년式 醫科. 타과: 算學. 16세 1723년(경종 3) 합격. 算學訓導 역임. 부친 吳聖民 1692년(숙종 18) 算學 합격. 算學別提 計士 역임.
- 李萬杓(全州, 25세): 1726년式 醫科. 타과: 算學. 22세 1723년 합격. 算學教授, 計士 역임. 부친 李苾夏 1702년(숙종 28) 醫科 합격. 計士 역임.
- 李景治(全州, 27세): 1732년式 醫科. 타과: 算學. 正, 算學訓導, 計士 역임. 부친 李順昌 1692년(숙종 18) 算學 합격. 算學訓導 역임.
- 李禧一(江陰, 25세): 1732년式 醫科. 타과: 算學. 45세 1692년(숙종 18) 합격. 僉正, 算學訓導, 計士 역임. 부친 李齊徽 1699년(숙종 25) 醫科 합격. 司畜署 別提 역임.
- 尹貞履(豊壤, 21세): 1732년式 醫科. 타과: 算學. 算學別提, 僉正, 正, 計士 역임. 부친 尹有瑞 算學訓導 역임.
- 李遠白(太素, 25세): 1738년式 醫科. 타과: 算學. 10세 1723년(경종 3) 합격. 正, 直長, 算學教授, 計士 역임. 부친 李文洙 算學訓導 역임.
- 李命治(慶州, 28세): 1740년增 醫科. 타과: 算學. 24세 1736년(영조 12) 합격. 正, 算學訓導, 僉正, 老僉知, 老通政大夫 역임. 부친 李世琛

1692년(숙종 18) 算學 합격. 算學別提, 計士 역임.

○ 金有澤(樂安, 29세): 1740년增 醫科. 타과: 算學. 25세 1736년(영조 12) 합격. 正, 算學訓導, 計士 역임. 부친 金德興 1692년(숙종 18) 算學 합격. 算學別提, 同知, 計士 역임.

○ 崔始迪(朱溪, 30세): 1741년式 醫科. 타과: 算學. 25세 1736년(영조 12) 합격. 正, 算學別提 역임. 부친 崔東奭 引儀 역임. 생부 崔東傑 1692년(숙종 18) 算學 합격. 算學敎授 역임.

○ 崔漢壽(慶州. 24세): 1773년增 醫科. 타과: 算學. 32세 1750년(영조 26) 합격. 正, 久任, 算學別提, 計士 역임. 부친 崔復大 1756년(영조 32)式 進士試 합격.

○ 吳允錫(荳原, 27세): 1774년式 醫科. 타과: 算學. 19세 1766년(영조 42) 합격. 正, 算學別提, 計士 역임. 부친 吳壽觀 1726년(영조 2) 醫科 및 1723년(경종 3) 算學 합격. 算學訓導 역임.

○ 李文玉(泰安. 28세): 1774년式 醫科. 타과: 籌學. 35세 1781년(정조 5) 합격. 正, 籌學訓導 역임. 부친 李以材 1726년(영조 2) 醫科, 內鍼醫, 同知, 草芝僉節制使, 察訪 역임.

○ 金聖宅(慶州, 29세): 1777년式 醫科. 타과: 籌學. 31세 1779년(정조 3) 합격. 正, 敎授, 訓導, 籌學別提, 計士 역임. 부친 金富三 1736년(영조 12) 算學 합격. 1740년(영조 16) 醫科 합격. 正, 老僉知, 老同知 역임.

○ 韓應奎(新平, 23세): 1783년式 醫科. 타과: 籌學. 52세 1812년(순조 12) 합격. 正, 籌學訓導, 計士 역임. 부친 韓慶集 1754년(영조 30) 醫科 합격. 訓導, 久任 역임.

○ 玄禹瑞(川寧, 26세): 1790년增 醫科. 타과: 籌學. 17세 1781년(정조 5) 합격. 內醫院正, 敎授, 籌學別提, 計士 역임. 부친 玄啓寅 引儀 역임.

○ 韓範敍(新平, 27세): 1792년式 醫科. 타과: 籌學. 21세 1786년(정조 10)

합격. 主簿, 籌學別提 역임. 부친 韓壽岳 1736년(영조 12) 算學 합격. 籌學敎授, 計士 역임.

19세기

○ 金錫憲(固城, 31세): 1807년式 醫科. 타과: 籌學. 19세 1795년(정조 19) 합격. 惠民署, 籌學別提 역임. 부친 金述曾 1779년(정조 3) 籌學 합격. 籌學訓導 역임.

○ 李鍾呂(井邑, 29세): 1812년增 醫科. 타과: 籌學. 17세 1800년(정조 24) 합격. 內醫院正, 籌學訓導 역임. 부친 李圭說 1783년(정조 7) 籌學 합격. 籌學敎授, 籌學別提 역임.

○ 李淳根(天安, 21세): 1848년增 醫科. 타과: 武科. 判官 역임. 부친 李在珩 1831년(순조 31) 醫科 합격. 正 역임.

시기별로 보면 17세기에는 무과 5명, 산학 1명, 18세기에는 주학 진출자가 급격하게 증가하여 16명을 차지하고 있다. 이에 반해 무과는 보이지 않는다. 19세기에는 무과 1명, 주학 2명이 확인된다.

먼저 과별로 진출 시기를 살펴보기로 하자. 타과에 합격한 의과 합격자 25명(무과 6명, 주학 19명) 중에서 무과 진출자는 현재 전하는『무과방목』에서 합격 연도가 확인되지 않는다. 그 사항을 확인할 수 있는 무과방목이 현재 전하지 않기 때문이다.[37)]

그런데 무과 타과 진출과 관련해서 흥미로운 사례를 의팔세보에서

---

37) '한국역대인물종합정보시스템'을 통해서는 전체 무과방목 중 20.9% 정도밖에 확인되지 않는다. 문과와는 달리 무과의 경우 종합방목이 전하지 않으며, 전하는 단회방목 역시 제한적이기 때문이다.

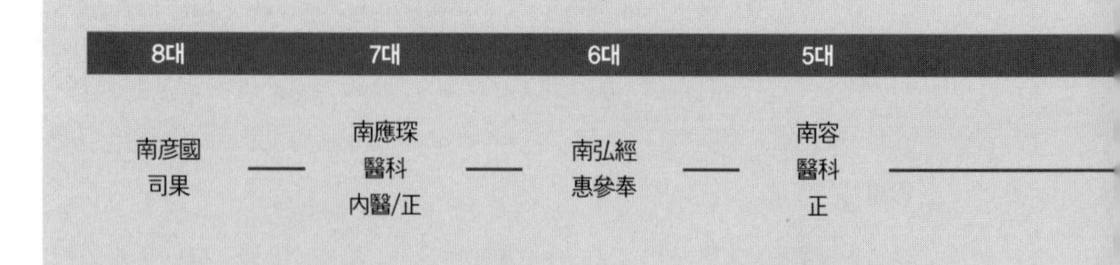

〈그림 17〉 **의팔세보 영양남씨(英陽南氏) 남기혁(南基赫) 가계도**

하나 볼 수 있다. 영양남씨 남기혁(南基赫)이다. 그의 가계를 의팔세보를 토대로 정리해 보면 다음과 같다.

[사례] **영양남씨(英陽南氏) 남기혁(南基赫) 가계의 과거 진출**

- 南基赫(英陽, 24세): 1850년增 醫科. 타과: 武科. 45세 1871년(고종 8) 알성시 합격. 主簿 역임. 부친 南正祜 1829년(순조 29) 廷試 무과 합격. 折衝將軍, 營將, 五衛將 역임.

『의팔세보』(장서각본 · 규장각본)에 기재된 "武謁壯元"을 실마리로 『고종실록』에서 남기혁의 무과 합격 연도를 확인할 수 있었다.[38] 실록에 문과와 무과 대과(對科) 실시와 장원 급제자 성명은 반드시 기록하기 때문이다. 이는 잡과 실시와는 다른 것이다. 남기혁은 24세에 1850년

38) 御景武臺 行謁聖科 文取李載晚等八人 武取南基赫等 仍行文科放榜(『고종실록』 권 8, 8년 3월 계묘).

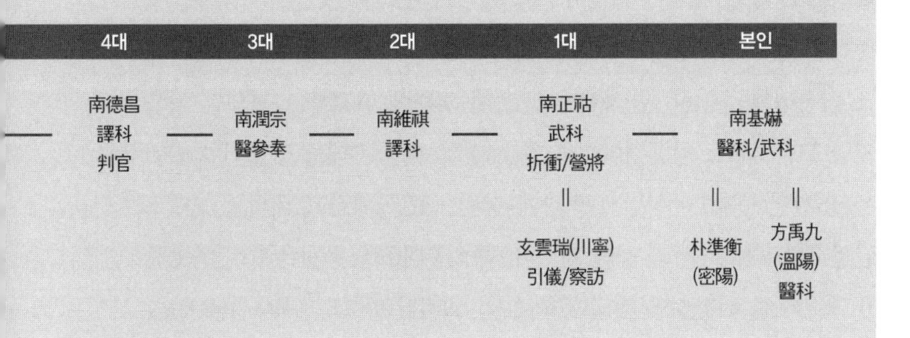

(철종 1) 증광시 의과에 합격하고, 45세에 1871년(고종 8) 알성시 무과에 장원으로 합격했다. 의과 합격 21년 만에 무과에 합격한 것이다. 외조 천령현씨(川寧玄氏) 현운서(玄雲瑞)는 인의, 찰방(察訪) 등을 지냈으며, 처부는 2명으로 밀양박씨(密陽朴氏) 박준형(朴準衡)과 1816년(순조 16) 의과에 합격한 온양방씨(溫陽方氏) 방우구(方禹九)다.[39]

남기혁이 무과에 진출한 데에는 부친 남정호(南正祜)가 1829년(순조 29) 정시 무과에 합격하고 절충장군, 영장, 오위장 등을 지낸 배경이 작용했을 것이다. 그런데 남기혁의 조부 등 가계를 의팔세보에서 추적해 보면 대대로 기술직 중인 집안임을 알 수 있다(〈그림 17〉 참조). 흥미로운 것은 역학과 의학을 같이 세전하고 있다는 점이다. 예컨대 조부 남유기(南維祺)는 1783년(정조 7) 증광시 역과에 한학 전공으로

39) 『의과방목(醫科榜目)』(국립중앙도서관)에는 남기혁의 처부가 1명 수록되어 있으나 의팔보에는 처부가 2명 적혀 있다. 의역주팔세보의 경우 방목에 비해서 처부, 외조, 생부 등에 관한 가계 기록이 상세하다.

합격했고, 증조 남윤종(南潤宗)은 전의감 참봉과 직장, 고조 남덕창(南德昌)은 1719년(숙종 45) 증광시 역과에 청학 전공으로 합격했다. 5대조 남용(南容)은 1683년(숙종 9) 증광시 의과에 합격하고 전의감 정을 지냈으며, 6대조 남홍경(南弘經)은 혜민서 참봉, 7대조 남응침(南應琛)은 1621년(광해 13) 식년시 의과에 장원으로 합격하고 내의를, 8대조 남언국(南彦國)은 사과 등을 지냈다. 특히 7대조 남응침은 1660년(현종 1) 교유하던 위항시인 정남수(鄭枏壽), 최기남(崔奇男), 최대립(崔大立), 김효일(金孝一), 정예남(鄭禮男)과 함께 위항시인들의 시를 모은 『육가잡영(六家雜詠)』을 편찬하기도 했다(『육가잡영』은 최초의 시집 동인지로 평가받고 있다). 요컨대 기술직 중인 가계에서 동일 잡과로만 세전되는 것이 아니라 역학과 의학이 같이 세전되기도 하고, 무과로도 진출하는 양상을 실제로 보여주는 사례로 확인할 수 있다.

다음은 주학 진출자다. 주학 19명 중 14명은 『주학입격안』에서 확인할 수 있다. 주학 진출자의 합격 선후 관계를 보면, 의과에 합격한 뒤에 주학에 진출한 자가 5명(이희일, 최한수, 이문옥, 김성택, 한응규), 그리고 주학에 합격한 뒤 의과에 진출한 경우가 9명(오수관, 이만표, 이원백, 이명흡, 김유택, 최시적, 오윤석, 현우서, 한범서)으로 1.8배 많다. 대부분 주학에 합격한 뒤 의과에 진출했다는 것을 알 수 있다.

주학에 합격한 뒤 의과에 진출한 기간은 대체로 합격 이후 3~9년이며, 특이하게 이원백의 경우 10세(1723)에 주학에 합격한 뒤, 15년 뒤인 1738년(25세) 식년시 의과에 합격했다. 반면에 의과에서 주학으로 진출한 기간은 일정하지 않다. 짧게는 2년에서 길게는 20년 후에 합격하고 있다. 그런데 의과 합격 당시 나이가 20대 중후반이라는 공통점을 보여준다. 예컨대 한응규는 23세에 의과에 합격한 뒤 52세에, 최한수는 24세에 의과에 합격한 뒤 32세에, 이희일은 25세에 의과에 합격한 뒤 45세에, 이문옥은 28세에 의과에 합격한 뒤 35세에, 김성택은 29세에 합격한 뒤 가장 빠른 2년 만인 31세에 주학으로 진출했다. 김성택이 2년 만에 주학으로 진출한 데에는 부친 김부삼이 1736년(영조 12) 산학과 1740년(영조 16) 의과에 합격한 가학 배경이 작용했을 것으로 보인다.

그렇다면 그와 같이 주학과 의과 양과에 합격한 의관 집안은 이후 세전 양상이 어떻게 나타났을까. 19세에 식년시 의과(영조 2년, 1726)에 합격한 오수관은 15세에 이미 산학에 합격(경종 3년, 1723)해서 산학 훈도를 역임했다. 부친 오성민은 산학별제와 계사, 조부 오중설은 중추부 지사(知事)와 내침의(內鍼醫), 증조부 오위방은 무과 급제자로 군수를 역임했다. 외조부 경주최씨 최진태는 산학 전공자로 조지서 별제와 산학교수를 역임했다. 오수관은 두 번 혼인했는데 첫 번째 처부 삭녕박씨 박홍은 의과 합격자(숙종 36년, 1710)로 노통정대부(老通政大夫)를 지냈으며, 두 번째 처부는 앞에서 살펴본 역과 타과 출신자 전주이씨 이덕숭이다. 그는 역과 합격(1719) 이전에 산학에 합격(1692)했으며 산학별제와 사역원 주부 등을 역임했다.

이후 오수관의 아들과 손자의 과거 합격 상황을 보면 대부분 주학으로 진출했다. 아들 오윤석이 1774년(영조 50) 식년시 의과에 합격했으며, 나머지 아들 오원석(영조 12년, 1736), 오윤석(영조 12년, 1736), 오현석(정조 7년, 1783)이 주학에 합격했다. 그리고 오수관의 손자 오현복(정조 7년, 1783), 오현도(정조 18년, 1794), 오현일(순조 32년, 1832) 역시 주학에 합격했다. 오수관이 의과에 합격하기는 했지만, 부친 오성민이 산학별제와 계사를 역임한 가계 배경이 영향을 미쳤을 것이다.

(3) 음양과의 타과 진출

음양과 합격자의 타과 진출은 2건으로 다른 잡과에 비해 적은 편이다. 이를 정리하면 〈표 38〉과 같다.

〈표 38〉 **음양과 합격자의 타과 진출 실태**

성명	본관	음양과 합격	타과 합격
안국빈(安國賓)	순흥(順興)	1714년(숙종 40)式	무과
진의량(陳宜良)	양산(梁山)	1773년(영조 49)增	무과

안국빈과 진의량은 모두 무과에 진출했으며 시기는 18세기에 국한되어 있다. 그들의 타과 진출 현황과 가계 배경을 살펴보면 아래와 같다.

[사례] **음양과 합격자의 타과 합격 추이**

- 安國賓(順興): 1714년式 陰陽科(天文學). 타과: 武科. 崇政大夫, 縣監, 永付司果 역임. 부친 安重泰 雲, 嘉義大夫. 조부 安必遠 觀象監正, 天文學敎授. 증조 安胤昌 司果. 외조 宋暹 觀象監正. 처부 朴行(본관: 藍浦) 引儀 역임.
- 陳宜良(梁山, 18세): 1773년增 陰陽科(地理學). 타과: 武科. 29세 1784년(정조 8) 庭試 합격. 부친 陳盛漢 武科, 縣監. 조부 陳泰衡 同知. 증조 陳尙周 1708년(숙종 34)式 武科 합격. 東部主簿. 외조 李枝茂(본관: 仁川). 처부 李湛(본관: 廣州) 監牧官 역임.

안국빈은 1714년 식년시 음양과에 천문학 전공으로 장원으로 합격한 뒤, 종1품 숭정대부, 종6품 현감, 정6품 사과 등을 지냈다. 부친

안중태는 종2품 가의대부, 조부 안필원은 정3품 당하 관상감 정, 종6품 천문학교수를 역임했다. 본인이 무과에 합격한 안국빈의 가계에서는 과연 무반 집안으로 자리 잡을 수 있었을까. 안국빈 직계 3대 후손들의 과거 합격 현황을 살펴보면 〈표 39〉와 같다.

〈표 39〉 **순흥안씨(純興安氏) 안국빈(安國賓) 직계 과거 합격 현황**

관계	성명	본관	합격 연도
아들	안성신(安聖臣)	순흥	1732년(영조 8)式 음양과
손자	안사일(安思一)	순흥	1753년(영조 29)式 음양과
손자	안사행(安思行)	순흥	1756년(영조 32)式 음양과
손자	안사언(安思彦)	순흥	1762년(영조 38)式 음양과
손자	안사덕(安思德)	순흥	1768년(영조 44)式 음양과
손자	안응상(安膺祥)	순흥	1783년(정조 7)增 의 과
외손	이득겸(李得謙)	안산	1774년(영조 50)增 음양과
증손	안규상(安圭祥)	순흥	1795년(정조 19)式 음양과
증손	안기상(安基祥)	순흥	1798년(정조 22)式 음양과

잡과방목에 수록된 안국빈의 가계 9명 중에서 8명은 음양과로 진출하고, 1명이 의과로 진출하고 있다. 이는 안국빈이 음양관으로 종1품 숭정대부까지 승급한 당대의 천문역산가라는 점과 관련이 있는 것으로 보인다. 영조 19년(1743) 일식과 월식의 시각을 추보(推步)한 것이 청나라의 자식(咨式)과 선후가 맞지 않았다. 그런데 안국빈이 역상(曆象)을 환히 이해하고 추보에 정통하여 청나라의 역법과 차이가 없게 해서 가자(加資)되었다.[40] 영조 30년(1754) 『신법중성기(新法中星記)』

40) 일식과 월식의 시각을 추보한 것이 청나라의 자식(咨式)과 선후가 맞지 않았는데, 연행사 편에 사온 일식과 월식을 추보한 책을 연구하여 청나라의 역법과 차이가 없게 된 데에 따른 것이었다(『영조실록』 권57, 19년 2월 기유).

와 『오야배시법(五夜排時法)』을 얻고 옛 방법을 참고해서, 그는 『누주통의(漏籌通義)』를 편찬했다.[41] 그의 아들은 관상감 천문학교수·삼력관(三曆官) 등을 역임한 안성신(安聖臣)이다. 그의 직계에서는 음양과를 중심으로 계속 합격자를 배출한 것 같다. 요컨대 당대의 명문 음양관이었지만 안국빈은 무과에 지원, 합격했다는 점에서 주목된다. 역시 무과가 갖는 사회적 위상 때문이었을 것이다.

다음으로 양산진씨(梁山陳氏) 진의량(陳宜良)의 타과 진출 양상을 살펴보자. 진의량은 영조 49년(1773) 증광시 음양과에 18세에 합격한 뒤, 11년 후(29세) 정조 8년(1784) 정시 무과에 병과 658등으로 합격했다.[42] 무과에 합격할 때 전력은 교련관(教鍊官)이었다. 부친 진성한(陳盛漢)은 무과 출신으로 종6품 현감, 조부 진태형(陳泰衡)은 종2품 동지중추부사, 증조부 진상주(陳尙周)는 숙종 34년(1708) 식년시 무과에 합격한 뒤 종6품 동부주부를 역임했다. 외조부는 인천이씨(仁川李氏) 이지무(李枝茂), 처부는 종6품 감목관을 지낸 광주이씨(廣州李氏) 이담(李湛)이다. 감목관은 조선시대 지방의 목장에 관한 일을 관장하던 외관직이다.

잡과방목에 수록된 양산진씨는 6명(역과 3, 의과 1, 음양과 2)이지만, 잡과방목에서 진의량의 후손은 확인되지 않는다. 그래서 진의량 가계가 무과로 진출했는지 어떤지 확인이 필요하다. 그런데 현재 전하는 무과방목에 양산진씨는 9명이 수록되어 있으며 진의량 이후의 합격자

41) 『영조실록』 권81, 30년 윤4월 병인.

42) 진의량의 생년은 음양과방목과 무과방목이 서로 다르다[『운과방목(雲科榜目)』 및 『갑진왕세자책봉경용호방(甲辰王世子冊封慶龍虎榜)』(국립중앙도서관)]. 음양과방목은 정유생(1717), 무과방목은 병자생(1756)으로 기재되어 있다. 합격 당시 나이가 무과방목에 29세로 기록된 것을 미루어 볼 때 병자생이 맞는 듯하다.

는 순조 29년(1829) 정시 무과에 합격한 진경상(陳景祥) 1명이다.[43] 따라서 진의량 가계의 무과 진출은 확인하기가 쉽지 않다. 부친 진성한과 증조부 진상주가 무과 출신임을 감안할 때 무반 가계에서 진의량 대에 이르러 음양과로 진출한 사례로 여겨진다. 하지만 잡과방목에서 진의량 이후 가계는 이후 확인되지 않는다.

(4) 율과의 타과 진출

율과 합격자의 타과 진출은 5건으로 나타난다. 이를 정리하면 〈표 40〉과 같다.

〈표 40〉 **율과 합격자의 타과 진출 현황**

성명	본관	율과 합격	타과 합격
김효건(金孝健)	용궁(龍宮)	1633년(인조 11)式	무과
김제건(金悌健)	진도(珍島)	1633년(인조 11)式	무과
최 정(崔 淨)	미상	1651년(효종 2)式	무과
이원석(李元碩)	영천(永川)	1669년(현종 10)式	무과
오중한(吳重漢)	두원(荳原)	1687년(숙종 13)式	무과

율과의 경우 모두 무과에 진출하고 있으며 시기는 17세기에 한정된다. 그들의 타과 합격 현황과 가계 배경을 살펴보면 다음과 같다.

[사례] **율과 합격자의 타과 합격 추이**

○ 金孝健(龍宮, 14세): 1633년式 律科. 타과: 武科. 26세 1644년(인조 22) 庭

43) '한국역대인물종합정보시스템'.

試 합격. 折衝將軍, 萬戶, 司正 역임. 부친 金仲祥 1624년(인조 2)式 律科 합격, 禦侮將軍, 龍驤衛副司果, 明律 역임. 처부 全慶立(본관: 旌善).

- 金悌健(珍島, 18세): 1633년式 律科. 타과: 武科. 察訪, 監牧官, 縣監 역임. 부친 金孝誠 敎授. 처부 林挺立(본관: 安陰) 別提 역임.
- 崔淨(21세): 1651년式 律科. 타과: 武科. 萬戶 역임. 처부 林大根(본관: 安陰) 1630년(인조 8)式 律科 합격. 律學敎授 역임.
- 李元碩(永川, 45세): 1669년式 律科. 타과: 武科. 25세 1649년(인조 27) 庭試 합격. 別提 역임. 부친 李仁達 武科, 訓練院 僉正, 禦侮將軍, 行龍驤衛副司果. 처부 李信男(본관: 全州) 1633년(인조 11)增 譯科 합격. 司譯院 正, 倭學前銜, 敎誨 역임.
- 吳重漢(荳原, 22세): 1687년式 律科. 타과: 武科. 嘉善大夫, 宣傳官 역임. 부친 吳振邦 1652년(효종 3)增 律科 합격. 通訓大夫, 律學敎授 역임.

율과는 17세기에만 타과 진출 양상이 나타나고 있다. 그러면 합격의 선후 관계는 어떠한가. 무과에 급제한 율과 5명 중에서 현재 무과방목에서 3명(김효건, 이원석, 오중한)의 합격 연도를 확인할 수 있다. 김효건과 오중한은 율과에 합격한 뒤 무과에 진출했다.

김효건은 율과방목에는 생년이 미상이나, 무과방목에는 광해군 11년(1619) 기미생으로 되어 있다. 그는 14세 때 식년시 율과(1633, 인조 11년)에 합격한 뒤, 25세 때 정시 무과(인조 22년, 1644)에 합격했다. 무과 합격 당시 거주지는 서울, 전력은 사정(司正)이었다. 사정은 오위에 둔 정7품 서반 무관직으로 정원은 21명이다. 율과 합격 때는 부친 김중상의 관직이 명률(明律)이었으나, 무과 합격 때는 정3품 서반품계인 어모장군(禦侮將軍), 오위 종6품 무관직 용양위부사과(龍驤衛副司果)다.

오중한은 21세 때 식년시 율과(1687, 숙종 13년)에 합격하고, 31세 때 정시 무과(1697, 숙종 23년)에 합격했다. 그 뒤 가선대부, 선전관 등을 역임했다. 부친 오진방은 효종 3년(1652) 증광시 율과에 합격한 뒤 통훈대부, 율학교수를 역임했다. 최정은 21세 때 식년시 율과(1651, 효종 2년)에 합격하고 무과에 합격한 뒤 만호(萬戶)를 지냈으며, 처부 임대근(林大根, 본관: 安陰)은 인조 8년(1630) 식년시 율과에 합격하고 율학교수를 역임했다.[44)]

이들과는 달리 이원석의 경우 무과에 합격하고 20년 뒤에 율과 시험에 합격했다. 특이한 사례라 하겠다. 그런데 율과방목과 무과방목에 생년의 차이가 있다. 율과방목에는 생년이 인조 23년(1645) 을유생, 무과방목에는 인조 3년(1625) 을축생이다.[45)] 율과방목과 무과방목의 이원석이 다른 인물인가. 율과방목과 무과방목에 모두 부친이 이인달(李仁達), 동생이 이형석(李亨碩)으로 나오는 것으로 보아 동일 인물인 듯하다. 율과방목에서는 이인달의 아들 이만석을 확인할 수 있다. 이만석은 헌종 3년(1662) 증광시 역과에 몽학 전공으로 합격했다. 이만석의 생년은 인조 10년(1632) 임진생으로 30세에 합격한 것이다. 그런데 율과방목에 형 이원석, 동생 이정석(李貞碩), 이도석(李道碩)으로 나오고 있다. 이원석이 형으로 기재되어 있어 생년은 무과방목의 1625년 을축생이 맞는다고 하겠다. 이원석은 25세의 나이로 무과 시험에 합격(1649)한 뒤, 45세에 율과에 합격(1669)했다. 무과에 합격한 뒤에 다시 잡과인 율과에 합격한 보기 힘든 사례라고 하겠다.

---

44) 안음임씨 임대근은 대표적인 율관 집안이다. 24명의 율과 합격자를 배출하여 율과 대성관 3위를 차지했다. 그들 24명이 모두 1564년 식년시 율과에 합격한 임계(林桂)의 직계 자손이다. 임대근의 6명의 아들 중 5명[春蕢, 春蕙, 春蔓, 春萱]이 율과에 합격했으며 1명[春苾]은 율학을 전공했다.

45) 『기축사월십팔일정시문무방목(己丑四月十八日庭試文武榜目)』(국립중앙도서관).

그러면 이들은 무과로 진출한 뒤 무과 집안으로 부상했을까. 신분적 유동성이라는 측면에서 주목되는 점이라 하겠다. 동생 이만석(李萬碩)은 현종 3년(1662) 증광시 역과에 합격했다. 무과 집안에서 잡과 진출이 적지 않았음을 보여준다. 그런데 이원석 직계에서는 잡과 합격자가 나타나지 않는다.

오중한(1666~1725)의 경우 율과 출신으로 무과에 진출했다. 조선후기 무신으로 실록에도 이름이 나온다. 중인이 다른 신분으로 상승해서 그 내력을 확인할 수 있는 사례는 찾아보기 어렵다. 그는 21세 때 식년시 율과에 응시하여 장원으로 합격했으며(1687, 숙종 13년), 10년 후인 숙종 23년(1698) 정시 무과에 병과 20위로 합격했다(31세). 자는 은약(隱若)이다. 그의 가계를 정리해 보면 다음과 같다.

조부는 통훈대부 행율학별제 오의현(吳義賢), 부친은 통훈대부 행율학교수 오진방(吳振邦)이다. 그런데 율과방목에는 본관이 두원(荳原)으로 되어 있으나, 무과방목에는 본관이 흥양(興陽)으로 되어 있다.[46] 흥양은 전라남도 고흥군 일원의 옛 지명이다. 세종 23년(1441) 장흥부(長興府) 두원현(荳原縣)으로 이관되었다. 두원과 흥양 오씨는 같은 성관이다. 생년, 가계 정보 등을 종합해 볼 때 동일 인물임을 확인할 수 있다.

숙종 41년(1715)에 훈련도감에 보관 중이던 궁노를 100여 좌(坐)로 확대해서 생산하도록 했다. 도제조 이이명(李頤命)과 제조 조태채(趙泰采)가 장교(將校) 오중한이 만든 궁노의 우수성을 칭찬하면서 훈련도감·금위영·어영청에 분부하여 수백 좌를 만든 뒤 북한산성에 설

46) 『정축정시문무과방목(丁丑庭試文武科榜目)』(장서각).

치하게 했다.[47] 이후 문성첨사(文城僉使), 금위영철물감관(禁衛營鐵物監官)에 임명되었다.[48] 그런데 경종 2년(1722) 신임사화 때 서인 노론 이이명의 무리임이 밝혀져 남해현(南海縣)에 유배되었다.[49] 영조 1년(1725) 다시 서용하도록 조치되었으나 유배지에서 생을 마쳤다.[50] 아들 오석근(吳碩根)이 영조 3년(1727) 증광시 병과에 85위로 무과에 합격했다.[51]

아들이 무과에 급제하여 무반으로 진출한 것으로 여겨진다. 하지만 오중한의 집안에서는 잡과 합격자를 계속 배출하고 있다. 오중한은 산학 집안인 계사 최시현(崔時顯)의 아들 최한기(崔漢基)를 사위로 맞았다. 최한기는 숙종 18년(1692) 산학에 합격하여 종8품 계사를 역임했다. 그리고 오중한의 손자, 즉 오석근의 아들 오도형(吳道炯)은 식년시 역과(1738, 영조 14년)에 한학 전공으로 합격한 뒤 종1품 숭록대부까지 진출했다. 그의 관력을 보면 정2품 지중추부사, 종4품 마전군수(麻田郡守), 종4품 양천현령(陽川縣令), 종5품 용인현령(龍仁縣令), 종6품 금천현감(衿川縣監), 과천현감(果川縣監), 의약동참(醫藥同參) 등을 역임했다. 오도형의 아들 오준서(吳俊瑞) 역시 순조 1년(1801) 증광시 의과에 합격해서 정3품 내의원 정을 역임했다. 오중한 집안은 기술직 중인 가계로 회귀하고 있음을 확인할 수 있다.

이처럼 오중한 집안의 경우 오중한과 아들은 무과에 합격했으나

47) 『숙종실록』 권56, 41년 3월 기해.

48) 『경종실록』 권10, 2년 12월 임술.

49) 『경종실록』 권10, 2년 12월 병인.

50) 『영조실록』 권3, 1년 1월 신해.

51) 『옹정오년정미윤삼월증광별시문무과전시방(雍正五年丁未閏三月增廣別試文武科殿試榜)』(국립중앙도서관).

손자, 사위는 잡과로 진출하고 있다. 이것을 어떻게 해석할 것인가. 이에 대해서는 기술직 중인 가계의 타과 진출 사례에서도 확인할 수 있다.[52] 양반 사로인 문과는 거의 없고, 무과에 일부 진출하고 있기 때문이다.

(5) 주학의 타과 진출

주학의 타과 진출에 대해서는 지금까지 역과 합격자와 의과 합격자의 타과 진출을 설명하면서 언급해 왔지만, 여기서는 본격적으로 주팔세보를 통해서 살펴보고자 한다. 대상 자료는 『주학팔세보』(규장각본)다. 『주학팔세보』가 현존하는 주팔세보 중 수록 기간이 가장 길고 수록 인원도 가장 많기 때문이다(제Ⅳ장 3절 참조). 그리고 앞서의 의팔세보나 역팔세와 달리 주팔세보는 타과 합격 사항이 상세하게 기재되어 있다. 미리 말해둔다면 그만큼 주학의 타과 진출 양상이 다른 분야 잡과에 비해서 많았던 점이 작용한 것으로 생각된다.

주팔세보를 보면 본인 성명 옆 네 번째 열에 타과 합격 사항을 기재했다. 앞서의 관력 기재 사항이 미비한 데에 비하여 타과 기재 사항은 상대적으로 상세하다. 『주학팔세보』에 수록된 443명 중에서 타과 합격 사항이 명기된 사례는 74명이다. 이러한 주팔세보 타과 합격 기재 현황을 정리하면 〈표 41〉과 같다.

『주학팔세보』에 타과 합격 사항이 명기된 사례는 74명으로 전체 443명의 16.7%에 이른다.[53] 그들의 타과 진출 실태를 보면 단연 잡과

---

52) 이 책 제Ⅵ장 3절 참조.

53) 주학입격안을 검토해 보면 1,627명 중 172명(10.6%)이 타과에 합격했다. 주로 의

〈표 41〉 **『주학팔세보』 타과 기재 현황(단위: 명)**

과거	인원
역 과	34
의 과	25
음양과	5
율 과	1
무 과	2
사마시	7
계	**74**

가 두드러지며, 그중에서 역과와 의과가 많다. 사마시와 무과 진출도 보인다. 잡과에서는 역과가 34명으로 가장 많으며, 그다음은 의과가 25명,[54] 음양과 5명, 율과 1명 순이다. 잡과 내에서는 역과가 45.9%, 의과 33.8%를 차지해서, 역과가 약 12% 높게 나타난다. 이들 두 과목을 합하면 78.8%가 되어, 팔세보에 수록된 주학 합격자들이 대체로 역과와 의과로 진출했다는 것을 알 수 있다. 반면에 음양과는 6.8%, 율과는 1.4%에 그치고 있다. 음양과와 율과 진출이 높지 않다는 것은 이들 과목의 사회적 위상과 무관하지 않을 것이다. 이런 점은 음양과와 율과 팔세보가 편찬되지 않은 이유와도 관련이 있지 않을까 한다.

과(82명)와 역과(56명)에 합격했다. 진사시(11명)와 무과(8명)에도 합격한 사례가 보인다(이성무 · 최진옥 · 김희복 편, 『조선시대 잡과합격자 총람』, 한국정신문화연구원, 1990, 21쪽).

54) 이들 중 3명은 '내의(內醫)'가 기재되어 있다. 이는 그들이 의과에 합격했다는 것을 말해준다. 내의는 내의원의 정3품 당하 의관을 말한다. 당상 의관인 경우 '어의(御醫)'라 했다. 내의와 어의의 경우 의과 합격자만이 임명될 수 있었다. 실제로 이들의 의과 합격은 의과방목에서 확인할 수 있다.

주학 취재 시험 합격자들의 타과 진출은 잡과 이외에도 무과 2명, 사마시 7명이 나타나고 있다. 19세기 주학 합격자들 중에 그 수는 적을지라도 무과와 사마시에 진출한 사례가 있다는 것을 말해준다. 무과와 사마시 진출자의 합격 현황과 가계 배경을 「의역주팔세보DB」를 토대로 정리해 보면 다음과 같다.

[사례] **주학 합격자의 무과와 사마시 합격 추이**

- ○ 李殷植(全州, 20세): 1855년 籌學. 타과: 武科. 부친 李浩萬 1821년 籌學. 計士. 조부 李惟臣 1786년 籌學. 籌學別提. 증조부 李景膺 1736년 籌學. 籌學別提. 외조부 洪勉道(본관: 南陽) 1783년 籌學. 計士. 처부 朴健性(본관: 務安) 1837式 譯科, 上通事, 司譯院正 역임.
- ○ 李韶赫(陜川, 21세): 1855년 籌學. 타과: 武科. 부친 李秉直 1829년 籌學. 計士. 조부 李景求 1790년 籌學. 計士. 증조부 李鼎祿 1736년 籌學. 籌學訓導. 외조부 金宗晉(본관: 慶州) 1779년 籌學. 籌學訓導 역임.
- ○ 李德容(全州, 25세): 1825년 籌學. 타과: 進士試. 부친 李元謨 典醫監奉事. 조부 李養重 1736년 籌學. 計士. 증조부 李昌門 1692년 籌學. 籌學教授. 외조부 洪履謹(본관: 南陽) 1736년 籌學. 籌學教授. 처부 金就源(본관: 光山) 1777년 籌學. 計士 역임.
- ○ 李容琳(全州, 17세): 1868년 籌學. 타과: 進士試. 22세 1873년式 합격. 부친 李鳳柱.[55] 생부 李鳳柱 1798년式 譯科, 計士, 次上通事, 僉知.[56] 조부 李浩俊 1810년 籌學. 計士. 증조부 李惟銓 引儀, 郡守. 외조부 張忠翼(본관: 白川). 생외조부 李晉爀(본관: 陜川) 1814년 籌學. 籌學訓

55) 사마방목에는 학생(學生)으로 기재되어 있다.

56) 사마방목에는 장사랑(將仕郎)으로 기재되어 있다.

導. 처부 尹部楨(본관: 豊壤) 1848년 籌學. 計士, 1849년式 譯科 主簿 上通事 直長 역임.

○ 李龍秀(全州, 20세): 1871년 籌學. 타과: 進士試. 부친 李宗元. 조부 李儀天 1812년 籌學, 計士. 증조부 李器孫 1777년 籌學. 計士. 외조부 崔敬老(본관: 慶州) 1824년 籌學. 吳載悳(본관: 興陽) 1835년 籌學. 計士 역임.

○ 李建鎬(陜川, 14세): 1867년 籌學. 타과: 生員試. 21세 1874년增 합격. 부친 李時聖 1839년 籌學. 籌學別提.[57] 조부 李基赫 1824년 籌學. 籌學敎授. 증조부 李秉學 1792년 籌學. 籌學別提. 외조부 韓宜昌(본관: 新平) 1828년 籌學. 처부 李海斗(본관: 井邑) 1832년 籌學. 籌學敎授 역임.

○ 李鍾玉(井邑, 15세): 1831년 籌學. 타과: 進士試. 28세 1844년增 합격. 부친 李圭大 1793년 籌學. 籌學敎授, 監牧官.[58] 李元煜 武科, 縣監. 증조부 李允恒 籌學訓導. 외조부 丁遇泰(본관: 禮山) 郡守. 처부 金光奎 (본관: 慶州).

○ 李存相(井邑, 13세): 1861년 籌學. 타과: 進士試. 19세 1867년式 합격. 부친 李海準 1825년 籌學. 籌學敎授, 縣令.[59] 조부 李鍾美 計士. 증조부 李圭鼎 1780년 籌學. 計士. 외조부 李彦琪(본관: 慶州). 처부 李裕烈(본관: 慶州) 1839년 籌學. 計士, 贊儀, 縣監 역임.

○ 李文相(井邑, 14세): 1864년 籌學. 타과: 進士試. 20세 1870년式 합

57) 사마방목에는 유학(幼學)으로 기재되어 있다.

58) 사마방목에는 어모장군(禦侮將軍), 행충무위부사과(行忠武衛副司果)로 기재되어 있다.

59) 사마방목에는 선략장군(宣略將軍), 나주감목관(羅州監牧官)으로 기재되어 있다.

격. 부친 李海斗 1832년 籌學. 籌學教授.[60] 조부 李鍾美 1803년 籌學. 計士. 증조부 李圭鼎 1780년 籌學. 計士. 외조부 金學矩(본관: 牛峰) 1801년增 譯科. 主簿. 처부 李宗赫(본관: 陜川) 1812년 籌學. 籌學訓導 역임.

무과 진출자는 전주이씨 이은식(李殷植, 1855년 주학)과 합천이씨 이소혁(李韶赫, 1855년 주학)이다. 이은식과 이소혁은 현존하는 무과방목에서 합격 연도를 확인할 수 없다. 사마시 진출자는 전주이씨 3명, 합천이씨 1명, 정읍이씨 3명이다. 전주이씨는 이덕용(李德容, 1825년 주학), 이용림(李容琳, 1868년 주학, 1873년式 진사), 이용수(李龍秀, 1871년 주학)다. 합천이씨는 이건호(李建鎬, 1867년 주학, 1874년增 생원), 정읍이씨는 이종옥(李鍾玉, 1831년 주학, 1844년增 진사), 이존상(李存相, 1861년 주학, 1867년式 진사), 이문상(李文相, 864년 주학, 1870년式 진사)이다. 이덕용과 이용수는 현존하는 사마방목에서 합격 연도를 확인할 수 없다. 이건호의 경우는『주학팔세보』에는 진사라고 타과 진출을 기재하고 있으나 사마방목에서는 1874년(고종 11) 증광 생원시 합격자로 확인된다.[61]

사마방목에는 의역주팔세보와 잡과 단과방목에 없는 합격자의 전력과 거주지가 기재되어 있다. 주학 출신으로 사마시 합격자들의 거주지는 모두 서울이었다. 그리고 흥미로운 것은 사마방목에서 합격 연도를 확인할 수 있는 주학 출신의 경우 전력을 모두 유학(幼學)으로 적고 있다는 점이다. 그들 부친의 경우 대부분 주학 합격자로 계사를

60) 사마방목에는 어모장군, 행용양위부사과(行龍驤衛副司果)로 기재되어 있다.

61)『갑술증광별시사마방목(甲戌增廣別試司馬榜目)』(장서각).

역임했으나 관력에는 주학과는 연관성을 알 수 없는 관력이나 유학, 학생 등과 같은 직역을 기재했다. 예컨대 1868년(고종 5) 17세에 주학 취재 시험에 합격하고 계사를 지낸 전주이씨 이용림(李容琳)은 22세에 1873년(고종 10) 식년 진사시에 합격했다. 그런데 사마방목을 보면 거주지는 서울, 전력은 유학으로 기재하고 있다.[62] 부친 이봉주(李鳳柱)는 학생, 식년시 역과에 합격(1798)한 생부 이정주(李廷柱)는 장사랑으로 관력을 기재했다. 그들은 기술직에 관련된 내용은 사마방목에 기재하지 않고 있다. 합천이씨 이건호의 경우에도 사마방목에서는 전력을 유학으로 적었으며, 주학 취재 시험에 합격(1839)한 부친 이시성(李時聖)도 유학으로 기재했다. 정읍이씨 이종옥(李鍾玉)은 주학 취재 시험에 15세에 합격(1831)한 후 28세 때 진사시에 합격(1844)했다. 사마방목을 보면 전력을 유학으로 기재했다. 그의 부친 이규대(李圭大)는 주학 취재 시험에 합격(1793)하고 주학교수를 역임했다. 하지만 사마방목에서는 관력을 어모장군과 충무위 부사과로 명기했다.[63]

이렇게 본다면 『주학팔세보』에 수록된 자들은 타과 진출을 통해서 사회적 지위를 상승시키고자 하는 의도가 강했다고 할 수 있다. 전체 443명의 16.7%에 해당하는 74명이 그런 사례에 해당한다. 많은 순서로 따지자면 잡과 내의 역과와 의과가 가장 많았으며, 음양과와 율과는 소수에 그쳤다. 그리고 무과와 사마시 역시 소수에 그치고 있다. 주학 취재 시험 합격자들의 일반적인 타과 진출은 역과와 의과에 집중되어 있다.

그런데 〈표 42〉에서 볼 수 있듯이, 『주학팔세보』에 타과 합격 사항

62) 『계유식사마방목(癸酉式司馬榜目)』(국립중앙도서관).

63) 禦侮將軍行忠武衛副司果[『갑진증광사마방목(甲辰增廣司馬榜目)』(장서각)].

이 기재되지는 않았지만, 「의역주팔세보DB」를 통해 443명을 모두 검토해 보면 타과 합격자로 역과 12명, 의과 12명, 그리고 문과 1명을 더 확인할 수 있다. 이들 25명을 포함한다면 타과 진출자는 99명에 이른다. 이는 전체 『주학팔세보』에 수록된 443명의 22.3%을 차지하여, 5명 중에 1명은 주학 이외의 타과에 진출했다는 것이 된다. 또한 역과와 의과 진출 비중이 커져서, 역과 46.5%(46명), 의과 37.4%(37명)에 이르게 된다. 이상 논의한 사항을 정리하면 〈표 42〉와 같다.

〈표 42〉 **『주학팔세보』 타과 합격 현황(단위: 명)**

과거	타과 기재 인원	타과 미기재 인원	계
역 과	34	12	46
의 과	25	12	37
음양과	5	0	5
율 과	1	0	1
문 과	0	1	1
무 과	2	0	2
사마시	7	0	7
계	**74**	**25**	**99**

여기서 주목할 사례는 문과에 합격한 태안이씨(泰安李氏) 이제선(李濟宣)이다. 이제선은 고종 16년(1879) 주학에 18세의 나이로 합격했다. 이어 30세인 고종 28년(1891) 정시(庭試) 문과에 병과(丙科)의 성적으로 합격했다.[64] 중궁전의 환후가 나은 경사로 인해서 시행한 경과(慶科)

64) 『국조방목(國朝榜目)』 권12 ; '한국역대인물종합정보시스템'. 『주학입격안』에도 이제선의 타과 진출은 기재되어 있지 않다.

에서다. 이제선의 가계를 보면 부친 이응선(李膺善), 조부 이택기(李宅基), 증조부 이진용(李鎭溶) 모두가 주학별제를 지냈으며, 외조부 경주 최씨 최경식(崔敬直)과 처부 전주이씨 이정주(李廷柱)는 주학훈도를 역임한 명문 주학 집안이다. 그의 가계는 태안이씨 이제선 가계도(【부록 6】)로 정리했다.

그런데 흥미로운 사실은 문과 합격 시 이제선의 전력을 보면 '유학'으로 되어 있는 점이다. 사마시 진출자들과 마찬가지로 주학 관련 사항을 기재하지 않은 점이 중요하다고 하겠다. 주학의 사회적 위상이 높아졌다고는 하나 그것은 어디까지나 기술직 중인 범주 안에서의 상승에 지나지 않았다. 문과는 잡과(역과나 의과)와는 확실히 위상이 달랐다. 그래서 주학 전력을 밝히지 않고 '유학'이라고 적은 것으로 보인다. 주학 전력을 굳이 밝혀야 할 필요가 없지 않았을까 한다. 핵심 양반들의 영역인 문과에 대해서는 아무래도 기술직 중인의 위상과 한계를 의식하지 않을 수 없었을 것이다.

의역주팔세보 연구라는 측면에서 본다면, 주학 취재 시험 합격자들이 잡과에서도 역과와 의과에 많이 진출했다는 것은 아주 중요한 측면이다. 왜냐하면 역관과 의관들 중에는 주학 경력을 가진 사람들이 상당히 많았다는 것이고 가계로 보더라도 주학과 역과, 의과가 연결될 수밖에 없었다는 것으로 되기 때문이다. 이 같은 사회적 배경이 의·역·주를 한데 묶어 '의역주'팔세보를 편찬하는 데 적지 않은 영향을 미쳤을 것이다. 역시 주학 합격자들이 19세기 사회 변화의 역동적인 한 요소가 되고 있었다고 하겠다.

또한 주학 합격자들이 역과와 의과에 많이 진출한 경향은, 이미 앞에서 논의한 바와 같이 역과와 의과 합격자들이 타과 진출에서 무과가 많았던 것과 좋은 대비를 이룬다. 음양과와 율과에서 타과로 진출한 자들은 모두 무과로 나타난다. 역과와 의과 합격자 중에서 주학으로 간 사례도 있기는 하지만, 전반적으로 무과로 더 많이 진출했다. 『역과방목』에서는 무과 11명/주학 7명, 『의과방목』에서는 무과 6명/주학 19명, 『음양과방목』에서는 무과 2명, 『율과방목』에서는 무과 5명이다. 요컨대 사회적으로나 신분적으로 명망이 더 높은 분야로 나아가고자 하는 신분 상승 의지가 작용하고 있었음을 알 수 있다. 물론 이는 일반화하기는 어렵다. 의과와 주학의 경우가 그러한데, 앞으로 규명해야 할 점이라 하겠다. 학문적 성격으로 보자면 두 분야는 친화성이 많았던 것으로 판단된다.

3

기술직 중인 가계의 세전 양상

1) 성관과 통혼권

잡과 합격자는 개인일 수밖에 없지만, 전근대 사회로서의 조선에서 그들은 일차적으로 한 가계와 가문의 구성원이었다. 따라서 어떤 가계와 가문에 속하는지, 그리고 또 어떤 배경을 가진 사람과 혼인하는가 하는 것은 중요하다. 신분제 사회에서 혼인은 특히 중요하다. 잡과방목에는 외조부와 처부까지 적혀 있기 때문에 그들의 혼인 양상을 가늠해 볼 수 있다.

잡과 합격자의 신분 배경과 관련해 주목할 만한 것으로는 그들의 혈연관계를 보여주는 성관을 들 수 있겠다. 성관은 혈연적 요소뿐 아니라 사회적 신분과도 관련성이 있으므로 그들의 가계 배경을 이해하는 데 도움이 된다. 동일 성관 내에서도 파(派)에 따라 신분 배경이 다를 수 있겠지만[65] 대체적인 세전성을 가늠해 볼 수 있지 않을까 한다.

현전하는 잡과방목에서 합격자를 배출한 성(姓)은 역과 63종, 의과

62종, 음양과 45종, 율과 48종이 확인된다. 역 · 의과가 많고, 율 · 음양과가 그 뒤를 잇는다. 전체적으로는 총 85종에 이른다. 이는 문과 합격자를 배출한 성 119종 및 생원진사시 150종과 비교해 보면 매우 적은 편이다. 또한 성관별 인원을 보면, 471개 성관에서 6,003명의 합격자를 배출했다. 문과 합격자는 789개 성관, 생원진사는 1,442개 성관에 이른다.[66] 이는 과거별 선발 합격자 수의 편차를 감안하더라도 잡과 합격자를 배출한 집단이 집중적으로 분포되어 있음을 말해준다고 하겠다.

잡과 합격자를 배출한 성관을 보면 1명부터 284명에 이르기까지 다양하게 분포한다.[67] 100명 이상의 합격자를 배출한 성관을 보면 전주이씨가 284명, 이어 청주한씨 178명, 경주최씨 169명, 밀양변씨 165명, 남양홍씨 164명, 밀양박씨 162명, 천령현씨 161명, 경주김씨 158명, 김해김씨 146명, 순흥안씨 101명으로, 10개다. 각 성관별 점유 실태를 보면, 전체(471개)의 10%인 47개 성관이 배출 인원의 62.0%를 차지했으며, 20대 성관이 42.5%, 10대 성관이 28.1%, 5대 성관이 16.0%를 점하고 있다. 5명 이하를 배출한 성관은 63.7%인 300개이며, 배출 인원은 6.7%인 401명이다. 전 시기를 통해서 1명만을 배출한 성

65) 103개 전주이씨 분파에서 완창대군파(完昌大君派), 장천군파(長川君派), 양녕대군파(讓寧大君派), 혜녕군파(惠寧君派), 임영대군파(臨瀛大君派,), 수춘군파(壽春君派), 담양군파(潭陽君派) 7개 분파에서만 잡과 및 주학 합격자 420명을 배출했다. 완창대군은 도조(度祖), 장천군은 정종(定宗), 양녕대군과 혜녕군은 태종(太宗), 임영대군, 수춘군, 담양군은 세종(世宗)의 아들이다(이석호 편저, 『전주이씨 과거급제자총람』, 전주이씨대동종약원, 2005, 69~70쪽).

66) 원창애, 「조선시대 문과급제자 연구」, 한국학대학원 박사학위논문, 1997, 117~120쪽 ; 최진옥, 『조선시대생원진사연구』, 집문당, 1998, 129~132쪽.

67) 이남희, 앞의 책(1999), 162~164쪽.

관도 208개나 되는데, 이는 성관 수로는 전체의 반에 해당하는 44.2%에 달하지만 배출한 인원은 3.5%에 지나지 않는다.

이렇게 본다면, 잡과 합격자 배출은 몇 개의 성관에 상당히 편재되어 있다고 할 수 있겠다. 그 같은 현상은 과별 유력 성관에서도 비슷하게 드러난다. 전주이씨는 전체적으로 1위였으며, 역·의·음양과에서도 1위였다. 하지만 율과에서는 8위였다. 전체적으로 잡과 합격자를 많이 배출한 성관도 있었지만, 각 과별로 명문 성관이 형성되고 있었다는 것이다.[68] 이는 잡과 합격자를 계속해서 많이 배출한 유력 잡과 성관이 존재했음을 시사한다.

잡과 합격자의 처부와 외조부 성관을 토대로 합격자 본인과 그 부친의 통혼 양상을 파악해 볼 수 있다. 대체 어떤 성관과 통혼했는가 하는 점이다. 합격자 본인과 통혼한 처부의 성관, 이어 부친과 통혼한 외조부의 성관을 조사 분석해 보았더니 흥미로운 결과가 나왔다. 본인과 부친의 통혼 성관의 1, 2, 3위가 서로 일치했으며(전주이씨, 밀양박씨, 경주최씨), 이후 약간의 순위 차이가 있지만 거의 일치한다. 그러니까 서로 통혼하는 성관의 큰 범위 역시 나름대로 정해져 있었다고 해도 무방할 것이다.

신분제 사회에서 비슷한 신분끼리 혼인하는 것은 오히려 자연스러운 일이다. 기술직 중인들은 합격자를 배출하는 성관들 속에서 혼인을 하게 되고, 그러다 보니 이중삼중으로 연혼 관계를 맺게 되었을 것이다. 자연히 기술직 중인 내에서 통혼이 이루어지게 되었던 것이다.

68) 『용재총화』에는 거족 씨족 75개 성관이 언급되어 있는데, 이를 잡과 합격자의 50대 성관과 대조해 보면 전주이씨, 청주한씨, 남양홍씨, 밀양박씨, 경주김씨 등 13개 성관만이 포함되어 있다(성현, 『용재총화』 권10).

세부적으로 들여다보면 과목에 따라 약간의 차이는 있다.

대체로 그들은 잡과 내의 혼인을 통해 더욱 긴밀한 관계를 가져 기술관을 대대로, 그리고 집중적으로 배출하는 잡과 집안을 형성하게 되었다. 그들 사이에 동류의식 같은 것이 생겼을 것이다. 기술관 집안끼리 혼인했을 경우 세전성이 더욱 두드러졌다. 그 결과 통역, 의술, 천문학, 법률, 산술 등은 실용적이며 전문적인 지식인 만큼 다른 계층에서 쉽게 준비해서 응시하기는 어려웠을 것이다. 세월의 흐름과 더불어 전문 지식을 지닌 상당히 폐쇄적인 기술직 중인층을 형성하게 된 것으로 여겨진다.[69] 전문직이었던 만큼 일차적으로 가내(家內)에서 학습이 이루어졌으며,[70] 또한 잡과 이전에 취재나 천거를 통해서 기술관청에 입속하여 실무를 쉽게 익힐 수도 있었기 때문이다.[71] 19세기 전반기까지 법정 인원대로 선발한 점 역시 그 같은 경향을 가속화했을 것이다.

2) 과거 합격 실태

성관과 혼인 양상을 통해서 동류의식을 가진 기술직 중인 가문이

69) 물론 혼인 관계가 같은 잡과 집안 내에서만 이루어진 것은 아니다. 더러 문·무과, 생원진사 집안과 혼인이 이루어지기도 했다. 이는 '변화 속의 지속' 그리고 '지속 속의 변화'를 보여주는 것으로 볼 수 있다.

70) 오경석은 아들 오세창이 8세 때 가숙을 설치하여 16세에 역과에 합격할 때까지 자제 교육을 시켰다(신용하, 「오경석의 개화사상과 개화활동」, 『역사학보』 107, 1985, 107쪽).

71) 『통문관지』 권2, 장려 ; 『서운관지』 권1, 관직.

형성되고 또 그에 힘입어 세전이 가능해졌을 것이다. 합격자의 부·조·증조 및 외조부·처부의 잡과 및 다른 과거 합격 양상은 어떠했는지 살펴보고자 한다. 잡과 내에서도 같은 과목인가 아닌가, 다른 과거 합격에서도 문과, 무과, 생원진사시인가 하는 것은 중요하다.

그들의 과거 합격 양상을 크게 다음의 세 가지로 나누어 검토해 보고자 한다.[72] ①은 이들이 해당 합격자와 동일한 과목의 잡과에 합격한 경우, ②는 해당 합격자와 다른 잡과 및 주학에 합격한 경우, ③은 문과·무과·생원진사시에 합격한 경우다. ①을 통해서 동일 과목의 세전, ①+②를 통해서 잡과 내의 세전 양상을 알 수 있다. ③의 경우, 양반의 진출로로 여겨지는 과거인 만큼 이른바 신분 이동 양상을 알 수 있다. ①+②+③을 통해서 기술직 중인 가계의 세전 양상과 사회적 유동성을 가늠해 볼 수 있다.

그런데 2대 3대를 거치면서 잡과에 합격하는 세전성은 상당 부분 확인된다. ①의 경우 3대에 걸쳐 동일한 잡과에 합격한 경우가 다른 잡과에 합격한 경우보다 많다. 같은 과목으로 세전되는 비중이 높았음을 알 수 있다. 10명 중에서 3명 정도는 아버지와 같은 잡과 과목 출신이다. 잡과를 거치지 않은 기술관서(사역원, 내의원, 전의감, 관상감 등) 재직자까지 포함하면 그 비율은 훨씬 더 높아질 것이다.

과별로 보면 역과는 2대 합격률은 가장 높았으나, 3대·4대 동일 과목 합격률은 큰 폭으로 낮아졌다. 이에 비해서 의과와 음양과는 2대뿐 아니라 3대, 4대 계속해서 동일 과목 세전이 높았다. 이런 현상은 서운관과 전의감은 그 관직을 세습하게 하여 사무를 정밀히 학습

72) 이남희, 앞의 논문(2012), 78~79쪽.

하도록 했다는 것,[73] 음양과는 본학(本學) 생도만 응시하도록 한 것[74] 등과 무관하지 않을 것이다. 두 분야의 경우 세전과 전문성을 특별히 강조했다.

이어 ②의 경우, 그러니까 부, 조, 증조부가 합격자 본인과 다른 잡과에 합격한 경우를 보면, 역시 역과 → 의과 → 음양과 → 율과 순으로 나타난다. 역과의 선호도가 높았던 것이다.

다음으로 ③의 경우, 잡과 이외의 과거, 양반 진출로라 할 수 있는 문과 · 무과 · 생원진사시에 합격한 예는 아주 적다.[75] 3대에 걸쳐 ③에 합격한 사람은 13,554명 중에서 0.04%인 591명이다. 그 내역을 보면 무과가 주를 이루며, 생원진사시, 특히 문과는 비율이 저조하다. 문과 합격자 8명(1.4%), 무과 합격자 536명(90.7%), 생원시 합격자 5명(0.8%), 진사시 합격자 42명(7.1%)이다.

이들은 양반 사로와 관련이 있다고는 하지만 그보다는 무과 집안과 관련이 있음을 보여주는 것이다. 다시 말해 무과에서 잡과로 온 것으로 볼 수 있다. 집안이 한미해진 경우도 있을 것이며, 양반의 서얼인 경우도 있었을 것이다. 이와는 반대로 기술직 중인 집안에서 무과에 진출함으로써 신분 상승을 시도한 경우도 있다. 잡과 합격자 본인 대에서 잡과에 이어 무과로 진출한 사례다. 필자가 조사한 바에 의하면, 25명(역과 11명, 의과 5명, 음양과 2명, 율과 5명, 주학 2명)을 찾아볼 수 있었다.[76] 이들은 생원, 진사, 문과와 같은 상층 양반으로의 급격

73) 『태조실록』 권15, 7년 9월 경인.

74) 『경국대전』 권3, 예전 제과.

75) 비중은 낮을지라도 양반 사로와 잡과 사로의 연결점을 찾을 수 있다는 점에서 중요하다고 하겠다.

76) 이 책 제Ⅵ장 2절 '기술직 중인의 타과 진출' 참조.

한 신분 상승보다는 무과로 나아가는 현실적인 방안을 택했던 것으로 보인다.

하지만 무과로 신분 상승한 경우에도 그 자손 대에서 그런 지위를 대대로 유지해 갔다고 보기는 어렵다. 본인 당대에 무과 합격을 통해서 일정한 신분 상승을 했다 하더라도 그런 위상과 지위를 계속 유지하는 것은 그렇게 간단하지 않았던 듯하다. 역시 현실적인 어려움이 따랐던 것이다.[77] 그 아들 대에서 다시 잡과에 합격함으로써 기술직 중인으로 회귀한 사례가 그런 어려움을 뒷받침해 준다.

다음은 잡과 합격자들의 처부와 외조의 과거 합격률을 살펴보기로 하자. 이들 과거 합격 내역은 기술직 중인의 신분적 배경을 파악할 수 있는 주요한 단서가 될 수 있다.

③잡과 이외의 생원 · 진사 · 문과 · 무과에 합격한 경우를 보면 처부보다는 외조의 합격률이 높게 나타나, 부친의 통혼 집안 지체가 합격자 본인의 그것보다 높다. 합격자 본인과 부친이 모두 잡과계통의 혼인율이 높지만, 부친의 경우는 합격자 본인 대보다는 비잡과 집안과 혼인한 비율이 약간 높다.

이어 ①본인과 처부와 외조가 동일한 잡과에 합격한 비율을 놓고 볼 때, 역관 집안이 역과에 합격한 처부와 혼인한 비율이 가장 높았으며, 그다음은 의과, 음양과, 율과의 순이다. 처부가 외조보다 동일 잡과 합격률이 더 높게 나타나고 있어, 잡과 합격자 본인 대에서 통혼한 집안이 부친 대에서 통혼한 집안보다 동일 전공 잡과 혼인율이 더 높

77) 조선후기 급증한 무과 합격자 수에 비해 관직 수가 턱없이 부족하여 무과에 합격해도 관직 진출이 보장되지 못했다. 때문에 조선 조정에서는 무과 합격자들 중에서 양반과 비양반을 선별하는 작업을 거쳤으며, 이를 통해 무과 합격과 관직 진출에 대한 이원화 정책을 구사하기도 했다(정해은, 앞의 책, 358쪽).

았음을 알 수 있다.

다음으로 ②다른 잡과에 합격한 경우를 보면 앞서의 동일 잡과 합격률과 차이가 있다. 다른 잡과에 합격한 비율에서는 의과, 음양과가 역과보다 높다. 특히 음양과는 처부와 외조 모두 다른 잡과 집안과의 혼인율이 훨씬 높다. 그리고 합격자 가계의 경우 모두 동일 잡과 합격률이 높았던 반면, 처부와 외조의 합격률은 역과만이 그러하다.

처부와 외조의 비잡과 합격 현황은 무과가 주를 이루며, 간혹 생원과 진사가 나타난다. 현재 자료상에서 처부와 외조에서 문과 합격자는 찾아볼 수 없다. 앞서 합격자의 부친, 조부, 증조부 등에서는 극히 소수이기는 하지만 문과 합격자가 있었던 점으로 볼 때, 이들이 핵심 양반 집안과는 통혼하지 못했음을 말해주는 것이라 하겠다. 양반들은 양반들끼리만 통혼하고자 했다. 한번 문지(門地)가 낮은 가문과 통혼하면 가문의 지위가 떨어지게 마련이었다. 기술관이 된 가문은 양반 가문과 혼인 줄이 끊길 뿐 아니라 양반들이 종사하는 청요직으로 진출할 길이 막히게 되었다. 이는 양반 자제들이 기술직이나 잡학을 회피하는 중요한 이유였으며 또한 기술직이 세전되는 한 이유이기도 했다.

핵심 양반 집안과의 통혼이 아니라고 하더라도 이러한 문지의 차이는 각 잡과별 내에서도 미세하지만 드러난다. 역과의 경우 앞서 부친, 조부, 증조부 3대의 무과 등의 비잡과 합격률보다 처부와 외조의 그것이 더 높게 나타나, 핵심 양반은 아니지만 무과 집안 등과 통혼하는 비율이 다른 잡과 집안보다는 상대적으로 높았음을 알 수 있다.

이상에서 본 것처럼 과목별, 시기별로 잡과 가문과의 통혼이 강화되고 있는 것은 부친, 조부, 증조부 대의 잡과 합격률 증가와도 궤를 같이하는 것이다. 이는 잡과제도 시행 과정에서도 드러난다. 역관, 의관 등이 되기 위해서는 우선 가정에서 학습받았으며[78] 천거를 통해 기술관청에 입속하여 실무를 익힐 수 있었다.[79] 그런 다음 잡과에 응시, 합격한 후에 고위 기술관의 길을 걷게 되었던 것이다.

기술직 중인 집안이 혼인하는 데 있어 점차로 잡과 이외의 출신(무과, 생원, 진사, 문과 등)과 통혼하는 사례가 줄어들면서 같은 잡과 집안과 혼인하는 현상이 늘었음을 다시 확인할 수 있다. 물론 개별적으로 다소 폭넓은 통혼을 하는 명문 잡과 집안도 없지 않았다. 이런 통혼 관계를 통해 잡과 집안은 전문 직업의식을 지닌 전문가 집단을 형성하면서, 더욱 굳어진 것으로 보인다.

---

78) 집안에 가숙을 설치하여 동료 역관들 중에서 최고의 실력자를 전공별로 두세 명 초빙하여 시험하는 것이 관행이었다. 개화사상가 오경석은 그의 아들 오세창이 8세 때 가숙을 설치하여 16세에 합격할 때까지 자제 교육을 시켰다(신용하, 「오경석의 개화사상과 개화활동」, 『역사학보』 107, 1985 참조).

79) 『통문관지』 권2, 장려 및 『서운관지』 권1, 관직. 천거나 과거에 있어서 사조단자와 보거단자 제출이 필수였다. 이러한 천거 절차는 『통문관지』나 『서운관지』에서 역관, 음양관의 천거 과정에서도 동일하게 나타나는 점을 미루어 볼 때, 의관이나 율관의 경우도 같았을 것으로 여겨진다.

4

사회적 유동성과 그 의미

조선후기 잡과 합격자 6,115명 가운데 타과에 진출한 경우는 모두 51명이다. 역과 19명, 의과 25명, 음양과 2명, 율과 5명으로 잡과방목에 의거한 수이며, 16세기와 17세기 중반까지 잡과방목 기록이 영성한 점을 감안한다면 실제로는 더 많았을 것이다. 그런 점을 감안하더라도 절대적으로 적은 수라 하겠다. 단적으로 잡과 합격자의 타과 진출이 쉽지 않았음을 말해주는 것으로 이해된다.

그리고 흥미로운 사실은 자신이 합격한 과목 이외의 이른바 타과 진출의 경우, 역과, 의과, 음양과, 율과를 막론하고 무과와 주학만이 나타난다는 점이다. 무과 24건(역과 11, 의과 6, 음양과 2, 율과 5건), 그리고 주학 27건(역과 8, 의과 19)이다. 타과 진출을 보면, 잡과의 네 분야에서 무과로 진출한 사례가 모두 있다. 먼저 잡과에 합격해서 기술직에 있으면서, 잡과보다 더 사회적 평가가 높은 무과에 응시한 것으로 보인다. 잡과에 합격한 다음, 그것을 발판으로 일종의 신분 상승을 꾀하고자 무과에 응시했다고 볼 수 있다.

한편 『주학팔세보』에 수록된 443명 중에서 타과 합격 사항이 명기된 사례는 74명이다. 역과 34명, 의과 25명, 음양과 5명, 율과 1명, 그리고 무과 2명, 사마시 7명이다. 「의역주팔세보DB」를 통해서 443명을 검토해 보면 역과 12명, 의과 12명, 그리고 문과 1명을 더 확인할 수 있다. 이들 25명을 포함하면 전체 타과 진출자는 99명에 이른다. 의역주팔세보 연구라는 측면에서 본다면, 주학 합격자들이 잡과 내에서 역과와 의과에 많이 진출했다는 것은 중요한 의미를 지닌다. 왜 그런가 하면 역관과 의관 중에는 주학 경력을 가진 사람이 상당히 많았고, 따라서 가계로 보더라도 주학과 역과, 의과가 연결될 수밖에 없었을 것이기 때문이다. 이 같은 유대가 의·역·주를 한데 묶어 '의역주' 팔세보를 편찬하는 데 영향을 미쳤던 것으로 여겨진다.

잡과 합격자 본인의 타과 진출에서는 문과 진출자가 보이지 않는다. 하지만 가계의 타과 진출에서 살펴보았듯이 합격자의 부, 조, 증조부에서 문과 출신 8명이 확인된다. 잡과 합격자는 그들의 서얼일 것으로 여겨진다. 한편 주학 합격자로서 문과로 진출한 사례는 1명 확인된다. 이렇게 본다면 잡과와 주학 합격자 본인이 문과에 진출하는 것은 지극히 어려웠다. 문과에 진출한 주학의 경우에도 19세기 말에 이르러 1891년(고종 28) 정시 문과에 합격한 것이다. 반면에 잡과나 주학 합격자들이 무과에 진출한 사례는 상당한 정도로 확인된다.

조선후기 무과는 일반인들의 신분 상승을 가능케 하는 수단의 성격도 지니고 있었다. 조선시대 무과 합격자의 총인원은 대략 13만 명 정도로 추산된다. 이는 문과 합격자 1만 5천 명에 비해 8배에 달하는 수다. 이 중 태조 2년(1393)부터 선조 24년(1591)까지 무과 합격자가 7,800여 명이며[80] 광해군 즉위년(1608)부터 고종 31년(1894) 과거제가 폐지될 때까지 무과 합격자는 12만 명 정도다.[81] 조선시대 전기와 후기의 무과 합격자 추산 인원이, 100여 년의 시간 차이를 고려한다 해도 15배 이상 차이가 난다. 이 수치만으로도 조선후기에 무과 합격자가 급속히 늘어났음을 알 수 있다. 문과에 비해서는 어느 정도 개방성과 역동성을 지니고 있었다. 문과의 경우 오랫동안 학문을 쌓아야 응시할 수 있었던 데 비해서, 무과는 무예와 병서를 연마하면 응시할 수 있었다. 상대적으로 문과(대과), 소과(생원진사시)보다는 용이했다고 할 수 있다.

하지만 그런 신분 상승의 노력이 크게 결실을 맺었던 것 같지는 않다. 그 가계의 자손들은 무과 관직보다는 오히려 기술직에 더 많이 종사하는 모습을 보여준다. 잡과 합격이 일회적인 사례로 끝나는 경우도 있다. 그와 더불어 기술직 세전 양상과 같은 세습 내지 계층의 고착화 현상 역시 나타나고 있었다. 무반직 계층에서도 스스로 하나의 사회적 단위로 인식함으로써 잡과 출신의 유입에 대해서 부정적인 반응을 보여주었을 수도 있다. 그럼에도 개인에게는 타과 합격, 특히 무과 합격은 유리한 조건, 즉 전문 기술직 내에서의 승진과 출세에 도움이 되었을 것이다.

그와 관련하여 타과 진출에서 잡과와 무과 및 주학 중에서 어느 쪽의 합격이 먼저였는지를 확인해 보니, 대부분 잡과에 합격해 기술직에 있으면서, 사회적 평가가 더 높은 무과에 응시한 것으로 나타났다. 잡과 합격을 발판 삼아 일종의 신분 상승의 노력으로 무과에 응시했다고 할 수 있다. 주학에서 역과와 의과로 진출한 사례 역시 일종의 신분 상승이라는 맥락에서 이해할 수 있지 않을까 한다.

---

80) 심승구, 「조선 전기 무과 연구」, 국민대학교 박사학위논문, 1997, 94쪽.

81) 정해은, 앞의 책, 72쪽.

하지만 신분 상승 노력은 있었지만, 현실적으로 몇 단계를 뛰어넘어 이룰 수는 없었다. 무과에 응시하는 정도이지, 문과까지 나아갈 수는 없었다. 잡과에 합격해 고급 기술직으로 나아간 사람들과 무과에 급제하여 관직으로 나아간 사람들 사이에는 미세하지만 분명한 신분의 차이가 있었던 것으로 보인다.[82] 하지만 그 차이는 사회적으로도 크게 문제 되지는 않았던 것으로 보아도 좋을 듯하다. 사회적으로 가장 주목받는 그런 신분은 아니었기 때문이다.

타과에 진출한 자들의 가계 배경을 보면, 진출해 왔거나 혹은 진출하려는 타과 과목과 동일한 경우가 많았다. 주학은 부친이 계사, 무과는 부친이 무과 급제자인 경우가 많았다. 과거시험 합격자의 가계 배경이 그들의 진로 설정에 영향을 주었음을 보여주는 것이라 할 수 있다.[83]

요컨대 신분 상승의 개별 사례가 전혀 없지는 않다. 그리고 신분이 상승하는 경우에도 문과보다는 용이한 무과 합격을 통해 무반직에 진출하는 경우가 상대적으로 많다. 잡과와 무과 사이에는 어느 정도의 신분 이동이 이루어졌다고 볼 수 있다. 무과 가계에서 잡과로 내려오는 경우도 있었다. 하지만 전반적으로 그들은 신분 상승을 택하기보다는 사회적 지위와 역할을 대를 이어 물려주는 이른바 세전 양상

82) 제주목사 성수재(成秀才)는 무과에 장원급제한 후 여러 번 변방 소임을 역임하여 청렴하고 유능하다는 명망이 있었다. 그의 처 이씨의 사촌 오빠 이세규(李世規)[사역원 판관]는 연산군 4년(1498) 역과에 합격했다.

83) 기술직 중인 가계 전체 과거 합격 실태를 보더라도 동일계 잡과 합격률이 가장 높고, 그다음은 다른 잡과 과목 합격이었다. 이 둘을 합하면 부친 대 39.8%, 조부 대 37.8%, 증조부 대 23.0%에 이른다. 합격자의 23.0%는 4대, 37.8%는 3대에 걸쳐 잡과에 합격했으며, 2대째 연이어 잡과에 합격한 비율은 39.8%에 달한다. 합격자의 약 40%는 2대째 잡과에 합격한 기술관서 재직자들임을 알 수 있다.

을 보여주었다고 할 수 있다. 설령 부모 대에서 신분 상승이 이루어졌다 하더라도 자손 대에서 다시 잡과로 회귀하는 사례가 그것을 뒷받침해 준다. 그리고 다른 잡과로 나아가는 경우도 있었지만, 대부분 역관이면 같은 역과, 의관이면 의과 합격이라는 동일 잡과 진출을 통해 그 직업을 유지해 갔던 것으로 보인다. 그러나 율관의 경우에는 세전성이 상대적으로 약한 것으로 나타난다.

그러면 그들이 그렇게 한 것은 무엇 때문일까. 그들은 중인 신분층으로 있으면서, 그들의 직책과 능력을 살려 실질적인 경제적 부를 축적하려고 했다. 그들은 실무 행정능력을 바탕으로 하는 자신들의 직분을 활용해서 부를 축적할 수 있었다. 연암 박지원의 소설『허생전』에 나오는 당대 한양의 제일 부자 변부자는 실존 인물인 역관 밀양변씨 변승업(卞承業)의 조부를 모델로 삼은 것이다. 당대 역관들이 누렸던 경제력의 일단을 가늠해 볼 수 있다.[84] 사행 역관은 팔포(八包) 무역의 기회를 통해 활발한 경제 활동을 전개했다. 팔포는 인삼 80근으로 은 2천 냥에 해당하는 거금이다. 역관직 세전에 따른 종적인 조직과 제도상의 횡적인 유대 관계를 갖고 연속적인 무역 활동을 전개할 수 있었다. 또한 대일 무역의 경우, 왜관 무역의 주무자인 훈도와 별차 등이 동료 역관이기 때문에 그들과 결탁할 수 있었다. 그들은 또 대청 · 대일 중계무역을 통해 상당한 부를 축적해 갔다. 그들은 자주 외국에 드나들 수 있었기 때문에, 막대한 부를 축적할 수 있었다.

조선후기에 그들은 자신들의 신분에 대한 자의식을 가졌으며, 그

84) 『역보』(텐리대본)에는 밀양변씨가 22명 수록되어 있다. 이들은 모두 변승업(1623~1709)의 후손이다. 역팔세보에 처음 기재된 인물은 변광운(卞光韻)으로 변승업의 5세손이다. 그는 1816년 식년시 역과에 합격했으며 숭록대부, 자헌대부, 지중추부사, 사역원 정, 훈도, 상통사, 교회 등을 역임했다.

것에 바탕을 둔 활동을 전개해 독자적인 문화를 형성하기도 했다. 이른바 팔세보류의 중인 족보를 편찬한 것이나, 여항문학 활동, 그리고 중인 통청 운동을 전개한 것 등은 그 단적인 예다.[85] 시대의 흐름에 따라 그들은 위항지사(委巷志士)에서 경륜가로서의 꿈을 키우기도 하고 선진 문화를 수입하는 역할을 하기도 했다.[86]

급격하게 변화하는 세태, 특히 이름만 양반일 뿐 아무런 실속이 없는 상황 역시 그들로 하여금 모험보다는 안전한 길을 걷도록 했던 것으로 보인다.[87] 그들은 정치권력에 접근함으로써 자신들의 역량에 상응하는 사회적 지위를 보존, 유지하고 나아가서는 공고화하려고 했다.

사회 전반적으로는 급격한 신분제의 동요와 이동이 있었지만, 그들의 경우 그런 전체적인 흐름 가운데서 오히려 자신들의 신분과 지위를 공고하게 만들어가며 계층 간의 결속력을 강화해 가는 현상을 보여주었다. 필자는 그런 현상을 '사회적 유동성 속의 비유동성'이라 부를 수 있다고 생각한다.

동시에 그러한 세전 양상은 사회의 전반적인 신분 해체 경향과는

---

85) 정옥자, 『조선후기문화운동사』, 일조각, 1988 ; 강명관, 『조선후기 여항문학 연구』, 창작과비평사, 1997 ; 차용주, 『한국 위항문학작가 연구』, 경인문화사, 2003 ; 한영우, 앞의 논문(1986).

86) 중인들은 자신들 신분의 연원을 밝히는 『규사』, 『연조귀감』, 『이향견문록』 등의 역사서를 편찬했다. 이는 그들이 일정한 정체성을 갖게 되었음을 말해준다. 그 같은 자아의식의 연장선에서 그들은 위항문학 활동을 전개하면서, 독자적인 문화를 형성하기도 했다. 18세기의 옥계시사(玉溪詩社, 일명 松石園詩社)나 19세기의 육교시사(六橋詩社)는 그 같은 문화를 말해준다.

87) 고종은 중국에서 재물을 쓸 일이 있으면 역관 이덕유(李德裕)에게 어음을 받아 보냈다. 청국 상인들이 임금의 옥쇄를 믿는 것이 이덕유 어음을 믿는 것보다 못했다고 한다. 이덕유는 역관으로 음죽(陰竹) 지방의 현감을 수개월 지내기도 했다(황현, 『매천야록(梅泉野錄)』 권1).

달리, 후기로 갈수록 강화되었다. 그들은 견고한 하나의 독립된 사회 계층을 형성해 갔다고 볼 수 있다. 특히 잡과 합격자들은 서울에 집중적으로 거주했다.[88] 이처럼 서울이라는 특정 지역에서 배출된 것은 합격자 배출층이 점차 지역적으로 고정되어 가는 과정, 즉 기술관을 집중적으로 배출하는 집안이 서울을 중심으로 형성되어 가고 있음을 말해준다. 문과와 생원진사시 합격자의 경우 조선후기로 갈수록 서울 거주자의 비율이 줄어드는 점과 좋은 대조를 이룬다. 이는 서울을 중심으로 견고하게 중인층이 형성되었음을 말해주는 것이다.[89] 잡과를 거치지 않는 기술관서 재직자 자제의 잡과 진출까지 포함한다면 더욱 그렇다고 할 수 있다. 잡과가 갖는 일종의 폐쇄성 역시 작용했던 듯하다.

잡과 합격을 통한 충원은, 실제로는 그들 사이에서 이루어졌다. 잡과의 경쟁률은 다른 과거에 비해 낮았지만 실제로는 이미 천거 절차를 거친 사람들을 대상으로 시행했기 때문에 선발되기가 쉽지 않았다. 잡과의 경우 초시 인원 111명, 최종 선발 인원 46명이어서 경쟁률은 2.6 : 1 정도였다. 역과의 한학을 제외하고는 모두 초시에서 복시

88) 16, 17세기 잡과 합격자들의 거주지를 보면, 79.8%가 서울이다. 문과 합격자의 47%가 서울 거주자이며(원창애, 「문과 운영이 서울 지역에 미친 영향」, 『향토서울』 67, 2006, 19~20쪽), 조선후기로 갈수록 서울에 거주하는 생원진사시 합격자 비율이 줄어들고 있는 점(최진옥, 「조선시대 서울의 士族 연구」, 『조선시대사학보』 6, 1998, 20쪽)과 좋은 대조를 이룬다. 서울 거주 비율은 시기별로 증가, 1633년(인조 11) 이후에는 전체 합격자의 거주지가 서울로 나타났다. 서울에 거주하면서 잡과에 응시, 합격하는 경향은 계속 이어졌을 것으로 보인다.

89) 북산 밋흘 북촌, 남촌 밋흘 남촌, 낙산 근처를 동촌, 서소문 내외를 서촌, 장교수표교 어름을 중촌, 광통교 이상을 우대 … 中村은 中人, 우대는 육조 이하의 각사에 소속한 吏輩庫直 族屬이 살고 …(「京城洞町名의 由來 及 今昔의 比較: 녯날 京城 各級人의 分布狀況」, 『별건곤』 23, 개벽사, 1929)

선발 인원의 2배수를 선발했다.[90]

아울러 기술직 중인이 지닌 전문성을 들어야 할 것이다. 이들의 지식은 전문성을 띠고 있어서 집안의 전통 없이는 일반 사람들이 쉽게 접근하기 어려웠다. 또한 잡학 운영 방식 역시 한 요소로 작용했다고 할 수 있다. 소수 가문의 후예들이 계속 잡과에 합격함으로써, 그들은 이른바 명문 잡과 집안으로 떠올랐다. 그런 명문 집안들은 조선 말기까지 그대로 지속되었다. 여기서 유념해야 할 점 하나는, 기술직 중인층 전체에서 세전 양상이 확인되는 것은 아니라는 사실이다. 수많은 가문이 사라져 간 것 또한 부인할 수 없다.[91] 기술직에 종사하는 사람들 모두가 자신들의 신분과 지위를 자손 대대로 누릴 수는 없었다는 것이다. 개인 차원에서 사회적 유동성은 늘 존재했다. 그리고 그들 내부에서도 경쟁과 도태는 이루어졌다.

---

90) 『경국대전』 권3, 예전 제과.

91) 잡과 합격자의 성관을 보면 474개 성관에서 6,008명의 합격자를 배출했다. 그중 10%인 47개 성관이 전체 배출 합격자의 58.8%를 차지하여 소수의 명문이 잡과를 점유해 갔다. 16~17세기에는 잡과 합격자 413성관 중 1명의 합격자를 배출한 성관이 반수를 넘는 215개였지만, 18~19세기에는 28성관만이 합격자 1명을 낼 만큼 소수의 유력한 성관에 의해 집중되어 갔다.

| 결어 |

팔세보, 기술직 중인, 그리고 사회 변동

조선 건국 직후부터 조정에서는 기술직, 예컨대 통역, 의술, 천문지리, 법률, 산학[주학] 등의 직능의 필요성을 분명하게 인식하고 있었다. 국가를 운영하는 데 필수불가결한 부문이었기 때문이다. 하지만 그와 동시에 그들 직능에 대한 차대 역시 존재했다. 그들의 직능과 역할이 아무리 강조되더라도 양반관료는 그들을 자신과 같은 부류로 보려고 하지 않았다. 그 같은 차별과 차별화를 통해서 점차로 그런 직종에 종사하는 집단이 형성되기에 이르렀다. 그런 흐름이 이른바 직능이 신분화하는 현상, 나아가서는 신분의 고정화 현상을 불러왔다. 하지만 개인 차원에서는 신분의 상승과 하강이 가능하며, 또 현실에서 어느 정도 그것이 이루어지고 있었다. 말하자면 상향적인 유동성과 하향적인 유동성이 동시에 존재했다고 할 수 있다. 제한된 개방성 속에서 그들은 일정한 사회적 유동성을 보여주었던 것이다.

조선후기에 들어서 급격한 사회 변동이 전개되었다는 것이 일반적인 견해이지만, 동시에 조금 결을 달리하는 입장도 제기되고 있다. 그렇게 급격한 신분의 변동과 해체는 보이지 않는다는 것이다. 예컨대 향리 집안의 고문서를 분석해 보니 신분 상승을 꾀할 수 있는 경제적 능력이 있었음에도 불구하고, 향리 지위를 계속 유지해 갔다는 것이다. 형식적인 신분 상승보다는 현실적인 실리를 택했다고 볼 수 있겠다. 광작, 이앙법 등 농업 생산력의 발달, 상품화폐 경제의 발달 등에 힘입어 사회 전반에 걸쳐 변화가 일어났다는 것도 역사적 사실이며, 일부에서 실리 없는 신분 상승을 굳이 도모하지 않거나 자신들의 신분에 대한 자의식을 갖게 되었다는 것 역시 역사적 사실일 것이다. 단적인 예를 들자면 19세기 들어서면서 기술직 중인들은 의과팔세보, 의과보, 의보, 의등제보, 역과보, 역과팔세보, 역보, 역등제보, 등제팔세보, 의역주팔세보, 주학팔세보, 주학보 같은 독자적인 팔세보 형식의 족보를 제작하기 시작했다. 중인이라는 자신들의 지위와 신분을 숨기지 않고 드러내게 된 것이다. 조선후기에는 사회 변화와 가치관이 정형화를 넘어서 다양화, 다원화되기 시작했다고 볼 수 있다.

조선후기 사회 변동의 실체는 각 신분층에 대한 다양한 측면과 시각에 입각한 연구들에 의해서 검증되어야 하며, 그럴 때 조선후기 사회 변동의 전체적인 역사상이 보다 선명하게 드러날 것이다. 필자는 중인, 기술직 중인에 관심을 가지고 지금까지 연구해 왔다. 특히 과거제도로서의 잡과에 합격한 이른바 잡과중인은 중인 중에서도 상층부에 속하며 그들은 사회적 유동성이라는 측면에서 볼 때 가장 민감한 계층이라 할 수 있기 때문이다. 현존하는 잡과방목(1498~1894)을 분석해서 박사학위논문을 작성했으며, 이어 단행본으로 간행할 수 있었다. 거기서는 잡과방목에 수록된 합격자 6,115명(역과 2,976명, 의과 1,548명, 음양과 865명, 율과 726명)과 그들의 가계 26,716명을 데이터베이스로 구축하고, 그 자료를 토대로 잡과중인의 사회적 위상, 사회 변동과의 상관성을 분석해 보았다.

그런데 잡과중인이라 하더라도 내부를 들여다보면 역과, 의과, 음양과, 율과 사이에 미묘한 차이가 존재했으며, 역시 역과와 의과가 실질적으로 주축을 이루고 있었다. 이 같은 사실은 잡과 이외의 중인, 다시 말해서 '비잡과중인'에 주목하지 않을 수 없게 해주었다. 잡과중인과 비잡과중인을 아울러 같이 보아야 한다는 것, 그들 두 범주를 포괄하는 기술직 중인이라는 범주가 필요하다는 것도 느끼게 되었다. 필자가 비잡과중인에서 특별히 주목했던 것은 '주학'이다.

산원은 호조에 속해 있으면서 호구(戶口), 전량(田粮), 식화(食貨) 등 문무 관료들이 입안한 재정에 관한 실무를 맡아보았다. 그들은 호조 산하의 판적사, 회계사, 경비사 등에 배속되었다. 엄격하게 말하자면 산원은 하급 기술관에 속했다. 과거시험으로서의 잡과에는 포함되지 못했다는 점이 상징적이다. 원칙적으로 상급 기술관으로서의 잡과중인에 비해서 사회적 위상이 낮았다고 해야 할 것이다. 산원은 취재에 의해 충원했다.

하지만 조선후기에 접어들면서 주학은 급격한 변화를 겪게 된다. 우선 『속대전』에서 산학 생도 수가 크게 늘었다. 『경국대전』의 15명에서 46명이 증원되어 61명이 되었다. 이어 『대전통편』에서는 산원이 『경국대전』의 30명에서 26명 증원되어 56명이 되었다. 산원 역시 크게 늘어났다. 이 같은 급격한 증가는 영조, 정조 시대에 양전(量田)과 도량형의 정비와 통제가 실시되면서 산원의 수요가 늘어났기 때문이다. 그런 현상과 더불어 사회적 위상 역시 높아졌을 것이다. 『속대전』과 『대전통편』에서 늘어난 생도와 산원의 정원은 각각 61명, 56명으로 『대전회통』까지 그대로 유지되었다. 따라서 주학의 현실적 중요성과 사회적 위상은 계속 높아졌다고 할 수 있다. 지금까지 주학 관련

연구는 취재 시험 합격자 명부인 『주학입격안』 분석을 중심으로 진척되어 왔다.

신분으로서의 중인과 사회 변동에 관심을 가져온 필자로서는 조선후기에 들어 급격한 사회 변화와 더불어 선발 정원이 크게 늘었다는 것, 주학 취재 합격자들이 팔세보, 즉 주팔세보를 만들었다는 것, 그리고 주팔세보가 의·역팔세보와 함께 만들어지거나 한 부류로 성책되었다는 점에 주목하지 않을 수 없었다. 주학의 사회적 위상이 크게 높아졌다는 것을 단적으로 말해주기 때문이다. 과거제도로서의 잡과에는 포함되지 못했지만, 시대의 변화와 업무의 증가 등은 그 위상을 거의 잡과에 준하는 정도로 올려주었다고 해도 큰 무리는 없겠다. 그와 동시에 잡과에는 포함되어 있었지만 음양과와 율과의 경우 현재로서는 팔세보가 전하지 않는다. 아마도 편찬되지 않았을 것이다.

현재 전하는 중인 족보로서의 의역주팔세보에 주목하게 된 것은 위에서 말한 것과 같은 사정 때문이다. 의역주팔세보라는 이름으로 한데 묶였다는 것 자체가 상징적이고 시사적이라 하겠다. 잡과에 속하는 음양과와 율과 관련 팔세보는 현재 전하지 않는다. 반면 잡과에 속하지는 않지만 주학의 경우, 관련 팔세보가 전하고 있는 것이다. 뿐만 아니라 의, 역과 더불어 의역주팔세보로 칭하고 있었다. 그러니 기술직 중인들의 족보, 특히 팔세보와 관련해서는 의역주팔세보가 중요한 일차 자료라 하지 않을 수 없다. 그래서 이 책에서는 의역주팔세보, 다시 말해서 의팔세보, 역팔세보, 주팔세보를 통해서 조선후기 의관, 역관, 산원 등 기술직 중인의 사회적 위상을 두루 살펴보았다. 역관, 의관, 산원의 경우에는 그들의 신분적 연원을 파악할 수 있는 '팔세보'가 전하는 점에 주목한 것이다.

팔세보가 중인에 한정된 것만은 아니다. 팔세보 형식을 취한 것으로는 문보, 무보, 음보도 있기 때문이다. 그중에는 팔세보 외에도 오세보, 십세보 등의 형식을 띠는 것도 있다. 하지만 기술직 중인 족보는 오세보나 십세보가 아니라 팔세보라는 형식을 취하고 있다는 점에서 다르다고 하겠다. 기술직 중인 족보가 팔세보 형식을 취하고 있다는 점은 지극히 시사적이다. 팔세보는 일반 족보처럼 시조의 자손을 적어 내려오는 것이 아니라 본인을 기점으로 하여 아래로 8대조를 차례로 기재했다. 출계(出系)한 경우는 친가와 양가의 조상을 같이 수록했으며, 외조부 및 처부를 기재하고 있어 본인까지 합해서 모두 11단으로 구성되어 있다. 수록 내용은 각 성관별로 본인 성명 옆에 자 · 생년 · 잡학 합격 연도를 간지로 기재하며, 관직과 품계 등을 기재했다. 그들의 가계와 연원, 그리고 통혼권 등을 통해서 사회적 계층으로서의 성격과 사회적 지위 등을 가늠하기에 적절한 자료라 하지 않을 수 없다. 더욱이 팔세보를 통해서는 8세대 250여 년에 걸친 조선후기 의역주 기술직 중인 집안의 가계와 그 인적인 연계를 파악할 수 있다.

그렇다면 19세기 후반에 들어서면서 기술직 중인 집안에서 팔세보 형식의 족보를 편찬한 것은 무엇 때문일까. 문과 · 무과 · 문음 등을 통해서 등용된 양반의 경우, 가문의 위상을 과시하기 위해서 십세보, 팔세보, 오세보 등의 족보를 만들었다. 일정한 시점에서 그런 형식이 점차로 확산하면서 기술직 중인들에게까지 전해졌을 것이다. 기술직 중인들이 독자적인 팔세보 편찬을 했다는 것 자체가 그들의 사회적 지위가 어느 정도였는지 알 수 있게 해준다. 그것은 기술직 중인들의 신분 의식이 확대되고 가문 의식이 확산한 결과였음을 시사한다고 하겠다.

기술직 중인들이 의역주팔세보를 편찬한 것은 실용적 필요에 의해서도이기도 했다. 의역주 중인들의 가문 배경과 관직 진출이 중시되면서 중인들의 문벌 의식도 고양되었다. 대대로 벼슬하는 가문에서도 팔세보 편찬은 쉽지 않았던 듯하다. 그에 힘입어 19세기 당대에 활동한 의역주 기술직 중인들은 자신들의 출신 배경과 자긍심을 나타내고자 하는 의도도 있었을 것이다. 『규사』, 『연조귀감』, 『호산외사』, 『이향견문록』, 『희조일사』 등의 인물 전기를 간행하고, 중인들의 통청 운동을 실제로 추진했다는 것은 그러한 측면을 뒷받침해 준다. 무엇보다 그 같은 자의식이 잡과방목과는 다른 의역주팔세보라는 형식의 '족보'를 만들게 했을 것이다. 양반들처럼 중인들 역시 스스로 족보를 편찬하기도 했다는 맥락에서 읽어야 할 것이다. 『성원록』 및 『성원록속편』과 함께 『전주이씨족보』, 『합천이씨세보』 같은 중인 족보가 편찬된 것 역시 그 점을 뒷받침해 주고 있다.

한 가지 덧붙여 두자면, 시대적으로 19세기 후반은 문보, 무보, 음보, 삼반팔세보와 함께 대동보나 진신보 등 대규모 족보 편찬이 활발한 시기였다는 점이다. 더구나 1894년 과거제도가 폐지된 이후, 그리고 일제강점기에 이르러 각종 족보가 쏟아져 나왔다. 시대의 변화와 맞물려 점차 과거 명문이라고 자처하던 양반들의 위세와 영광이 약화되자 자신들의 역사적 뿌리와 위상을 다시 한번 정립하고자 했던 것이다. 시대의 변화 속에서 나타나는 일종의 불안감에 대한 대응이었을 것이다. 전 가문의 계보를 망라하여 한 책에 묶어 편찬한 것은, 격동과 변환의 시기에 위기의식을 느끼면서 오히려 더 강해지고 있던 양반들의 문벌 의식 때문이기도 했다. 단적으로 그것은 '자기정체성' 문제이기도 했다. 그 같은 경향 역시 기술직 중인들의 족보 편찬을 부추기는 한 요인이 되었을 것이다.

이에 필자는 의학, 역학, 주학에 종사했던 기술직 중인들의 구체적인 혈연과 혼인 관계를 알 수 있는 '의역주팔세보', 다시 말해 의팔세보, 역팔세보, 주팔세보 등의 중인 보첩류에 수록되어 있는 본인과 8대조 및 외조, 처부 등 가계 구성원의 성명 및 인적 정보를 모두 입력하여 데이터베이스로 구축했다. 이어 본인 및 가계 구성원들의 잡과 및 주학 시험 합격 여부를 『잡과방목』 및 『주학입격안』 등의 방목류와 대조 작업을 통해 확인, 포함시켰다. 그렇게 구축한 「조선시대 의학·역학·주학팔세보 데이터베이스」 분석을 토대로 본 연구를 진행할 수 있었다. 감히 말해본다면 '의역주팔세보'에 관한 최초의 본격적인 연구라 할 수 있지 않을까 한다. 아울러 박사학위논문에서 주 자료로 삼았던 잡과방목 데이터베이스도 적절한 참고 자료로 이용했다. 이 같은 실증 자료 데이터베이스 구축과 분석, 그리고 그 같은 연구 방법이 갖는 의미가 적정하게 평가되기를 기대한다.

이 책에서는 먼저 기술직 중인의 신분적 연원(제Ⅰ장), 기술직 중인과 잡학 교육(제Ⅱ장)에 대해서 살펴보았다. 이어 본격적으로 의역주팔세보의 편찬과 체제(제Ⅲ장), 현재 전하는 의역주팔세보의 자료와 특성(제Ⅳ장), 그리고 의역주팔세보에 나타난 성관과 가계 분석(제Ⅴ장) 등을 시도해 보았다. 이를 토대로 기술직 중인의 타과 진출과 사회적 위상에 대해서 논의했다(제Ⅵ장). 이들 장에서 다룬 내용을 새삼 요약, 서술할 필요는 없을 것이다. 이제 이 연구를 통해서 밝혀낸 몇 가지 특징을 정리하고 앞으로의 과제를 언급하는 것으로 결어를 갈음하고자 한다.

첫째, 과거제의 일환으로서의 잡과를 설치하던 시점에서는 역과, 의과, 음양과, 율과 네 과목이 중추를 이루었다. 따라서 잡과에 중점을 두는 잡과중인이라는 개념이 의미를 지닐 수 있었다. 필자가 일찍부터 '잡과중인'이라는 개념을 사용한 것 역시 그 때문이다. 하지만 어느 시점부터인가 잡과에서는 의과와 역과가 주축을 이루게 되었던 듯하다. '의역중인(醫譯中人)'이란 말이 좋은 증거가 된다. 의과와 역과에서 팔세보 형식이 유행한 것 역시 또 다른 증거가 된다고 하겠다. 그리고 어느 시점에선가 팔세보 형식 자체가 기술직 중인의 족보로 자리 잡게 되었다. 잡과중인들이 자신의 전공 과목 이외의 다른 과목 과거시험에 진출하는 사례도 확인되지만, 음양과와 율과의 경우 대체로 미비한 것으로 나타났다. 역시 의과와 역과를 선호했다.

둘째, 의과와 역과에서 다양한 형태의 팔세보를 간행했다는 것은 자신들의 신분과 역할에 어느 정도 자긍심과 자의식을 가졌던 것이라고 볼 수 있겠다. 자랑스럽게 생각하지 않는다거나 숨기고 싶다면 자신의 연원과 가계 배경을 다 드러내는 팔세보를 간행하지 않았을 것이다. 음양관과 율관이 팔세보를 작성하지 않았다는 것, 그것은 그런 측면에서도 한번쯤 고려해 보아야 하지 않을까 한다. 요컨대 역과와 의과에 합격한 사람을 중심으로 의과와 역과 팔세보를 만들었으며, 취재를 통해서 임용된 경우에도 의등제팔세보와 역등제팔세보라는 것을 만들기도 했다. 종사하는 직종은 같았지만 잡과 합격 여부가 경계선이었던 셈이다. 흔히 조선후기에 양반의 수가 크게 늘었다고 하는데, 이름뿐인 양반, 실직에 나아가지 못하는 양반보다는 실제 국가 운영에 간여해서 실무를 담당하는 기술직 중인이 실제에 있어서는 양반 못지않다고 보았을 수도 있지 않을까 한다. 또한 격렬한 당파 싸움이나 정쟁에 휘말리는 양반들과는 달리 분명한 실제 업무와 역할을 하는 기술직 중인들이 실속 있다고 보았을 가능성도 없지 않다. 이는 기술직 중인들의 가문이 그다지 많지 않은 소수 성관에 집중되는 것, 그리고 혼인을 통해서 연결되는 현상과도 무관하지 않아 보인다.

셋째, 잡과방목에서 잡과 합격자들의 타과 진출 현황을 과별로 보면, 역과는 무과 11명/주학 8명, 의과는 무과 6명/주학 19명, 음양과는 무과 2명, 율과는 무과 5명이다. 말하자면 잡과 합격자들이 진출한 타과는 대부분 무과와 주학이다. 역과, 의과, 음양과, 율과에서 무과로 진출하는데, 역과가 거의 절반을 차지한다. 그들이 무과에 응시, 합격하고자 한 것은 충분히 이해할 수 있다. 문과만큼은 아니겠지만 무과 역시 양반의 한 부분을 이루고 있기 때문이다. 일종의 신분 상승을 시도한 것으로 볼 수 있겠다. 잡과의 핵심이라 할 수 있는 역과와 의과에서만 복수 합격 사례가 나타난다. 그런데 흥미로운 것은 주학으로 나아간 사례도 보인다는 점이다. 이런 측면 역시 주학의 위상이 조선 전기에 비해서 상당히 높아졌다는 것을 말해준다고 하겠다.

넷째, 기술직 중인 범주에서 가장 놀라운 위상 변화를 겪은 것은, 이미 앞에서 말했던 산원, 주학 분야였다. 이른바 비잡과중인에서는 단연 돋보이는 존재였다. 화원이나 악원에 비할 바가 아니었다. 그들은 호조에 소속되어 있으면서도 각 부서에 파견되어 근무했다. 말하자면 국정 전반에 걸쳐서 실제 업무에 종사하면서 영향력을 행사할 수가 있었다. 그들에게는 잡과의 잡과방목에 준하는 『주학입격안』이 간행되어, 현재 전하고 있다. 그들은 잡과에 포함되지는 않았지만, 실제로는 잡과에 거의 준하는 사회적 위상에까지 올랐던 듯하다. 음양관, 율관의 상대적 저하와 맞물리면서, 주학은 의관, 역관에 버금가는 사회적 지위를 얻게 되었던 듯하다. 주팔세보의 작성 자체가 그를 말해준다. 또한 의역주팔세보로 불리듯이 의·역과 더불어 병칭되었다는 것도 상징적이다. 의·역 쪽에서도 현실적으로 인정해 주었던 것으로 보인다. 그들이 동의하지 않았다면 의역주팔세보로 같이 성책될 수 없었을 것이기 때문이다.

다섯째, 본 연구에서 대상의 하나로 삼았던 『주학팔세보』를 분석해 보니, 현존하는 주팔세보 중에서 수록 기간이 가장 길고 수록 인원이 가장 많았다. 또한 타과 합격 사항이 비교적 상세하게 기재되어 있다. 주학의 타과 진출 양상이 아주 활발하게 나타났다는 것을 확인할 수 있다. 『주학팔세보』에 수록된 443명 중에서 타과 합격 사항을 알 수 있는 경우는 99명에 이른다. 이는 상당히 많은 것이다. 내역을 보면, 역과가 46명으로 가장 많다. 다음 의과 37명, 음양과 5명, 율과 1명 순이다. 역시 역과와 의과로 진출했던 것이다. 주학 출신들이 의과와 역과에 많이 진출했다는 사실은 아주 중요한 측면이다. 다시 말하자면 의관, 역관들 중에는 실제로 주학 경력을 가진 사람들도 많았다는 것이다. 그리고 가계로 보자면 주학과 의과, 역과 분야는 서로 연결될 수밖에 없었던 것이다.

주학 출신들은 음양과와 율과로는 거의 진출하지 않았으며, 음양과와 율과 출신 역시 주학으로 진출하지 않았다. 의과와 역과, 그리고 주학의 이런 긴밀한 연결성이 '의팔세보', '역팔세보'와 더불어 '주팔세보'를 한데 묶어 '의역주'팔세보로 편찬하게 하는 데 일정한 영향을 미쳤을 것이다. 주학의 타과 진출에는 의과와 역과 이외에 진사시 7명, 무과 2명, 그리고 문과 1명도 나타난다. 그들은 무과와 문과에도 진출했던 것이다. 문과 합격자는 태안이씨 이제선(1879년 주학), 무과 합격자는 전주이씨 이은식(1855년 주학)과 합천이씨 이소혁(1855년 주학)이다. 문과 합격자 이제선은 1879년(고종 16) 주학에 18세의 나이로 합격했다. 이어 30세인 1891년(고종 28) 문과 정시에 병과의 성적으로 합격했다.

여섯째, 의역주팔세보를 통해서 알 수 있는 이런 측면들 역시 거대한 사회 변화의 일부로 보아야 한다는 것이다. 양반의 차대에 대한 반항과 신분 해방을 추구하는 현상도 나타나지만, 동시에 그들은 자신들의 업무와 사회적 지위에 다소간 안주하는 측면도 있었다. 개인차는 있겠지만 대체로 중간적 존재로서의 그들은 불확실한 미래보다는 확실한 현재 쪽을 선호했을 수도 있다. 그들이 지닌 전문적인 지식과 기능이 가장 큰 이점이었을 것이다. 그러다 보니 기술직 중인들 사이에 대를 이어가며 종사하는 세전성도 점차로 나타났으며, 종사자들이 소수의 특정 가문에 집중되는 현상도 나타났다. 그런 현상은 혼인을 통해서, 그리고 전문 지식을 습득하는 훈련 과정을 통해서 한층 더 가속화되었던 듯하다. 세전과 혼인이 짝을 이루면서 일군의 독자적인 집단을 형성해 가게 되었다. 이는 본문이나 부록의 가계 분석도를 통해서도 확인할 수 있다. 이렇게 본다면 조선후기에는 사회 변화와 가치관이 정형화를 넘어서 다양화, 다원화되기 시작했다고 볼 수 있을 것이다.

흔히 '족보' 하면 양반의 전유물로 생각하는데, 그런 편견을 깨뜨린다는 측면에서도 조선시대 중인 족보로서의 의역주팔세보는 의미 있는 자료라 하겠다. 그 같은 선입견을 넘어서 역사상을 재구성해 내는 데에 본 연구가 일조할 수 있기를 바라 마지않는다. 이 책에서는 일차적으로 의역주팔세보에 주목해서 기술직 중인의 사회적 위상을 거시적으로 조망해 보았다. 그런 만큼 다소 미흡한 부분도 없지 않을 것이다. 각 부문들, 즉 의팔세보, 역팔세보, 주팔세보 범주에 속하는 다양한 자료들 사이의 세밀한 비교 검토와 분석 같은 것이 그렇다.

아울러 본 연구를 진행하다 보니 이후에 후속 연구로 수행해 나가야 할 과제들도 조금 더 분명하게 시야에 들어온다. 이 책에서 의역주 팔세보 형식의 족보를 살펴본 내용은 향후 진행할 연구의 토대임과 동시에 새로운 출발점이 되어줄 것이다. 그 토대 위에서 팔세보에 수록된 인물들의 신분과 관로 진출, 세전성, 사회적 성격 등에 대해서 구체적으로 검증해 가는 작업이 요망된다고 하겠다. 또한 현전하는 의팔세보와 의과방목, 역팔세보와 역과방목, 그리고 주팔세보와 주학입격안을 각각 면밀하게 비교해 가면서 유기적으로 연구하는 작업, 나아가서는 이들 의학, 역학, 주학의 자료 전체를 포괄하는 종합적인 연구가 뒤따라야 할 것이다. 그런 작업이 온전하게 이루어질 때 조선시대 기술직 중인의 신분과 사회적 위상, 그리고 그들이 조선후기 사회 변동에서 차지하던 위상과 함의 등을 보다 분명하게 그려낼 수 있을 것이다.

| 부록 |

〈부록 1〉 의관의 사로(仕路) 진출: 어의(御醫) 양홍달

태조

6년(1397) 10월: 楊弘達, 태조가 부르는데 詣闕하지 않아 流配. 곧 소환됨

정종

1년(1399) 3월: 醫人 楊弘達 · 楊弘迪 형제, 仕進 허락을 받음

태종

1년(1401) 3월: 醫人 楊弘達 등, 매일 예궐하도록 함

5월: 行典醫監 楊弘達, 芳幹 侍病함

2년(1402) 9월: 醫者 楊弘達, 태종의 온천행을 권함

3년(1403) 1월: 동생 楊弘迪, 職牒 추탈 및 家産 적몰됨

4년(1404) 5월: 工曹 典書 楊弘達, 賤人 어미를 둔 것으로 사간원의 탄핵

		을 받음
5년(1405)	11월:	楊弘達, 천인이나 醫術로 2品에 오른 것을 지적받음
6년(1406)	5월:	檢校 漢城尹 楊弘達, 黃儼의 병을 치료함
	7월:	醫官 楊弘達 등을 전 사헌부 대사헌 朴錫命의 집에 보내 藥餌를 전달함
7년(1407)	9월:	判典醫監事 楊弘達, 의관으로 사행에 파견됨
8년(1408)	1월	18일: 醫員 楊弘迪, 왕에게 침놓고 뜸 뜨다 실수, 職牒 회수당함. 사헌부에서 국문 요청함
		18일: 楊弘迪, 왕명을 받고도 참찬의정부사 尹柢를 치료하지 않아 그의 가솔에게 구타당함
		19일: 楊弘迪, 太上王 侍病함
		30일: 醫員 楊弘迪, 太上王의 病이 차도 있어 상 받음
	3월:	楊弘達, 太上王 侍病함
9년(1409)	1월	9일: 醫官 楊弘達, 쌀과 콩 25석을 받음
		18일: 楊弘達, 朴錫命의 죽음으로 職牒 회수당함
	6월:	檢校 工曹 參議 楊弘迪, 순금사에 구금됨(6일 후에 석방)
	12월:	檢校 漢城尹 楊弘達, 檢校 參議 楊弘迪 등, 中宮 해산 공으로 상 받음
12년(1412)	8월:	檢校 漢城尹 楊弘達과 檢校 工曹 參議 楊弘迪, 元從功臣田과 別賜田을 받음
13년(1413)	8월:	楊弘達, 楮貨 100장 받음
14년(1414)	1월:	楊弘達, 稱病하는 신하의 진위여부를 밝히도록 지시받음
	3월:	檢校 漢城尹 楊弘達, 楮貨 100장 받음
15년(1415)	1월:	楊弘達, 方書에 밝지 못해 궁중 어린아이의 처방을 잘못했다고 지적받음

3월: 檢校 漢城尹 楊弘達, 중궁에게 금기 음식을 알려주지 않은 잘못으로 직첩 회수됨

16년(1416) 10월: 老醫 楊弘達, 河崙 치료함

17년(1417) 6월: 醫員 楊弘達, 와병 중인 河崙의 아들 치료함

7월: 內醫 楊弘達, 使臣 치료함

8월: 檢校 漢城尹 楊弘達, 태종에게 방서의 금기 사항을 알려주지 않은 잘못으로 힐문받음

9월: 醫員 楊弘達 부르기를 청하나, 태종이 윤허하지 않음

12월: 內醫 楊弘達, 금기를 알려주지 않았기 때문에 치죄당함

18년(1418) 2월 7일: 楊弘達, 성녕대군 발병으로 "楊弘達 외에는 양의가 없다" 하여 다시 부름받음

23일: 醫員 楊弘達, 성녕대군의 병 증세를 분명히 말하지 않았다는 죄명으로 파직당함

3월 15일: 楊弘達, 巫女를 율에 의해 처벌할 것을 요청하나 받아들여지지 않음

4월 1일: 楊弘達, 성녕대군이 죽자 논란에 오름

4일: 楊弘達 등, 의금부에 투옥되고, 국문받음

6일: 太醫 楊弘達 등에게 사헌집의 許揆 등이 참형으로 照律했으나, 庶人으로 삼음

6월 18일: 楊弘達 등에게 職牒과 科田을 돌려줌

세종

3년(1421) 7월: 醫員 楊弘達, 세종의 명으로 左議政 朴訔 집에 가서 위문함

7년(1425) 8월: 醫員 楊弘達 등, 세종의 병이 쾌차하여 안장 갖춘 말 1필씩을 받음

8년(1426) 7월: 內醫 楊弘達 등, 옷 한 벌씩을 받음

13년(1431) 8월: 楊弘達, 전에 부리던 노비 절반을 받음

9월 8일: 楊弘達의 아들 濟南과 淮南에게 3품을 제수함

23일: 醫員 楊弘達 등, 晉平大君 李瑈의 瘡疹을 치료한 공으로 의복을 받음

〈부록 2〉「의과팔세보」 명단

성명	본관	생년	합격 시 연령	합격 연도	초명/개명
李宗德	全州	庚申(1800)	26세	1825乙酉式	
李浩近	全州	乙丑(1805)	23세	1827丁亥增	
李章爀	全州	庚辰(1820)	33세	1852壬子式	
李存常	全州	戊戌(1838)	22세	1859己未增	
李奎常	全州	乙巳(1845)	20세	1864甲子式	
李兢柱	全州	丁亥(1827)	44세	1870庚午式	
李崙秀	全州	己酉(1849)	25세	1873癸酉式	
李兢懋	全州	癸丑(1853)	22세	1874甲戌增	
李晃基	全州	庚申(1860)	15세	1874甲戌增	
李萬善	全州	甲子(1864)	17세	1880庚辰增	
李慶年	泰安	乙卯(1795)	19세	1813癸酉式	
李建基	泰安	壬戌(1802)	24세	1825乙酉式	
李炳夏	泰安	庚申(1800)	28세	1827丁亥增	초명: 李鎭夏
李炳殷	泰安	癸亥(1803)	29세	1831辛卯式	초명: 李鎭周
李炳成	泰安	丙寅(1806)	30세	1835乙未增	초명: 李炳成
李觀基	泰安	丁丑(1817)	24세	1840庚子式	
李漢宗	泰安	乙酉(1825)	22세	1846丙午式	
李濬基	泰安	庚寅(1830)	20세	1849己酉式	
李麟善	泰安	丁亥(1827)	23세	1849己酉式	
李能基	泰安	甲申(1824)	29세	1852壬子式	
李忠根	泰安	戊戌(1838)	18세	1855乙卯式	
李民善	泰安	戊戌(1838)	21세	1858戊午式	
李恕根	泰安	甲辰(1844)	18세	1861辛酉式	
李濟衡	泰安	丙午(1846)	29세	1874甲戌增	
李晚善	泰安	庚戌(1850)	31세	1880庚辰增	
李重植	天安	戊辰(1808)	20세	1827丁亥增	
李在珩	天安	乙丑(1805)	27세	1831辛卯式	
李在璿	天安	丁卯(1807)	28세	1834甲午式	
李在球	天安	庚寅(1830)	21세	1850庚戌增	
李命錫	天安	戊戌(1838)	33세	1870庚午式	
李好錫	天安	庚戌(1850)	24세	1873癸酉式	
李準正	天安	乙丑(1865)	16세	1880庚辰增	
李德模	慶州	己未(1799)	36세	1834甲午式	
李裕誾	慶州	壬戌(1802)	17세	1835乙未增	초명: 李亨誾
李敏炯	慶州	庚辰(1820)	24세	1843癸卯式	
李正模	慶州	壬午(1822)	34세	1855乙卯式	

성명	본관	생년	합격 시 연령	합격 연도	초명/개명
李裕豊	慶州	丁亥(1827)	21세	1858戊午式	초명: 李亨豊
李元堉	慶州	甲辰(1844)	21세	1864甲子增	
李謙斗	慶州	丁巳(1857)	18세	1874甲戌增	
李裕仁	慶州	丁巳(1857)	23세	1879己卯式	
李聖雨	慶州	丙午(1846)	34세	1879己卯式	
李漢慶	安山	辛未(1811)	25세	1835乙未增	
李敬仁	安山	己巳(1809)	32세	1840庚子式	
李時成	安山	戊子(1828)	34세	1861辛酉式	
李暾成	安山	乙巳(1845)	29세	1873癸酉式	
李命倫	安山	丙辰(1856)	24세	1879己卯式	
李命俊	安山	辛亥(1851)	30세	1880庚辰增	
李鍾林	井邑	戊子(1828)	25세	1852壬子式	
李用愚	江陰	丙甲(1836)	23세	1858戊午式	
李　淑	江陰	乙巳(1845)	30세	1874甲戌增	
李承赫	陝川	丙甲(1836)	23세	1858戊午式	
李秉友	星州	癸卯(1843)	22세	1864甲子式	
李基徹	海州	丁酉(1837)	34세	1870庚午式	개명: 李基誠
李禹善	海州	甲子(1864)	16세	1879己卯式	
金　榘	青陽	己未(1799)	24세	1822壬午式	
金正善	青陽	甲申(1824)	20세	1843癸卯式	
金鶴周	青陽	壬辰(1832)	33세	1864甲子式	
金　遈	金海	甲子(1804)	24세	1827丁亥增	
金　溵	金海	丁亥(1827)	24세	1850庚戌增	
金　潤	金海	乙酉(1825)	35세	1859己未增	
金亨集	金海	癸亥(1863)	17세	1879己卯式	
金鎮友	三陟	癸酉(1813	25세	1837丁酉式	
金鴻男	三陟	庚午(1810)	34세	1843癸卯式	
金明奎	保寧	甲申(1824)	20세	1843癸卯式	
金在瑚	樂安	癸未(1823	30세	1852壬子式	
金在恒	樂安	丙申(1836)	23세	1858戊午式	
金亨錫	樂安	丁酉(1837)	25세	1861辛酉式	초명: 金性鍊
金永柱	樂安	壬戌(1862)	19세	18801庚辰增	
金永熙	光山	丁酉(1837)	23세	1859己未增	
金善周	慶州	庚子(1840)	25세	1864甲子增	
金弘圭	慶州	丙辰(1856)	18세	1873癸酉式	
金興圭	慶州	乙巳(1845)	35세	1879己卯式	

성명	본관	생년	합격 시 연령	합격 연도	초명/개명
金鏞賢	海州	乙巳(1845)	20세	1864甲子增	
金漢榮	開城	癸卯(1843)	28세	1870庚午式	
金錫永	固城	乙卯(1855)	26세	1880庚辰增	
金載燮	善山	丁未(1847)	34세	1879己卯式	
崔錫銓	稷山	壬戌(1802	27세	1828戊子式	
崔錫永	稷山	辛未(1811)	27세	1837丁酉式	
崔恒淵	稷山	戊子(1828)	23세	1850庚戌增	
崔榮運	稷山	庚子(1840)	19세	1858戊午式	
崔道成	稷山	庚戌(1850)	25세	1874甲戌增	
崔永奭	稷山	壬戌(1862)	18세	1879己卯式	
崔性協	慶州	戊寅(1818)	18세	1835乙未增	
崔好植	慶州	辛酉(1801)	40세	1840庚子式	
崔敬寬	慶州	庚午(1810)	35세	1844甲辰曾	
崔錫基	慶州	甲戌(1814)	33세	1846丙午式	초명: 崔膺善
崔性愚	慶州	癸未(1823)	24세	1846丙午式	
崔性近	慶州	辛巳(1821)	30세	1850庚戌增	
崔吉淳	慶州	丙申(1836)	23세	1858戊午式	
崔肯淳	慶州	辛丑(1841)	25세	1864甲子增	
崔奎憲	慶州	丙午(1846)	19세	1864甲子式	
崔承源	慶州	己酉(1849)	22세	1870庚午式	
崔相駿	慶州	戊午(1858)	23세	1880庚辰增	
崔奎祥	慶州	丙辰(1856)	25세	1880庚辰增	
崔漢柱	朱溪	丁亥(1827)	23세	1849己酉式	
崔佑植	朱溪	甲午(1834)	26세	1859己未增	
崔永七	朱溪	乙未(1835)	36세	1870庚午式	
安弘烈	竹山	己丑(1829)	24세	1852壬子式	
安秉宜	順興	辛丑(1841)	33세	1873癸酉式	
安　淑	順興	辛亥(1851)	24세	1874甲戌增	
安進榮	順興	己酉(1849)	28세	1876丙子式	
鄭有曾	慶州	庚申(1800)	23세	1822壬午式	
鄭宜復	慶州	己巳(1809)	20세	1828戊子式	
鄭宜永	慶州	丁卯(1807)	29세	1835乙未增	
鄭在英	慶州	乙亥(1815)	23세	1837丁酉式	
鄭禮秀	慶州	丙寅(1806)	44세	1849己酉式	
鄭在晩	慶州	戊子(1828)	25세	1852壬子式	
鄭宜謙	慶州	壬午(1822)	34세	1855乙卯式	
鄭有恒	慶州	辛丑(1841)	19세	1859己未增	

성명	본관	생년	합격 시 연령	합격 연도	초명/개명
鄭有性	慶州	己酉(1849)	26세	1874甲戌增	
鄭鍾夏	慶州	甲寅(1854)	21세	1874甲戌增	
鄭鍾學	慶州	壬戌(1862)	19세	1880庚辰增	
鄭錫圭	慶州	戊午(1858)	23세	1880庚辰增	
鄭有昇	慶州	乙巳(1845)	36세	1880庚辰增	
鄭忠求	溫陽	庚申(1800)	28세	1827丁亥增	
鄭麟夏	溫陽	丙子(1816)	25세	1840庚子式	
鄭東賓	溫陽	丙子(1816)	25세	1840庚子式	
鄭在善	溫陽	庚寅(1830)	21세	1850庚戌增	
鄭敏求	溫陽	庚辰(1820)	31세	1850庚戌增	
鄭秉灝	溫陽	丁亥(1827)	32세	1858戊午式	
鄭 楫	溫陽	丙子(1816)	55세	1870庚午式	
鄭在敎	溫陽	己未(1859)	21세	1879己卯式	
鄭觀喜	溫陽	壬子(1852)	29세	1880庚辰增	
鄭秉岐	溫陽	癸亥(1863)	18세	1880庚辰增	
鄭光殷	咸平	癸亥(1803)	32세	1834甲午式	
鄭重垈	咸平	丙午(1846)	28세	1873癸酉式	
鄭重琦	咸平	庚戌(1850)	25세	1874甲戌增	
鄭光奭	咸平	丙辰(1856)	21세	1876丙子式	
鄭遂亮	河東	壬寅(1842)	20세	1861辛酉式	
鄭遂興	河東	乙卯(1855)	22세	1876丙子式	
朴敎臣	務安	丙寅(1806)	26세	1831辛卯式	
朴永佑	務安	辛亥(1851)	24세	1874甲戌增	
朴性淵	密陽	戊戌(1838)	24세	1861辛酉式	
朴鍾宣	密陽	庚寅(1830)	32세	1861辛酉式	
朴鍾福	密陽	戊戌(1838)	24세	1861辛酉式	
朴昇淵	密陽	壬寅(1842)	23세	1864甲子增	
朴有鳳	密陽	壬辰(1832)	33세	1864甲子式	
朴永鈺	密陽	戊午(1858)	17세	1874甲戌增	
朴永晃	密陽	丁巳(1857)	23세	1879己卯式	
吳景煥	海州	庚戌(1790)	23세	1813癸酉增	
吳象鉉	荳原	丙申(1836)	23세	1858戊午式	
吳致諄	樂安	甲辰(1844)	27세	1870庚午式	
玄光宣	川寧	丙辰(1796)	27세	1822壬午式	
玄光烈	川寧	乙丑(1805)	24세	1828戊子式	
玄 鍵	川寧	壬甲(1812)	24세	1835乙未增	
玄光實	川寧	庚午(1810)	41세	1850庚戌增	

성명	본관	생년	합격 시 연령	합격 연도	초명/개명
玄永健	川寧	庚子(1840)	25세	1864甲子增	
玄必健	川寧	甲辰(1844)	21세	1864甲子式	
玄翰健	川寧	甲辰(1844)	21세	1864甲子式	
玄行健	川寧	庚子(1840)	25세	1864甲子式	
玄商健	川寧	甲辰(1844)	24세	1867丁卯式	
玄豊健	川寧	乙卯(1855)	19세	1873癸酉式	
玄東憲	川寧	己未(1859)	60세	1874甲戌增	
玄宗運	川寧	甲寅(1854)	26세	1879己卯式	
方允升	溫陽	丁巳(1797)	31세	1827丁亥增	
方遠鏞	溫陽	丙寅(1806)	30세	1835乙未增	
方漢模	溫陽	甲申(1824)	21세	1844甲辰增	초명: 方漢柱
方大鏞	溫陽	己卯(1819)	37세	1855乙卯式	
方漢箕	溫陽	乙未(1835)	25세	1859己未增	
卞鐘協	密陽	癸亥(1803)	25세	1827丁亥增	
卞壽崙	密陽	辛巳(1821)	23세	1843癸卯式	
卞肯植	密陽	己卯(1819)	26세	1844甲辰增	
卞晳淵	密陽	乙酉(1825)	22세	1846丙午式	
卞壽俊	密陽	己卯(1819)	31세	1849己酉式	
卞心淵	密陽	丁亥(1827)	29세	1855乙卯式	
卞翼淵	密陽	乙未(1835)	25세	1859己未增	
卞大植	密陽	庚申(1860)	17세	1876丙子式	
卞志遠	密陽	癸丑(1853)	27세	1879己卯式	
卞晶淵	密陽	丙辰(1856)	25세	1880庚辰增	
劉漢緯	漢陽	癸酉(1813)	25세	1837丁酉式	
劉正相	漢陽	戊申(1848)	26세	1873癸酉式	
劉漢胄	漢陽	甲子(1864)	17세	1880庚辰增	
韓國潤	新平	庚午(1810)	31세	1840庚子式	
韓德潤	新平	乙巳(1845)	20세	1864甲子式	
韓應星	淸州	壬午(1822)	29세	1850庚戌增	
韓禹鉉	淸州	丙戌(1826)	34세	1859己未增	
韓鼎鉉	淸州	乙未(1835)	27세	1861辛酉式	
韓明五	淸州	戊戌(1838)	27세	1864甲子增	
韓台鉉	淸州	甲辰(1844)	24세	1867丁卯式	
韓昌鉉	淸州	癸丑(1853)	22세	1874甲戌增	
洪顯普	南陽	乙亥(1815)	26세	1840庚子式	
洪宜秀	南陽	己亥(1839)	26세	1864甲子增	
洪榮錫	南陽	丁巳(1857)	24세	1880庚辰增	
全用俊	寶城	庚午(1810)	35세	1844甲辰增	

성명	본관	생년	합격 시 연령	합격 연도	초명/개명
全世基	寶城	丙午(1846)	28세	1873癸酉式	
全鴻基	寶城	壬辰(1832)	45세	1876丙子式	
邊應翼	原州	丁亥(1827)	18세	1844甲辰增	
邊泰桓	原州	庚辰(1820)	40세	1859己未增	
高鎭恒	濟州	壬午(1822)	25세	1846丙午式	
高俊永	開城	己未(1859)	21세	1879己卯式	
慶致一	淸州	己卯(1819)	28세	1846丙午式	
慶 銓	淸州	戊子(1828)	31세	1858戊午式	
慶 鈺	淸州	甲辰(1844)	18세	1861辛酉式	
皮秉淵	洪州	己丑(1829)	21세	1849己酉式	
皮熙哲	洪州	丁巳(1857)	18세	1874甲戌增	
皮熙晳	洪州	乙未(1835)	40세	1874甲戌增	
皮秉龍	洪州	丁未(1847)	28세	1874甲戌增	
南基爀	英陽	丁亥(1827)	24세	1850庚戌增	
南鐘學	英陽	乙巳(1845)	26세	1870庚午式	
南命鎭	英陽	丙午(1846)	31세	1876丙子式	
南榮鎭	英陽	甲寅(1854)	27세	1880庚辰增	
尹羲楨	豊壤	癸未(1823)	30세	1852壬子式	
尹豊禎	豊壤	己亥(1839)	20세	1858戊午式	
趙錫洪	錦山	丁亥(1827)	29세	1855乙卯式	
趙熙明	漢陽	辛丑(1841)	34세	1874甲戌增	
趙恒璧	平陽	乙卯(1855)	22세	1876丙子式	
趙景燮	平陽	乙卯(1855)	22세	1876甲子式	
田宜用	河陰	甲午(1834)	25세	1858戊午式	
田宜錫	河陰	戊午(1858)	19세	1876丙子式	
秦相鍵	豊基	丁未(1847)	21세	1867丁卯式	
張仁煥	白川	丙申(1836)	39세	1874甲戌增	
姜達秀	晉州	丁巳(1857)	21세	1876丙子式	
林昇淵	羅州	甲子(1864)	17세	1880庚辰增	

〈부록 3〉 「등제팔세보」 명단

성명	본관	생년	입사 시 연령	입사 연도
李先基	全州	甲寅(1854)	27세	1880庚辰元
李熹求	星州	庚辰(1820)	27세	1846丙午陞
李憲養	安山	甲子(1804)	39세	1842壬寅陞
李暾成	安山	乙巳(1845)	26세	1870庚午陞
李時庠	陜川	癸巳(1833)	30세	1862壬戌陞
金錫義	光山	己巳(1809)	29세	1837丁酉陞
金錫潤	固城	己酉(1849)	16세	1864甲子陞
金德勳	青陽	丁亥(1827)	45세	1871辛未陞
安 浣	順興	戊戌(1838)	27세	1864甲子陞
安秉宜	順興	辛丑(1841)	30세	1870庚午陞
鄭允求	溫陽	戊寅(1818)	39세	1856丙辰陞
鄭秉魯	溫陽	乙未(1835)	36세	1870庚午陞
朴有鍵	朔寧	丙子(1816)	37세	1852壬子陞
朴興洙	朔寧	戊戌(1838)	31세	1868戊辰陞
朴有根	密陽	庚辰(1820)	52세	1871辛未陞
韓弘述	淸州	辛未(1811)	28세	1838戊戌陞
趙永緖	淳昌	壬申(1812)	30세	1841辛丑陞
方允行	溫陽	庚辰(1820)	27세	1846丙午陞
康載弘	昇平	庚寅(1830)	32세	1861辛酉陞
秦喜性	豊基	癸巳(1833)	29세	1861辛酉陞
洪宜燦	南陽	乙未(1835)	30세	1864甲子陞
劉正相	漢陽	戊申(1848)	19세	1866丙寅陞
皮相國	洪川	庚戌(1850)	23세	1872壬申陞
皮熙成	洪川	癸亥(1863)	16세	1878戊寅新
金有聲	慶州	乙巳(1845)	35세	1879己卯新
崔義成	稷山	乙未(1835)	43세	1877丁丑陞

〈부록 4〉 **경주정씨(慶州鄭氏) 정유증(鄭有曾) 가계도**

8대	7대	6대	5대	4대	3대
鄭壽瑊 醫書 習讀官/ 啓功郎	鄭信凱 靖社功臣/嘉善	鄭仁佑 副司正	鄭麟祥 1672式醫 同參/察訪/ 通政	鄭趾徵 1702式譯 正	鄭允明 引儀/同參/ 嘉義/縣監
				鄭趾彦 1720式醫 內醫/知樞/ 縣監	鄭允喆 1738式譯 僉樞

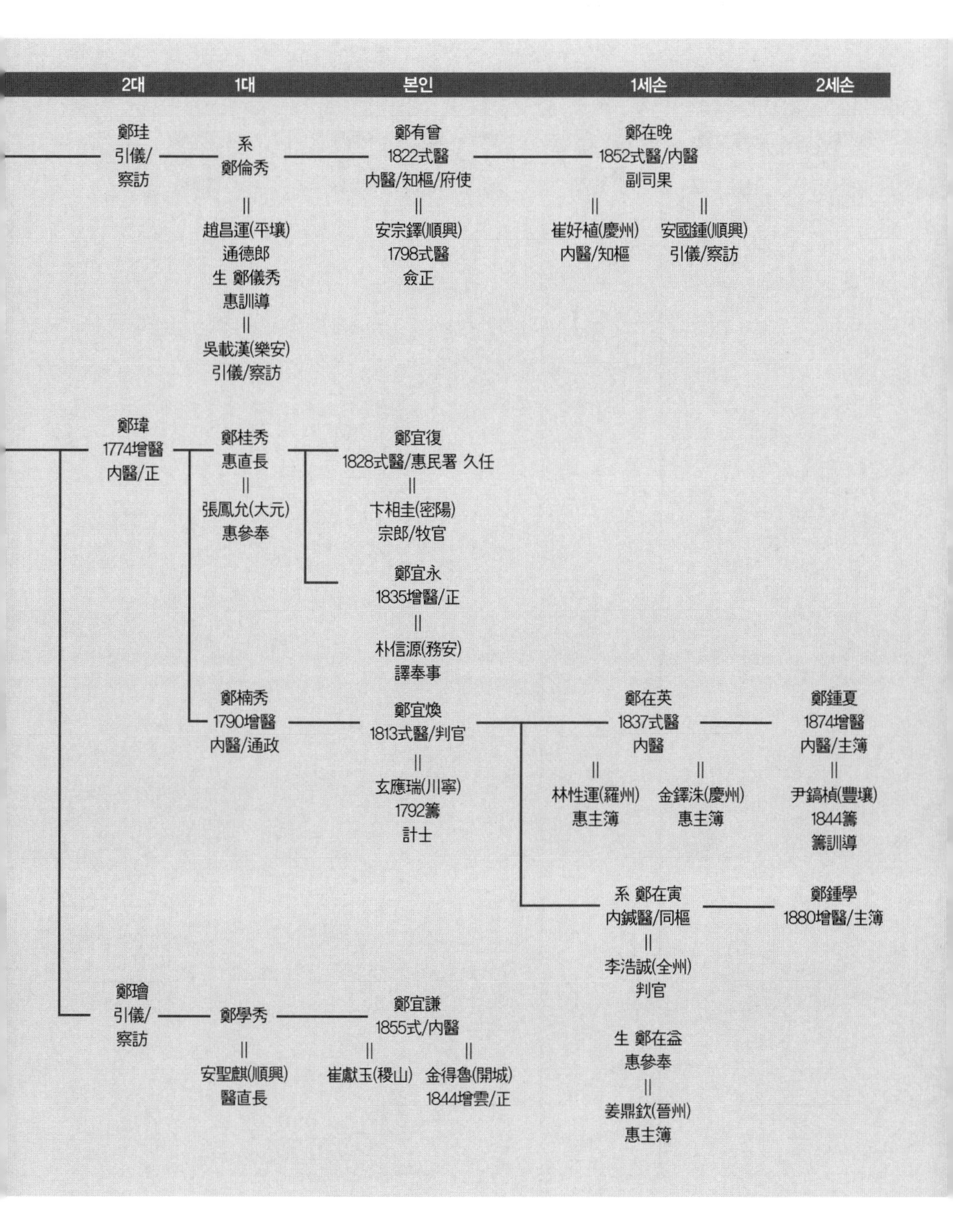

2대	1대	본인	1세손	2세손
鄭珪 引儀/ 察訪	系 鄭倫秀 ‖ 趙昌運(平壤) 通德郎 生 鄭儀秀 惠訓導 ‖ 吳載漢(樂安) 引儀/察訪	鄭有曾 1822式醫 內醫/知樞/府使 ‖ 安宗鐸(順興) 1798式醫 僉正	鄭在晩 1852式醫/內醫 副司果 ‖ 崔好植(慶州) 內醫/知樞 ‖ 安國鍾(順興) 引儀/察訪	
鄭瑋 1774增醫 內醫/正	鄭桂秀 惠直長 ‖ 張鳳允(大元) 惠參奉	鄭宜復 1828式醫/惠民署 久任 ‖ 卞相圭(密陽) 宗郎/牧官		
		鄭宜永 1835增醫/正 ‖ 朴信源(務安) 譯奉事		
	鄭楠秀 1790增醫 內醫/通政	鄭宜煥 1813式醫/判官 ‖ 玄應瑞(川寧) 1792籌 計士	鄭在英 1837式醫 內醫 ‖ 林性運(羅州) 惠主簿 ‖ 金鐸洙(慶州) 惠主簿	鄭鍾夏 1874增醫 內醫/主簿 ‖ 尹鎬楨(豐壤) 1844籌 籌訓導
			系 鄭在寅 內鍼醫/同樞 ‖ 李浩誠(全州) 判官 生 鄭在益 惠參奉 ‖ 姜鼎欽(晉州) 惠主簿	鄭鍾學 1880增醫/主簿
鄭瑠 引儀/ 察訪	鄭學秀 ‖ 安聖麒(順興) 醫直長	鄭宜謙 1855式/內醫 ‖ 崔獻玉(稷山) ‖ 金得魯(開城) 1844增雲/正		

〈부록 5〉 **정읍이씨(井邑李氏) 이종협(李鍾協) 가계도**

8대	7대	6대	5대	4대	3대
李壽延 司直/ 靖社功臣	李仁龜 司直/ 靖社功臣	李栢如 籌別提	李時輝 康熙 籌學 籌入格	李雨瑞 康熙 籌學 籌訓導	李允恒 康熙 籌學 籌訓導

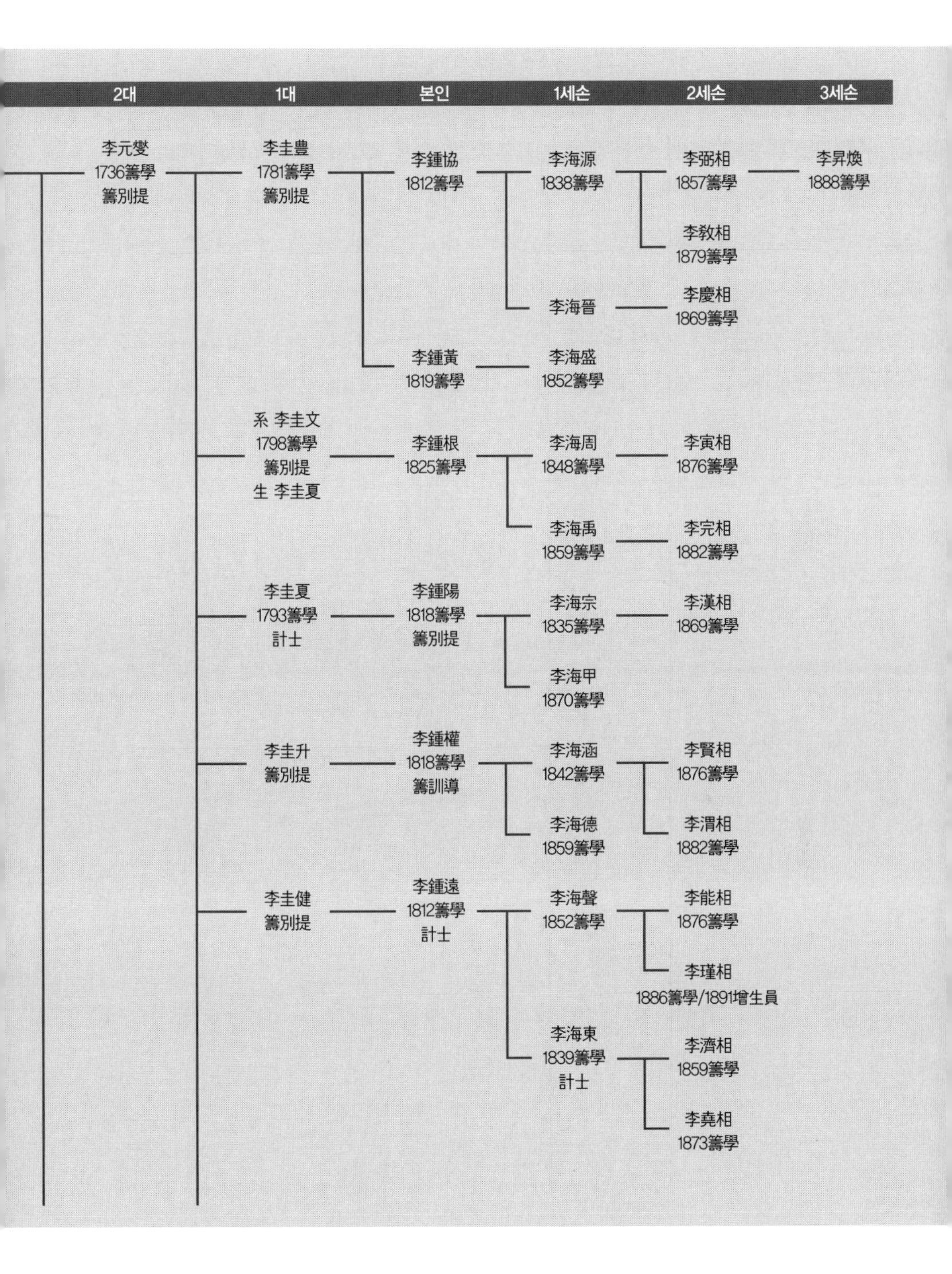
2대
1대
본인
1세손
2세손
3세손
李元燮
1736籌學
籌別提
李圭豊
1781籌學
籌別提
李鍾協
1812籌學
李海源
1838籌學
李弼相
1857籌學
李昇煥
1888籌學
李敎相
1879籌學
李海晉
李慶相
1869籌學
李鍾黃
1819籌學
李海盛
1852籌學
系 李圭文
1798籌學
籌別提
生 李圭夏
李鍾根
1825籌學
李海周
1848籌學
李寅相
1876籌學
李海禹
1859籌學
李完相
1882籌學
李圭夏
1793籌學
計士
李鍾陽
1818籌學
籌別提
李海宗
1835籌學
李漢相
1869籌學
李海甲
1870籌學
李圭升
籌別提
李鍾權
1818籌學
籌訓導
李海涵
1842籌學
李賢相
1876籌學
李海德
1859籌學
李渭相
1882籌學
李圭健
籌別提
李鍾遠
1812籌學
計士
李海聲
1852籌學
李能相
1876籌學
李瑾相
1886籌學/1891增生員
李海東
1839籌學
計士
李濟相
1859籌學
李堯相
1873籌學

8대	7대	6대	5대	4대	3대

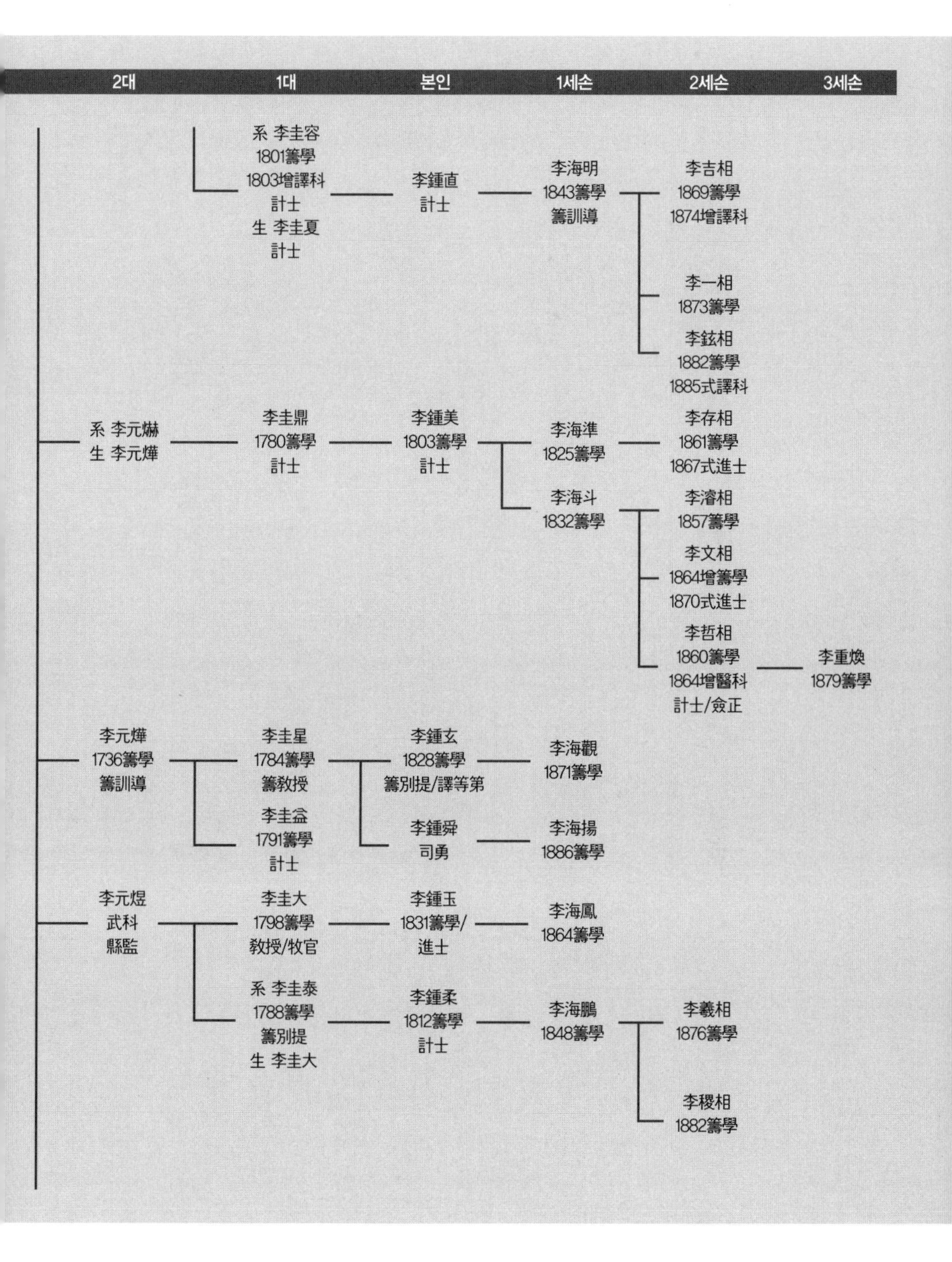
2대
1대
본인
1세손
2세손
3세손
系 李圭容 1801籌學 1803增譯科 計士 生 李圭夏 計士
李鍾直 計士
李海明 1843籌學 籌訓導
李吉相 1869籌學 1874增譯科
李一相 1873籌學
李鉉相 1882籌學 1885式譯科
系 李元爀 生 李元燁
李圭鼎 1780籌學 計士
李鍾美 1803籌學 計士
李海準 1825籌學
李存相 1861籌學 1867式進士
李海斗 1832籌學
李濬相 1857籌學
李文相 1864增籌學 1870式進士
李哲相 1860籌學 1864增醫科 計士/僉正
李重煥 1879籌學
李元燁 1736籌學 籌訓導
李圭星 1784籌學 籌教授
李鍾玄 1828籌學 籌別提/譯等第
李海觀 1871籌學
李圭益 1791籌學 計士
李鍾舜 司勇
李海揚 1886籌學
李元煜 武科 縣監
李圭大 1798籌學 教授/牧官
李鍾玉 1831籌學/ 進士
李海鳳 1864籌學
系 李圭泰 1788籌學 籌別提 生 李圭大
李鍾柔 1812籌學 計士
李海鵬 1848籌學
李羲相 1876籌學
李稷相 1882籌學

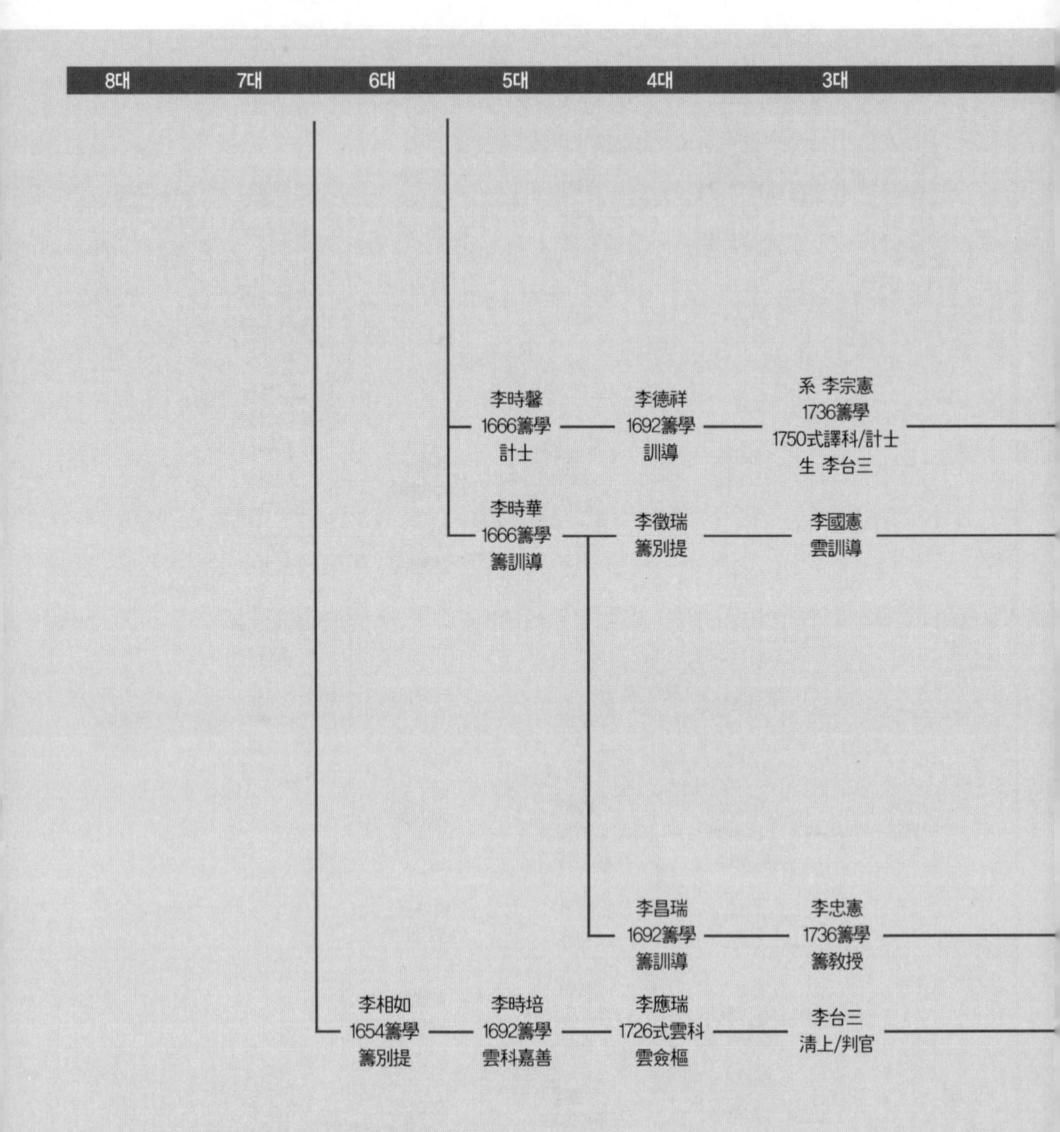

8대
7대
6대
5대
4대
3대
李時馨
1666籌學
計士
李德祥
1692籌學
訓導
系 李宗憲
1736籌學
1750式譯科/計士
生 李台三
李時華
1666籌學
籌訓導
李徵瑞
籌別提
李國憲
雲訓導
李昌瑞
1692籌學
籌訓導
李忠憲
1736籌學
籌教授
李相如
1654籌學
籌別提
李時培
1692籌學
雲科嘉善
李應瑞
1726式雲科
雲僉樞
李台三
淸上/判官

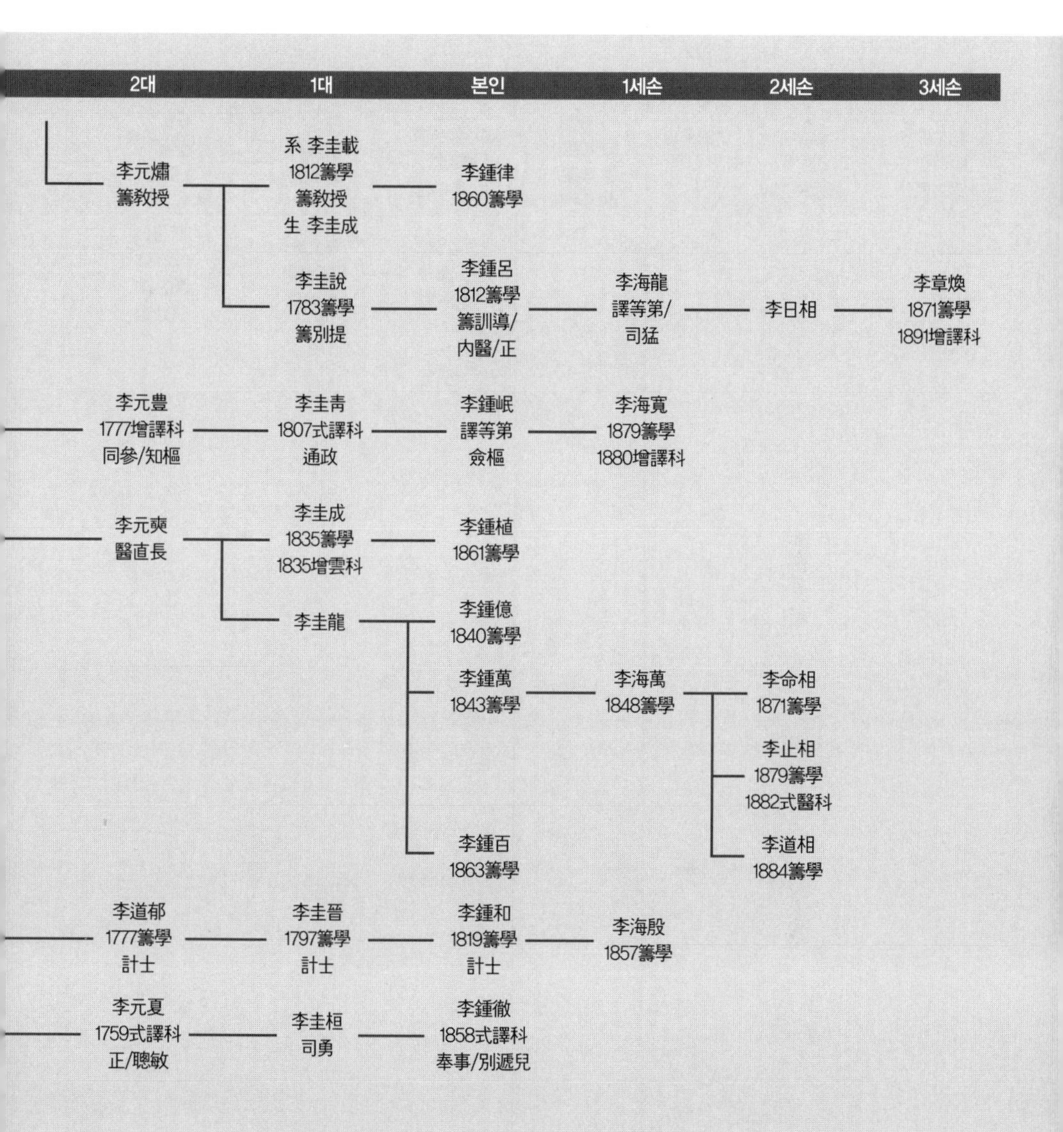
2대
1대
본인
1세손
2세손
3세손
李元熽 籌教授
系 李圭載 1812籌學 籌教授 生 李圭成
李鍾律 1860籌學
李圭說 1783籌學 籌別提
李鍾呂 1812籌學 籌訓導/ 內醫/正
李海龍 譯等第/ 司猛
李日相
李章煥 1871籌學 1891增譯科
李元豊 1777增譯科 同參/知樞
李圭靑 1807式譯科 通政
李鍾岷 譯等第 僉樞
李海寬 1879籌學 1880增譯科
李元奭 醫直長
李圭成 1835籌學 1835增雲科
李鍾植 1861籌學
李圭龍
李鍾億 1840籌學
李鍾萬 1843籌學
李海萬 1848籌學
李命相 1871籌學
李止相 1879籌學 1882式醫科
李鍾百 1863籌學
李道相 1884籌學
李道郁 1777籌學 計士
李圭晉 1797籌學 計士
李鍾和 1819籌學 計士
李海殷 1857籌學
李元夏 1759式譯科 正/聽敏
李圭桓 司勇
李鍾徹 1858式譯科 奉事/別遞兒

〈부록 6〉 **태안이씨(泰安李氏) 이제선(李濟宣) 가계도**

12대	11조	10대	9대	8대	6대	5대
李信欽 副司直/ 光國功臣	李弘達 1623籌學 籌別提	李尙薰 1647籌學 計士	李鶴齡 1664籌學 籌敎授/ 東部主簿	系 李以馨 籌別提 生 李以馨	李文鼎 籌別提	李恒白 計士
				李以實 1692籌學 籌訓導	李文慶 1692籌學 籌訓導	李啓白 1692籌學 籌訓導/ 壽僉樞

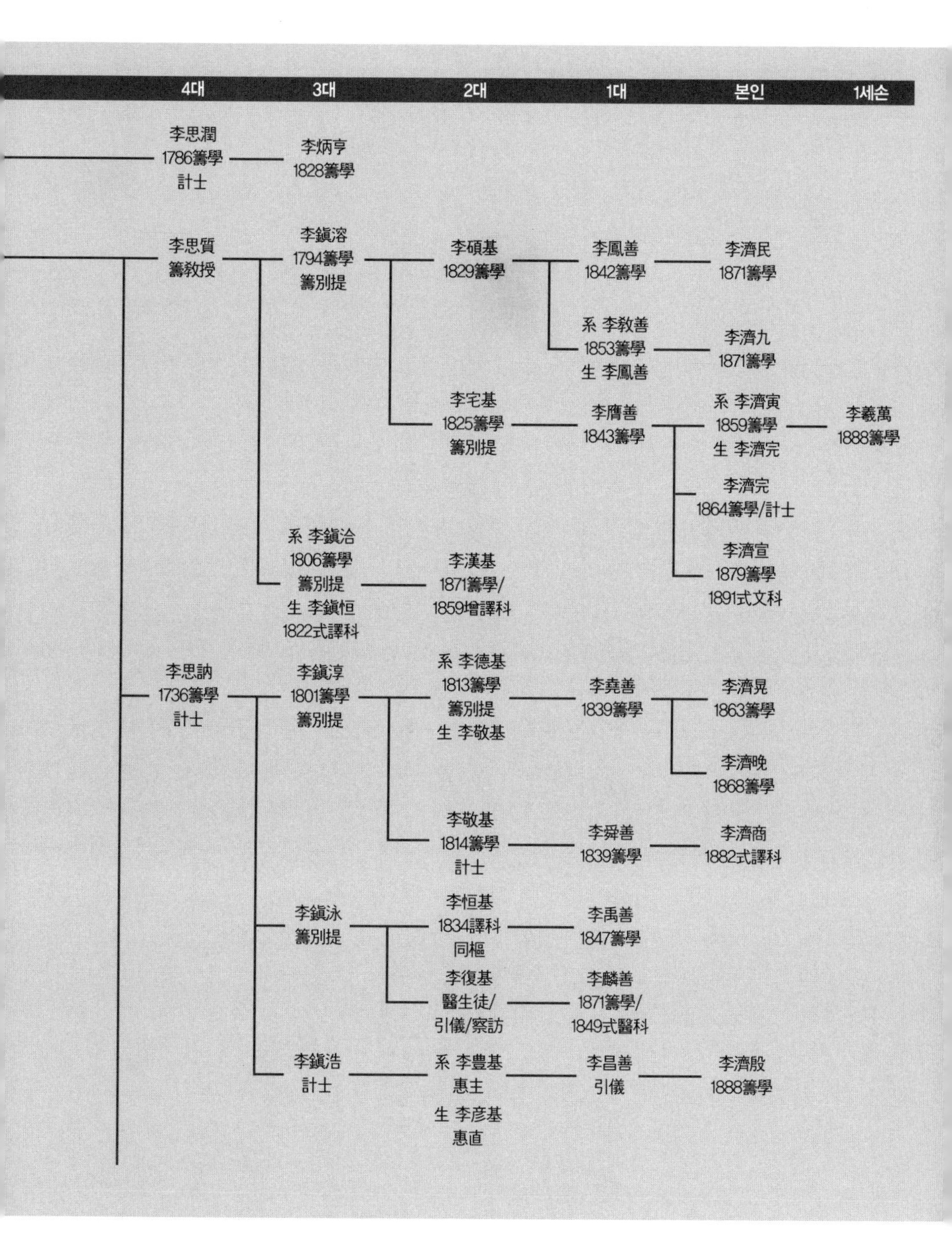
4대
3대
2대
1대
본인
1세손
李思潤 1786籌學 計士
李炳亨 1828籌學
李思質 籌敎授
李鎭溶 1794籌學 籌別提
李碩基 1829籌學
李鳳善 1842籌學
李濟民 1871籌學
系 李敎善 1853籌學 生 李鳳善
李濟九 1871籌學
李宅基 1825籌學 籌別提
李膺善 1843籌學
系 李濟寅 1859籌學 生 李濟完
李羲萬 1888籌學
李濟完 1864籌學/計士
李濟宣 1879籌學 1891式文科
系 李鎭洽 1806籌學 籌別提 生 李鎭恒 1822式譯科
李漢基 1871籌學/ 1859增譯科
李思訥 1736籌學 計士
李鎭淳 1801籌學 籌別提
系 李德基 1813籌學 籌別提 生 李敬基
李堯善 1839籌學
李濟晃 1863籌學
李濟晩 1868籌學
李敬基 1814籌學 計士
李舜善 1839籌學
李濟商 1882式譯科
李鎭泳 籌別提
李恒基 1834譯科 同樞
李禹善 1847籌學
李復基 醫生徒/ 引儀/察訪
李麟善 1871籌學/ 1849式醫科
李鎭浩 計士
系 李豊基 惠主
生 李彦基 惠直
李昌善 引儀
李濟殷 1888籌學

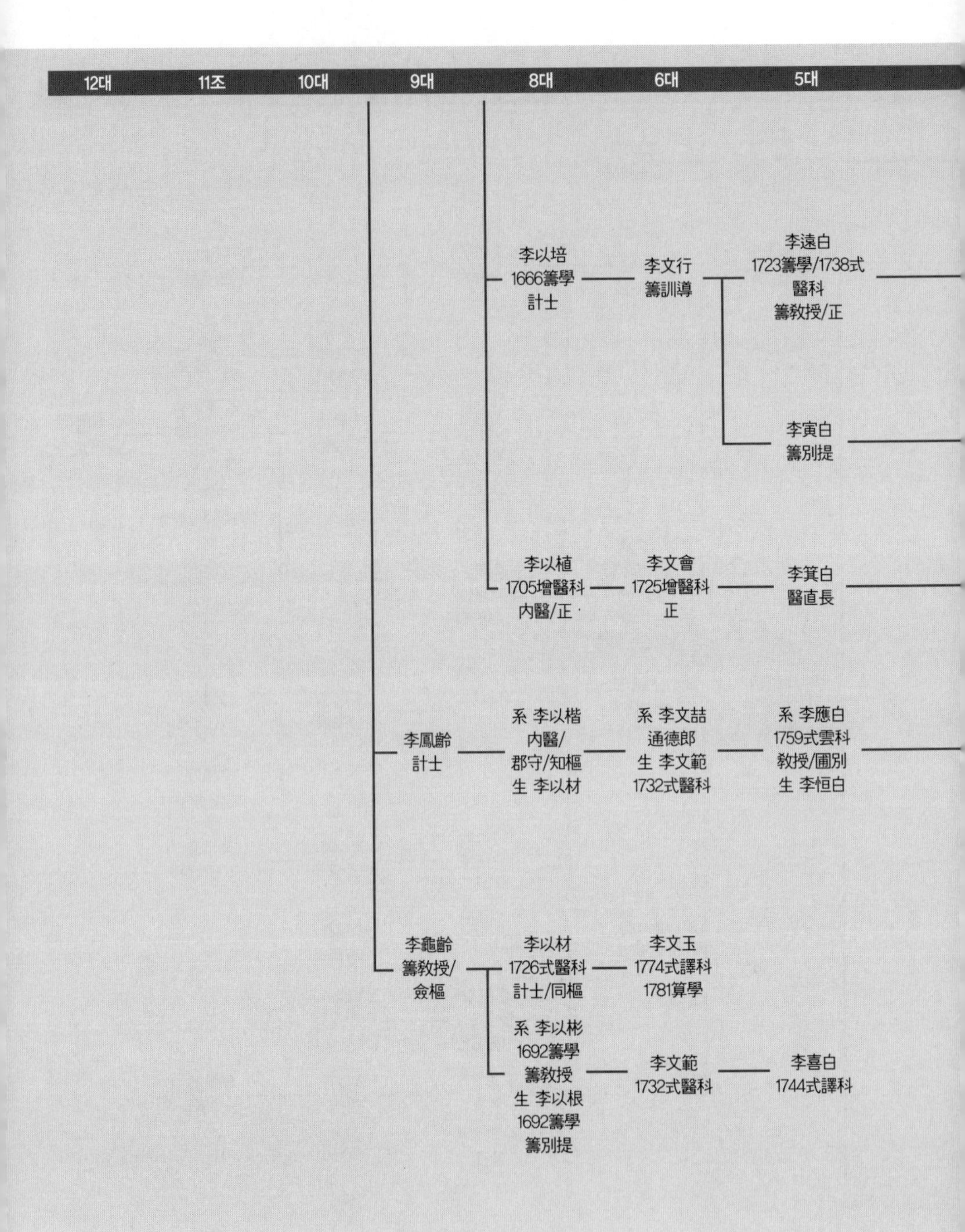
12대
11조
10대
9대
8대
6대
5대
李以培
1666籌學
計士
李文行
籌訓導
李遠白
1723籌學/1738式
醫科
籌敎授/正
李寅白
籌別提
李以植
1705增醫科
內醫/正
李文會
1725增醫科
正
李箕白
醫直長
李鳳齡
計士
系 李以楷
內醫/
郡守/知樞
生 李以材
系 李文喆
通德郎
生 李文範
1732式醫科
系 李應白
1759式雲科
敎授/圃別
生 李恒白
李龜齡
籌敎授/
僉樞
李以材
1726式醫科
計士/同樞
李文玉
1774式譯科
1781算學
系 李以彬
1692籌學
籌敎授
生 李以根
1692籌學
籌別提
李文範
1732式醫科
李喜白
1744式譯科

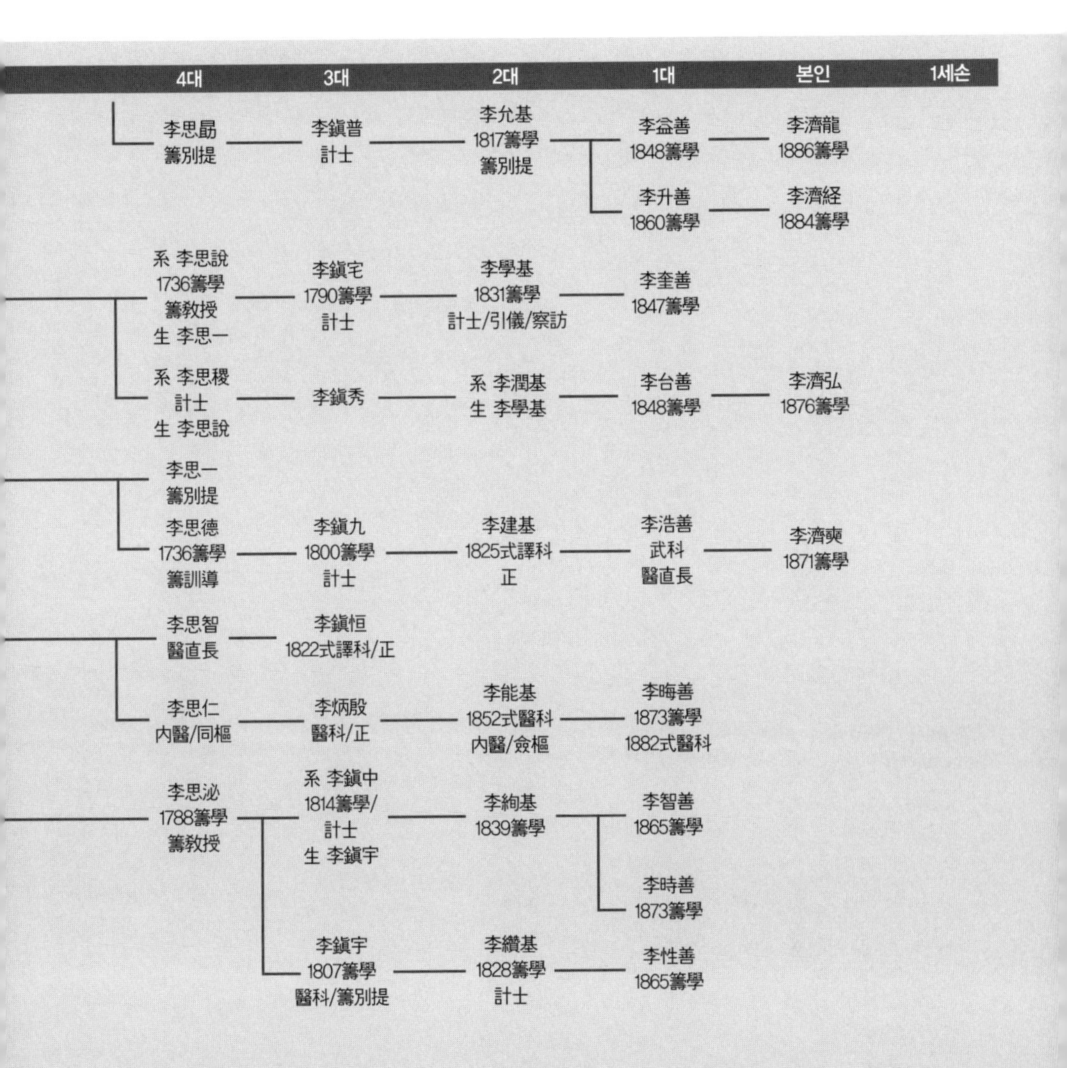

4대
3대
2대
1대
본인
1세손
李思勗 籌別提
李鎭普 計士
李允基 1817籌學 籌別提
李益善 1848籌學
李濟龍 1886籌學
李升善 1860籌學
李濟経 1884籌學
系 李思說 1736籌學 籌敎授 生 李思一
李鎭宅 1790籌學 計士
李學基 1831籌學 計士/引儀/察訪
李奎善 1847籌學
系 李思稷 計士 生 李思說
李鎭秀
系 李潤基 生 李學基
李台善 1848籌學
李濟弘 1876籌學
李思一 籌別提
李思德 1736籌學 籌訓導
李鎭九 1800籌學 計士
李建基 1825式譯科 正
李浩善 武科 醫直長
李濟奭 1871籌學
李思智 醫直長
李鎭恒 1822式譯科/正
李思仁 內醫/同樞
李炳殷 醫科/正
李能基 1852式醫科 內醫/僉樞
李晦善 1873籌學 1882式醫科
李思泌 1788籌學 籌敎授
系 李鎭中 1814籌學/計士 生 李鎭宇
李絢基 1839籌學
李智善 1865籌學
李時善 1873籌學
李鎭宇 1807籌學 醫科/籌別提
李纘基 1828籌學 計士
李性善 1865籌學

| 참고문헌 |

자료

『醫譯籌八世譜』·『譯科八世譜』·『譯八世譜』·『譯登第譜』·『譯科譜』·『譯譜』·『醫科八世譜』·『醫八世譜』·『醫登第譜』·『醫科譜』·『醫譜』·『籌學八世譜』·『籌八世譜』·『籌學全譜』·『籌學譜』·『姓源錄』·『姓源錄續編』·『全州李氏族譜』·『陜川李氏世譜』·『漢陽劉氏世譜』·『萬姓譜』·『萬姓大同譜』·『朝鮮王朝實錄』·『承政院日記』·『備邊司謄錄』·『經國大典』·『大典續錄』·『大典後續錄』·『經國大典註解』·『續大典』·『大典通編』·『大典會通』·『六典條例』·『科擧謄錄』·『科制總議』·『朝鮮時代雜科合格者總覽』·『雜科榜目 CD-ROM』·『司馬榜目 CD-ROM』·『教誨內醫計士先生案』·『內醫院式例』·『籌學啓蒙』·『惠局志』·『通文館志』·『書雲觀志』·『葵史』·『掾曹龜鑑』·『壺山外史』·『里鄉見聞錄』·『熙朝軼事』

저서

강명관, 『조선후기 여항문학 연구』, 창작과비평사, 1997.

강신항, 『이조시대의 역학정책과 역학자』, 탑출판사, 1978.

_____, 『한국의 역학』, 서울대출판부, 2000.

김두종, 『한국의학사』, 탐구당, 1993.

김두헌, 『조선시대 기술직 중인 신분 연구』, 경인문화사, 2013.

김양수, 『조선후기 中人집안의 발전: 김지남, 김경문 등 우봉김씨 사례』, 백산자료원, 2008.

김영모, 『조선지배층연구』, 일조각, 1977.

김필동, 『차별과 연대: 조선사회의 신분과 조직』, 문학과지성사, 1999.

나일성, 『한국천문학사』, 서울대출판부, 2000.

박성래, 『과학사서설』, 한국외국어대출판부, 1995.

박현순, 『조선후기의 과거』, 소명출판, 2014.

박훈평, 『조선시대 의관 총목록』, 한국한의학연구원, 한국의학사료총서 4, 2018.

백옥경, 『조선전기 역관연구』, 한국연구원, 2006.

성주덕 지음, 이면우 · 허윤섭 · 박권수 옮김, 『서운관지』, 소명출판, 2003.

송만오, 『조선시대문과백서』, 삼우반, 2008.

송준호, 『이조생원진사시의 연구』, 대한민국국회도서관, 1970.

_____, 『조선사회사연구: 조선사회의 구조와 성격 및 그 변천에 관한 연구』, 일조각, 1987.

손숙경, 『中人 金範禹 家門과 그들의 文書』, 부산교구 순교자 현양위원회, 1992.

손홍열, 『한국중세의료제도연구』, 수서원, 1988.

신동원, 『한국근대보건의료사』, 한울아카데미, 1997.

에드워드 와그너 지음, 이훈상 · 손숙경 옮김, 『조선왕조 사회의 성취와 귀속』, 일조각, 2007.

원창애 · 박현순 · 송만오 · 심승구 · 이남희 · 정해은, 『조선시대 과거 제도 사전』, 한국학중앙연구원출판부, 2014.
유승원, 『조선초기신분제연구』, 을유문화사, 1987.
이남희, 『조선후기 잡과중인 연구: 잡과입격자와 그들의 가계 분석』, 이회, 1999.
______, 『영조의 과거(科擧), 널리 인재를 구하다』, 한국학중앙연구원출판부, 2013.
______, 『조선왕조실록으로 오늘을 읽는다』, 다할미디어, 2014.
______, 『역사문화학: 디지털시대의 한국사연구』, 북코리아, 2016.
이동기, 『조선후기 중인교육』, 영남대출판부, 2014.
이석호 편저, 『전주이씨 과거급제자총람』, 전주이씨대동종약원, 2005.
이성무, 『조선 초기 양반연구』, 일조각, 1980.
______, 『한국의 과거제도』, 집문당, 1994.
이성무 · 최진옥 편, 이남희 DB편찬, 『雜科榜目 CD-ROM』, 한국학중앙연구원 · 동방미디어, 2002.
이수건, 『한국의 성씨와 족보』, 서울대출판부, 2003.
이원순, 『조선서학사연구』, 일조각, 1986.
이재옥, 『조선시대 과거 합격자의 디지털아카이브와 인적 관계망』, 보고사, 2018.
이존희, 『조선시대지방행정제도연구』, 일지사, 1990.
전용훈, 『한국천문학사』, 들녘, 2017.
정 광, 『조선조 역과 시권 연구』, 성균관대 대동문화연구소, 1990.
______, 『역학서의 세계』, 박문사, 2017.
정옥자, 『조선후기문화운동사』, 일조각, 1988.
______, 『조선후기 중인문화 연구』, 일지사, 2003.
정해은, 『조선의 무관과 양반사회』, 역사산책, 2020.

조좌호, 『한국 과거제도사 연구』, 범우사, 1996.
차용주, 『한국 위항문학작가 연구』, 경인문화사, 2003.
최재석, 『한국가족제도사연구』, 일지사, 1983.
최진옥, 『조선시대생원진사연구』, 집문당, 1998.
한영우, 『조선전기사회경제연구』, 을유문화사, 1983.
_____, 『과거 출세의 사다리: 족보를 통해 본 조선 문과급제자의 신분이동』 1~4, 지식산업사, 2013 · 2014.
한우근 외, 『역주(譯註) 경국대전(經國大典)』, 한국정신문화연구원, 1985.
허경진, 『조선위항문학사』, 태학사, 1997.
황원구 · 김종영 엮음, 『朝鮮後期 曆算家譜, 索引』, 한국문화사, 1991.

서울역사박물관, 『眞城李氏族譜 CD-ROM』, 2007.
역사학회공동연구, 『근대사회의 中産層(中間層: Middle class)에 관한 연구: 조선후기의 中人을 중심으로』, 역사학회, 1982.
연세대학교 국학연구원 편, 『朝鮮後期曆算家譜 · 索引』, 한국문화사, 1991.
_____________________, 『한국 근대이행기 중인연구』, 신서원, 1999.
_____________________, 『고려 조선 전기 중인연구』, 신서원, 2001.
이화여자대학교사학과연구실 편역, 『조선신분사연구: 신분과 그 이동』, 법문사, 1987.
한국학중앙연구원, 『조선의 스페셜리스트: 전주이씨 장천군파 삼양부정 후손가』, 한국학중앙연구원출판부, 2016.
통계청, 『2000년 인구주택 총조사 성씨 및 본관 보고서』, 2003.
마르티나 도이힐러 지음, 이훈상 옮김, 『한국 사회의 유교적 변환』, 아카넷, 2003.
渡邊浩, 『近世日本社會と宋學』, 東京大學校出版會, 1985.

논문

구만옥, 「조선전기의 산학 정책과 교육」, 『인문학연구』 11, 2007.

경석현, 「조선후기 천문학겸교수의 활동과 그 의미」, 『동방학지』 176, 2016.

권기석, 「15~17세기 족보의 편제 방식과 성격」, 『규장각』 30, 2007.

권영대, 「성화보고」, 『학술원논문집』 20, 1981.

금장태, 「중인층의 민족종교활동」, 『한국문화』 9, 1988.

김 호, 「18세기 후반 居京 士族의 衛生과 의료」, 『서울학연구』 11, 1998.

______, 「동의보감편찬의 역사적 배경과 의학론」, 서울대학교 박사학위논문, 2000.

______, 「醫史學者 三木榮의 생애와 朝鮮醫學史士及疾病史」, 『醫史學』 14-2, 2005.

김대식, 「조선 초 십학 제도의 설치와 변천」, 『아시아교육연구』 12-3, 2011.

김두헌, 「주학입격안의 입격 연도 미상자에 대한 연구」, 『전북사학』 19 · 20, 1997.

______, 「18~19세기 중인사회의 적서 차별과 공존」, 『국학연구』 12, 2008.

______, 「『姓源錄』을 통해서 본 서울 중인 가계 연구」, 『서울학연구』 39, 2010.

______, 「조선후기 경아전 서리 가계 임하춘 가계의 존재 양상」, 『서울과 역사』 96, 2017.

김문택, 「1600년 간행 진성이씨족보 편찬과정과 그 성격」, 『연구논문집』 1, 서울역사박물관, 2003.

김석근, 「대승불교에서 주자학으로」, 『정치사상연구』 1, 1999.

김양수, 「조선후기 醫官집안의 활동: 李顯養 등 安山李氏家系를 중심으로」, 『동방학지』 136, 2006.

______, 「조선후기 牛峰金氏의 성립과 발전」, 『역사와 실학』 33, 2007.

김영모, 「19세기 잡과합격자의 사회적 배경」, 『한국학보』 8, 1977.

김종원, 「通文館志의 편찬과 중간에 대하여」, 『역사학보』 26, 1965.
김필동, 「조선시대 '中人'신분의 형성과 발달」, 『한국의 사회와 문화』 21, 1993.
김현목, 「조선중기 잡과입격자의 신분과 성격」, 『역사학보』 139, 1993.
_____, 「조선후기 역학생도 천거에 관한 연구」, 인하대학교 박사학위논문, 1994.
김현영, 「조선후기 中人의 가계와 경력」, 『한국문화』 8, 1987.
나영훈, 「조선후기 관상감 관원의 친족 네트워크와 결속」, 『한국학』 42-3, 2019.
_____, 「조선후기 의과입격자의 친족 네트워크와 결속」, 『대동문화연구』 110, 2020.
노명호, 「한국사 연구와 족보」, 『한국사시민강좌』 24, 1999.
민현구, 「조인규와 그의 가문」 상 · 중, 『진단학보』 42 · 43, 1976 · 1977.
박권수, 「조선 후기의 역서(曆書) 간행에 참여한 중인 연구」, 『한국과학사학회지』 37-1, 2015.
박성래, 「조선유교사회의 중인기술교육」, 『대동문화연구』 17, 1983.
박영진, 「安東權氏《成化譜》 연구」, 『동양예학』 12, 2004.
박용운, 「안동권씨의 사례를 통해 본 고려사회의 일단면」, 『역사교육』 94, 2005.
박천규, 「조선전기 서얼의 사회적 지위」, 『사학연구』 30, 1980.
백옥경, 「조선후기 역관의 정치적 동향연구」, 『국사관논총』 72, 1996.
_____, 「조선 후기 牛峰金氏 가문의 門中形成과 宗稧」, 『역사민속학』 46, 2014.
송기중, 「경국대전에 보이는 역학서서명에 대하여」, 『국어학』 14, 1985.
송만오, 「조선후기의 역관 김상순에 대하여」, 『전주사학』 4, 1996.

손숙경, 「조선후기 중인 역관의 동래 파견과 川寧玄氏 현덕윤 역관 가계의 분화, 그리고 중인 金範禹 후손들의 밀양 이주」, 『역사와 경계』 100, 2016.
송준호, 「한국에 있어서의 가계기록의 역사와 그 해석」, 『역사학보』 87, 1980.
_____, 「신분제를 통해서 본 조선후기사회의 성격의 일면」, 『역사학보』 133, 1992.
신용하, 「오경석의 개화사상과 개화활동」, 『역사학보』 107, 1985.
심승구, 「조선 전기 무과 연구」, 국민대학교 박사학위논문, 1997.
_____, 「조선초기 족보의 간행형태에 관한 연구」, 『국사관논총』 89, 2000.
에드워드 와그너, 「1476년 안동권씨족보와 1565년 문화유씨족보」, 『석당논총』 15, 1989.
우현정, 「19세기 후반 사역원 생도의 과거 진출에 관한 연구: 『완천기(完薦記)』 수록 인원을 중심으로」, 『한국교육사학』 40, 2018.
원영환, 「조선시대의 사역원제도」, 『남계조좌호박사화갑기념사학논총』, 1977.
원창애, 「조선시대 문과급제자 연구」, 한국학중앙연구원 한국학대학원 박사학위논문, 1997.
유승주, 「조선후기 대청무역의 전개과정」, 『백산학보』 8, 1970.
유진 Y. 박, 「새로운 가족사의 추구: 근대 한국의 족보 편찬과 중인층의 반응」, 『역사문제연구』 20, 2008.
이규근, 「조선시대 의료기과와 의과: 중앙의료기구를 중심으로」, 『동방학지』 104, 1999.
_____, 「조선후기 의약동참 연구」, 『조선시대사학보』 17, 2001.
이기동, 「조선 후기 산과입격자의 분석」, 『한국교육사학』 20, 1998.
이기백, 「19세기 한국사학의 새 양상」, 『한우근박사정년기념사학논총』, 1981.

______, 「족보와 현대사회」, 『한국사시민강좌』 24, 일조각, 1999.
이기원, 「조선시대 관상감의 직제 및 시험 제도에 관한 연구: 천문학 부서를 중심으로」, 『한국지구과학학회지』 29, 2008.
이남희, 「조선전기 기술관의 신분적 성격에 대하여」, 『고려 조선전기 중인연구』, 신서원, 2001.
______, 「조선시대의 의관: 사회적 지위와 책임에 대하여」, 『전통과 현대』 17, 2001.
______, 「조선전기의 율관: 그 신분적 성격과 위상을 중심으로」, 『한국사학보』 15, 2003.
______, 「조선 중기 서울의 잡과중인 연구: 16~17세기 잡과합격자를 중심으로」, 『향토서울』 67, 2006.
______, 「장서각 「의팔세보」의 자료적 성격과 특징」, 『장서각』 21, 2009.
______, 「조선후기 의과팔세보의 자료적 특성과 의미」, 『조선시대사학보』 52, 2010.
______, 「안동권씨성화보를 통해 본 조선 초기 여성의 재가 문제」, 『조선시대사학보』 57, 2011.
______, 「조선사회의 유교화와 여성의 위상: 15 · 16세기 족보를 중심으로」, 『원불교사상과 종교문화』 48, 2011.
______, 「조선후기 주학팔세보의 자료적 특성과 의미」, 『고문서연구』 39, 2011.
______, 「조선후기 잡과의 위상과 특성: 변화 속의 지속과 응집」, 『한국문화』 58, 2012.
______, 「고려시대의 과거제와 공공성」, 『한국동양정치사상연구』 12-2, 2013.
______, 「조선시대 수원지역의 생원진사시 합격자 연구」, 『역사와 실학』 51, 2013.

______, 「잡과방목과 한국학 자료의 외연 넓히기」, 『장서각』 32, 2014.
______, 「잡과합격자의 타과 진출 사례 분석: 조선후기 사회변동과 관련해서」, 『열린정신 인문학연구』 15-2, 2014.
______, 「조선후기 잡과 교육의 변화와 특성」, 『한국동양정치사상사연구』 13-1, 2014.
______, 「고려시대의 유교적 공공성 시론: 인재선발과 교육을 중심으로」, 『원불교사상과 종교문화』 65, 2015.
______, 「조선시대 전주이씨 장천군파의 잡과 진출」, 『한국동양정치사상연구』 16-2, 2016.
이만규, 「조선시대의 잡과교육」, 『한국학연구총서』 2, 1971.
이상규, 「역관 가계 형성의 사례 검토」, 『한국계보연구』 2, 2011.
이성무, 「조선 초기 기술관과 그 지위」, 『유홍렬박사화갑기념사학논총』, 1971.
______, 「조선전기 중인층의 성립문제」, 『동양학』 8, 1978.
이수건 · 이수환, 「조선시대 신분사 관련 자료조작: 家系 · 人物관련 僞造자료와 僞書를 중심으로」, 『대구사학』 86, 2007.
이수동, 「조선시대 잡과의 음양과 연구」, 『원불교사상과 종교문화』 51, 2012.
______, 「조선시대 음양과에 관한 연구」, 원광대학교 박사학위논문, 2013.
이정란, 「족보의 자녀 수록방식을 통해서 본 여말선초 족보의 편찬 배경」, 『한국중세사연구』 25, 2008.
이태진, 「서얼차대고」, 『역사학보』 27, 1965.
______, 「15세기후반기의 「鉅族」과 명족의식」, 『한국사론』 3, 1976.
이홍렬, 「잡과시취에 대한 일고」, 『백산학보』 3, 1967.
이희수, 「무슬림의 대한 접촉관계 소고」, 한국외국어대학교 석사학위논문, 1983.

장필기, 「조선후기 『武譜』의 자료적 검토」, 『조선시대사학보』 7, 1998.
정옥자, 「조선후기의 기술직 중인」, 『진단학보』 61, 1986.
전상운, 「조선시대 과학기술서 연구」, 『성신여자대학교연구논문집』 14, 1981.
정무룡, 「조선조 중인계층 시고」 I~III, 『경성대학교논문집』 12-3 · 13-1 · 13-3, 1991 · 1992 · 1992.
전용훈, 「정조대의 역법과 술수학 지식: 『천세력』과 『협길통의』를 중심으로」, 『한국문화』 54, 2011.
정해은, 「무보(武譜)」, 『장서각도서해제』 2, 한국정신문화연구원, 1997.
______, 「『武譜』를 통해서 본 19세기 무과급제자의 관직 진출 양상」, 『조선시대의 사회와 사상』, 1998.
______, 「조선시대 무과방목의 현황과 사료적 특성」, 『군사』 47, 2002.
차장섭, 「조선시대 족보의 편찬과 의의: 강릉김씨 족보를 중심으로」, 『조선시대사학보』 2, 1997.
______, 「능성구씨 족보의 간행과 그 특징」, 『한국사학보』 22, 2006.
______, 「조선시대 족보의 유형과 특징」, 『역사교육논집』 44, 2010.
최영호, 「유학 · 학생 · 교생고」, 『역사학보』 101, 1984.
최재석, 「조선시대의 족보와 동족조직」, 『역사학보』 81, 1980.
최진옥, 「조선시대 잡과설행과 입격자 분석」, 『조선시대잡과합격자총람』, 한국정신문화연구원, 1990.
한미경, 「역과보에 대한 서지적 연구」, 『한국문헌정보학회지』 40-2, 2006.
______, 「역과보의 역과 입격자 재현에 관한 고찰」, 『서지학연구』 33, 2006.
______, 「역과유집에 관한 연구」, 『서지학연구』 34, 2006.
한영우, 「조선전기의 사회계층과 사회이동에 관한 시론」, 『동양학』 8, 1978.
______, 「조선초기 신분계층연구의 현황과 문제점」, 『사회과학평론』 1, 1982.
______, 「조선초기 사회계층 연구에 대한 재론」, 『한국사론』 12, 1985.

_____, 「조선후기 「중인」에 대하여: 철종조 중인통청운동 자료를 중심으로」, 『한국학보』 42, 1986.
_____, 「조선시대 중인의 신분계급적 성격」, 『한국문화』 9, 1988.
허재혜, 「18세기 의관의 경제적 활동양상」, 『한국사연구』 71, 1990.
홍승기, 「고려시대의 잡류」, 『역사학보』 57, 1973.
황정하, 「조선 영조 · 정조시대의 산원 연구」, 『백산학보』 35, 1988.
_____, 「조선후기 산원 집안의 연구」, 『한국사연구』 66, 1989.
_____, 「조선후기 산원 집안의 활동 연구」, 『청대사림』 6, 1994.

Edward W. Wagner, "The Ladder of Success in Yi Dynasty Korea", *Occasional Papers on Korea* vol. 1, 1974.
_____________, "An Inquiry into the Origin, Development and Fate of Chapkwa-Chungin Lineages", Workshop on Korean Society, 1983.
_____________, "The Development and Modern fate of Chapkwa-Chungin Lineages", 『제1회한국학국제학술회의논문집』, 인하대학교 한국학연구소, 1987.
_____________, "The Three Hundred Year History of the Haeju Kim 海州金 Chapkwa-Chungin 雜科中人 Lineage", 『송준호교수정년기념논총』, 한국인문과학원, 1987.
宮嶋博史, 「『안동권씨성화보』를 통해서 본 한국 족보의 구조적 특성」, 『대동문화연구』 62, 2008.
NamHee Lee, "Medical licensing examination(*uigwa*) and the world of the physician officers(*uigwan*) in Korea's Joseon Dynasty", *Journal of Educational Evaluation for Health Professions* 12, 2015.

稲葉岩吉,「朝鮮疇人考: 中人階級の存在に就いて」,『東亞經濟研究』 17-2 · 4, 1933.

三木榮,「大醫許浚(1546~1615.の畵像,略傳と學業」,『朝鮮學報』 83, 1977.

李南姫,「朝鮮時代の中人と公共性」,『國際日本學硏究叢書』 19, 法政大學 國際日本學研究所, 2014.

川島藤也, *Clan Structure and Political Power in Yi Dynasty Korea: A Case Study of the Munhwa Yu Clan*, Ph. D. Dissertation, Harvard University, 1972.

고려대학교도서관(https://library.korea.ac.kr)

국립중앙도서관 한국고전적종합목록시스템(http://nl.go.kr/korcis)

국사편찬위원회 한국사데이터베이스(http://db.history.go.kr)

규장각한국학연구원 원문검색서비스(https://kyudb.snu.ac.kr)

디지털장서각(http://jsg.aks.ac.kr)

명지대학교도서관(https://lib.mju.ac.kr)

연세대학교학술정보원(https://library.yonsei.ac.kr)

텐리대학부속 텐리도서관(http://www.tcl.gr.jp)

하버드옌칭도서관(https://library.harvard.edu)

한국고전번역원 한국고전종합DB(http://db.itkc.or.kr)

한국역대인물종합정보시스템(http://people.aks.ac.kr)

한국역사정보통합시스템(http://www.koreanhistory.or.kr)

한국족보자료시스템(http://jokbo.skku.edu)

한국학자료센터(http://kostma.aks.ac.kr)

한국학디지털아카이브(http://yoksa.aks.ac.kr)

| 저자 후기 |

1.

이 책은 그동안 의역주팔세보와 관련해서 쓴 글에다 새롭게 쓴 글을 더해서 한 권으로 묶은 것이다. 그들을 유기적으로 연결시켜 주는 것은 의역주팔세보를 일차 자료로 활용한 '기술직 중인'에 관한 연구라는 점이다. 필자의 연구 이력으로 본다면 『조선후기 잡과중인 연구: 잡과입격자와 그들의 가계 분석』(1999)의 연장 혹은 후속 작업에 해당한다고 할 수 있을 것이다.

『조선후기 잡과중인 연구』는 박사학위논문을 발전시킨 책으로, 잡과와 『잡과방목』을 분석 대상으로 삼아서 잡과의 실제 운영상, 그리고 잡과에 합격한 사람들과 그들 가계에 관한 분석, 나아가 그들의 사회적 배경과 잡과 합격 이후의 진로를 규명해 보고자 했다. 거기서는 다음과 같은 점을 명제(命題) 형태로 제시할 수 있었다. 잡과합격자와 그들의 가계 구성원들까지 포괄해서 '雜科中人(Chapkwa-Chungin)'이라 분류할 수 있는 일군의 집단이 존재했다는 것, 그들의 사회적 지위는 상급 기술관의 그것이었다는 것, 그들이 혼인과 세습을 통해 응집력을 가진 집단이 되었다는 것, 그래서 조선후기의 신분제 동요라는 분위기 속에서 오히려 전문직을 세전하고 있었다는 것이다. 말하자면 '변화 속에서의 지속과 응집' 현상이라 할 수 있을 것이다. 이런 점들은 조선후기 신분제의 동요 내지 해체라는 일반론적인 이해와는 다소 다른 것이었다.

그래서 당시 저자 후기에 이렇게 적었다. "아무리 보아도 부족한 이 연구를, 감히 책으로 내놓은 것은 이런 방면에 관심을 가진 분들에게 조금이나마 도움이 되었으면 하는 것 외에, 필자가 제시한 가설이 검증될 수 있었으면 하는 바람 때문이다. 그래서 잡과중인의 역사상이 드러날 수 있었으면 한다." 그동안 20여 년 세월이 흘렀다. 따라서 이 책은 스스로 제기한 문제에 대한 검증 작업인 동시에 그를 잇는 연구이기도 하다.

『조선후기 잡과중인 연구』에서는 잡과와 잡과방목에 초점을 맞추면서, '잡과중인'이라는 개념을 제시하기도 했다. 잡과중인 개념은 대상과 범위라는 측면에서 명쾌했기 때문이다. 하지만 학위논문을 집필하면서 산원의 취재 합격자 명부 『주학입격안』도 같이 분석했다. 그래야 '잡과중인'의 위상이 더욱 잘 드러날 것으로 여겼기 때문이다. 그 당시 주학 합격자와 그들의 가계에 대한 연구는 차후의 과제로 삼고자 했다.

의역주팔세보 연구는 잡과방목 분석을 통해 밝혀낸 점들을 더 구체적으로 논증하고 심화하고자 한 것이다. 큰 흐름과 방향은 변하지 않았지만 실증 자료라는 점에서 의역주팔세보라는 중인 족보를 적극적으로 분석, 활용하게 되었다. 그와 더불어 시각과 연구 경향의 변화 역시 어느 정도 생겨나지 않을 수 없었다.

우선 제도로서의 잡과, 잡과 합격자 명부로서의 잡과방목에서 그들 잡과중인을 포함하는 더 넓은 의미의 '기술직 중인'에 주목할 필요가 있다는 것이다. '잡과중인'과 이른바 잡과 이외의 중인, '비잡과 중인'을 같이 검토해 보면 훨씬 더 유익하리라는 점을 알게 되었다. 잡과를 구성하는 네 과(역과, 의과, 음양과, 율과)의 비중과 위상이 균일하지 않을 뿐 아니라 기술직 중인 내에서 주학의 위상이 급격하게 높아졌기 때문이다. 기술직 중인 내부에서 의미 있는 변화가 있었다. 그것은 역사적 사실로 확인되기도 했다. 조선후기 사회사적 변화와 함께 주학과 산원의 위상은 급격하게 성장했으며, 마침내 '의역주(醫譯籌)'로 병칭되는 정도에까지 이른 것이다.

그리고 혼인과 세전을 통한 응집력을 가진 전문직 집단의 존재, 사회적 유동성 속의 비유동성이라는 측면은 조선후기의 신분제 동요 내지 해체라는 일반론적인 설명과 다소 결을 달리하는 것이다. 조금 더 실증적인 연구가 필요하다고 보았다. 중인들의 족보, '팔세보' 형식을 가진 독특한 족보를 검증 및 보완 자료로 활용하면 구체적인 역사상에 한 걸음 더 가까이 다가갈 수 있기 때문이다. 팔세보는 일반 족보처럼 시조의 자손을 적어 내려오는 것이 아니라 본인을 기점으로 아래로 8대조를 차례로 기재한다. 이를 통해서 8세대 250여 년에 걸친 기술직 중인 집안의 가계와 그 인적인 연계를 파악할 수 있겠다는 생각을 하게 되었다.

이런 점을 감안한다면 의역주팔세보에 주목하게 된 것은 자연스럽고 필연적인 귀결이었다. 먼저 '의역주팔세보', 구체적으로 의팔세보, 역팔세보, 주팔세보 등의 중인 보첩류에 수록된 본인과 8대조 및 외조, 처부 등 가계 구성원의 성명 및 인적 정보를 모두 데이터베이스화했다. 이어 본인 및 가계 구성원의 잡과 및 주학 시험 합격 여부를『잡과방목』 및 『주학입격안』 등의 방목류와 대조해 포함시켰다. 아울러 『조선후기 잡과중인 연구』에서 주 자료로 활용했던 잡과방목DB 역시 참고 자료로 적극 활용했다. 때문에 이 책은 이와 같은 연구 방법론에 입각해 구축된 「조선시대 의학 · 역학 · 주학팔세보 데이터베이스」 분석을 토대로 진행한 연구의 결과물이라 할 수 있다.

이 책에서 새롭게 밝힌 양상들 가운데 흥미로운 것 하나를 소개하자면, 의과 · 역과와 주학이 서로 이어지는 부분에 관한 것이다. 의역주팔세보에는 서문이나 발문 등이 없어서 팔세보를 편찬한 동기나 배경을 알 수 없다. 그런데 『주학팔세보』에 수록된 443명 중에서 타과 합격 사항을 알 수 있는 경우는 99명에 이르렀다. 상당히 높은 비중이다. 5명 중 1명 비율로 타과에 진출했다. 내역을 보면 역과가 가장 많고 의과가 그다음이었다. 대부분 역과와 의과로 진출한 것이다. 주학 출신들이 의과와 역과에 많이 진출했다는 사실은 시사하는 바가 크다. 달리 말해 의관, 역관 중에는 실제로 주학 경력을 가진 사람도 많았다는 것이다. 아울러 가계로 보자면 산원과 의관, 역관은 서로 연결될 수밖에 없었다. 이 같은 기술직 중인 가계의 내적인 연결성이야말로 의과, 역과, 주학 팔세보를 한데 묶어 '의역주팔세보'로 간행한 배경과 사정을 말해주는 것이다.

그런 만큼 이 책은 '의역주팔세보'에 관한 최초의 본격적인 연구라는 점, 특히 '의역주팔세보' 실증 자료 데이터베이스 구축과 분석이라는 연구 방법론을 활용했다는 점에서 그 의의를 찾을 수 있지 않을까 한다.

이제 다음 연구로서 필자는 개별 중인 족보를 이용해서 중인들의 구체적인 가계를 분석하고 그들의 사회적 유동성과 신분 변동에 주목하게 될 듯하다. 일반적으로 족보에는 중인 관련 관직이 적혀 있지 않지만, 그들 중인 족보에는 역학, 의학, 음양학, 율학, 주학 등 잡학 관력, 과거 합격 사항이 상세하게 기록되어 있다. 따라서 그들 중인 족보를 입체적으로 잘 활용하면 중인들의 가계와 신분, 혼인과 세전 등 기술직 중인들의 위상과 신분 변동을 구체적으로 밝힐 수 있으리라 기대하기 때문이다.

2.

필자가 중인[신분], 잡과[과거], 잡과방목과 중인 족보에 관심을 갖게 된 것은 대학원 석사과정 입학 이전으로 거슬러 올라간다. 1985년 1월 어느 날, 이성무(李成茂) 교수님께서 하버드대학교에서 복사해 온 잡과방목 자료를 보여주셨다. 그때는 국내 학계에 잡과방목이 본격적으로 소개되기 이전이었다. 흐트러진 자료 더미에서 한 사람 한 사람 필사(筆寫)한 합격자들의 명단을 보는 순간, 문득 살아 있는 역사의 숨결을 느낄 수 있었다. 양반을 깊이 연구하셨던 선생님께서는 그런 가르침을 통해서 필자를 중인 연구로 이끌어주셨던 듯하다.

한국학중앙연구원 역사연구실에서는 잡과방목을 데이터베이스로 구축하는 사업을 진행하고 있었다. 그때 잡과방목 가계의 관력을 확인하는 보조 자료로서 역팔세보, 의팔세보, 주팔세보, 의역주팔세보 등의 자료를 같이 수집, 정리하게 되었다. 필자는 그 사업의 조교 일을 맡게 되었으며, 입력된 자료를 교정보는 것부터 시작했다. 대학원 시절은 역과, 의과, 음양과, 율과방목, 잡과방목, 주학입격안, 의역주팔세보 등과 함께한 시간이었다고 해도 틀린 말이 아니다. 이들 자료의 일부[역과방목]로 석사학위논문을, 잡과방목을 토대로 박사학위논문을 집필했으며, 그 연장선에서 의역주팔세보를 분석해 이 책을 쓰게 된 것이다.

1985년 가을 하버드대학교 에드워드 와그너(Edward. W. Wager) 교수님이 연구년을 맞아 한국에 오셨다. 이성무 교수님의 추천으로 필자가 개인 조교로서 자료 정리를 돕게 되었다.[1] 갓 학문의 길로 들어선 필자는 잡과방목, 족보 등에 관해 궁금한 것을 마음껏 물어볼 수 있었다. 그분은 중인 족보가 있다는 말씀도 해주셨다. 와그너 교수님은 미국에 가서도 잊지 않고 그 자료의 복사본을 보내주시곤 했다. 어렵게 수집한 자료였음에도 불구하고, 종이로 말아 권별로 구분해서 국제항공편으로 보내주셨다. 『전주이씨족보』, 『합천이씨세보』, 『한양유씨족보』 등이 그것이다. 앞에서 언급했듯이 의역주팔세보 이후 개별 중인 가계의 족보를 통한 사회적 위상, 신분 변동에 관한 연구는 이들 자료의 분석과 함께 본격적으로 하게 될 것이다.

와그너 교수님은 1967년부터 송준호(宋俊浩) 교수님(전북대 퇴임 이후 원광대 재직)과 같이 '와그너–송 문과프로젝트'를 수행하고 계셨다.[2] 와그너 교수님은 그 프로젝트를 위해서 다시 원광대학교로 오셨다. 그때도 원광대학교로 직접 찾아뵈었다.[3] 이어 그 프로젝트의 마

---

1) 미국에서 가져온 조선시대 전체 사마방목(司馬榜目)을 하나하나 그리고 한 페이지씩 넘겨가면서 거기에 수록된 인원을 정리하는 것이었다. 사마방목은 단회방목으로 낱권으로 국내외 도서관에 산재해 있다. 그때 와그너 교수님이 가져온 사마방목 자료가 근간이 되어 『CD-ROM 사마방목: 생원 · 진사시 합격자 명부』(한국학중앙연구원 · 서울시스템, 1997)이 나왔으며, 지금은 '한국역대인물종합정보시스템'에서 인터넷으로 서비스되고 있다.

2) 조선시대 1만 4,600여 명의 문과 합격자를 대상으로 그들과 관련된 다양한 정보를 문과방목을 위시해 각종 족보, 문집 등의 문헌 자료를 토대로 데이터베이스로 구축하는 것이었다. 그 연구 결과는 『보주(補註) 조선 문과방목 CD-ROM』(에드워드 와그너 · 송준호 편주, 동방미디어, 2001)으로 간행되었다.

3) 현재 필자가 원광대학교 사학과에 재직하고 있는 것 역시 대단한 인연으로 생각된

무리를 위해 (주)서울시스템 한국학DB연구소에 오셔서 한동안 머물기도 하셨다(1994). 당시 필자는 한국학DB연구소에 재직하고 있어서 와그너 교수님께 직접 가르침을 받을 수 있었다.

송준호 교수님과의 인연은 1990년에 시작되었다. 그해 10월 단국대학교(서울 한남동) 동양학학술회의에서 발표하신다는 소식을 듣고 학술회의장으로 뵈러 갔다. 필자가 가와시마 후지야(川島藤也) 교수의 영문 논문을 우리말로 번역했다는 얘기를 들으시고는[4] 한번 보고 싶다고 하셨다. 그래서 우편으로 보내드리고 전주로 찾아뵈었다. 교수님께서는 번역 논문의 한 구절 한 구절을 일일이 다 체크해 주셨다. 그리고 번역 원고를 보여달라는 것은 실례인데 흔쾌히 보여줘서 고맙다, 번역을 잘했다면서 칭찬해 주셨다. 그 장면은 마치 어제 일처럼 생생하다. 이어 '와그너–송 문과프로젝트'와 관련해서 서울에 오신 교수님을 여러 차례 뵐 수 있었다. 당시 『성원록』 전주이씨 수록본의 편제가 착종되어 있다는 귀한 말씀을 해주셨으며 고맙게도 수정한 복사본을 한 부 주시기도 했다.

한편 가와시마 후지야 교수는 와그너 교수님의 지도로 하버드대학교에서 『문화유씨가정보』 연구로 박사학위를 받고[5] 볼링그린주립대학교(Bowling Green State University) 역사학과 교수로 재직 중이었다.

다. 큰 나무가 드리워져 있는 외국인 기숙사를 지나칠 때면, 그때의 일을 떠올리게 된다. 필자는 20대의 젊은 자신을 만나곤 한다.

4) "Biography for a Scholar of Sallim(Mountain-grove) in Mid-Yi Dynasty Korea: the Annals of Pak P'il-chu(1680~1746)", 이남희 옮김, 「조선중기 산림의 전기: 박필주(1680~1748) 연보를 중심으로」(『청계사학』 7, 1990).

5) Kawashima Fujiya, *Clan Structure and Political Power in Yi Dynasty Korea: A Case Study of the Munhwa Yu Clan*, Ph. D. Dissertation, Harvard University, 1972.

번역 작업이 끝난 후 우리말 원고와 교정을 부탁하는 편지를 보냈다. 그런데 『동방학보』 66집(1990)에 비슷한 내용을 다룬 영문 논문이 수록된 것을 보았다. 그래서 그 사실을 알려드리면서 그럼에도 한국어로 번역한 논문을 수록해도 좋을지 의견을 여쭈었다. 가와시마 교수는 한국어로 소개되기를 진심으로 바란다는 말과 함께 교정을 봐서 보내주겠다고 했다. 얼마 후 전체적인 교정과 함께 필자가 의문을 제기한 부분에 대한 전거 제시, 그리고 역주(譯註)에 대한 논평까지 덧붙여서 보내주었다.

3.

학문의 길로 들어선 이후 필자는 중인, 잡과, 잡과방목, 팔세보에 관심을 가지고 연구해 왔다. 중인, 잡과, 방목, 팔세보는 필자의 연구를 말해주는 키워드라고 할 수 있겠다. 하지만 오로지 여기에만 매달렸던 것은 아니다. 관심은 언제나 이들에 집중되었지만, 역사학도로서 관련된 분야에서 다양한 활동도 할 수 있었다.

우선 박사과정을 수료한 후 1991년부터는 서울시스템 한국학DB연구소에서 일하면서 공부하기도 했다. 한국학DB연구소는 전통 인문학과 최신 컴퓨터가 만난 최첨단 연구소로 이곳에서 국학 자료의 전산화, 멀티미디어 기술 개발과 연구에 참여할 수 있는 기회를 얻었다. 고전 자료 전산화의 관건인 한자 입력 방법의 개발, 한·중·일 동양삼국의 한자를 처리할 수 있는 한자코드 정리 작업도 추진했다.

뿐만 아니라 족보 전산화 작업에도 참여할 수 있었다. 10책에 이르는 『여양진씨대동보(驪陽陳氏大同譜)』(1992) 편찬 사업을 진행하면서 수단(收單)부터 편집, 간행에 이르는 전 과정을 체험할 수 있었다. 종친

회분들과 주기적으로 만나 족보 편찬 방식, 내용에 관한 이야기를 전해 들을 수 있었다. 나중에 '족보 이야기'라는 책을 써보고 싶다는 생각에 족보와 편찬에 관한 이야기를 들을 때마다 메모해 둔 노트도 있다. 지금도 사학과 수업에서 족보 읽는 방법과 실습 교재로 사용하고 있다. 족보 자료를 이용하는 연구자로서 실제로 족보를 편찬하고 간행해 본 경험은 다시없는 귀중한 재산이다.

그리고 『조선왕조실록』을 비롯하여 『삼국사기』, 『삼국유사』, 『고려사』, 문집, 방목 등의 한국사 기본 사료의 전산화 작업에 참여할 수 있었던 것, 역사 기록물뿐 아니라 중요 무형문화재, 전국 문화유적총람, 서울600년사, 제주도의 신화와 전설, 조선후기 여항문화 등과 같은 우리 전통 역사문화 정보를 멀티미디어 전자도서로 만드는 디지털 콘텐츠 개발 작업을 할 수 있었던 것은 나에게 든든한 자산이 되었다.

처음 그런 일을 할 때는 공부에서 멀어지는 것은 아닐까 우려와 조바심이 없지 않았다. 하지만 시간이 지나 생각해 보니 일과 공부가 동떨어진 것이 아니었다. 어느 지점에선가 이 둘은 서로 만나게 되었으며 상승작용을 일으켰다. 방대한 분량의 방목, 족보를 다루는 데 어려움을 느끼지 않게 된 것 역시 큰 소득이었다. 디지털역사학, 문화산업화, 문화콘텐츠, 아카이브 등과 관련해서 그동안 쓴 논문, 작업 결과 등을 한데 모아 『역사문화학: 디지털시대의 한국사 연구』(2016)로 간행할 수 있었다.

2003년에는 원광대학교로 직장을 옮기게 되었다. 그해부터 2년 동안 조선왕조실록 기사를 현실에서의 사안과 적절하게 연결시켜 소개하는 역사 칼럼을 쓰기도 했다. 『클릭 조선왕조실록: 조선왕조실록으로 오늘을 읽는다』(2008; 개정증보 2014)는 『월간중앙』 역사탐험에 2년간 연재한 글을 모아 간행한 것이다.

그리고 과거, 과거제와 관련해서는 『영조의 과거: 널리 인재를 구하다』(2013)를 쓰기도 했다. 이 책은 영조 시대에 과거가 갖는 의미를 다각도로 분석한 것이다. 영조 재위 51년 동안, 126회의 문과와 무과, 25회의 생원진사시와 잡과를 실시했다. 이를 통해서 잡과뿐만 아니라 문과, 생원진사시, 무과 등 과거제 전체를 공부할 수 있는 계기가 되었다. 개별 과거가 아니라 영조 대 설행한 과거와 합격자들에 대해서 같은 기준에 입각한 분석을 시도했다는 점에서 의의를 찾을 수 있다. 가능하다면 한 시대 혹은 한 시기에 과거를 통해 선발된 사람들을 구체적이고 실증적으로 연구해 보고 싶다는 생각도 하고 있다.

되돌아보면 필자의 오늘이 있기까지 많은 분들의 지도와 보살핌, 격려가 있었다. 먼저 지도 교수님이셨던 이성무 선생님, 그리고 와그너 교수님을 떠올리지 않을 수 없다. 이성무 선생님은 조선시대 중인과 잡과라는 연구 주제를 안겨주셨을 뿐만 아니라 지도와 편달을 아끼지 않으셨다. 와그너 교수님은 방목과 족보 등 희귀한 자료를 주셨으며 또 귀중한 가르침을 베풀어주셨다. 송준호 교수님은 족보와 신분 등에 대해 많은 것을 가르쳐주셨다. 안타깝게도 세 분 모두 작고하셨다. 선생님들께서는 학문하는 삶을 몸소 보여주셨다. 그분들의 치열하게 공부하는 삶을 내 것으로 만들 수 있었으면 좋겠다. 그분들이 계셨더라면, 이 책의 출간을 같이 기뻐해 주셨을 것이다. 아울러 학부 시절 좋은 강의를 통해 영감을 불러일으켜 주신 민현구, 김정배, 박용운, 유영익, 이춘식, 조광 교수님, 그리고 한국학대학원 교수님들께 감사드린다.

한 가지 밝혀두어야 할 것은, 이 책은 대우재단의 학술연구지원을 받은 '대우학술총서'의 한 권으로 간행된 것이라는 점이다. 선정 이후 10년이라는 오랜 시간이 흐르도록 기다려주시고 연구의 완성을 독려

해주셨다. 필자의 의역주팔세보 연구를 지원해 주시고 그 결과물을 한 권의 책으로 만들어주신 대우재단과 도서출판 아카넷 여러 분께 고마움을 전한다. 편집부 박수용 학술팀장님은 본문은 물론이고 가계도와 도표 등 부록까지 잘 다듬어주셨다. 이러한 후의 덕분에 이 책이 빛을 볼 수 있게 되었다.

올해(2021)는 필자에게 여러 측면에서 기념이 될 만한 해이기도 하다. 숫자상으로 표기되는 몇 주년 혹은 그 무엇이 아니라 지금까지의 삶을 되돌아보면서 더욱 힘차고 건강하게 앞으로 나아가라는 뜻으로 새겨야 할 듯하다. 그런 해에 의미 있는 책을 출간하게 되어 기쁘다. 새 책이 안겨주는 기쁨과 즐거움을 항상 나를 떠받쳐 주고 있는 가족과 같이 나누고 싶다. 공부하는 며느리를 자랑스럽게 생각해 주시는 어머님과 친정어머니, 길동무[道伴]이자 든든한 후원자인 덕강(德剛), 그리고 씩씩하게 잘 자라준 진학(辰學)과 진우(辰禹), 이들이야말로 내 삶의 바탕이자 힘의 원천이다. 말로는 다할 수 없는 사랑하는 마음을 전한다.

2021년 6월 1일
사학과 연구실에서
이남희

| 찾아보기 |

ㄴ

ㅇ

이남희(李南姬)

고려대학교 사학과를 졸업한 후 한국학중앙연구원 한국학대학원에서 석사, 박사 학위를 받았다. 현재는 원광대학교 역사문화학부 사학과 교수로 있으며, 전라북도 세계유산위원회위원 및 문화재전문위원이기도 하다. 국사편찬위원회 국사편찬위원, 원광대학교 평생교육원장, 서울시스템 한국학DB연구소 소장, 고려대학교 민족문화연구원 연구교수 등을 역임했다.
『조선후기 잡과중인 연구』, 『영조의 과거(科擧)』, 『역사문화학: 디지털시대의 한국사 연구』, 『조선왕조실록으로 오늘을 읽는다』, 『조선시대 과거 제도 사전』(공저), *Click Into the Hermit Kingdom*(공저) 등의 저서가 있으며, 『사서오경(四書五經): 동양철학의 이해』, 『학문의 제국주의』, 『천황의 나라 일본: 일본의 역사와 천황제』 등을 우리말로 옮겼다.

조선후기 의역주팔세보 연구

중인의 족보 편찬과 신분 변동

대우학술총서 634

1판 1쇄 찍음 | 2021년 7월 16일
1판 1쇄 펴냄 | 2021년 7월 30일

지은이 | 이남희
펴낸이 | 김정호

책임편집 | 박수용
디자인 | 이대응

펴낸곳 | 아카넷
출판등록 | 2000년 1월 24일(제406-2000-000012호)
주소 | 10881 경기도 파주시 회동길 445-3
전화 | 031-955-9511 (편집) · 031-955-9514 (주문)
팩시밀리 | 031-955-9519
www.acanet.co.kr

Printed in Paju, Korea.

ISBN 978-89-5733-740-0 94910
ISBN 978-89-89103-00-4 (세트)

이 책은 대우재단의 지원을 받아 연구 및 출간되었습니다.